Photoshop CS4

中文版实例教程

方晨 编著

上海科学普及出版社

图书在版编目（CIP）数据

Photoshop CS4 中文版实例教程 / 方晨编著. - 上海：上海科学普及出版社，2010.1
ISBN 978-7-5427-4474-6

I.P... II.方... III.图形软件，Photoshop CS4 - 教材 IV.TP391.41

中国版本图书馆 CIP 数据核字（2009）第 193112 号

策　　划 胡名正
责任编辑 徐丽萍

Photoshop CS4 中文版实例教程
方 晨 编著
上海科学普及出版社出版发行
（上海中山北路 832 号 邮政编码 200070）
http://www.pspsh.com

各地新华书店经销　三河市德利印刷有限公司印刷
开本 787 × 1092 1/16　印张 20.25　字数 526000
2010 年 1 月第 1 版　2010 年 1 月第 1 次印刷

ISBN 978-7-5427-4474-6　定价：29.00 元

说　　明

本书目的

快速掌握 Photoshop CS4 中文版，熟练使用该软件从事实际工作。

内容

本书对 Photoshop CS4 中文版的主要功能和用法作了详细的介绍。全书 12 章，包括了 Photoshop CS4 基础知识、Photoshop CS4 基础操作、工具、选区、色彩、图层、路径、蒙版和通道、动作和 3D、滤镜、打印及综合实例等内容。

使用方法

读者在学习时，应当启动 Photoshop CS4 软件，并根据书中讲解按部就班地进行操作。有基础的读者，可以直接阅读本书的实例部分。

读者对象

学习 Photoshop CS4 的电脑爱好者；
电脑培训班学员；
美术院校的学生。

本书特点

基础知识与实例教学相结合，实现从入门到精通。
手把手教学，步骤完整清晰。
本书实例的操作步骤全部经过验证，正确无误，无遗漏。

著作者

本书由北京子午信诚科技发展有限责任公司方晨编著，郗海波执笔，赵娟、杨瀛审校。

封面设计

本书封面由乐章工作室金钊设计。

售后服务

本书读者在阅读过程中如有问题，可登录售后服务网站（http：//www.todayonline.cn），点击“学习论坛”，进入“今日学习论坛”，注册后将问题写明，我们将在一周内予以解答。同时，可在资源共享栏目中下载相关素材及电子教案。

声明：本书经零起点的读者试读，已达到上述目的。

目　录

第1章　Photoshop CS4基础知识

本章将介绍Photoshop CS4的应用领域、系统要求、新增功能以及图像的类型、分辨率等与图像处理相关的基本概念，带领用户全面地了解Photoshop CS4的基础知识。

1.1　Photoshop CS4的应用范围

最新发布的Photoshop CS4软件程序包含两个版本，分别是Photoshop CS4标准版和Photoshop CS4 Extended（扩展）版。如果你是摄影师、图形设计师或Web设计人员，使用Photoshop CS4标准版本就可以了；但如果你是电影、视频、多媒体、三维、动画、图形设计、Web设计、制造专业，医疗专业，建筑专业、工程专业或科研工作人员，则Photoshop CS4 Extended版本更适合你，因为Photoshop CS4 Extended版包含了Photoshop软件的所有功能。本书使用的是Photoshop标准版本，图1-1-1所示就是使用该软件设计的几幅作品。

手提袋设计

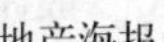

地产海报

照片处理

图1-1-1

1.2　Photoshop CS4的系统要求

Photoshop CS4比其前一版本Photoshop CS3需要有更高的系统条件，但Photoshop CS4和

Photoshop CS4 Extended对系统要求相同。在Windows上运行Photoshop CS4软件，需要具备以下条件：

操作系统：Microsoft® Windows® XP（带有Service Pack3）或Windows Vista™ Home Premium、Business、Ultimate或Enterprise（已为32位版本进行验证）。

CPU（中央处理器）：1.8GHz或更快的处理器。

内存（RAM）：512MB内存（推荐1GB）。

硬盘空余空间：1GB可用硬盘空间，安装过程中还需要其他可用空间。

光驱：DVD-ROM 驱动器。

显示器：至少能够显示1 024 × 768分辨率的显示器，并带有16位显卡。

显卡：支持Shader Model 3.0和OpenGL 2.0的独立显卡。

多媒体软件：需要QuickTime 7.2软件以实现媒体功能。

要想充分享受Photoshop带来的乐趣，还须配备以下设备：

在线服务需要宽带和Internet连接。

一台PostScript打印机。

一台台式彩色打印机。

一块图形书写板和一支压感光笔。

一个三键光电鼠标。

一部数码相机。

一台扫描仪。

一个光盘刻录机。

提示：

要提高Photoshop CS4处理图像的工作效率，建议配备大容量内存、1280×800分辨率显示器、有足够空余空间的高速硬盘的计算机。

1.3 Photoshop CS4中的新功能

（1）调整面板

Photoshop CS4最大的新特征之一就是这个“调整”面板了，使用时，它会在“图层”中自动增加一个调整图层，可以非破坏性地调整图像的颜色和色调。在“调整”面板中还有很多的预置，用户可以很方便地调用。可以这么说，“调整”面板是一个非常智能化的优秀工具。

（2）蒙版面板

新版本中的“蒙版”面板的加入也给了我们不少的惊喜。它不但可以使创建蒙版更加精确快速，还可以创建基于像素和矢量的可编辑蒙版，并且在编辑时可方便调整蒙版的浓度、羽化等，这使得用户在控制蒙版的边缘或质量方面有了更好的方法。

（3）自动对齐图层

使用增强的“自动对齐图层”命令可以创建出更加精确的合成内容。移动、旋转或变形各层图像，可以更精确地对齐图像。用户还可以使用球体对齐创建出令人惊叹的全景图。

（4）自动混合图层

使用增强的自动混合层命令可以根据一系列焦点不同的照片轻松创建一个图像， 该命令可

以顺畅混合图像的颜色和底纹，并通过校正晕影和镜头扭曲来扩展景深，如图1−3−1所示。

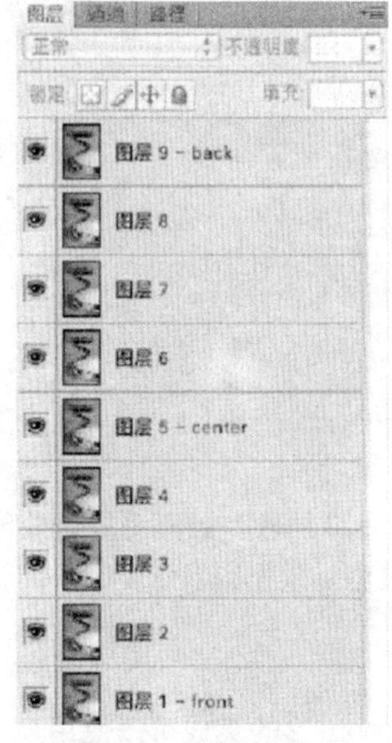

一系列照片

创建的图像

图1−3−1

(5) 旋转视图工具

新增加的“旋转视图工具”可以将画布旋转至任何角度，并且不会破坏图像。这样用户在绘画的过程中就再也不用斜着头去观看了，像在现实中使用画板绘画一样，如图1−3−2所示。

旋转视图前

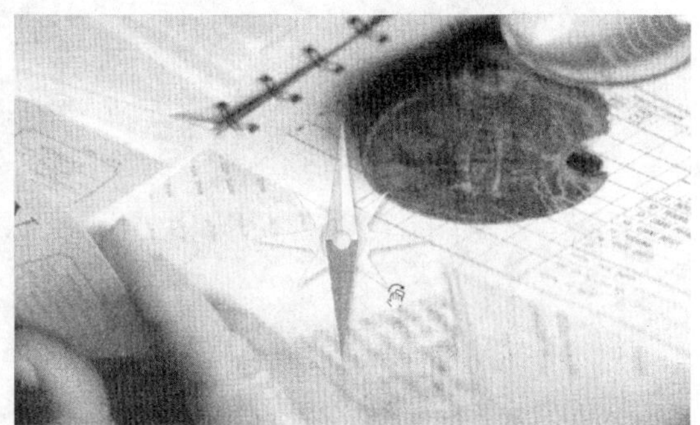

旋转视图后

图1−3−2

(6) 更平滑的平移和缩放

在新版本中使用“抓手工具”和“缩放工具”可以更平滑地平移和缩放图像，顺畅地浏览到图像的任意区域。在缩放到单个像素时仍能保持清晰度，并且可以使用新的像素网格，轻松地在最高放大级别下进行编辑。

(7) 智能感知缩放方式

智能感知缩放方式顾名思义是一种智能式的缩放，它可以把细节部分比较少的区域进行较大的缩放，而细节比较多的地方不会进行大的缩放，这在图像缩放方面是一个非常大的进步，所以我们称之为智能感知缩放方式，效果对比如图1−3−3所示。

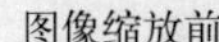

图像缩放前　　　　图像缩放后

图 1-3-3

(8) 更好的原始图像处理功能

在新版本中，Photoshop 使用了 Camera Raw 5.0 插件，可以更好地处理原始图像，使图像的效果更加出色。该插件现在提供本地化的校正、裁剪后晕影以及 TIFF 和 JPEG 格式图像的处理，并支持 190 多种相机型号。

(9) 改进的 Lightroom 工作流程

新版本的 Photoshop CS4 与 Photoshop Lightroom 2 的集成可以使用户直接在 Photoshop 中打开 Lightroom 中的照片，并且可以重新使用 Lightroom 进行处理。用户还可以自动将 Lightroom 中的多张照片合并成全景图，并作为高动态光照渲染（HDR）图像或多图层 Photoshop 文件打开，如图 1-3-4 所示。需要注意的是：新版本的 Lightroom 软件是单独进行出售的，不包含在安装的程序包中。

图 1-3-4

(10) 使用 Bridge CS4 管理文件

使用新的 Bridge CS4 可以进行高效的可视化素材管理。改进的 Bridge 程序具有以下新特性：更快速的启动、具有适合处理各项任务的工作区，以及创建 Web 画廊和 PDF 格式图片集合的超强功能。

（11）更强大的打印选项

Photoshop CS4打印引擎能够与所有最流行的打印机紧密集成，并可预览图像的溢色区域，使打印效果更加优美。此外，Photoshop CS4还支持在Mac OS上进行16位图像的打印，提高了图像的颜色深度和清晰度。

（12）新的3D加速功能

在新版本中，用户可以启用OpenGL绘图以加速3D操作。OpenGL是一种软件和硬件标准，可在处理大型或复杂图像（如3D文件）时加速视频处理过程。不过使用OpenGL功能需要显卡支持OpenGL的标准。

（13）全新的3D功能

在Photoshop CS4版本中，用户可以直接创建出3D模型了，并可在3D模型上绘画、创建和编辑3D纹理，以及将2D图像和3D组合。新的3D功能支持多种3D文件格式，如U3D、3DS、OBJ、KMZ以及DAE，并且可将三维模型和贴图输出，以供其他三维软件继续使用。图1-3-5是在3D模型上绘画前后的对比效果。

在3D模型上绘制前的效果

在3D模型上绘制后的效果

图1-3-5

提示：

以上所讲只是Photoshop CS4版本中的一些主要改进和新增功能，还有一些更改的功能，其使用方法与早期版本的Photoshop略有不同，这些知识将在后面的内容中有所涉及，在此就不一一列举。

1.4 了解图像的类型

根据图像产生、记录、描述、处理方式的不同，图像文件可以分为两大类——点阵图像和矢量图形。在绘图或图像处理过程中，这两种类型的图像可以被相互交叉运用，取长补短。

1.4.1 点阵图

点阵图图像也称像素图像，是由称作像素的单个点组成。当放大位图时，可以看见构成图像的单个图片元素（一个个小方格）。扩大点阵图尺寸就是增大单个像素，会使线条和形状显得参差不齐。但是如果从稍远一点的位置去看，点阵图图像的颜色和形状又是连续的，这就是位图的特点。一张100%显示的位图图像，放大到400%后，图像就会出现失真现象，如图1-4-1（a）和图1-4-1（b）所示。

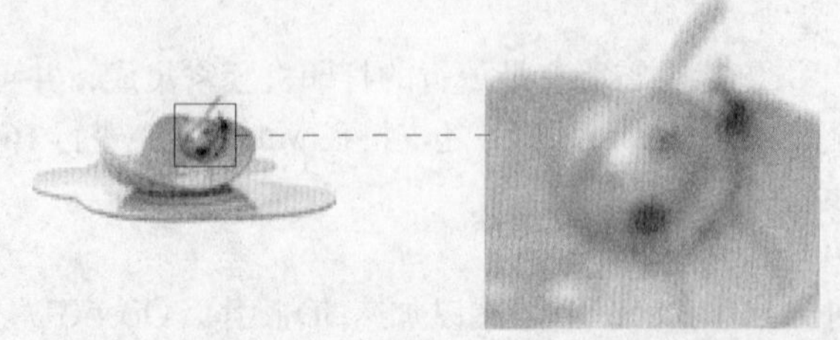

(a) 100%显示的点阵图效果　(b) 400%显示的局部点阵图效果

图1-4-1

1.4.2. 矢量图

矢量图形也称绘图图形，可由诸如Illustrator、CorelDRAW等矢量图形软件生成，它是由一些用数学方式描述的曲线组成，其基本组成单元是锚点和路径。矢量图像不仅有缩放不失真的优点，而且占用空间较小，特别适用于制作企业标志。不论这些标志是用于商业信笺，还是用于户外广告，只需一个电子文件就可传递，省时省力，且图形显示清晰。

矢量图形与分辨率无关。这意味着矢量图可以被任意放大或缩小，而图形不会出现失真现象，如图1-4-2 (a) 和图1-4-2 (b) 所示。

(a) 100%显示的矢量图效果　(b) 400%显示的局部矢量图效果

图1-4-2

提示：

矢量图形的缺点是不易制作出色调丰富或色彩变化大的图像，也不易在软件间交换。

1.5 分辨率

分辨率是指在单位长度内含有点 (dot) 或像素 (pixel) 的多少。分辨率的单位是“点/英寸”或“像素/英寸”，即dpi (dots per inch) 或ppi (pixels per inch)，意思是每英寸所包含的点的数量或每英寸所包含的像素数量。

1.图像分辨率

图像分辨率的单位是ppi (pixels per inch)，即每英寸所包含的像素数量。单位长度内的像素越多，分辨率越高，图像效果就越好。相同尺寸的情况下，高分辨率的图像比低分辨率的图像包含更多的像素，能更细致地表现图像。图1-5-1 (a) 和图1-5-1 (b) 所示分别为相同尺寸、不同分辨率的图像，通过对比可以发现，300像素/英寸的图像质量比72像素/英寸的图像质量要好许多。

(a) 分辨率为72像素/英寸的图像

图像放大至200%后的局部图像

(b) 分辨率为300像素/英寸的图像

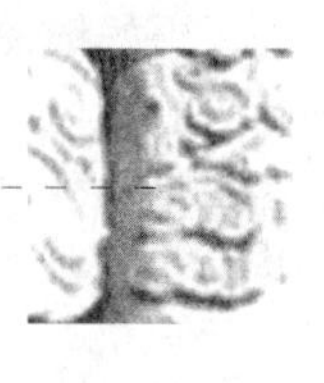

图像放大至200%后的局部图像

图1-5-1

提示：

分辨率的设置是影响输出品质的重要因素，分辨率越高，图像越清晰，图像文件也就越大，同时，处理图像的时间也就越长，对设备的要求也就越高。但并不是所有图像分辨率都越高越好，图像要使用多大的分辨率，应视图像的用途而定，不同用途的图像需要设置不同的分辨率。如果所设计的图像只是用于在屏幕上显示，那么图像的分辨率设为72像素/英寸即可；如果是用于打印，分辨率可设为150像素/英寸；如果要用于印刷，则分辨率的设置一般不低于300像素/英寸。

2.屏幕分辨率

屏幕分辨率即显示器上每单位长度显示的像素或点的数目，通常以“点/英寸（dpi）”为度量单位。屏幕分辨率取决于显示器大小及其像素设置。PC显示器的常用分辨率约为96dpi，Mac显示器的常用分辨率为72dpi。

3.输出分辨率

输出分辨率是指输出设备在输出图像时每英寸所产生的油墨点数。输出分辨率以dpi（dots per inch，即每英寸所含的点）为单位，是针对输出设备而言的。为获得最佳效果，文件中设置的图像分辨率应与打印机分辨率成正比（但不相同）。大多数激光打印机的输出分辨率为300dpi到600dpi，当图像分辨率为72dpi到150dpi时，其打印效果较好。高档照排机能够以1200dpi或者更高精度打印，此时将图像分辨率设为150dpi到350dpi之间，容易获得较好的输出效果。

提示：

理解屏幕分辨率、输出分辨率以及图像分辨率有助于我们理解图像的显示效果与输出效果。如果输出分辨率与显示分辨率低，即使具有很高分辨率的图像也很难产生好的显示效果或者输出效果。

4.颜色深度

颜色深度也叫位分辨率，是用来度量图像中有多少颜色信息可用于显示或打印，其单位是“位(bit)”，所以颜色深度有时也称位深度。常用的颜色深度是1位、8位、24位和32位。拥有较大颜色深度的数字图像，其具有较多的可用颜色，显示效果也较好。

1.6 什么是Photoshop文件

Photoshop文件是以PSD格式存储的点阵图图像文件，它具有尺寸、色彩模式及分辨率等属性。

为了更好地理解，可以将一个典型的 Photoshop 图像文件看作是多个图层（具有一定透明度的图片）的堆栈，如图 1-6-1（a）和图 1-6-1（b）所示。用户在屏幕中看到的图像，就是俯视这个图层堆栈的结果，如图 1-6-2 所示。

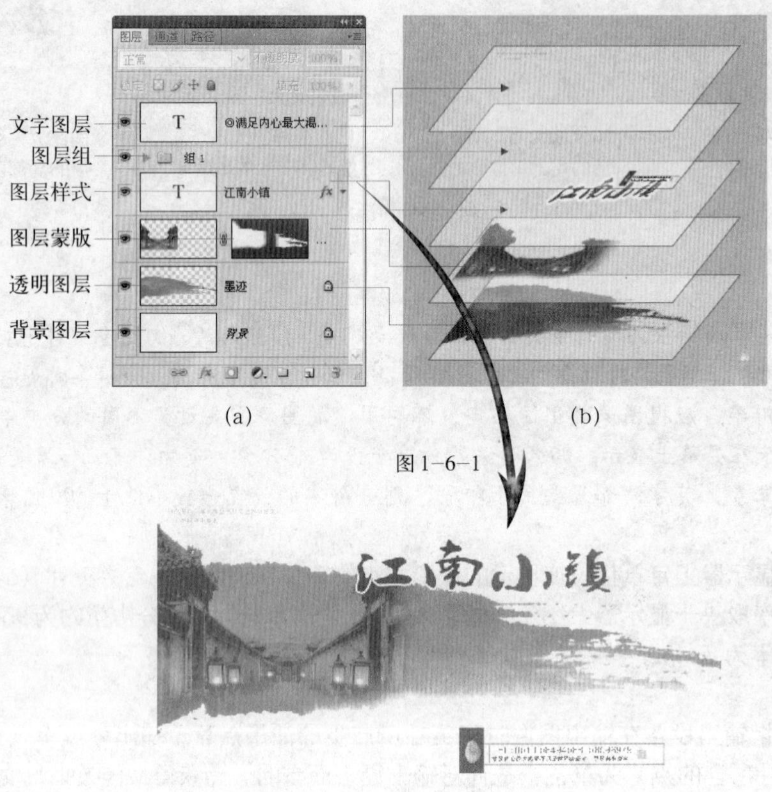

（a）　　（b）

图 1-6-1

图 1-6-2

提示：

图层面板展示了一幅图片的各个元素是如何堆放叠加的。图层在 Photoshop 的所有工作中都扮演着重要角色。

在图层堆栈里可以有以下几种图层：

背景（Background）图层：位于图层堆栈底部，完全由像素填充。

图像图层（Layer）：图像图层是创作各种合成效果的重要途径。可以将不同的图像放在不同的图层中进行独立操作，并且不影响其他图层中的图像。

透明（Transparent）图层：也可以包含像素，但是这些图层中的有一些区域是完全或部分透明的，因此这些区域下面的任何像素都可以被显示出来。

文字（Type）图层：文字图层用动态的方式编辑文字，以便在需要改变单词拼写、字符间距、文字的颜色、字体或文字的其他特性时，能够轻松地进行操作。

形状（Shape）图层和填充（Fill）图层：它们都是动态的。形状图层由内置的矢量蒙版纯色填充而成；填充图层可以应用纯色、图案和渐变，它拥有一个内置的图层蒙版。

调整（Adjustment）图层：调整图层可以在不改变原图像的基础上，改变图层像素的颜色和色调。调整图层的引入，解决了图像存储后无法恢复的难题。

除背景（Background）图层以外，每种图层都可以包含一个或两个蒙版，它们可以是基于像素的图层蒙版，也可以是基于指令的矢量蒙版，并且每个蒙版都能隐藏掉图层对整体图像文件的部分影响。

所有这些图层，除背景（Background）图层外都可以包含一个图层样式（Layer Style）。样式是一个指令"包"，涵盖了生成诸如阴影、发光、斜面，以及颜色、图案填充等特效的所有指令，并仿效图层内容的形状，如图1-6-3所示。

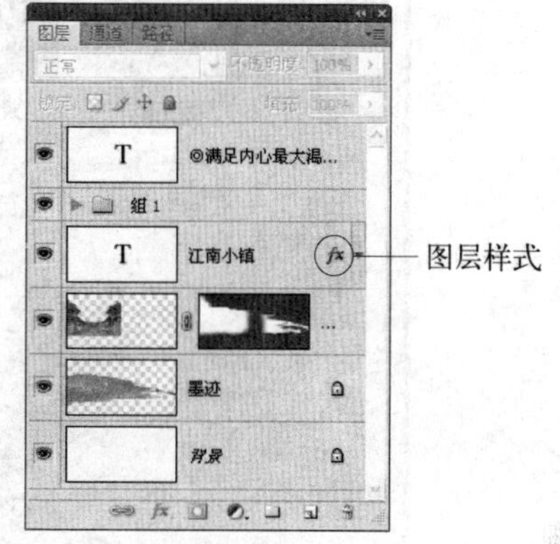

图1-6-3

1.7　Photoshop的工作方式

在Photoshop中与在其他图像处理软件中的工作一样，都是通过使用工具，在菜单、面板和对话框中作各种选择来进行的。但对于大多数工具和命令，在对图片进行编辑以前，需要告诉Photoshop要编辑图片中的哪个部分，用户可以选择一个图层或图层的一个蒙版，或者在一个图层内确定选区。如果没有作任何选择，Photoshop就会假定用户不想限制范围进行编辑，将会把对图像的操作应用到正在工作的图层和蒙版的所有地方。

1.8　如何获取原始图像

在Photoshop中获取原始图像的方式主要有2种，一种是使用Photoshop软件自己绘制图像，另一种是导入现有的图像，如数码相机中的影像、扫描仪扫描的图像、网络中下载的图像等都是我们获取原始图像的途径。下面主要介绍一下导入现有图像的几种方法：

1.打开Photoshop示例图像

Photoshop中的示例图像是用来演示Photoshop功能的一些图像文件，这些文件一般随软件一起安装到用户的计算机中，其打开方法如下：

（1）启动Photoshop CS4软件。

（2）选择"文件／打开"命令，弹出"打开"对话框，如图1-8-1所示。

（3）如果Photoshop CS4软件是安装在本地磁盘C中的，在"查找范围"右侧的选项中选择"本地磁盘C:\Program Files\Adobe\Adobe Photoshop CS4\示例"文件夹，如图1-8-1所示。

（4）在对话框的预览窗口中提供了好几种格式的文件，选择其中任意一种格式的图像文件，单击"打开"按钮，即可将该示例图像文件打开。

2.导入数码图像

如果要将数码相机中的图像输入计算机，首先需要安装数码相机的驱动程序，并用数据线将数码相机与计算机相连。

图 1-8-1

(1) 启动Photoshop CS4软件。

(2) 选择“文件/导入”命令，从弹出的子菜单中选择与数码相机相关的命令。

(3) 选择相关的命令后，将启动数码相机所使用的软件。

(4) 双击要导入的图像缩览图即可将数码相机中的图像导入Photoshop。

3.导入扫描图像

要想扫描图像，首先要配备扫描仪，然后确保数据线与计算机正常连接，并安装了扫描驱动程序方可扫描图片，其操作方法如下：

(1) 插上扫描仪电源，打开扫描仪开关，启动Photoshop CS4软件。

(2) 掀开扫描仪的盖子，放入需要扫描的图像。

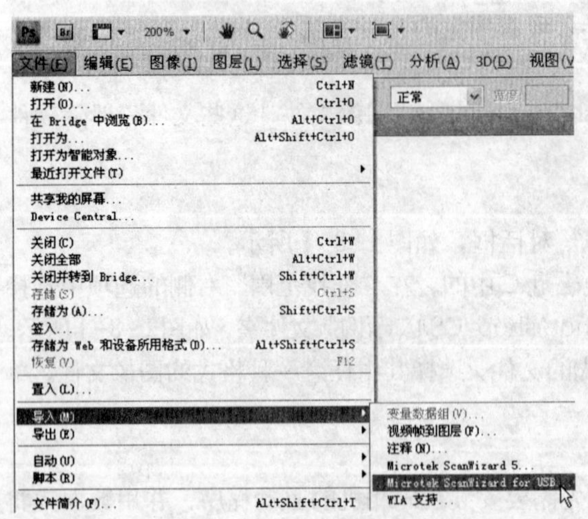

图 1-8-2

(3) 合上扫描仪的盖子，并选择Photoshop菜单——“文件/导入”子菜单中的相应命令，如图1-8-2所示（本例中使用的是一台佳能扫描仪）。

(4) 启动扫描仪程序后，预览图像并确定扫描范围。

(5) 设定扫描图像的色彩模式、尺寸、分辨率、对比度等参数后，单击“扫描”按钮，即可将图像导入Photoshop。

1.9　Photoshop CS4的启动和退出

Photoshop CS4启动和退出虽然比较简单，但对于初次接触Photoshop的用户来说还是有必要介绍一下的。

1.9.1　启动Photoshop CS4

在计算机中安装Photoshop CS4软件后，单击Windows左下角的“开始”按钮，在弹出的“开始”菜单中选择“所有程序/Adobe Photoshop CS4”命令，即可启动Photoshop CS4。

如果在桌面上建立了Photoshop CS4快捷方式图标，双击该图标亦可启动Photoshop CS4，如图1-9-1所示。

图1-9-1

1.9.2　退出Photoshop CS4

使用Photoshop CS4处理完图像后，应该退出程序。退出Photoshop CS4的方法是单击工作界面右上角的“关闭”按钮，或选择“文件/退出”命令，如图1-9-2所示。

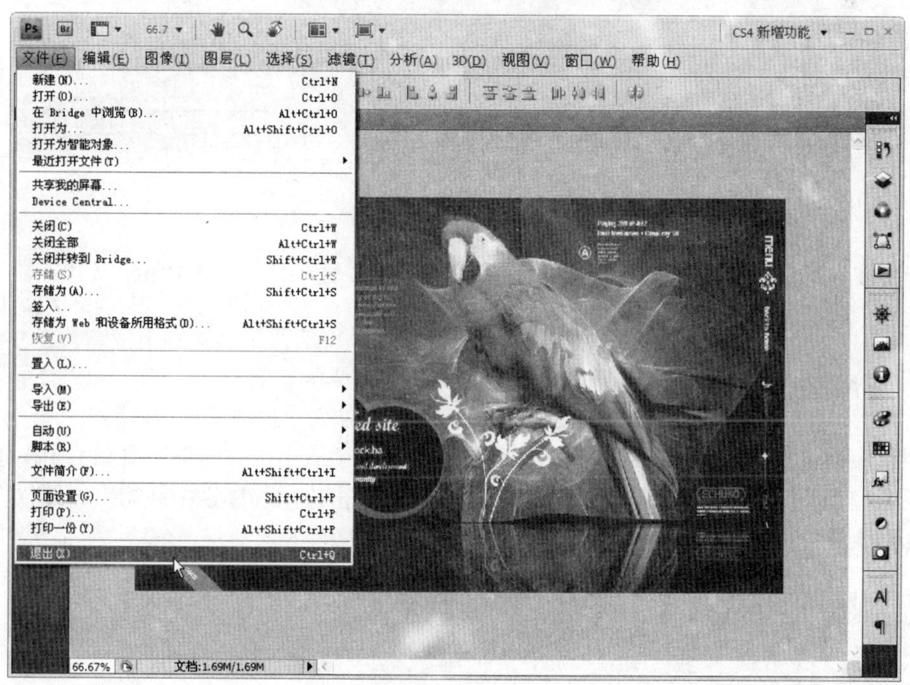

图1-9-2

1.10 Photoshop CS4 的工作界面

Photoshop CS4 的工作界面和前一版本的界面相比有较明显的改进，如直接以快捷按钮的形式代替了 Windwos 本身的“蓝条”样式，面板取消了 Photoshop CS3 版本那种看似豪华其实没有实际意义的阴影等。用户在理解Photoshop的工作界面时，可以把它理解为办公时的写字台，写字台有着工作所需的一切用品，有的放在台面上，有的放在抽屉里，工作时直接取用台面上或抽屉里的用品即可。启动Photoshop CS4 后的工作界面如图 1-10-1 所示。

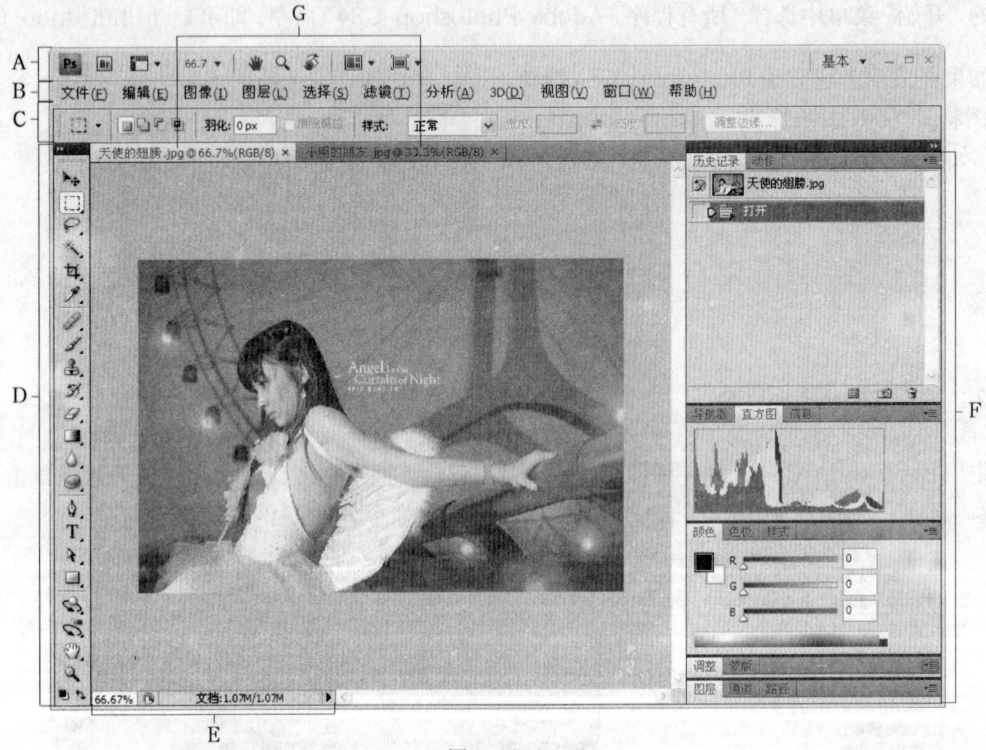

图 1-10-1

图中所注各部分分别为：A 应用程序栏、B 菜单栏、C 选项栏、D 工具箱、E 状态栏、F 面板组、G 选项卡式“文档”窗口。

1.10.1 应用程序栏

应用程序栏左侧显示了应用程序的图标 Ps。右侧显示了最小化、向下还原和关闭操作的快捷按钮。双击应用程序栏左侧的图标，可关闭应用程序；双击应用程序栏中间的空白部位，可在向下还原和最大化之间来回切换，如图 1-10-2 所示。

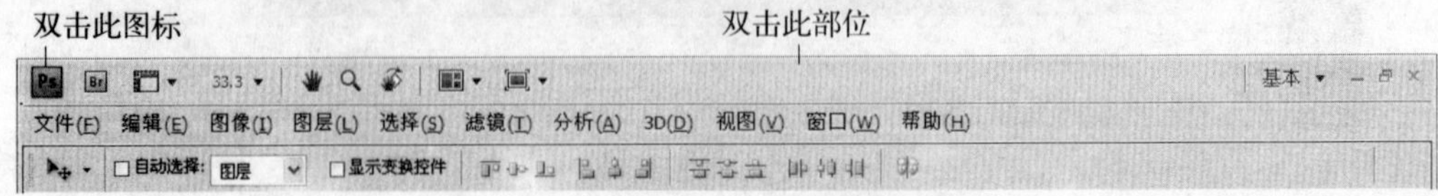

图 1-10-2

1.10.2 菜单栏

菜单栏包括11个命令菜单，它提供了编辑图像和控制工作界面的命令，在Photoshop CS4版本中新增加了一个“3D”菜单，并且在其他菜单中也增加了一些新的或改进的菜单选项。单击目标命令所在的命令菜单，在弹出的菜单中选择目标命令即可应用该功能，如图1-10-3所示。

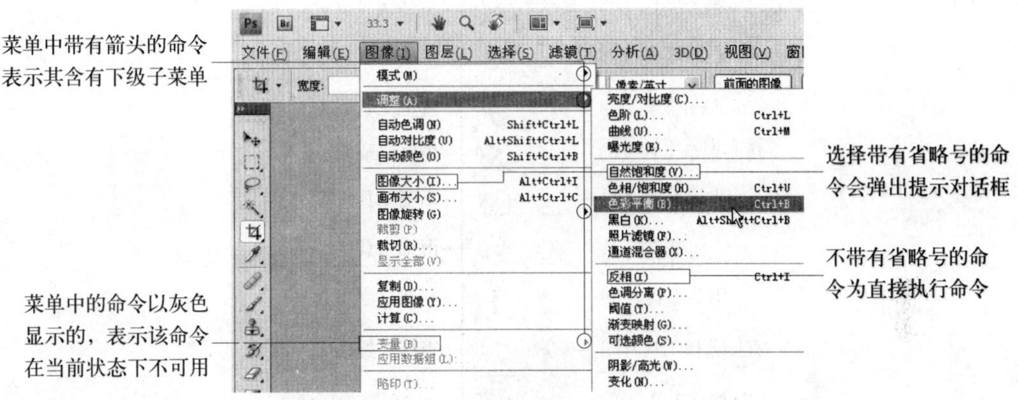

图1-10-3

提示：

某些菜单命令后面标注了该命令的快捷键，如“图像/调整/色彩平衡”命令的快捷键就是“Ctrl+B”，用户直接按“Ctrl+B”组合键就可执行“色彩平衡”的命令。

1.10.3 选项栏

选项栏中显示了当前所选工具的各项属性，其中的选项随当前所选工具的不同而变化。图1-10-4所示即为选择修补工具后的选项栏。

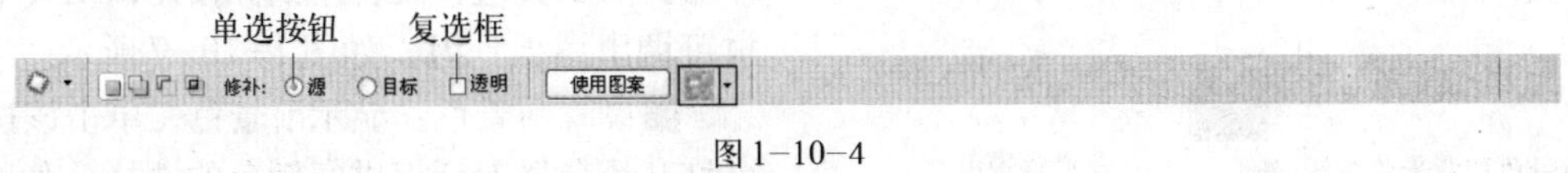

图1-10-4

如果在选项栏中更改了参数或者其他设置，要想恢复到默认值，只需用鼠标右键单击选项栏最左侧的工具图标，在随即弹出的菜单中选择“复位工具”或“复位所有工具”即可。如果选择的是“复位工具”命令，将把当前工具选项栏上的参数恢复至默认值，如果选择的是“复位所有工具”命令，则会将所用工具的选项栏上的参数恢复到默认值，如图1-10-5所示。

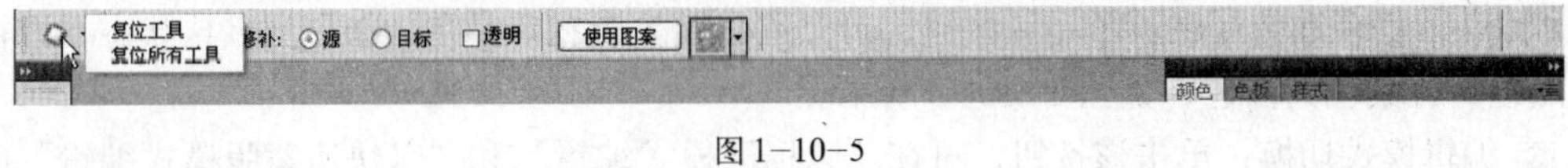

图1-10-5

1.10.4 工具箱

在Photoshop CS4版本中，工具箱的变化还是很大的，不但取消了上方的软件图标，还增加了3D工具，并且将屏幕模式按钮也移到了界面上方的应用程序栏中，更加节省了工作空间。用户要选择某工具，单击工具箱中的目标工具图标即可。图1-10-6所示为当前工具箱中所显示工具的名称及其快捷键。

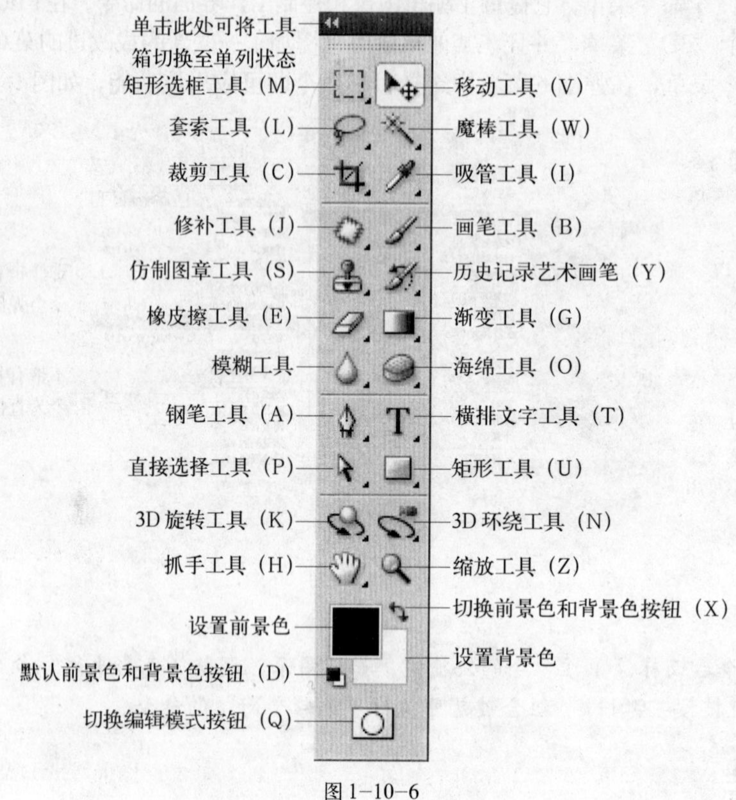

图1-10-6

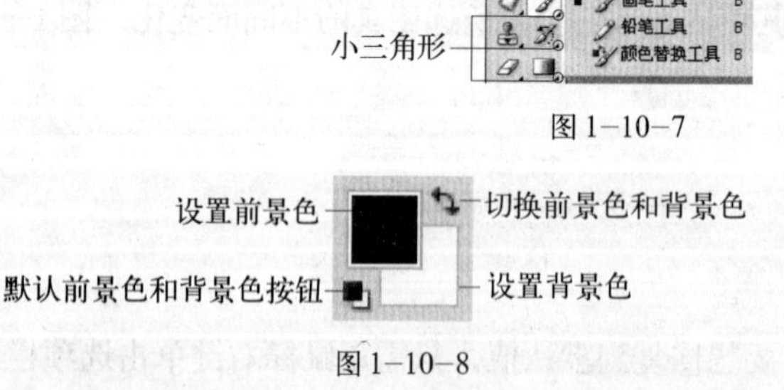

图1-10-7

图1-10-8

工具图标右下角带有小三角形的，表示其含有隐藏工具。用鼠标右键单击该工具会弹出该工具的工具组，或者用鼠标按住该工具不放，也可调出该工具组，如图1-10-7所示。

设置前景色：显示前景色，单击该按钮，可打开拾色器对话框进行颜色的选择，如图1-10-8所示。

设置背景色：显示背景色。单击该按钮，可以打开拾色器对话框进行颜色的选择，如图1-10-8所示。

切换前景色和背景色：单击该按钮，将切换前景色与背景色的颜色，如图1-10-8所示。

默认前景色和背景色：单击该按钮，可以恢复前景色和背景色的颜色到默认状态，即前景色为黑色，背景色为白色，如图1-10-8所示。

编辑模式切换：单击该按钮，可在“以标准模式编辑”和“以快速蒙版模式编辑”间切换，如图1-10-6所示。

1.10.5 状态栏

在Photoshop CS4版本中，状态栏位于“文档”窗口的左下角。在其中可显示当前图像窗口

的百分比比例以及文档的各种信息。

状态栏左边的文本框显示了当前图像的显示比例，在此处输入数值并按Enter键可按所指定的比例显示图像。图1-10-9所示的“100%”即为当前图像的显示比例。

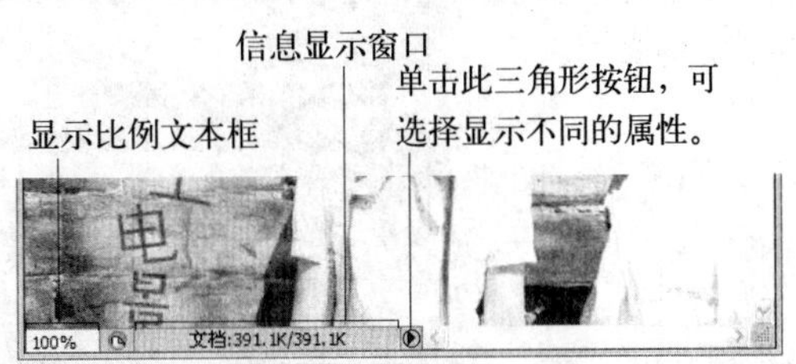

图1-10-9

单击状态栏中的三角形箭头，展开菜单栏，移动鼠标指针到“显示”选项上，单击目标状态选项，可设置状态栏的显示属性。之后状态栏会自动显示当前打开文档在该状态下的信息，如图1-10-10所示。

图1-10-10

1.10.6　面板窗口

在CS4版本中又新增加了几个面板，如“调整”面板、“蒙版”面板、“注释”面板等。默认情况下，Photoshop中的面板都被放在界面的右侧，这有助于提高工作效率。Photoshop中的面板可全部浮动在工作窗口中，用户可以根据实际需要显示或隐藏面板，也可以将面板放置在屏幕的任意位置或将其缩为图标的形式。

下面对Photoshop CS4中的面板使用操作方法简要说明一下：

当面板处于关闭状态时，执行“窗口”菜单中的目标面板命令可以打开该面板。如选择“窗口/图层”命令，即可打开“图层”面板，如图1-10-11所示。

面板选项卡：单击面板选项卡可以切换到相应的面板中。

面板工具按钮：单击相应的按钮，即可完成对应的功能。

面板菜单按钮：单击此按钮，会弹出面板下拉菜单。

面板菜单：面板菜单里设置了一些当前面板的操作命令。

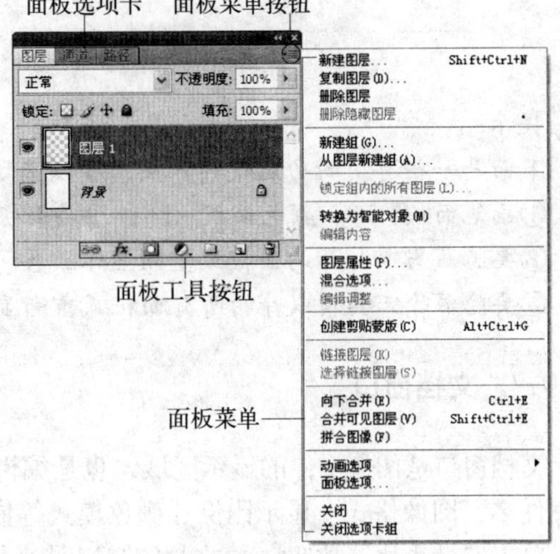

图1-10-11

“关闭”按钮

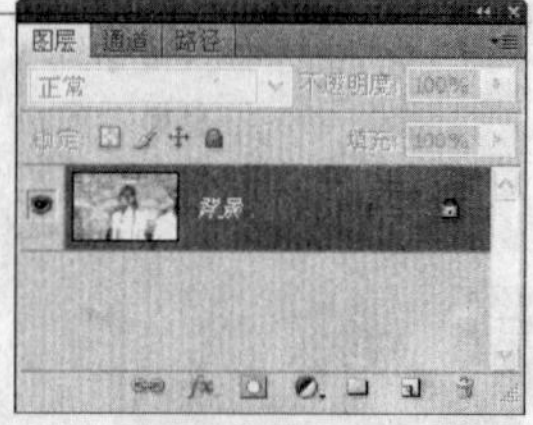

图 1-10-12

关闭面板：当面板处于打开状态时，单击如图1-10-12所示的“关闭”按钮即可关闭面板。

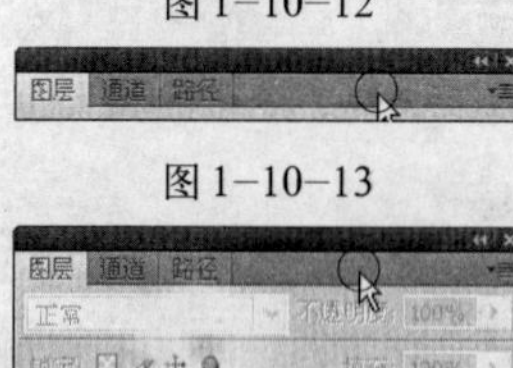

图 1-10-13

折叠面板：单击展开面板上方的空白处可折叠面板，如图1-10-13所示。

展开面板：再单击折叠面板上方的空白处可展开面板，如图1-10-14所示。

图 1-10-14

折叠为图标：移动鼠标指针到面板右上方的“折叠为图标”按钮上单击，可以将面板折叠为图标的形式，如图1-10-15所示。

调整面板显示面积：将鼠标指针指向面板右下角，待鼠标指针呈双向箭头状时，按住鼠标左键拖动至所需大小即可调整面板的面积，如图1-10-16所示。

“折叠为图标”按钮　折叠图标后

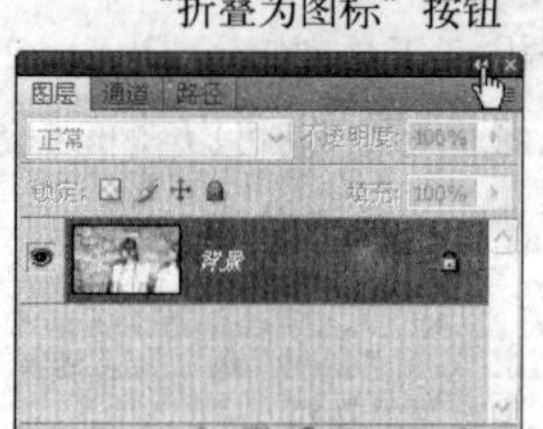

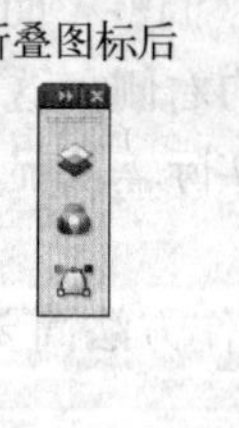

图 1-10-15

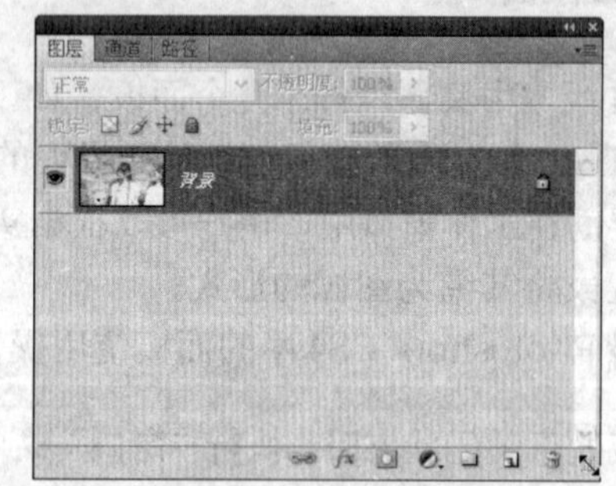

图 1-10-16

提示：

下面是一些有用的功能键的开关，可以显示或隐藏一些面板，以便有效利用屏幕空间。

①画笔面板：F5；颜色面板：F6；图层面板：F7；信息面板：F8；动作面板：F9。

②要隐藏当前打开的面板或重新显示，按Tab键。

③要隐藏除工具箱以外的所有面板或重新显示它们，按“Shift+Tab”组合键。

1.10.7 文档窗口

文档窗口是图像文件的显示区域，也是编辑与处理图像的区域。文档窗口的上端显示的是图像文件名、图像格式、显示比例和颜色模式等信息，如图1-10-17所示。

单击“最小化”按钮，文档窗口以最小化状态显示。

单击“最大化”按钮，文档窗口以最大化状态显示。

单击“关闭”按钮，可将图像文档关闭。

图1-10-17

1.11 实例：理解图层

本例主要是让用户对Photoshop图层有一个初步的认识，因为图层是该软件的核心技术，也是Photoshop软件的标志性功能，所以要学好Photoshop就一定要理解图层，掌握图层的使用。

（1）单击Windows界面左下角的“开始”按钮，在弹出的“开始”菜单中选择“所有程序/Adobe Photoshop CS4”命令，启动Photoshop CS4软件程序。

（2）选择“文件/打开”命令，调出“打开”对话框，并在其中选择“背景”文件，如图1-11-1所示。

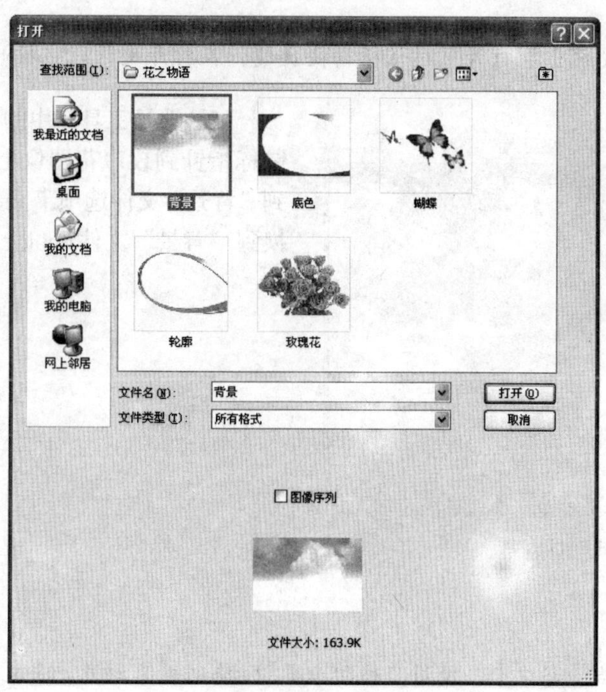

图1-11-1

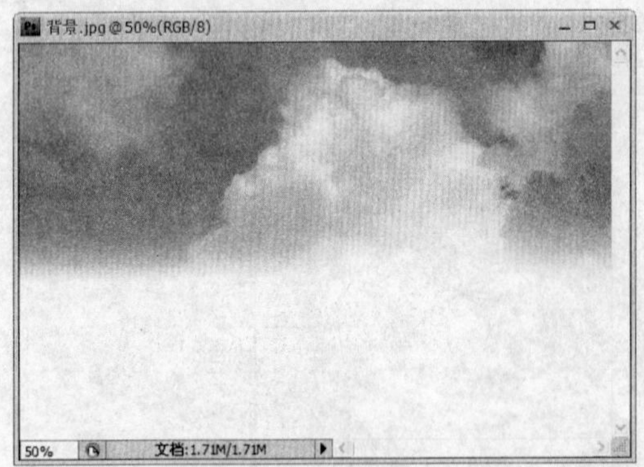

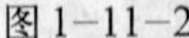
图 1-11-2

(3) 单击“打开”按钮，打开“背景”素材文件，如图 1-11-2 所示。

图 1-11-3

(4) 按“Ctrl+O”组合键再次调出“打开”对话框，并打开“玫瑰花”文件，如图 1-11-3 所示。

提示：

“Ctrl+O”组合键是调出“打开”对话框的快捷键，在打开文件时常按此快捷键。

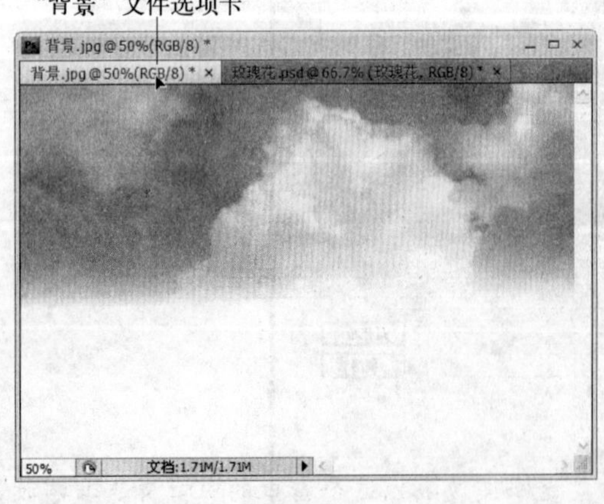

图 1-11-4

(5) 选择工具箱中的“移动工具”，移动鼠标指针到玫瑰花图像上并按住鼠标左键拖动到“背景”文件选项卡上，停留 2 秒后将窗口切换到“背景”文件窗口上，如图 1-11-4 所示。

提示：

在选项卡式“文档”窗口中，使用“移动工具”拖动图像到另一个文件选项卡上停留 2 秒，并移动到所需放置的位置松开鼠标，可快速复制这个图像到所需位置。

(6) 按住鼠标不放继续拖动到“背景”文件窗口中，移动到所需位置释放鼠标，即可快速将图像复制到如图1-11-5所示的位置。

图1-11-5

(7) 按“Ctrl+O”组合键打开素材中的“底色”文件，如图1-11-6所示。

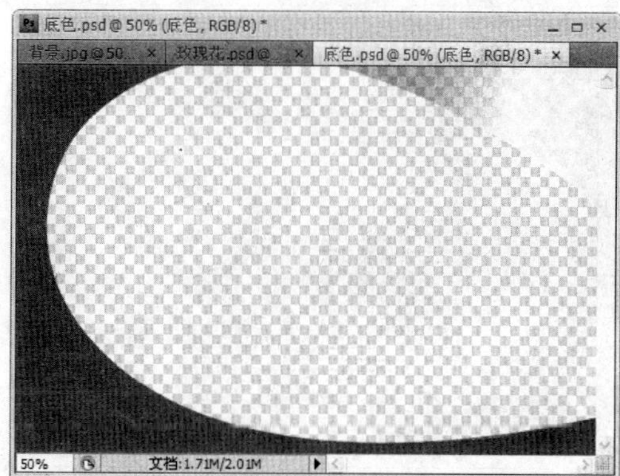

图1-11-6

(8) 选择工具箱中的“移动工具”，按住Shift键拖动“底色”图像到“背景”文件中，释放鼠标后，效果如图1-11-7所示。

图1-11-7

提示：

按住Shift键拖动一个图像到另一个文件窗口中，这个图像将以这个窗口的中心为基准摆放在图像窗口的中央。

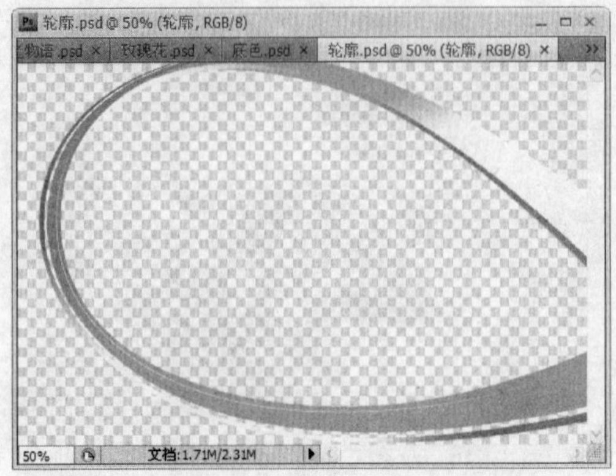

图 1-11-8

（9）按“Ctrl+O”组合键打开素材中的“轮廓”文件，如图 1-11-8 所示。

图 1-11-9

（10）使用相同的方法将“轮廓”图像拖动到“背景”文件中——选择工具箱中的“移动工具”，按住Shift键拖动“轮廓”图像到“背景”文件中，如图 1-11-9 所示。

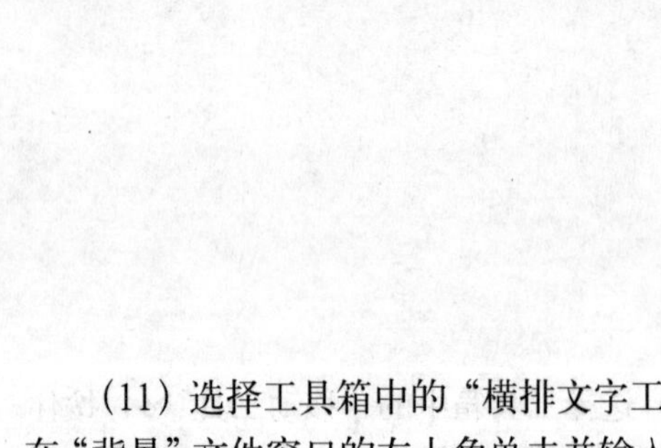

图 1-11-10

（11）选择工具箱中的“横排文字工具”T，在“背景”文件窗口的左上角单击并输入白色文字，如图 1-11-10 所示。

（12）按“Ctrl+O”组合键打开素材中的“蝴蝶”文件，如图 1-11-11 所示。

（13）选择“移动工具”，将蝴蝶图像拖动到文字的上方松手，具体位置如图 1-11-12 所示，到此这个实例的最终效果就完成了。

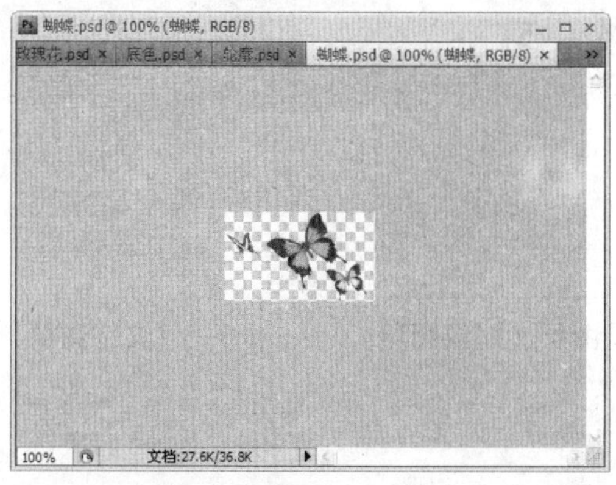

图1-11-11

图1-11-12

（14）选择“文件/存储为”命令，调出“存储为”对话框，在“保存在”后面的下拉选项中选择一个合适的位置，在“文件名”后面的文本框中输入“花之物语”，单击“保存”按钮，将制作的图像文件保存，如图1-11-13所示。

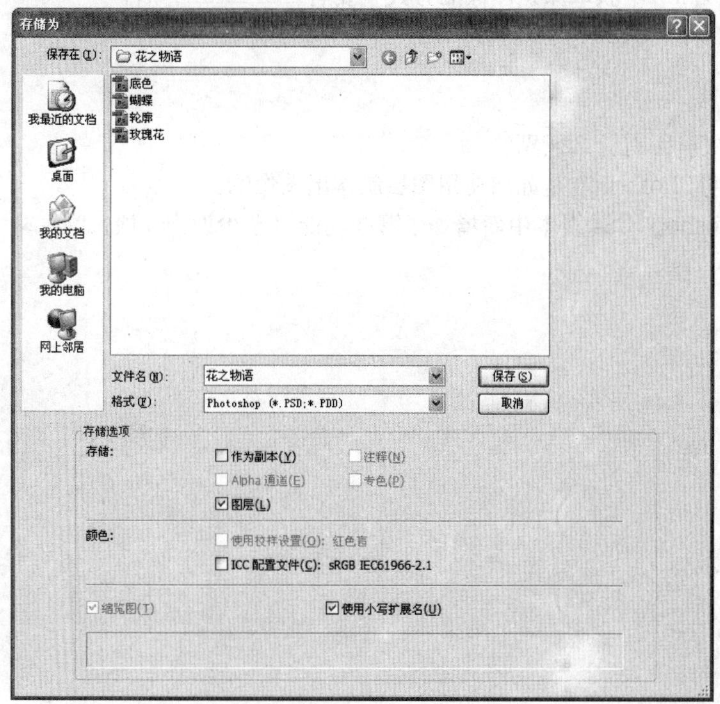

图1-11-13

1.12　小　结

通过对本章的学习，读者应了解Photoshop CS4的应用领域，运行Photoshop CS4程序对软、硬件的要求，以及一些新功能的特点。掌握Photoshop CS4的启动和退出等基本操作，并理解Photoshop是如何使用图层制作出图像的。

1.13 练 习

一、填空题

(1) Photoshop CS4有两个版本，分别是__________和__________。

(2) 分辨率是指在单位长度内含有__________或__________的多少。

(3) 在Photoshop的图层堆栈中可以包含背景图层、图像图层、__________、文字图层、形状图层和__________，以及调整图层。

二、选择题

(1) 图像文件有__________种类型。

A.1种 B.2种 C.3种 D.4种

(2) 调出“打开”对话框的快捷键是__________。

A.Ctrl+A B.Ctrl+S C.Ctrl+O D.Ctrl+D

(3) 在Photoshop中获取原始图像的方式主要有__________种。

A.1种 B.2种 C.3种 D.4种

三、问答题

(1) 位图和矢量图有什么区别？

(2) 简要说明Photoshop是如何使用图层制作出图像的？

(3) 在Photoshop CS4版本中新增加了哪些功能（至少说出3项）？

第2章 Photoshop CS4基础操作

Photoshop CS4基础操作包括文件的基础操作、常用编辑命令的基础操作和常用辅助功能的基础操作几部分。这些操作最常用、最简单，也最重要，是使用Photoshop工作时经常用到的基础操作。

2.1 文件的基础操作

处理图像的方式有很多，无论是新建一个空白图像文件进行绘制，还是打开一个半成品图像文件进行编辑，都免不了使用到文件的新建、关闭、打开和保存这些基础操作。

2.1.1 新建文件

选择“文件/新建”命令，打开图2-1-1所示的“新建”对话框。在对话框中设置参数后，单击“确定”按钮，完成文件建立。

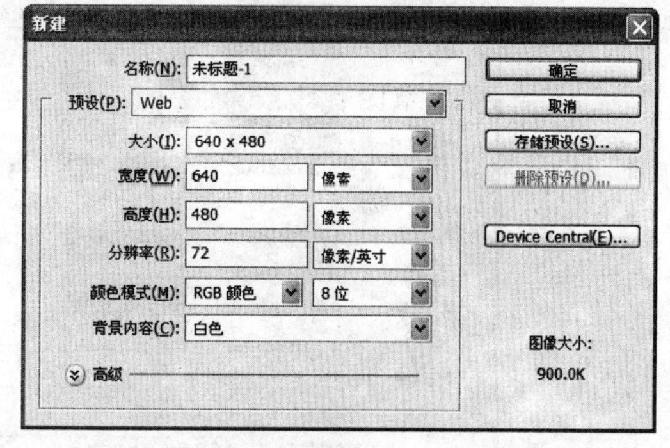

图2-1-1

“新建”对话框中各项的含义如下：

“名称”：在此文本框中可以输入新建文件的名称。

“预设”：单击右侧的下拉按钮，从弹出的菜单中可选择预先设置的文件类型。

“宽度”：用于自定义宽度。单击右侧的下拉按钮，可以选择不同的度量单位。

“高度”：用于自定义高度。单击右侧的下拉按钮，可以选择不同的度量单位。

“分辨率”：用于设置分辨率。默认分辨率为96像素/英寸，单击右侧的下拉按钮，可以选择不同的分辨率单位。

“颜色模式”：单击右侧的下拉按钮，可以选择文件的色彩模式和色彩深度。

“背景内容”：用于设置新建文件的背景图层颜色。选择“白色”选项，新建的文件将以白色填充背景；选择“背景色”选项，新建的文件将以工具箱上的背景色作为新建文件的背景色；选择“透明”选项，新建文件的背景将以透明状态显示。

“高级”：单击“高级”按钮展开图2-1-2所示的高级设置选项。

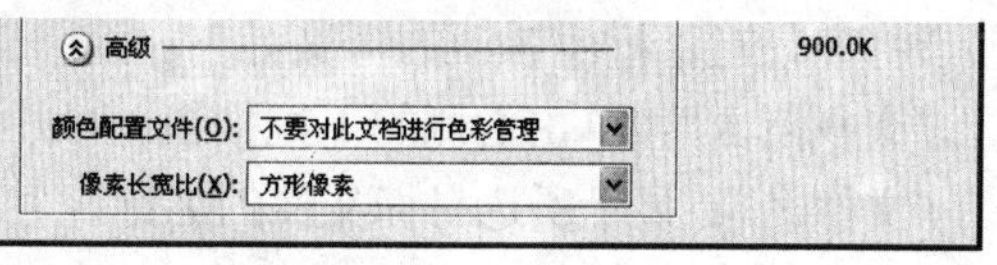

图2-1-2

通过高级选项可以设置新建文件采用的色彩配置文件和像素排列方式。

2.1.2 关闭文件

关闭当前文件通常有以下两种方法：

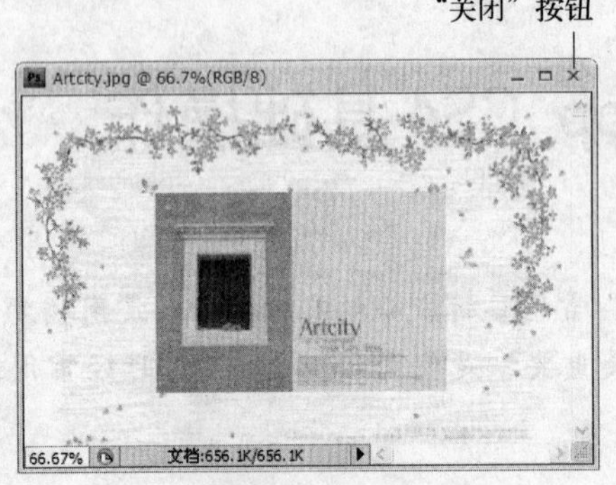

图 2-1-3

(1) 选择菜单栏中的"文件/关闭"命令。

(2) 单击图像文件窗口右上方的"关闭"按钮，如图 2-1-3 所示。

2.1.3 打开文件

选择菜单栏中的"文件/打开"命令，打开图 2-1-4 所示的"打开"对话框，在对话框中选择目标文件，单击"打开"按钮，即可打开目标文件。

图 2-1-4

"打开"对话框中各项的含义如下：

"查找范围"：单击右侧的下拉按钮，从中选择目标图形文件的路径。

"文件名"：显示所选目标文件的名称，并且在对话框下方空白处显示选中图形文件的缩览图和大小。

"文件类型"：可以设定当前路径中所需显示的文件类型，默认为"所有格式"，即显示所有图形文件。

2.1.4 保存文件

当一个作品创作完成后，应当及时对创作的成果进行保存，以免造成不必要的损失。保存文件的方法有好几种，下面介绍两种常用的保存文件方法。

1.使用“存储”命令存储

“存储”命令可以将当前打开的文件保存在其原存储位置上。使用“新建”命令建立的新文件，第一次使用存储命令时会打开“存储为”对话框，当再次使用存储命令时，会以第一次的存储设置保存该文件，不会再弹出“存储为”对话框。

对新建文件第一次选择“存储”命令的操作如下：

(1) 选择“文件 / 存储”命令，打开图 2-1-5 所示的“存储为”对话框。

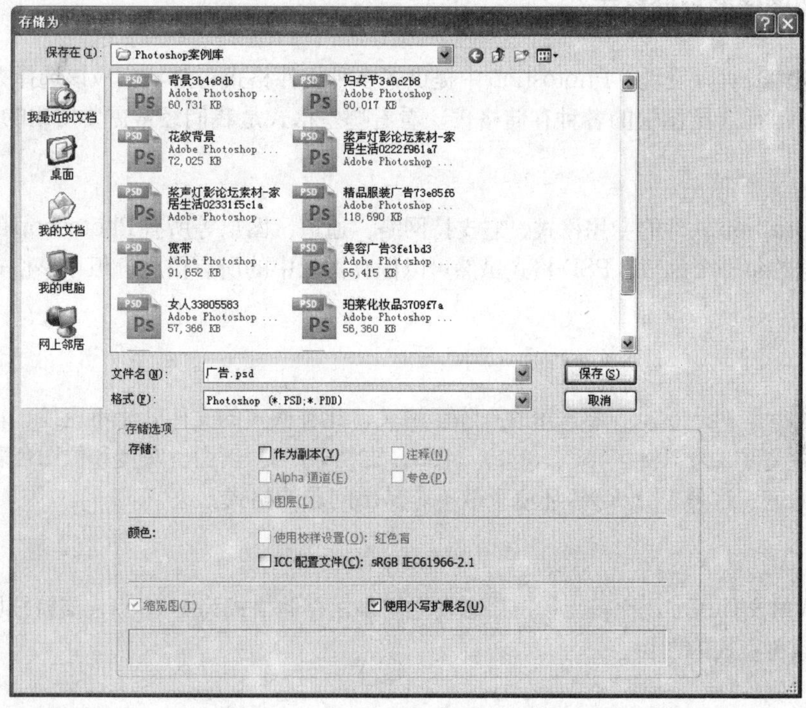

图 2-1-5

(2) 在“存储为”对话框中将各个选项设置好，单击“保存”按钮，即可保存该文件。

“存储为”对话框中各项的含义如下：

“保存在”：单击该项右侧的下拉按钮，在弹出的下拉列表中设置保存图形文件的位置。

“文件名”：设置文件的名称。

“格式”：设置文件的格式。

“作为副本”：将文件保存为文件副本，即在原文件名称基础上加“副本”两字保存。

“注释”：用于决定文件中含有注释时，是否将注释也一起保存。

“Alpha 通道”：用于决定文件中含有 Alpha 通道时，是否将 Alpha 通道一起保存。

“专色”：用于决定文件中含有专色通道时，是否将专色通道一起保存。

“图层”：用于决定文件中含有多个图层时，是否合并图层后再保存。

“颜色”：为保存的文件配置颜色信息。

“缩览图”：为保存的文件创建缩览图，默认情况下 Photoshop 自动为其创建。

“使用小写扩展名”：用小写字母创建文件的扩展名。

2. 使用“存储为”命令存储

需要使用新的文件名或存储位置保存当前已经保存过的文件时，可以使用“存储为”命令。选择“文件／存储为”命令会同样打开“存储为”对话框，其操作与使用“存储”命令的操作一样，这里就不再赘述。

提示：

按“Ctrl+Shift+S”组合键可快速调出“存储为”对话框。

2.1.5 了解图像的存储格式

在存储文件时可以发现，Photoshop 中提供了多种文件格式，那我们应该选择哪种文件格式保存文件呢？下面介绍图像的各种存储格式，看看哪些格式是我们经常需要使用的。

1. PSD 格式

这是 Photoshop 软件的专用格式，它支持网络、通道、图层等所有 Photoshop 的功能，可以保存图像数据的每一个细节。PSD 格式虽然可以保存图像中的所有信息，但用该格式存储的图像文件较大。

2. BMP 格式

这种格式也是 Photoshop 最常用的点阵图格式，此种格式的文件几乎不压缩，占用磁盘空间较大，存储格式可以为 1bit、4bit、8bit、24bit，支持 RGB、索引、灰度和位图色彩模式，但不支持 Alpha 通道。这是 Windows 环境下最不容易出问题的格式。

3. GIF 格式

这种格式的文件压缩比比较大，占用磁盘空间小，存储格式为 1～8bit，支持位图模式、灰度模式和索引颜色模式的图像。

4. EPS 格式

EPS 格式为压缩的 PostScript 格式，是为在 PostScript 打印机上输出图像开发的格式。其最大优点在于可以在排版软件中以低分辨率预览，而在打印时以高分辨率输出。它不支持 Alpha 通道，可以支持裁切路径。

EPS 格式支持 Photoshop 所有颜色模式，可以用来存储位图图像和矢量图形，在存储位图图像时，还可以将图像的白色像素设置为透明的效果，它在位图模式下也支持透明。

5. JPEG 格式

压缩比可大可小，支持 CMYK、RGB 和灰度的色彩模式，但不支持 Alpha 通道。此种格式可以用不同的压缩比对图像文件进行压缩，可根据需要设定图像的压缩比。

6. PDF 格式

PDF 格式是 Adobe 公司开发的用于 Windows、MAC OS、UNIX 和 DOS 系统的一种电子出

版软件的文档格式，适用于不同的平台。该格式基于PostScript Level 2语言，因此可以覆盖矢量图像和位图图像，并且支持超链接。

PDF文件是由Adobe Acrobat软件生成的文件格式，该格式文件可以存储多页信息，其中包含图形和文件的查找与导航功能，因此是网络下载经常使用的文件格式。

PDF格式除支持RGB、Lab、CMYK、索引颜色、灰度、位图的颜色模式外，还支持通道、图层等数据信息。此外，PDF格式还支持JPEG和ZIP的压缩格式（位图颜色模式不支持ZIP压缩格式保存），用户可在保存对话框中选择压缩方式，当选择JPEG压缩时，还可以选择不同的压缩比例来控制图像品质。若勾选保存透明区域（Save Transparency）复选框，则可以保存图像的透明属性。

7.PNG格式

PNG格式是Netscape公司开发出来的格式，可以用于网络图像，不同于GIF格式图像的是，它可以保存24bit的真彩色图像，并且支持透明背景和消除锯齿边缘的功能，可以在不失真的情况下压缩保存图像。但由于并不是所有的浏览器都支持PNG格式，所以该格式在网页中的使用远比GIF和JPEG格式的少。相信随着网络的发展和因特网传输速度的提高，PNG格式将会是未来网页中使用的一种标准图像格式。

PNG格式的文件在RGB和灰度模式下支持Alpha通道，但在索引颜色和位图模式下不支持Alpha通道。在保存PNG格式的图像时，屏幕上会弹出对话框，如果在对话框中选中Interlaced（交错的）按钮，那么在用浏览器欣赏该图片时，图片将会以从模糊逐渐转为清晰的效果进行显示。

8.TIFF格式

这是最常用的图像文件格式之一。它既能用于MAC也能用于PC。它是PSD格式外惟一能存储多个通道的文件格式。

9.Targa

Targa（TGA）格式专用于使用Truevision视频板的系统，MS-DOS色彩应用程序普遍支持这种格式。Targa格式支持16位RGB图像、24位RGB图像和32位RGB图像。Targa格式也支持无Alpha通道的索引颜色和灰度图像。当以这种格式存储RGB图像时，可以选取像素深度，并选择使用RLE编码来压缩图像。

10.PSB格式

大型文档格式（PSB）支持宽度或高度最大为300 000像素的文档。支持所有Photoshop功能（如图层、效果和滤镜）。可以将高动态范围32位／通道图像存储为PSB文件。目前，如果以PSB格式存储文档，存储的文档只能在Photoshop CS或更高版本中才能打开。其他应用程序和Photoshop的早期版本无法打开以PSB格式存储的文档。

提示：

Photoshop所兼容的格式有20余种之多，但并不是对任何格式的图像都能处理。所以在使用其他程序制作完图像后，需要将图像存储为Photoshop能处理的格式，如TIFF、JPEG、GIF、EPS、BMP、PNG等。

2.2　常用编辑命令的基础操作

在Photoshop CS4版本中，“编辑”菜单中新增加了一个“内容识别比例”命令。在实际工作中，有些编辑命令使用得很频繁，如剪切、复制和粘贴；有些编辑命令则被忽视，如合并拷贝、贴入等。下面就针对这些常用编辑命令的操作进行讲解，并介绍“内容识别比例”命令的使用。

2.2.1　撤销和返回

在编辑过程中经常用到撤销和返回命令，它能轻松地对编辑过程进行控制。其不但能够对编辑的内容进行重复性撤销返回观看，还能进行多次撤销和返回。撤销和返回共有3个命令，如图2-2-1所示。

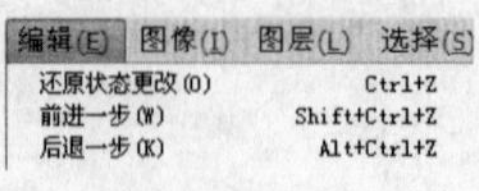

图2-2-1

1.还原

还原命令只能还原和重复操作一次。在默认状态下，还原命令不可用，如图2-2-2所示。

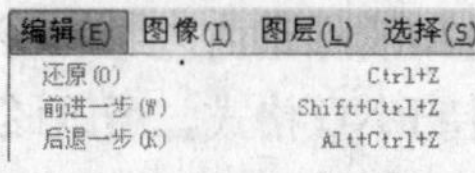

图2-2-2

当进行一次操作后，该命令将变成“还原……”。如新建一个图层后，该命令将变成“还原新建图层”状态，如图2-2-3所示。

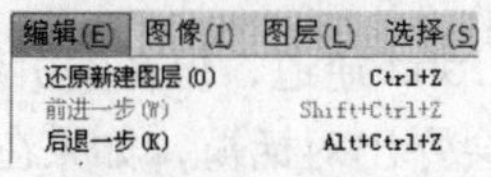

图2-2-3

若选择了“还原新建图层”命令，此命令将变成“重做新建图层”状态，如图2-2-4所示。

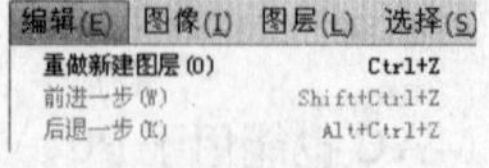

图2-2-4

提示：

一般在操作中使用快捷键“Ctrl+Z”进行还原操作。反复选择此命令，将在“还原……”和“重做……”之间来回切换。

2.“前进一步”和“后退一步”

“前进一步”和“后退一步”也是用于撤销和返回的操作，与还原命令不同的是，这两个命令可以进行多次还原和重做，用户可自行在“编辑／首选项／性能”的历史记录状态中设置还原的次数，默认值为20。

默认状态下，“前进一步”命令不可用，只有在进行一次“后退一步”命令操作后，“前进一步”命令才可用。

提示：

一般在选择“前进一步”和“后退一步”命令撤销时，常用快捷键“Shift+Ctrl+Z”和“Alt+Ctrl+Z”来进行操作。

2.2.2　剪切、拷贝和粘贴

剪切、拷贝、粘贴是Photoshop中的基本编辑命令，这些命令虽然简单，但在实际操作中的

作用却相当大，举例说明如下：

(1) 按“Ctrl+O”组合键打开素材中的“校服 1”文件，如图 2–2–5 所示。

(2) 按“Ctrl+O”组合键再打开素材中的“校服 2”文件，如图 2–2–6 所示。

图 2–2–5

图 2–2–6

(3) 选择工具箱中的“魔棒工具”，在其选项栏中设置“容差”值为 8，并取消勾选“连续”复选框，如图 2–2–7 所示。

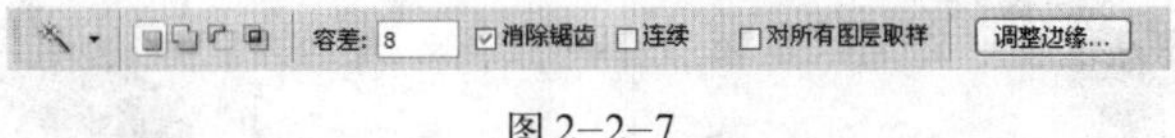

图 2–2–7

(4) 移动鼠标指针到人物后面的空白处单击，将所有白色背景全部选中，如图 2–2–8 所示。

(5) 执行“选择 / 反向”命令，将图像反向选取——即将人物部分用选区选中。之后选择“编辑 / 剪切”命令，如图 2–2–9 所示。

图 2–2–8

图 2–2–9

提示：

①选择“剪切”命令是将选取范围内的图像剪切掉，并放入Windows剪贴板。所以，剪切影响原图像的效果。它的快捷键是“Ctrl+X”。

②选择“拷贝”命令是将选取范围内的图像拷贝到Windows剪贴板中。所以，拷贝不影响原图像的效果。它的快捷键是“Ctrl+C”。

③使用剪切或拷贝命令将图像复制到Windows剪贴板中后，可进行多次粘贴使用。它的快捷键是“Ctrl+V”。

(6) 单击“校服1”文件选项卡，切换到“校服1”文件中。选择“编辑／粘贴”命令，将刚才剪切的图像粘贴到文件中，如图2-2-10所示。

(7) 选择“编辑／自由变换”命令，按住Shift键向内拖动控制框顶角的控制点，将图像等比例缩小，按Enter键确认变换，如图2-2-11所示。

图2-2-10

图2-2-11

(8) 按“Ctrl+O”组合键打开素材中的“校服3”文件，并用同样的方法将人物选中，之后选择“编辑／拷贝”命令，如图2-2-12所示。

图2-2-12

(9) 单击"校服 1"文件选项卡，切换到"校服 1"文件中。选择"编辑 / 粘贴"命令，将刚才拷贝的图像粘贴到"校服 1"文件中，并等比例缩小至图 2–2–13 所示的位置。

图 2–2–13

(10) 这样我们就成功地运用了剪切、拷贝和粘贴命令。如果有兴趣和时间，可继续将这幅图像加工成较完整的作品，如图 2–2–14 所示。

图 2–2–14

2.2.3　合并拷贝和贴入

合并拷贝和贴入这两个命令也是用于复制和粘贴的操作，但又不同于普通的复制和粘贴，下面分别予以介绍。

1. 合并拷贝

"合并拷贝"可以在不影响原图像的情况下，将所有图层中的图像进行复制，而普通的复制只能复制当前某个图层中的内容。合并拷贝的优点就在于它可以在不破坏图层关系的基础上进行整体复制，举例说明如下：

(1) 按"Ctrl+O"组合键打开素材中的"琵琶语"文件（此文件是一个拥有 6 个图层的 PSD 格式文件），如图 2–2–15（a）和（b）所示。现在要在不影响图层的情况下，将文件中的部分图像拷贝到一个新文件中。

(a)

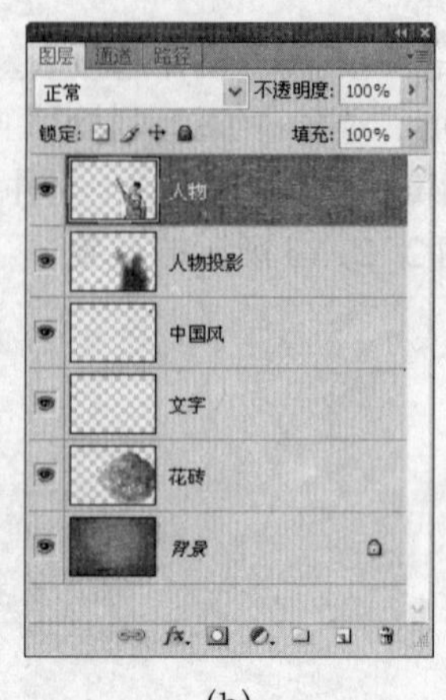

(b)

图 2–2–15

(2) 选择工具箱中的“矩形选框工具”，在其选项栏中设置“羽化”值为0px，如图2–2–16所示。

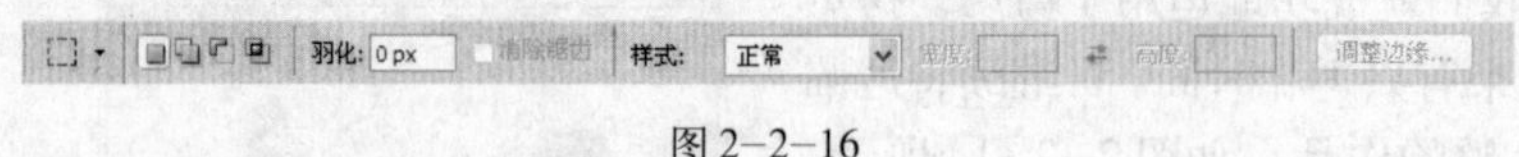

图 2–2–16

(3) 按住鼠标左键在图像中拖动，将需要复制的部分选中，如图2–2–17所示。

(4) 选择菜单中的“编辑／合并拷贝”命令，将图像合并拷贝到Windows剪贴板中。

(5) 按“Ctrl+N”组合键新建一个和“琵琶语”文件一样大小的文件，之后选择“编辑／粘贴”命令，此时就将所有图层中的图像全部复制到新建的文件中了，效果如图2–2–18所示。

图 2–2–17

图 2–2–18

提示：

“琵琶语”文件的尺寸可以选择“图像／图像大小”命令进行查看，也可按“Ctrl+Alt+I”组合键快速调出“图像大小”对话框进行查看。

2. 贴入

“贴入”命令可以将粘贴进来的图像放到某个选择的选区通道中，举例说明如下：

（1）按“Ctrl+O”组合键打开素材中的“太阳”文件，并确定在“太阳”图层上工作。按“Ctrl+A”组合键将太阳选中，如图2–2–19（a）和（b）所示，然后选择“编辑/拷贝”命令，将太阳拷贝到Windows剪贴板中。

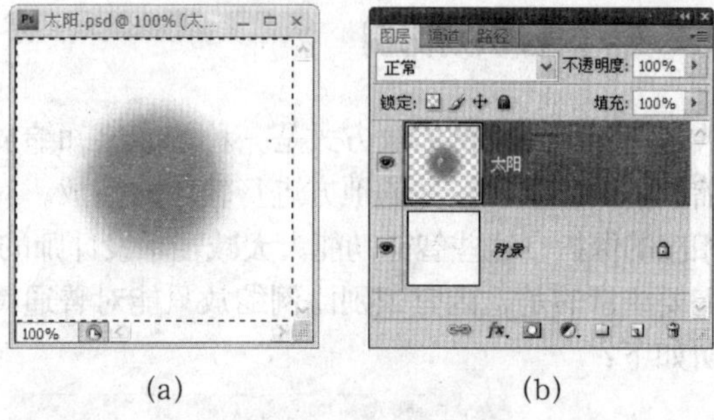

(a)　　(b)

图2–2–19

（2）按“Ctrl+O”组合键打开素材中的“晚霞”文件，如图2–2–20所示

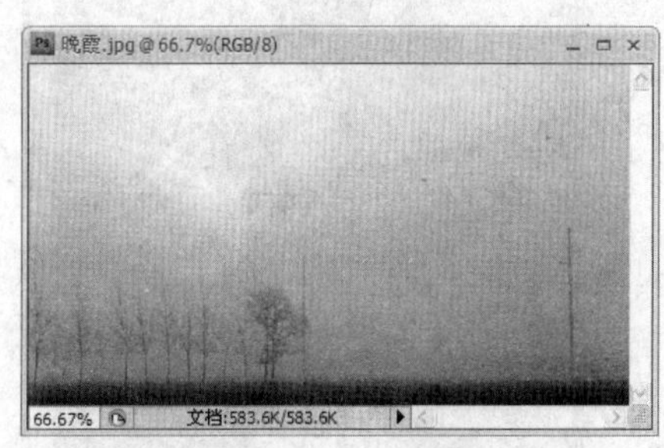

图2–2–20

（3）选择工具箱中的“魔棒工具”，在其选项栏中设置“容差”值为60，并勾选“连续”复选框，如图2–2–21所示。

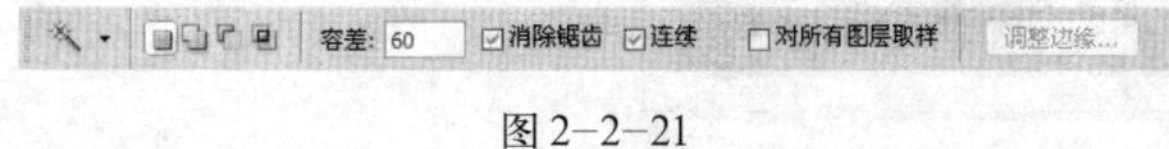

图2–2–21

（4）移动鼠标指针到左上角的天空位置单击一下，将图2–2–22所示的天空部分选中。

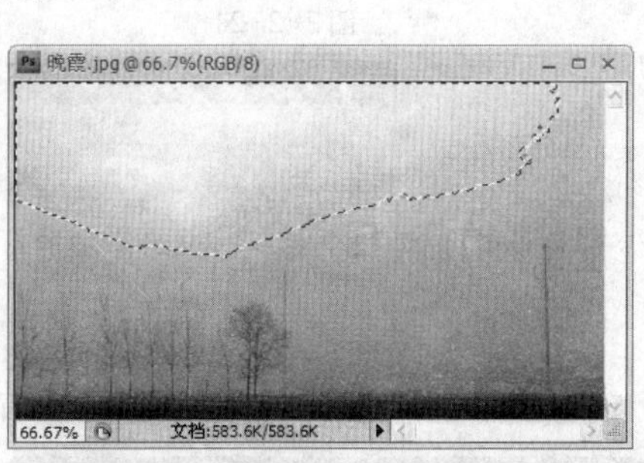

图2–2–22

（5）选择“编辑/贴入”命令，即可将拷贝的图像贴入到选择的选区通道中，效果如图2–2–23所示。

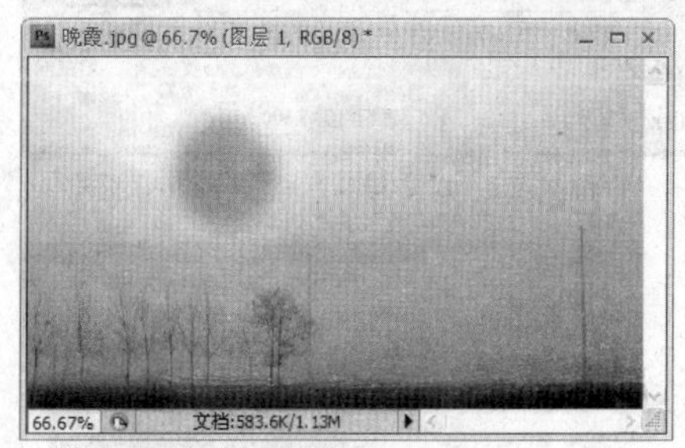

图2–2–23

2.2.4 内容识别比例

内容识别比例缩放方式是一种智能感知缩放方式，可以把细节部分比较少的区域进行较大的缩放，而细节比较多的地方进行较小的缩放。对于人物的一些色彩相貌还可以自动识别，并进行相应的保护，这些智能功能大大减轻了设计师的负担，很多地方用这些先进的功能实现就可以了。需要注意的是，内容识别比例缩放只能对普通图层进行操作，不能对背景图层进行操作，举例说明如下：

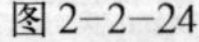
图2-2-24

(1) 按“Ctrl+O”组合键打开素材中的“泳装”文件，如图2-2-24所示。

图2-2-25

(2) 此文件只包含一个“背景”图层，如图2-2-25所示。

图2-2-26

(3) 选择“图层/新建/背景图层”命令，在弹出的“新建图层”对话框中保持默认参数，如图2-2-26所示。

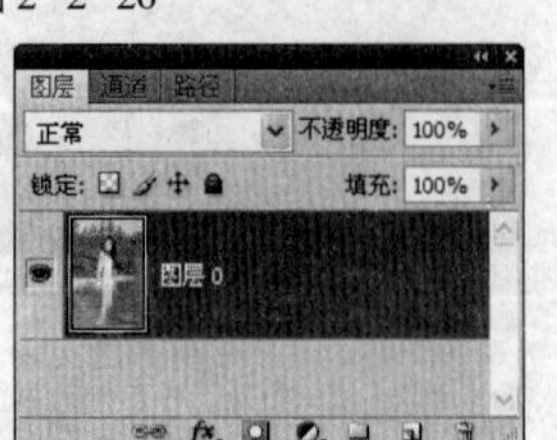

图2-2-27

(4) 单击“确定”按钮，将“背景”图层转换为普通图层——“图层0”，如图2-2-27所示。

(5) 选择“图像/画布大小”命令，在弹出的“画布大小”对话框中首先单击“左定位”按钮，然后将“宽度”改为20厘米，如图2-2-28所示。

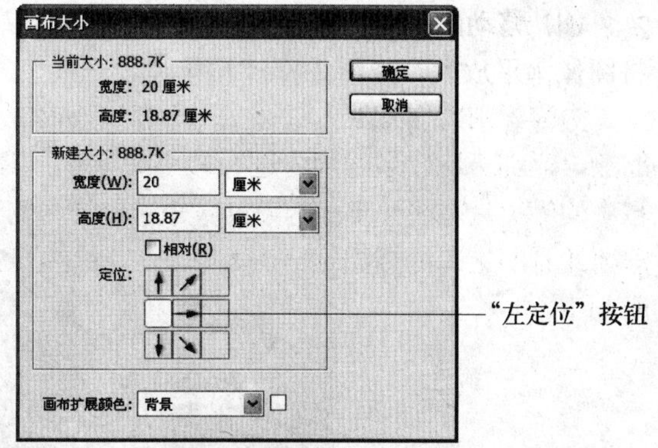

图2-2-28

(6) 单击“确定”按钮，将画布以左侧为基准向右扩展几厘米宽度，如图2-2-29所示。

图2-2-29

(7) 选择“编辑/ 内容识别比例”命令，在其选项栏中首先单击“保护肤色”按钮，将保护肤色功能开启，如图2-2-30所示。

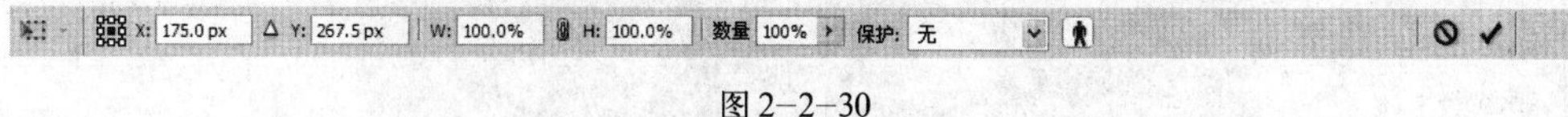

图2-2-30

提示:

“保护肤色”按钮：启用此按钮，在对图像进行智能缩放时可保护类似人物皮肤色调的区域不受影响。

（8）移动鼠标指针到右侧的控制框上，当鼠标指针变为双箭头↔形状时，按住左键向右拖动，将图像水平放大，如图 2–2–31 所示。

图 2–2–31

（9）单击选项栏中的“进行变换”按钮✓，确认变换图像，内容识别比例缩放效果如图 2–2–32 所示。此时读者可以发现，虽然对图像进行了放大，但人物并没有受到太大的影响。

图 2–2–32

（10）普通变换则不同，会让所有图像都变形得很厉害。普通缩放效果如图 2–2–33 所示。

图 2-2-33　普通缩放效果

2.2.5　自由变换

自由变换可以对整个图像、某个选区范围、某个图层或某段路径等进行缩放、旋转、斜切、扭曲和透视等变换操作。其使用方法举例说明如下：

（1）按“Ctrl+O”组合键打开素材中的“小猪”文件，如图 2-2-34 所示。

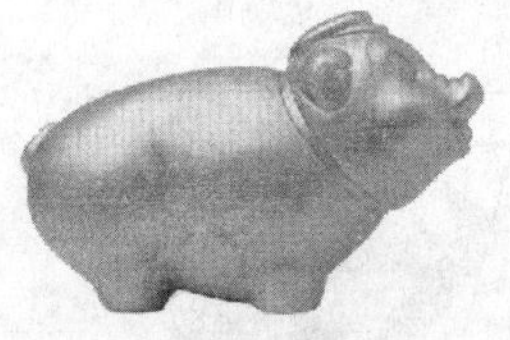

图 2-2-34

（2）选择“编辑／自由变换”命令，此时图像的周围出现了控制框，如图 2-2-35 所示。

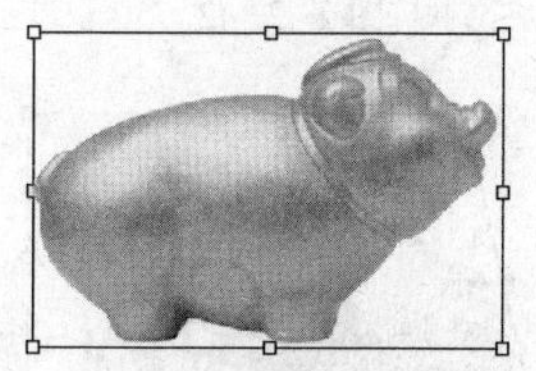

图 2-2-35

移动位置：将鼠标指针移到控制框内，当鼠标指针变为▸状时，按住鼠标左键并拖动即可移动图像，如图 2-2-36 所示。

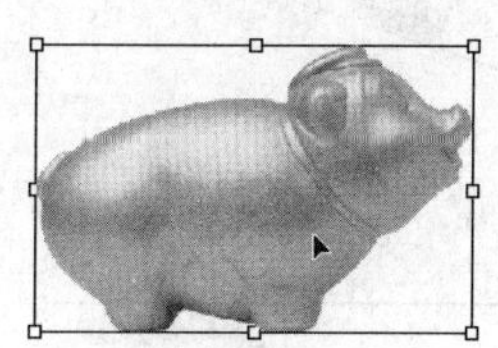

图 2-2-36

图 2–2–37 垂直缩放

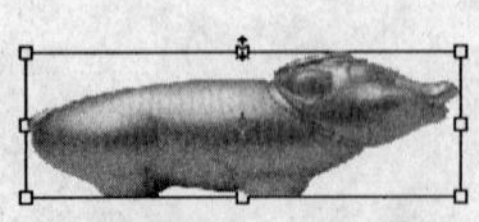
图 2–2–38 水平缩放

水平或垂直缩放：将鼠标指针移到各条边中间的某个控制点上，当鼠标指针变为↕状或者↔状时，按住左键并拖动鼠标，上、下或左、右拖动控制点，即可对图像进行垂直或者水平方向的缩放，如图 2–2–37 和图 2–2–38 所示。

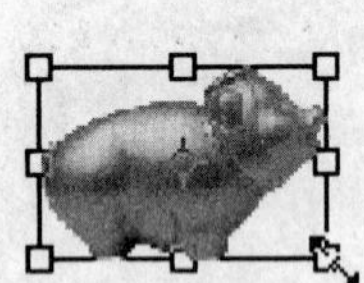
图 2–2–39 任意缩放

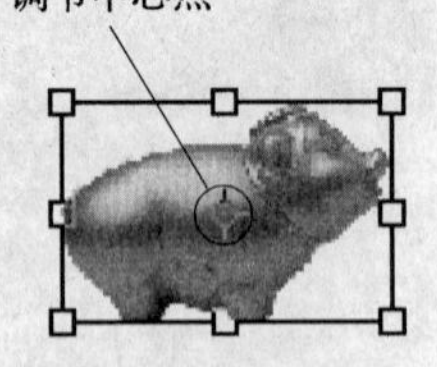

图 2–2–40

任意和等比例缩放：将鼠标指针移到4个顶角的某个控制点上，等鼠标指针变成↗状或者↖状时，按住左键并拖动鼠标，拖动控制点可对图像进行任意缩放变形，如图 2–2–39 所示。此时若按住 Shift 键拖动鼠标，可对图像进行等比例缩放；若按住“Shift+Alt”组合键拖动鼠标，图像将以调节中心为基准等比例缩放，如图 2–2–40 所示。

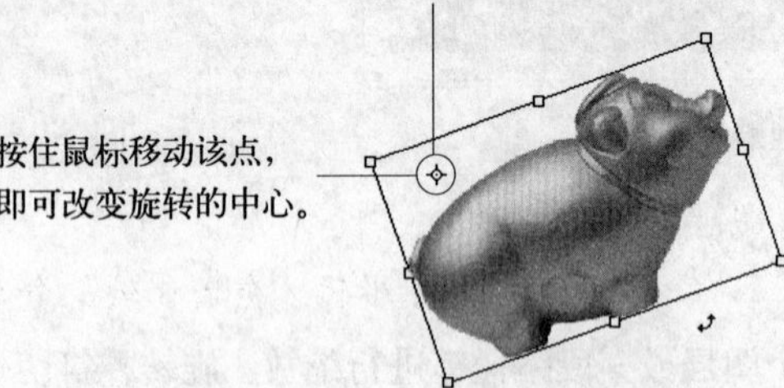

图 2–2–41

自由旋转：将鼠标指针移至控制框的边线上，当鼠标指针显示为弧形的双向箭头↩状时，按住左键以顺时针或逆时针方向拖动鼠标，图像将以调节中心为轴进行自由旋转。若按住 Shift 键旋转图像，可使图像按 15 度角的倍数进行旋转，如图 2–2–41 所示。

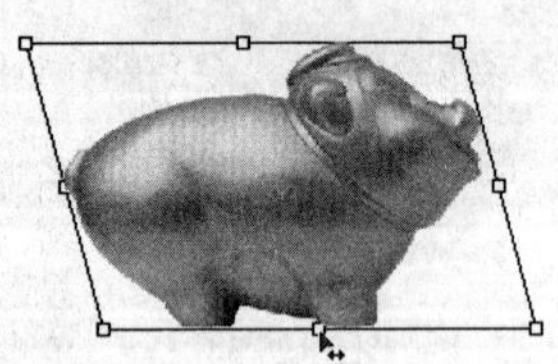
图 2–2–42

斜切：按住“Ctrl+Shift”组合键，移动鼠标指针到控制框中间的某个调节点上，当鼠标指针变为▸↔状或者▸↕状时，按住左键拖动鼠标，可以对图像进行平行四边形的斜切操作，如图 2–2–42 所示。

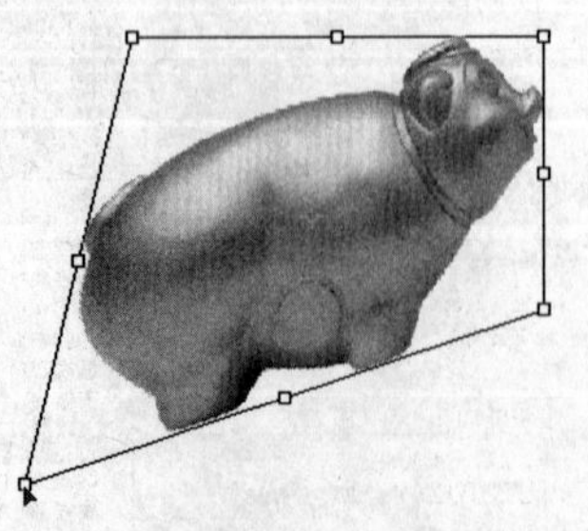
图 2–2–43

扭曲：移动鼠标指针到顶角的调节点上，当鼠标指针变为▸ 状时，按住 Ctrl 键再按住左键并拖动鼠标，可对图像进行扭曲变形的操作，如图 2–2–43 所示。

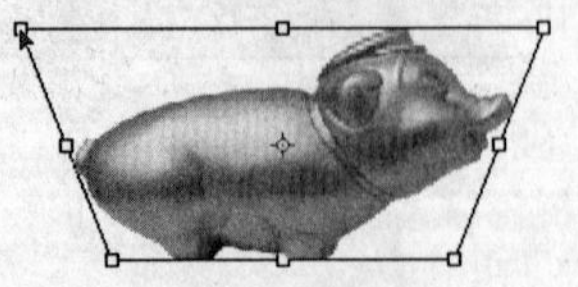
图 2–2–44

透视：移动鼠标指针到任意顶角的调节点上，当鼠标指针变为▸状时，按住“Ctrl+Alt+Shift”组合键，再按住左键并拖动鼠标，可使图像产生透视效果，如图 2–2–44 所示。

(3) 确定移动的位置、水平或垂直缩放、任意和等比例缩放、自由旋转、斜切、扭曲或透视后，在控制框内双击鼠标或者按Enter键，都可应用所进行的变换。在没确定变换操作前如果单击了工具箱中的其他工具，将会弹出一个提示对话框，如图2−2−45所示。单击“应用”按钮确定当前变换；单击“取消”按钮关闭对话框；单击“不应用”按钮将关闭对话框并退出自由变换状态。

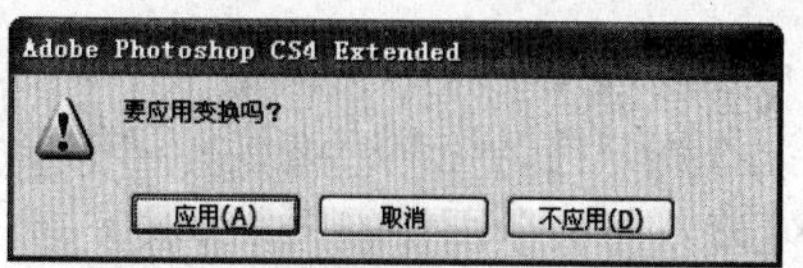

图2−2−45

在进行自由变换操作时，除了上述介绍的操作外，还可以使用快捷菜单进行操作。在自由变换的控制框内或控制框外单击鼠标右键，会弹出自由变换的快捷菜单，如图2−2−46所示。在其中还可以进行翻转操作。

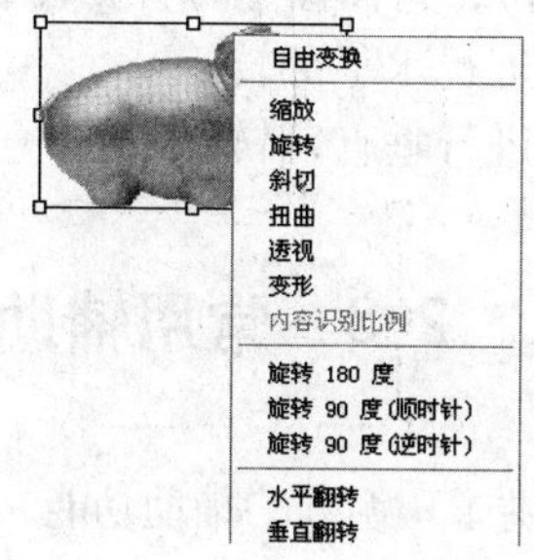

图2−2−46

提示：

①通常执行“自由变换”命令用快捷键“Ctrl+T”。

②在自由变换整个图像时，如果这幅图像在“背景”图层上，则“编辑／自由变换”命令不可用。

2.2.6　变换

使用变换命令同样可以进行各种变换操作。选择“编辑／变换”命令，将打开“变换”菜单中的子菜单，如图2−2−47所示。在其中选择某一命令，即可执行相应的变换操作。其次，变换命令还可以将图像再次变换、变形、旋转180度、旋转90度（顺时针）、旋转90度（逆时针）、水平翻转和垂直翻转，各命令的具体作用如下：

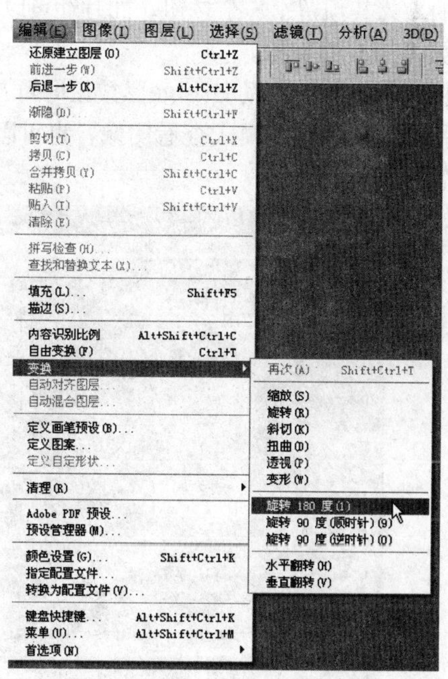

图2−2−47

再次：可重复选择上次的变换操作。

变形：允许用户拖动控制点变换图像的形状或路径的形状。

旋转180度：将整个图像旋转180度。

旋转90度（顺时针）：将图像顺时针旋转90度。

旋转90度（逆时针）：将图像逆时针旋转90度。

水平翻转：对图像进行水平翻转。

垂直翻转：对图像进行垂直翻转。

2.3 常用辅助功能的基础操作

Photoshop软件提供了一系列的辅助功能，如“Bridge程序”、“抓手工具”、“缩放工具”等，以帮助用户更加高效地进行管理和操作。新版本的Photoshop CS4程序已经把一些常用的辅助功能放在了主界面的上面，如图2-3-1所示。

启动Bridge 缩放级别 缩放工具 排列文档

查看额外内容 抓手工具 旋转视图工具 屏幕模式

图2-3-1

2.3.1 启动Bridge

Bridge其实就是一个在各个CS套装软件之间浏览和管理文件的工具。在新的CS4版本中，不仅在主界面上为其预留了一个按钮，而且还可以浏览一些其他程序制作的动态作品和3D作品，越来越受到更多用户的青睐。

单击程序上方的“启动Bridge”按钮即可启动Bridge程序，其界面如图2-3-2所示。在其中既可以按照优先级别的模式查看图像，也可以通过“过滤”面板过滤一些不想查看的图像，筛选图像非常方便。

图2-3-2

关于 Bridge 的内容很多，因为它是一个单独的程序，由于篇幅的关系，在这里就不作过多介绍。

2.3.2　查看额外内容

单击“查看额外内容”按钮将弹出一个下拉选项，如图 2–3–3 所示。在其中选择相应的命令，在图像窗口中可以分别显示参考线、网格和标尺。

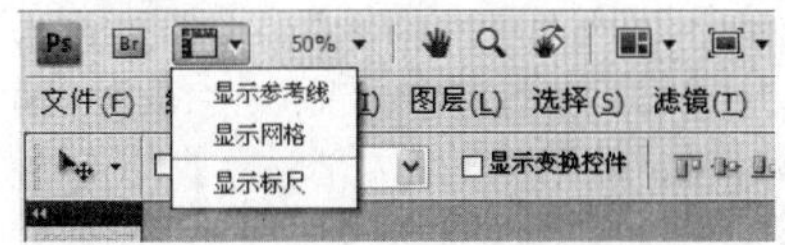

图 2–3–3

提示：

若再次选择相应的命令可隐藏参考线、网格和标尺。

2.3.3　缩放级别

缩放级别辅助功能可以辅助用户快速切换到一些常用的缩放级别中。单击“缩放级别”右侧的下拉按钮调出下拉选项，在其中已经预设了几个常用的缩放级别选项，如图 2–3–4 所示。选择相应的命令将会切换到相应的缩放级别。当然在其中的文本框中输入数值，并按 Enter 键可切换至任意缩放级别。

图 2–3–4

2.3.4　抓手工具

“抓手工具”的主要作用是移动图像，但它也兼有一定的缩放图像的功能。抓手工具只能在文档窗口无法完全显示图像时才可使用，它可以帮助用户快速观看图像窗口中显示不下的内容。

“抓手工具”经常与“缩放工具”配合使用对图像进行局部观察，举例说明如下：

(1) 按“Ctrl+O”组合键打开素材中的“户外采花”文件，如图 2–3–5 所示。

图 2–3–5

(2) 单击应用程序栏中的“抓手工具”，如图 2–3–6 所示。

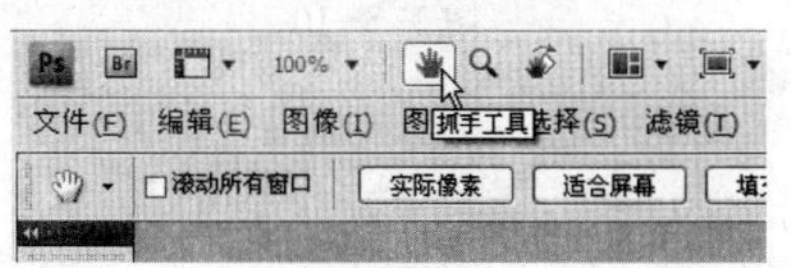

图 2–3–6

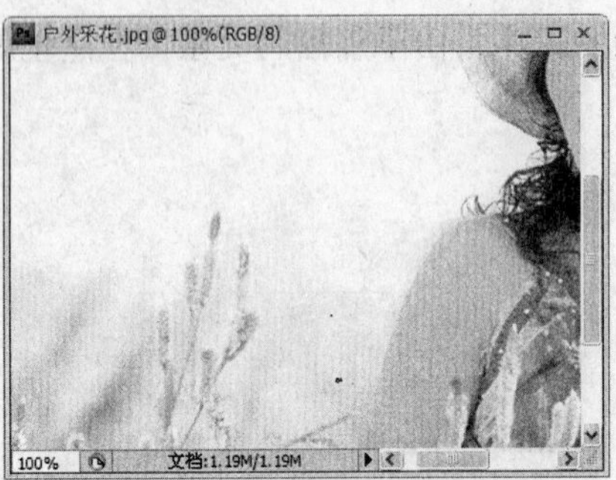

图 2–3–7

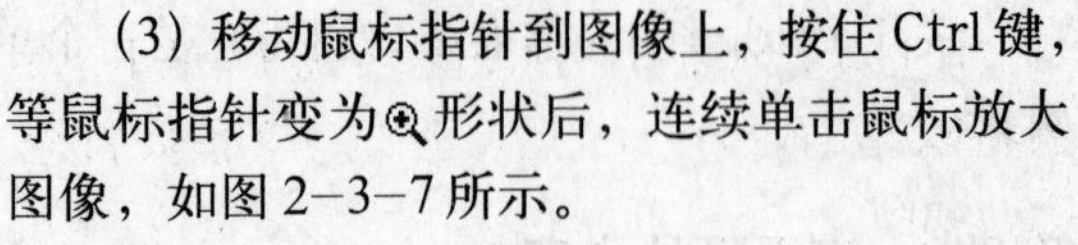

(3) 移动鼠标指针到图像上，按住 Ctrl 键，等鼠标指针变为🔍形状后，连续单击鼠标放大图像，如图 2–3–7 所示。

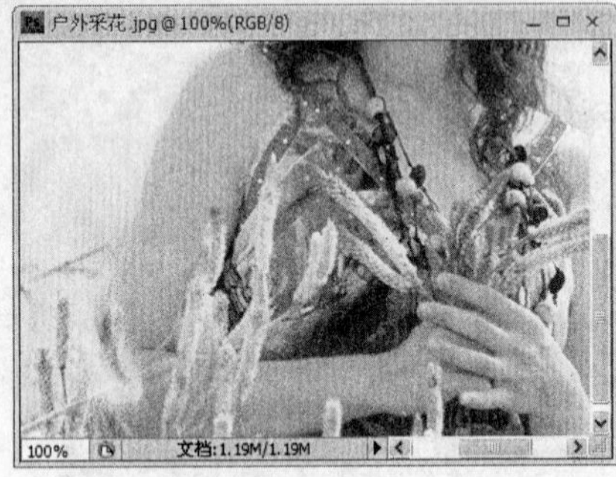

图 2–3–8

(4) 释放 Ctrl 键后，按住鼠标左键拖动，即可移动窗口内的图像，如图 2–3–8 所示。

2.3.5 缩放工具

“缩放工具”的作用是对图像进行放大和缩小，以便于对图像的局部进行编辑。举例说明如下：

图 2–3–9

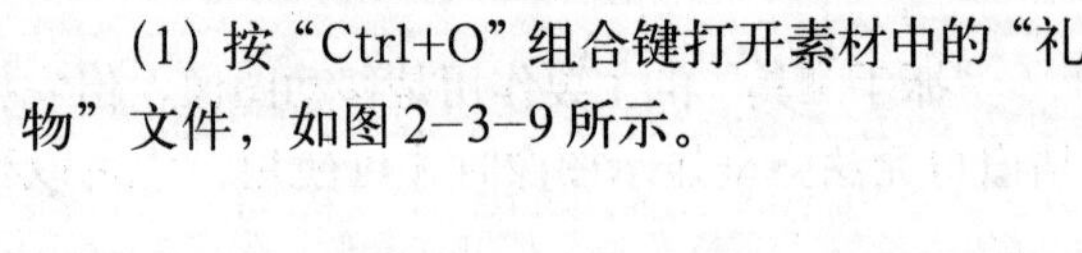

(1) 按“Ctrl+O”组合键打开素材中的“礼物”文件，如图 2–3–9 所示。

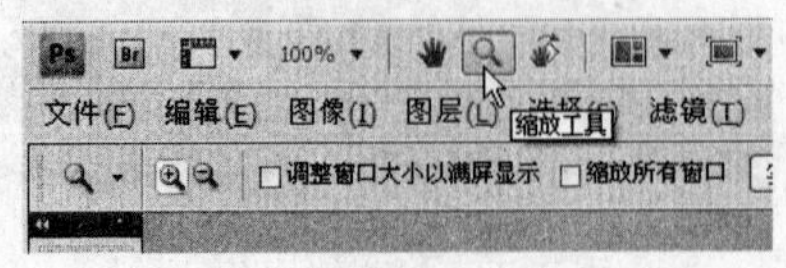

图 2–3–10

(2) 单击应用程序栏中的“缩放工具”，如图 2–3–10 所示。

(3) 移动鼠标指针到图像的中心并单击，图像将以单击处为中心放大至下一个预设百分比，如图2–3–11所示。

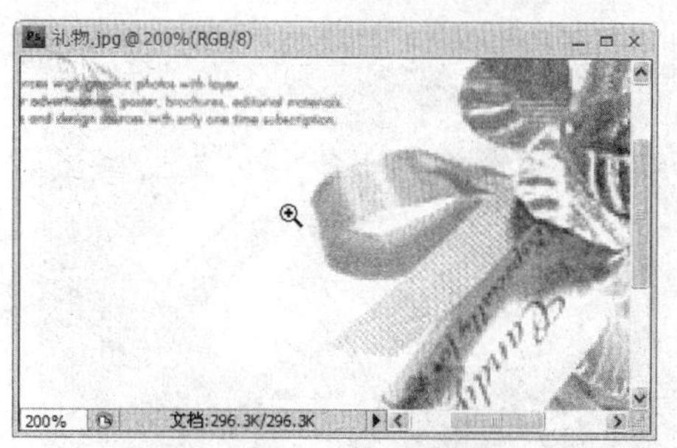

图2–3–11 单击放大图像

(4) 按住Alt键，此时“缩放工具”将变成缩小状态。移动鼠标指针到图像上单击，将会以单击点为中心缩小图像，如图2–3–12所示。

图2–3–12 单击缩小图像

(5) 使用“缩放工具”框选所要查看的图像，如图2–3–13所示。

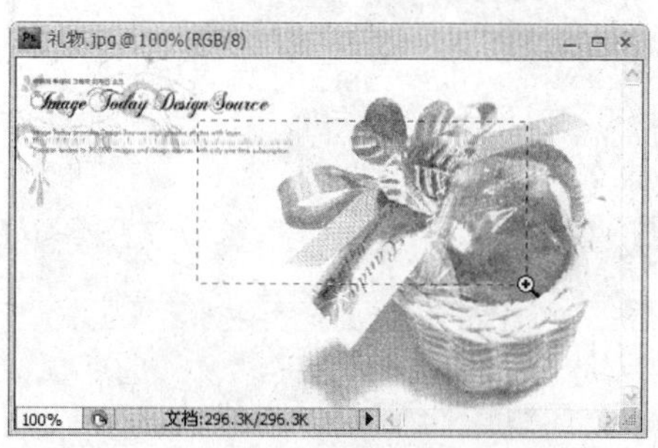

图2–3–13 框选放大图像前

(6) 将只对框选区域的图像进行放大，如图2–3–14所示。

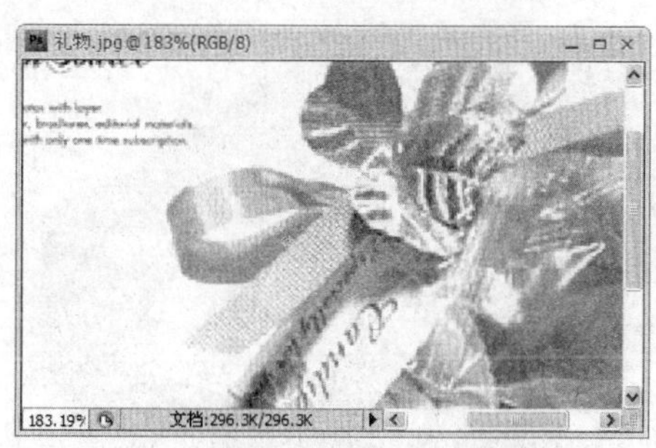

图2–3–14 框选放大图像后

2.3.6 旋转视图工具

使用“旋转视图工具”可以在不破坏图像的情况下旋转画布，并且不会使图像变形。新的“旋转视图工具”使用户在Photoshop中绘画更加省事，举例说明如下：

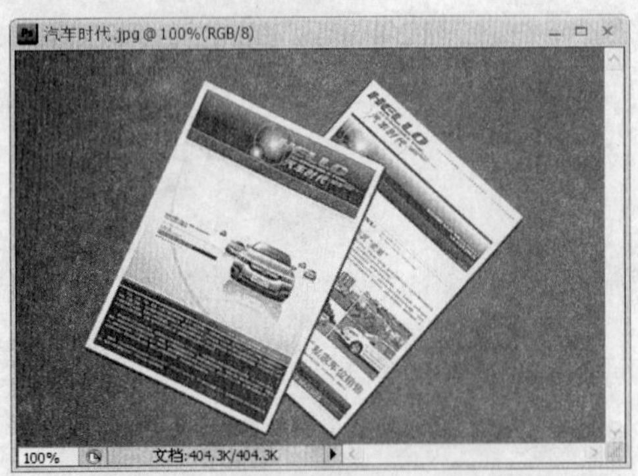

图 2–3–15

(1) 按“Ctrl+O”组合键打开素材中的“汽车时代”文件，如图 2–3–15 所示。

图 2–3–16

(2) 单击应用程序栏中的“旋转视图工具”，如图 2–3–16 所示。

图 2–3–17

(3) 移动鼠标指针到图像中单击并拖动即可对视图进行旋转，如图 2–3–17 所示。此时无论当前画布是什么角度，图像中的罗盘都将指向北方。

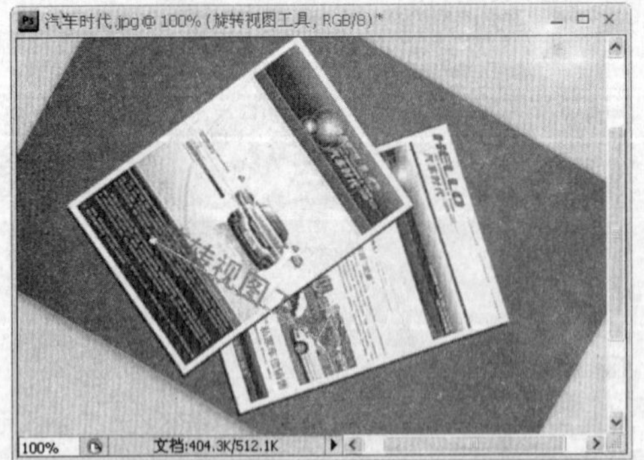

图 2–3–18

(4) 选择工具箱中的“横排文字工具”，在图像中单击并输入文字，可发现文字的角度和视图的角度是保持一致的，如图 2–3–18 所示。

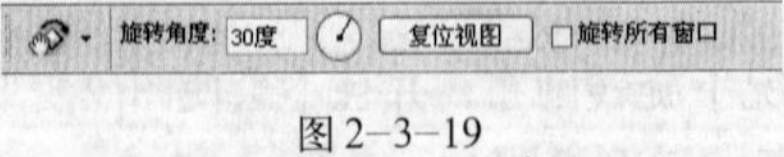

图 2–3–19

(5) 若要将画布恢复到原始角度，单击“旋转视图工具”选项栏中的“复位视图”按钮即可恢复， 如图 2–3–19 所示。

提示：

需要注意的是，使用旋转视图功能需要显卡支持 OpenGL。

2.3.7　排列文档

排列文档辅助功能可以对打开的文件进行有序排列、位置匹配和缩放匹配等，是一个很好的辅助操作工具。单击应用程序栏中的“排列文档”按钮将调出“排列文档”下拉面板，如图 2–3–20 所示。在其中单击所需的排列按钮或菜单选项，即可按照所选的方式排列文档。

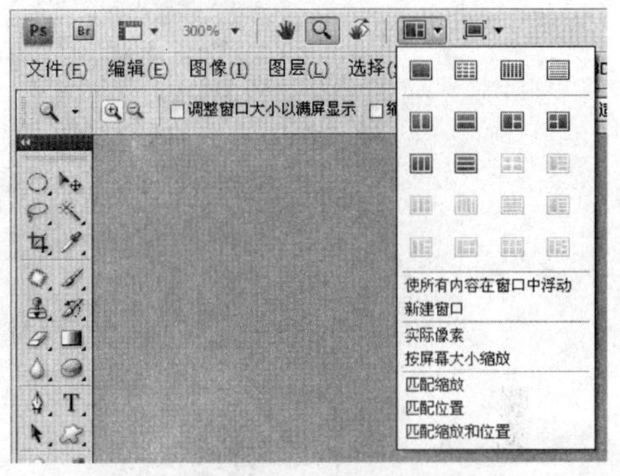

图 2–3–20

2.3.8　屏幕模式

为了更好地观看图像效果，Photoshop CS4 为用户提供了 3 种屏幕显示模式，分别为“标准屏幕模式”、“带有菜单栏的全屏模式”和“全屏模式”，如图 2–3–21 所示。单击其中的相应按钮即可切换到所选的屏幕模式观看图像。

图 2–3–21

提示：

在英文输入法状态下，连续按 F 键可在这 3 种显示模式间循环切换。

2.4　实例：美丽的怀旧

本例主要针对本章所学的知识进行设计，如文件的打开、复制，关闭、保存等，目的在于巩固所学内容以及综合运用这些知识。

(1) 选择“文件 / 打开”命令，打开素材中的“底纹图案”文件，如图 2–4–1 所示。

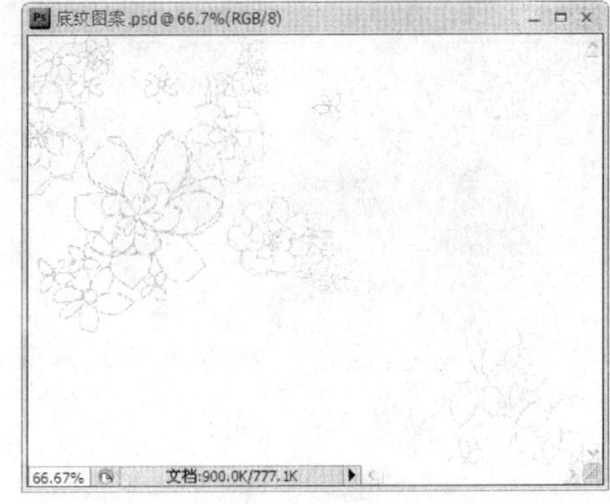

图 2–4–1

图 2–4–2

（2）按“Ctrl+O”组合键打开素材中的“迷人女孩 1”文件，如图 2–4–2 所示。

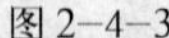
图 2–4–3

（3）选择“编辑 / 变换 / 变形”命令，对图像进行变形处理，如图 2–4–3 所示。

(a)　　(b)

图 2–4–4

（4）用同样的方法打开“迷人女孩2”和“迷人女孩 3”文件，并进行变形处理，如图 2–4–4（a）和（b）所示。

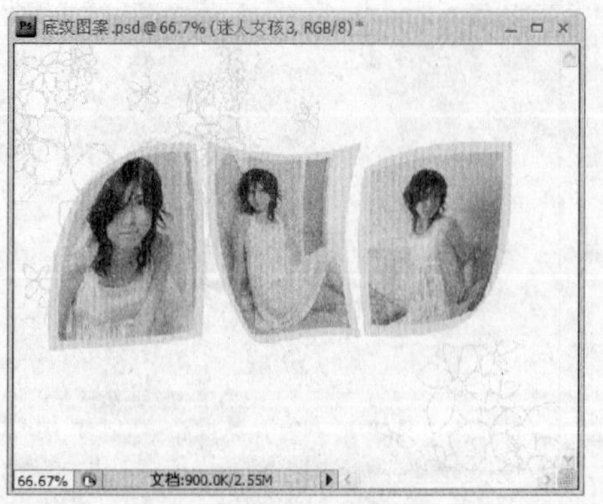

图 2–4–5

（5）选择工具箱中的“移动工具”，分别将变形后的图像拖动到“底纹图案”文件中，并摆放在图 2–4–5 所示的位置。

提示：

如果打开的素材文件已经使用完了，可以单击其右上角的“关闭”按钮×将其关闭。

(6) 选择工具箱中的“横排文字工具”，移动鼠标指针到画面的右下方单击一下，输入“美丽的怀旧／多年以后，我仍能感受到你的芳香，你的可爱！／你的眼神、你的叹息，挥之不去……／在斑驳的世界里，你离我很近，却又好远”文字，如图 2-4-6 所示。

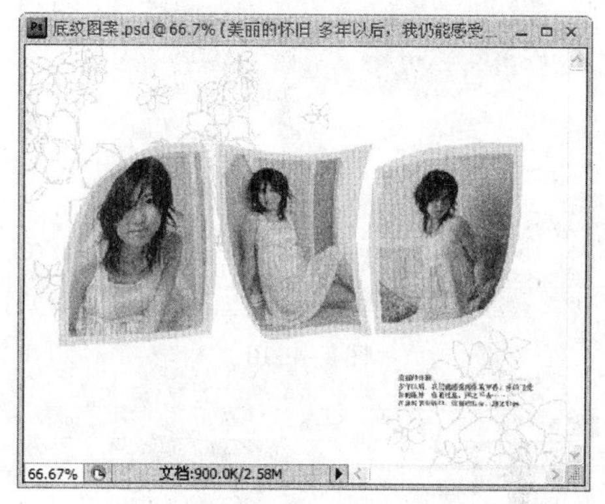

图 2-4-6

(7) 移动鼠标指针到“美丽的怀旧”文字前面，按住鼠标左键并拖动，将这 5 个文字选中，如图 2-4-7 所示。

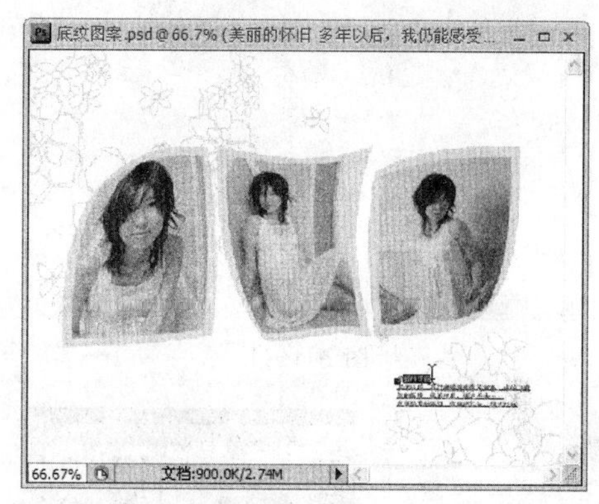

图 2-4-7

(8) 随即在文字工具选项栏中设置“字体”为“华文行楷”，“字体大小”为 14 点，“文本颜色”为青色（R：100，G：179，B：179），如图 2-4-8 所示。

图 2-4-8

(9) 用同样的方法将其余的文字选中，在选项栏中设置“字体”为“华文行楷”，“字体大小”为 8 点，“文本颜色”为青色（R：100，G：179，B：179），如图 2-4-9 所示。

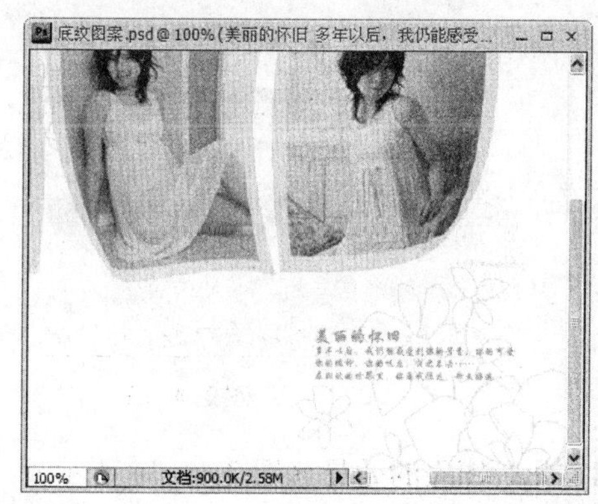

图 2-4-9

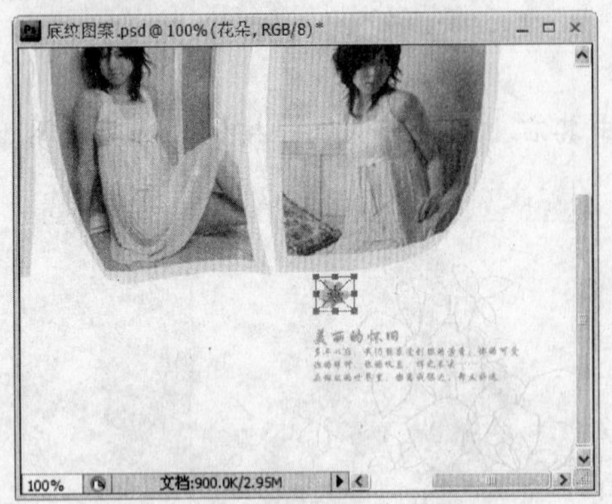

图 2-4-10

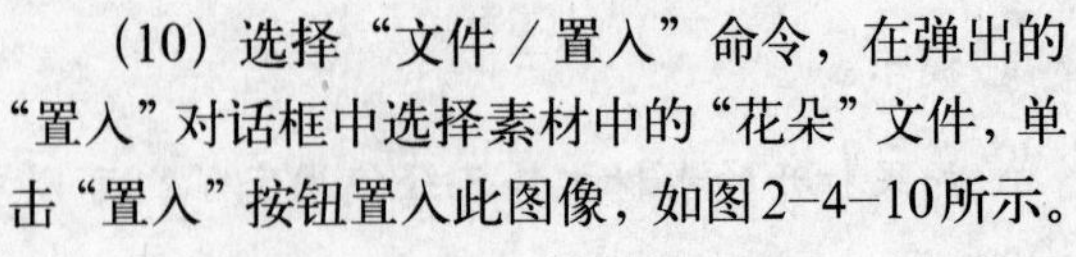

（10）选择“文件／置入”命令，在弹出的“置入”对话框中选择素材中的“花朵”文件，单击“置入”按钮置入此图像，如图2-4-10所示。

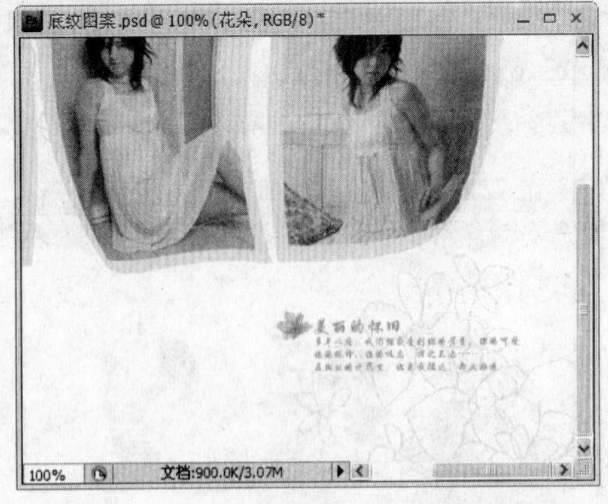

图 2-4-11

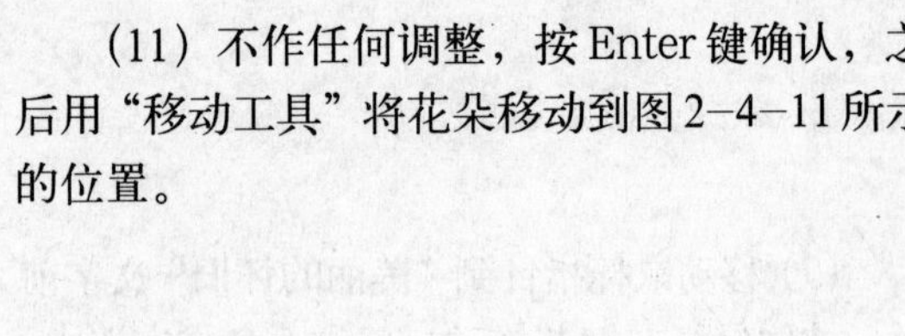

（11）不作任何调整，按Enter键确认，之后用“移动工具”将花朵移动到图2-4-11所示的位置。

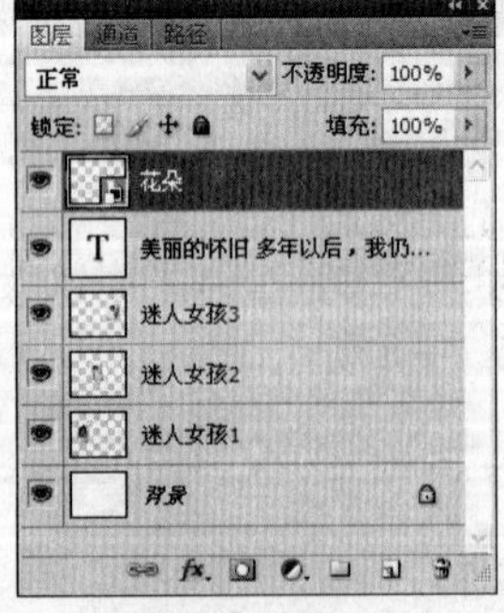
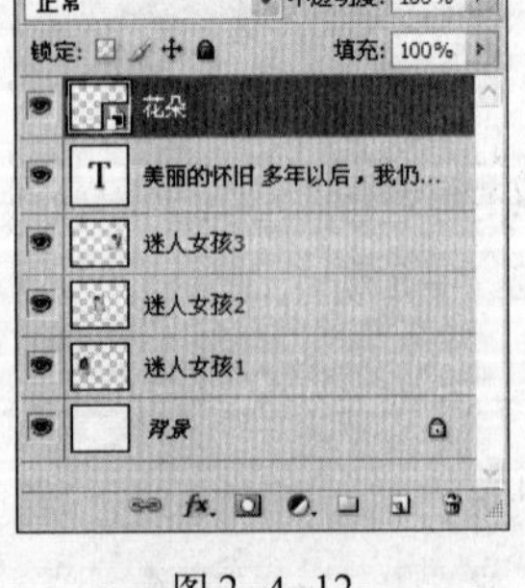

图 2-4-12

（12）此时“图层”面板中的图层状态如图2-4-12所示。

图 2-4-13

（13）按“Ctrl+Shift+E”组合键将所有显示的图层合并到“背景”图层中去，如图2-4-13所示。

（14）此时图像的效果如图2-4-14所示。

图 2-4-14

(15) 选择“文件／存储为”命令，在弹出的存储为对话框中选择合适的保存位置和存储格式，单击“保存”按钮存储此文件，“美丽的怀旧”作品制作完毕。

2.5 小　结

本章主要讲解了Photoshop CS4中的一些基础操作，包括文件的基础操作、常用编辑命令的基础操作以及常用辅助功能的基础操作。要想使用好Photoshop软件，掌握这些基础操作是最基本的前提条件。

2.6 练　习

一、填空题

(1) 调出“新建”对话框的快捷键是________。

(2) 调出“打开”对话框的快捷键是________。

(3) 执行“自由变换”命令的快捷键是________。

二、选择题

(1)“拷贝”命令的快捷键是____。

A.Ctrl+A　B.Ctrl+C　C.Shiftl+C　D.Shift+S

(2)“存储为”命令的快捷键是____。

A.Shift+Ctrl+S　B.Ctrl+I　C.Ctrl+H　D.Ctrl+S

(3)“前进一步”命令的快捷键是____。

A.Ctrl+Z　B.Ctrl+S　C.Shift+Ctrl+Z　D.Alt+Ctrl+Z

三、问答题

(1) 本章介绍了哪些常用辅助功能?

(2)“合并拷贝”与普通的拷贝有什么不同?

(3) 为什么说“内容识别比例”缩放是一种智能缩放方式?

第3章 工 具

不同的工具有着不同的作用和不同的使用方法，只有正确、合理地使用每一种工具才能发挥出它们各自的特性，编辑出完美的图像。本章介绍Photoshop中的工具使用方法，包括绘画工具、图像修饰工具、文本输入工具等。

3.1 绘 画 工 具

Photoshop中的绘画工具有很多，本节将重点介绍其中的几个。利用它们不仅可以绘制出简洁的线条，还可以填充大面积的色彩。

3.1.1 画笔工具

画笔工具最主要的功能是用来绘制图像，用户不但可以使用Photoshop自带的笔触进行绘制，而且还可以自行定义画笔，使用非常灵活。

1.使用画笔

(1) 选择工具箱中的“画笔工具”，如图3-1-1所示。

图3-1-1

(2) 单击其选项栏中的“画笔”选项，打开“画笔预设面板”，在其中选择一个笔触，如图3-1-2所示。

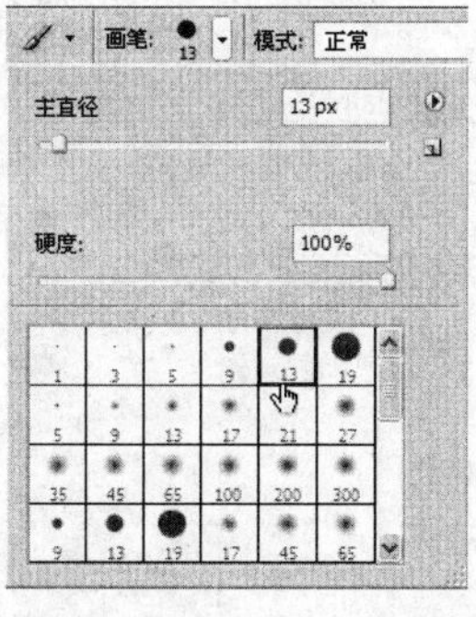

图3-1-2

(3) 拖动“画笔预设面板”中的“主直径”和“硬度”上的滑块，调整至合适的大小和硬度，如图3-1-3所示。

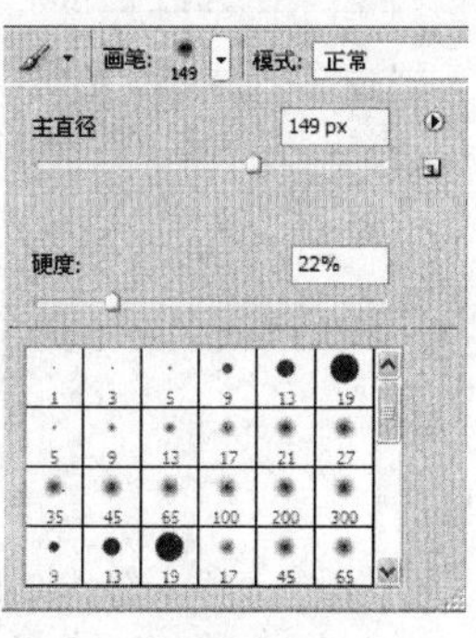

图3-1-3

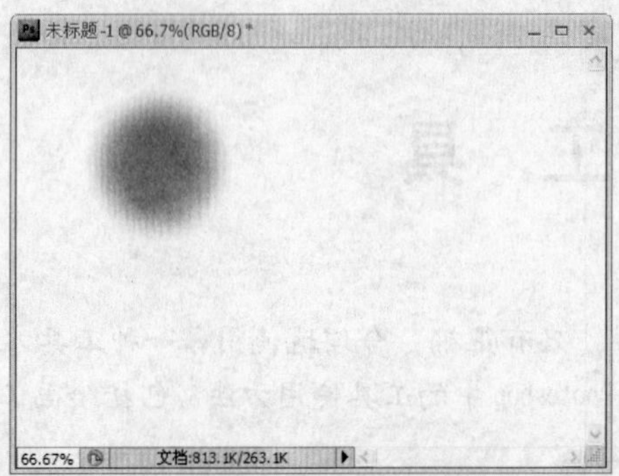

图 3-1-4

(4) 根据需要调整选项栏中的“模式”、“不透明度”、“流量”等参数后，移动鼠标指针到图像窗口内单击或按住鼠标左键并拖动，即可绘制出所设置的笔触，如图 3-1-4 所示。

2. 定义画笔

如果 Photoshop 中的预设画笔笔触不能满足需求，用户还可以自己定义画笔，以满足不同设计的需要。

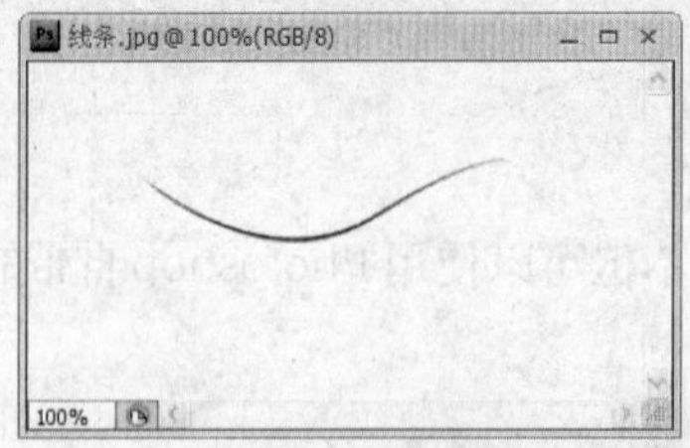

图 3-1-5

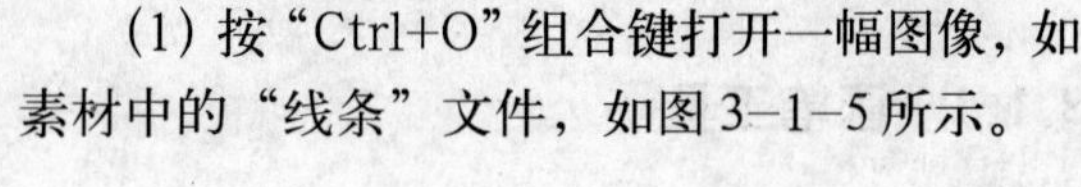

(1) 按“Ctrl+O”组合键打开一幅图像，如素材中的“线条”文件，如图 3-1-5 所示。

图 3-1-6

(2) 选择“编辑／定义画笔预设”命令，打开“画笔名称”对话框，输入名称“线条”，如图 3-1-6 所示。单击“确定”按钮。

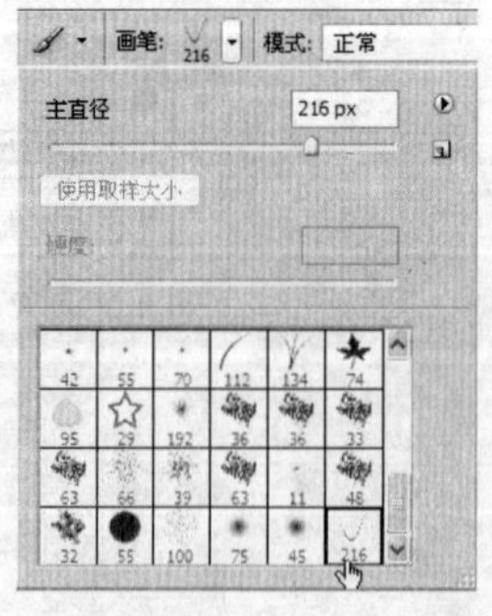

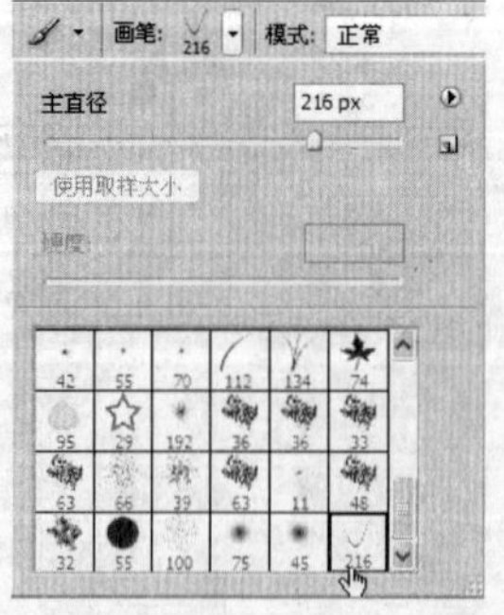

图 3-1-7

(3) 选择工具箱中的“画笔工具”，在其选项栏中选择刚才定义的“线条”画笔，如图 3-1-7 所示。

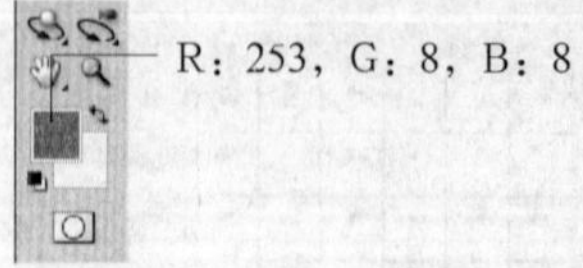

图 3-1-8

(4) 单击工具箱中的“前景色”按钮，在弹出的“拾色器”对话框中设置颜色为红色（R：253，G：8，B：8），如图 3-1-8 所示。

(5) 移动鼠标指针到图像窗口内，按住鼠标左键并拖动，即可绘制出刚才定义的画笔效果，如图 3–1–9 所示。

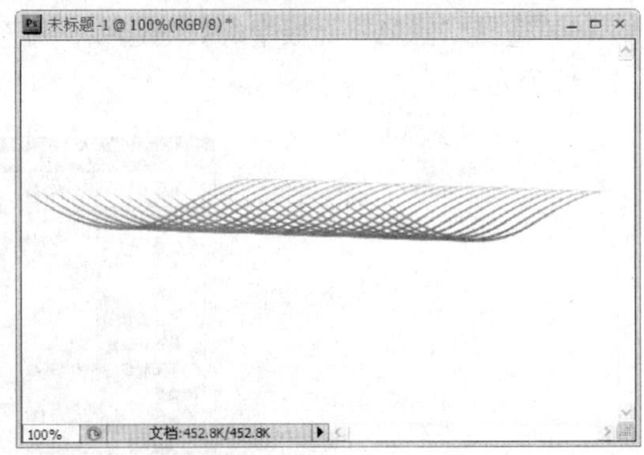

图 3–1–9

3.画笔面板

在“画笔”面板中可以对画笔进行更细致的设置，从而设置出更多的画笔形状和效果。

(1) 单击工具箱中的“画笔工具”，选择“窗口 / 画笔”命令，调出“画笔”面板，如图 3–1–10 所示。

提示：

按 F5 键可快速调出“画笔”面板。

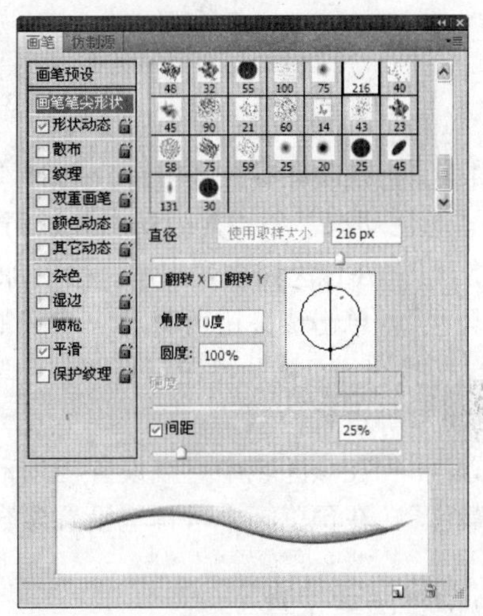

图 3–1–10

(2) 选择“画笔”面板左侧的“画笔预设”选项，在“画笔”面板右侧可选择预设画笔，并可对主直径大小进行设置，如图 3–1–11 所示。

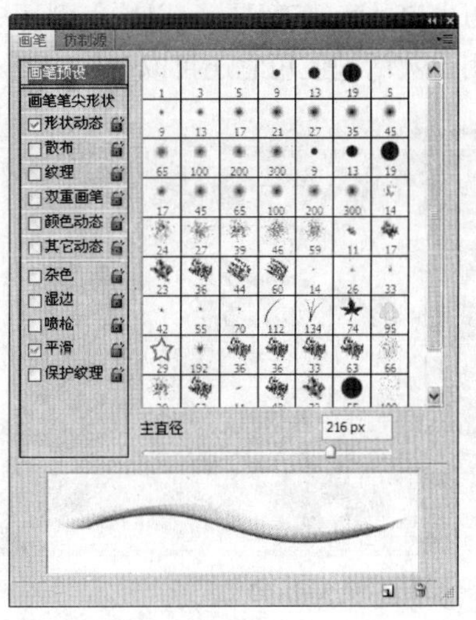

图 3–1–11

(3) 选择“画笔”面板中的其他选项，可对“画笔”面板中的其他各项分别进行设置，如图3-1-12所示。

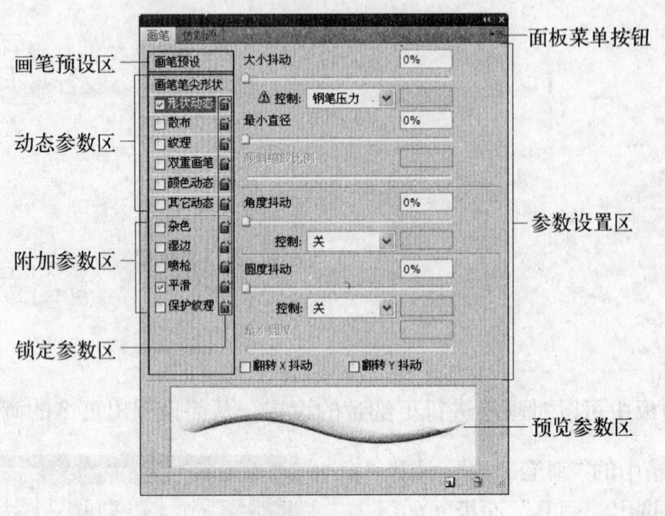

图3-1-12

“动态参数区”：在动态参数区中可分别对“画笔笔尖形状”、“形状动态”、“散布”、“纹理”、“双重画笔”、“颜色动态”和“其他动态”进行设置。

“附加参数区”：在该区域中列出了一些附加选项，这些选项可为画笔增加杂色和湿边等效果。

“锁定参数区”：单击该按钮可将对应的画笔选项锁定或开启。

“面板菜单”按钮：单击此按钮可打开“画笔”面板菜单，在此菜单中可以对画笔预设的缩览图以及预设的类型等进行控制。

“参数设置区”：在该区域中可以设置当前动态选项中的各项参数。

“预览参数区”：在预览区中可预览设置参数后的画笔效果。

3.1.2 历史记录画笔工具

使用“历史记录画笔工具”可以恢复到历史记录中的某一操作步骤，该工具常结合历史记录调板一起使用。灵活地使用它还可以制作出具有特别效果的图像，举例说明如下：

图3-1-13

(1) 按“Ctrl+O”组合键打开素材中的“青涩年华”文件，如图3-1-13所示。

（2）选择“图像／调整／去色”命令，如图3－1－14所示。

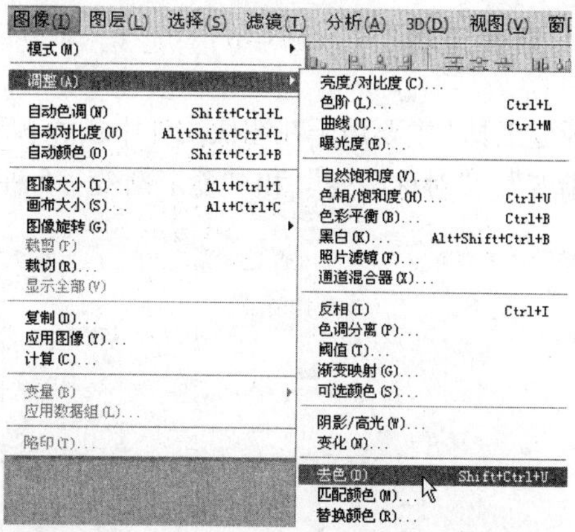

图 3－1－14

（3）此时，整个图像变成了黑白效果，如图3－1－15所示。

图 3－1－15

提示：

使用“去色”命令只是降低了图像的饱和度，实际上颜色信息并没有丢失，可如果执行“图像／模式／灰度”命令，图像的颜色信息就会丢失。

（4）选择工具箱中的“历史记录画笔工具”，如图3－1－16所示。

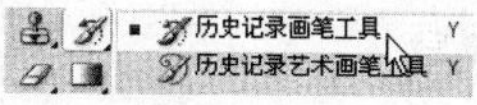

图 3－1－16

（5）在其选项栏中设定合适的柔角笔头、大小以及“不透明度”等参数，如图3－1－17所示。

图 3－1－17

（6）移动鼠标指针到图像上，按住鼠标左键在人物上拖动，拖动过的地方恢复了原来的彩色效果，这样我们就使用“历史记录画笔工具”巧妙地制作出一张效果特别的图片，如图3－1－18所示。

图 3－1－18

3.1.3 渐变工具

“渐变工具”主要用于在图像文件中创建各种各样的渐变颜色。包括“线性渐变”、“径向渐变”、“角度渐变”、“对称渐变”和“菱形渐变”5种渐变方式。其使用方法举例说明如下：

图 3-1-19

(1) 按“Ctrl+N”组合键打开“新建”对话框，新建一个“宽度”为500像素，“高度”为350像素，“分辨率”为72像素/英寸，“颜色模式”为RGB颜色，“背景内容”为白色的文件，如图3-1-19所示。

图 3-1-20

(2) 选择工具箱中的“矩形选框工具”，并在其选项中设置“羽化”为0px，如图3-1-20所示。

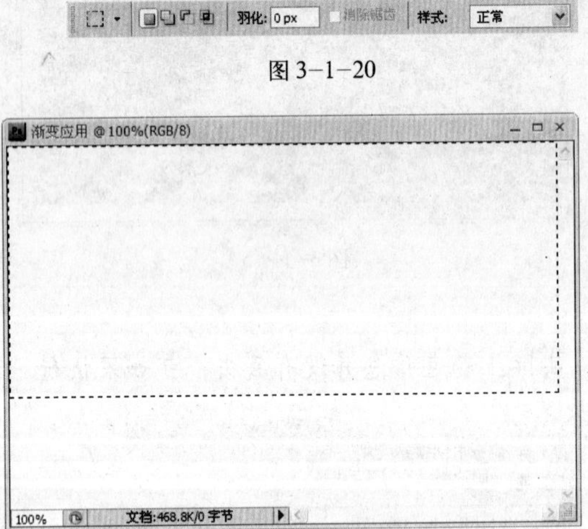

图 3-1-21

(3) 移动鼠标指针到图像窗口内按住鼠标左键并拖动，创建一个矩形选区，如图3-1-21所示。

图 3-1-22

(4) 选择工具箱中的“渐变工具”，如图3-1-22所示。

(5) 首先单击“渐变工具”选项栏中的“线性渐变”按钮，然后再单击“编辑渐变”色条，如图3-1-23所示。

图 3-1-23

(6) 从弹出的"渐变编辑器"对话框中单击渐变色带下方左侧的色标，之后再单击"颜色"后面的色块，如图 3−1−24 所示。

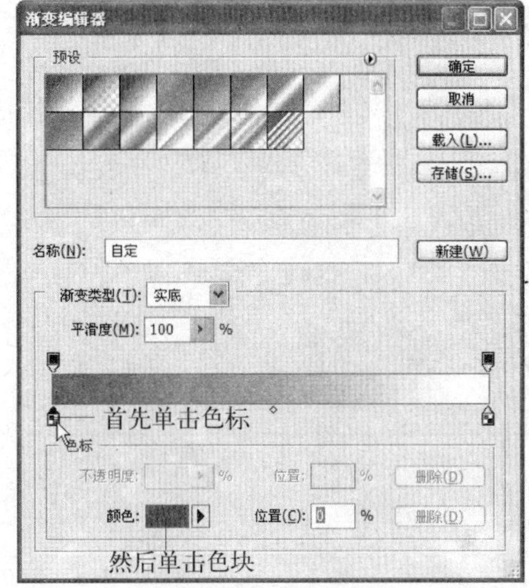

图 3−1−24

(7) 在随即弹出的"选择色标颜色"对话框中设置一种红色（R：142，G：6，B：44），如图 3−1−25 所示。

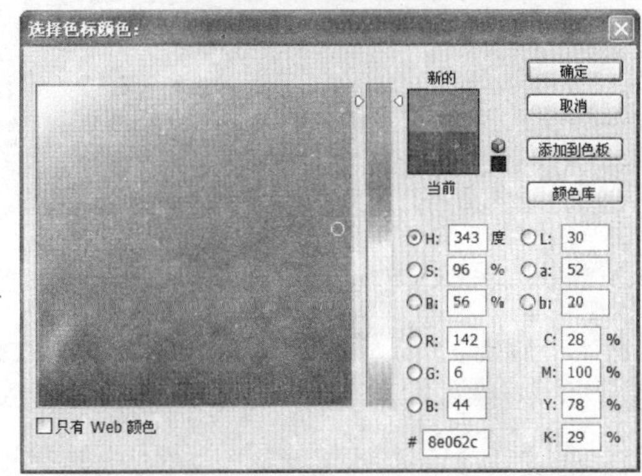

图 3−1−25

(8) 单击"确定"按钮。之后将鼠标指针移动到渐变色带下方中间的位置单击，添加一个颜色色标，如图 3−1−26 所示。

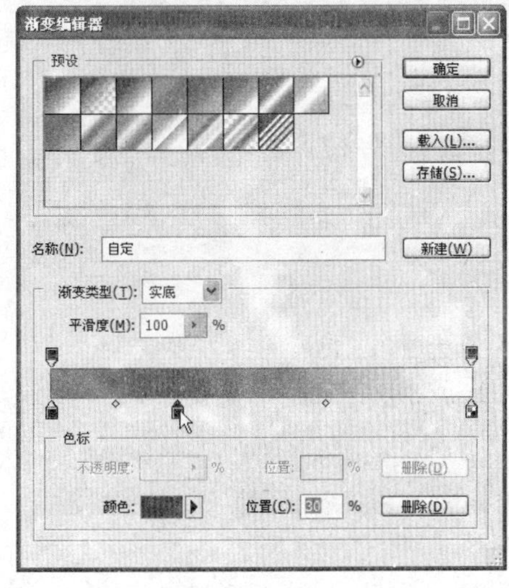

图 3−1−26

提示：

在"位置"后面的文本框中输入数值，可准确定位色标的位置。

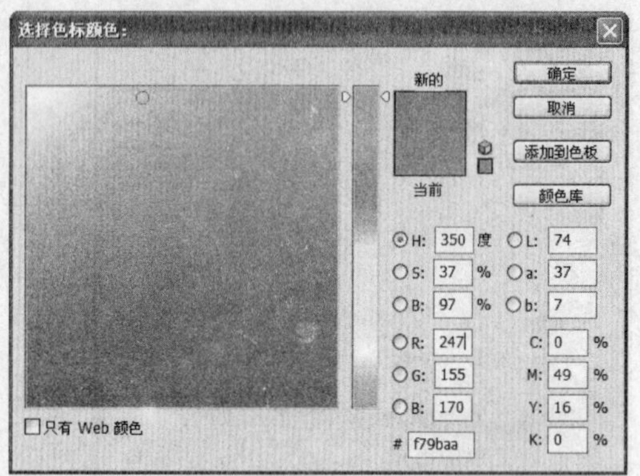

图 3-1-27

（9）确保刚添加的颜色色标为选中的状态。单击“颜色”后面的色块，在随即弹出的“选择色标颜色”对话框中设置一种粉红色（R：247，G：155，B：170），如图 3-1-27 所示。

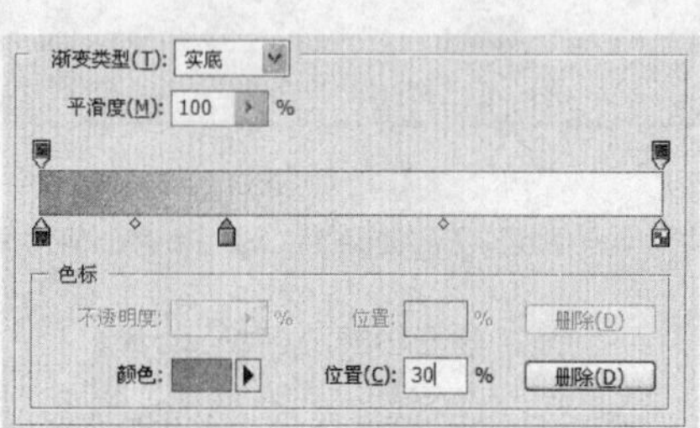

图 3-1-28

（10）单击“确定”按钮，完成渐变颜色的编辑，此时渐变色带如图 3-1-28 所示。

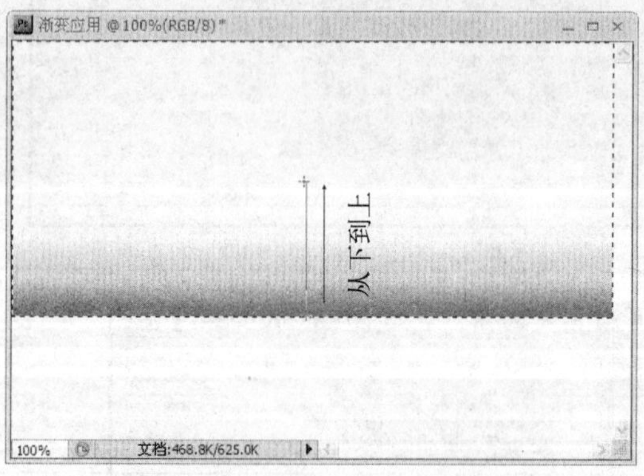

图 3-1-29

（11）移动鼠标指针到矩形选区内，从下到上拉出渐变，如图 3-1-29 所示。

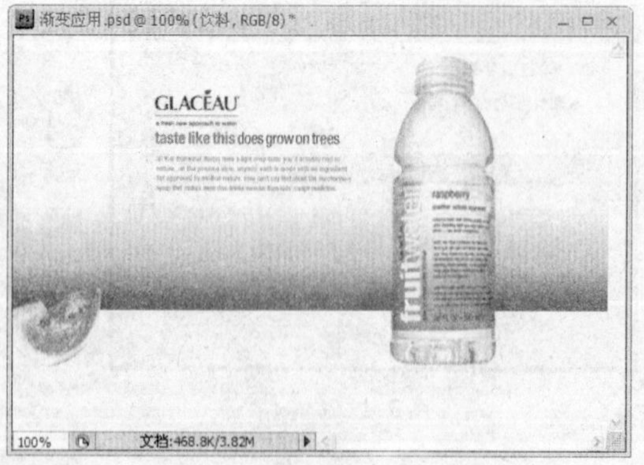

图 3-1-30

（12）按“Ctrl+D”组合键取消选区，加入其他元素后就组成了一幅作品，如图 3-1-30 所示。

3.2 修饰工具

修饰工具是Photoshop处理图像的一个重要组成部分，可以为图像弥补一些缺陷和润色等，从而提高图像的质量。当然，修饰工具的数量也是相对较多的，有污点修复画笔工具，修复画笔工具等12种。

3.2.1 污点修复画笔工具

污点修复画笔工具可以快速移除照片中的污点和其他不理想的部分。它使用图像或图案中的样本像素进行修复，并将样本像素的纹理、光照、透明度和阴影与所修复的像素相匹配。

(1) 按"Ctrl+O"组合键打开素材中的"照片"文件，如图3–2–1所示。

提示：

此照片中人物的鼻子上有一颗小痣，现在要用"污点修复画笔工具"将小痣去掉。

图3–2–1

(2) 选择工具箱中的"污点修复画笔工具"，在其选项栏中设置"画笔大小"为6像素，并选择"近似匹配"类型，如图3–2–2所示。

图3–2–2

(3) 移动鼠标指针到需要修复的污点上单击，或单击并拖动，如图3–2–3所示。

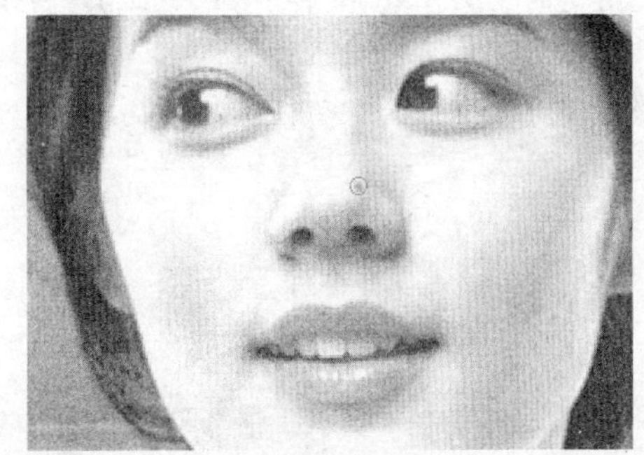

图3–2–3

(4) 使用"污点修复画笔工具"修复后的图像效果如图3–2–4所示。

提示：

如果需要修饰大片区域，应该使用"修复画笔工具"进行修复，而不是"污点修复画笔工具"。

图3–2–4

3.2.2　图案图章工具

图案图章工具既可以使用系统自带的图案制作图案，也可以使用用户自定义的图案制作图案，它与仿制图章工具的取样方式不同。

图 3–2–5

(1) 按“Ctrl+O”组合键打开素材中的“图案”文件，如图 3–2–5 所示。

图 3–2–6

(2) 选择“矩形选框工具”，并用“矩形选框工具”将要定义为图案的图像框选，如图 3–2–6 所示。

提示：

定义图案时，必须使用“矩形选框工具”，其他选取工具不能用来定义图案。

图 3–2–7

(3) 选择菜单栏中的“编辑／定义图案”命令，如图 3–2–7 所示。

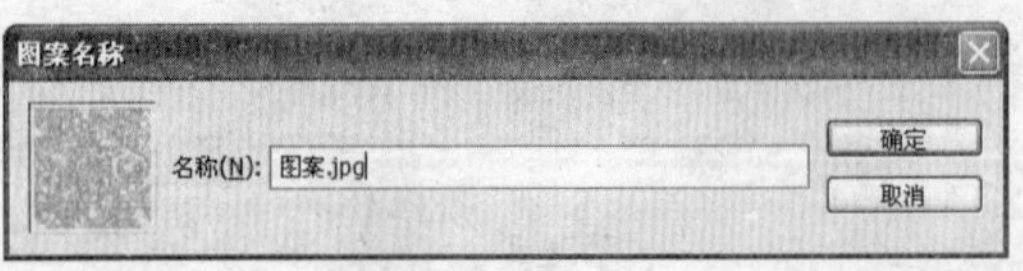

图 3–2–8

(4) 在弹出的对话框中将定义的图案命名为“图案”，并单击“确定”按钮，如图 3–2–8 所示。

（5）选择工具箱中的“图案图章工具”，如图 3–2–9 所示。

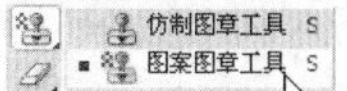

图 3–2–9

（6）在“图案图章工具”选项栏的图案选项中选择刚才定义的图案，如图 3–2–10 所示。

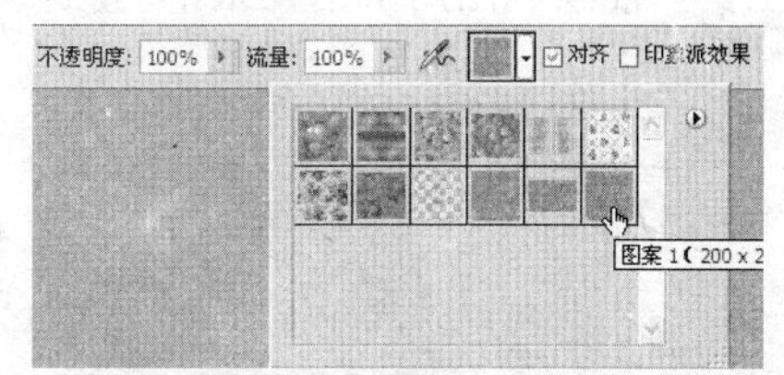

图 3–2–10

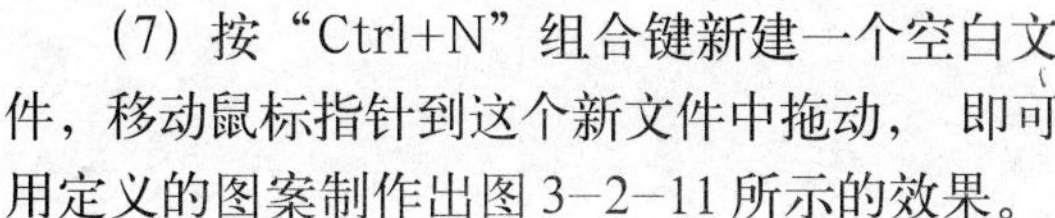

（7）按“Ctrl+N”组合键新建一个空白文件，移动鼠标指针到这个新文件中拖动，即可用定义的图案制作出图 3–2–11 所示的效果。

图 3–2–11

（8）图 3–2–12 是使用此图案制作的广告作品。

图 3–2–12

3.2.3 涂抹工具

“涂抹工具”能绘制出用手指在未干的颜料上涂抹的效果，举例说明如下：

图 3–2–13

(1) 按“Ctrl+O”组合键打开素材中的“马”文件，如图 3–2–13 所示。

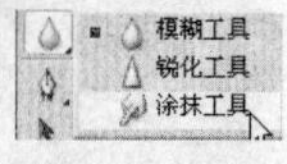

图 3–2–14

(2) 选择工具箱中的“涂抹工具”，如图 3–2–14 所示。

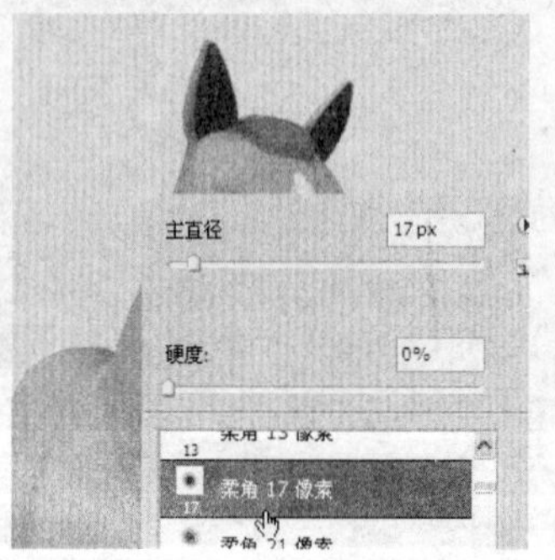

图 3–2–15

(3) 在图像窗口内单击鼠标右键，打开画笔预设选取器，并选择合适的笔头大小，如图 3–2–15 所示。

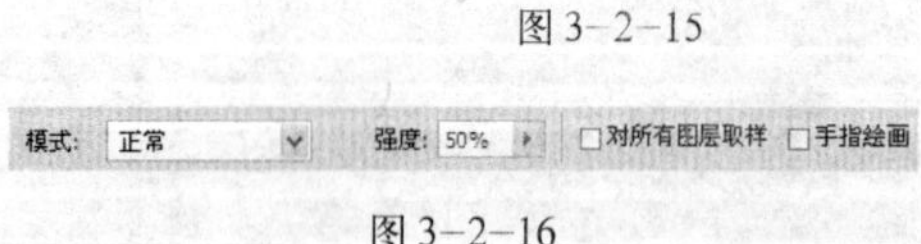

图 3–2–16

(4) 在选项栏中不勾选“手指绘画”复选框，其他设置图 3–2–16 所示。

“手指绘画”：勾选该复选框，相当于用手指蘸着前景色在图像中进行涂抹；不勾选该复选框，将只是以拖动图像处的色彩进行涂抹。

图 3–2–17

(5) 移动鼠标指针到马的脖子和头顶处，按住鼠标左键重复拖放，便可制作出马的鬃毛，效果如图 3–2–17 所示。

3.2.4 加深工具

加深工具可以改变图像特定区域的曝光度，使图像变暗，举例说明如下：

(1) 按“Ctrl+O”组合键打开素材中的“沙发”文件，如图 3-2-18 所示。

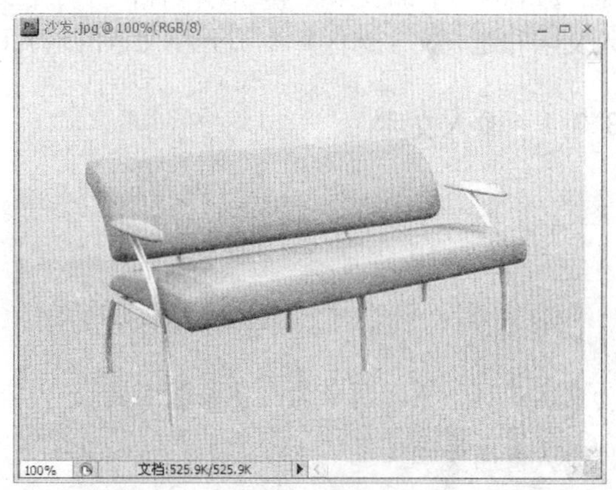

图 3-2-18

(2) 选择工具箱中的“加深工具”，如图 3-2-19 所示。

图 3-2-19

(3) 在“加深工具”的选项栏中设置画笔为“柔角 100 像素”，范围为“中间调”，曝光度为“50%”，不勾选“保护色调”复选框，如图 3-2-20 所示。

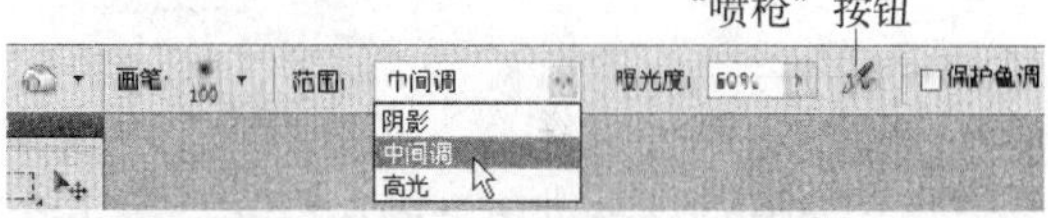

图 3-2-20

“喷枪”按钮：默认状态下，单击此按钮可启用喷枪功能。

“保护色调”：勾选此复选框，可以防止颜色发生色相偏移，从而保护图像的色调。

(4) 移动鼠标指针到沙发下面的阴影部位进行涂抹即可绘制出沙发的阴影效果，如图 3-2-21 所示。

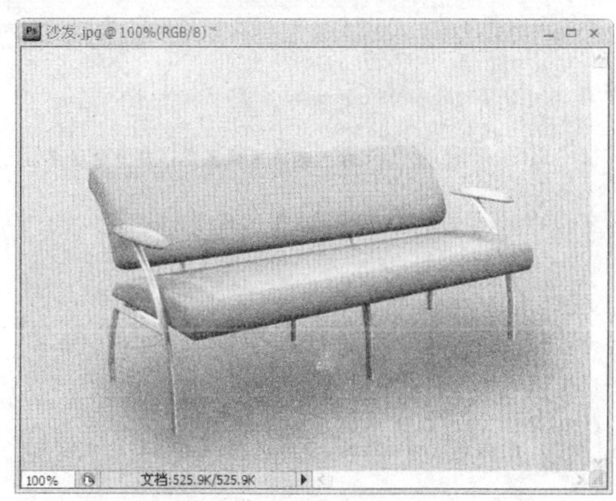

图 3-2-21

3.3 文字工具

Photoshop的文字工具分为两种，一种是文字工具，一种是文字蒙版工具，它们分别用来输入文字和建立文字选区。本节介绍文字的输入以及对文本的编辑。

3.3.1 输入文字

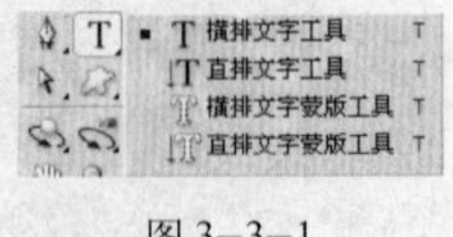

图3-3-1

在Photoshop中，利用文字工具不仅可以输入横排或直排文字，还可以输入横排或直排文字选区。右键单击工具箱中的文字工具，将弹出文字工具组，如图3-3-1所示。其中上面两个为文字工具，下面两个为文字蒙版工具。

1.输入普通文字

使用文字工具可以输入横排和直排的普通文字，并且在输入文本的同时会自动新建一个文本图层。横排文字工具和直排文字工具的使用方法一样，下面以横排文字工具为例介绍文字工具的输入方法。

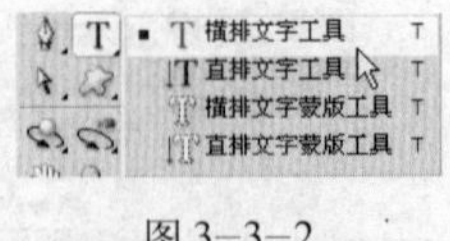

图3-3-2

（1）按“Ctrl+N”组合键新建一个文件，之后选择工具箱中的“横排文字工具”，如图3-3-2所示。

（2）在选项栏中设置“字体”为“方正流行体简体”，“字体大小”为“18点”，“文本颜色”为黑色，其他设置如图3-3-3所示。

图3-3-3

（3）移动鼠标指针到页面上单击，等光标呈输入状态时输入文字，如图3-3-4所示。

我只要简单的幸福、简单的快乐。

图3-3-4

（4）输入文字后，在选项栏上单击“提交”按钮✓，即可完成文本的输入，如图3-3-5所示。

“提交”按钮

图3-3-5

提示：

若单击选项栏上的“取消”按钮⊘，将取消当前的输入。

（5）此时在图层调板中自动创建了一个文本图层，如图 3–3–6 所示。

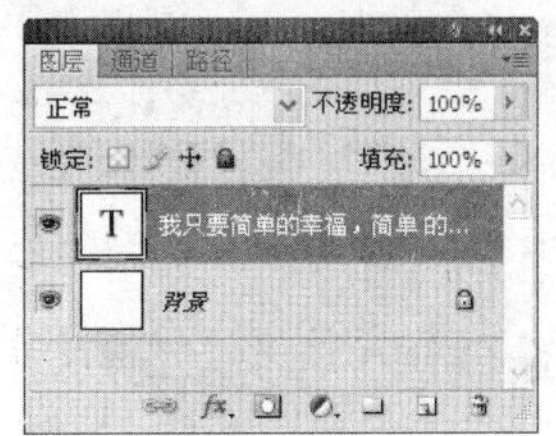

图 3–3–6

2. 输入文字选区

文字蒙版工具可以创建出文本的选区，和文字工具一样，文字蒙版工具可以输入横排和直排的文字选区。所不同的是，使用文字蒙版工具创建文字选区后，在图层面板上不会出现新的文本图层。下面具体介绍如何创建文字选区。

（1）单击工具箱中的“横排文字蒙版工具”，如图 3–3–7 所示。

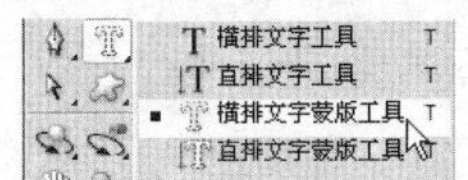

图 3–3–7

（2）在选项栏中设置“字体”为“汉仪琥珀体简”，“字体大小”为“48 点”，其他设置如图 3–3–8 所示。

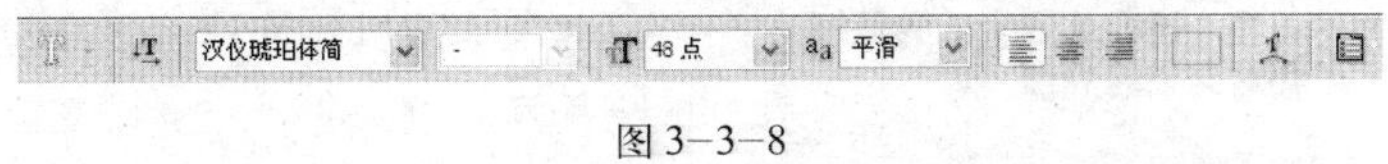

图 3–3–8

（3）移动鼠标指针到页面上单击，等光标变为输入状态时输入文字，如图 3–3–9 所示。

图 3–3–9

（4）确认输入的文字正确无误后，在选项栏上单击“提交”按钮✔即可创建出文本的选区，如图 3–3–10 所示。

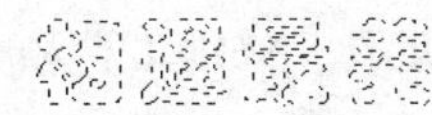

图 3–3–10

直排文字蒙版工具和横排文字蒙版工具的用法相同，在此不作赘述。

提示：

使用蒙版文字工具输入文字后，不能对文字的字号、间距、行距等进行修改，所以在编辑蒙版文字前，一定要把文字所需的参数设置好。

3.3.2　输入段落文本

段落文本适合输入较多的文字，它能在输入过程中自动换行，并且还可以通过控制点来调整文本框的大小。段落文本的输入方法和普通文字的输入方法相似，举例说明如下：

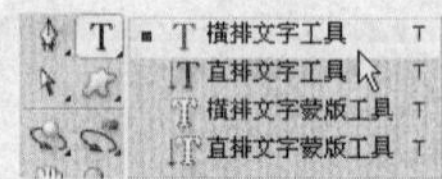

图 3–3–11

（1）选择工具箱中的“横排文字工具”（或“直排文字工具”），如图 3–3–11 所示。

（2）在选项栏中设置“字体”为“经典特宋简”，“字体大小”为“16 点”，“文本颜色”为黑色，如图 3–3–12 所示。

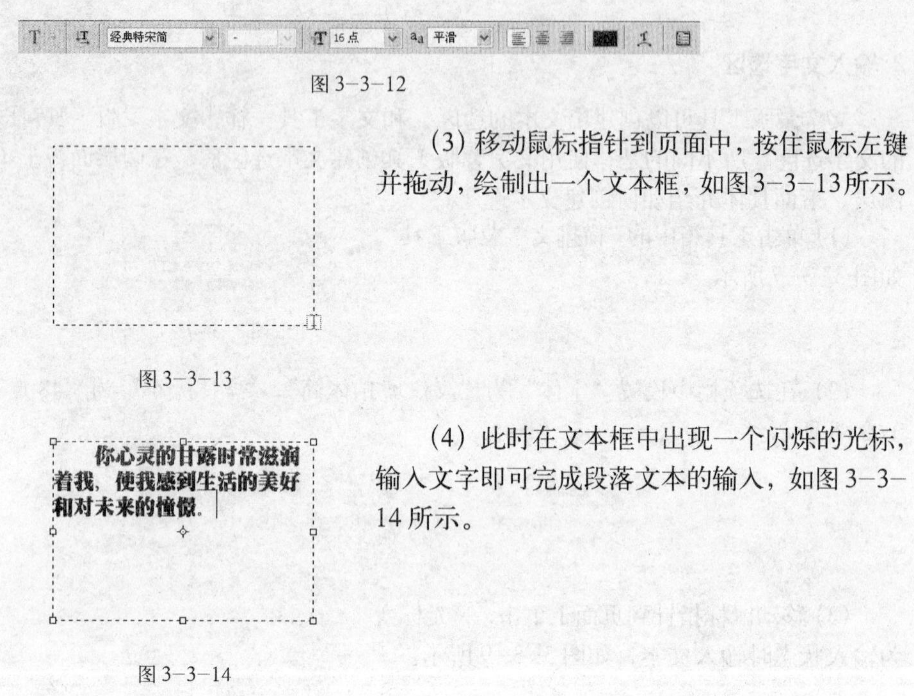

图 3–3–12

（3）移动鼠标指针到页面中，按住鼠标左键并拖动，绘制出一个文本框，如图 3–3–13 所示。

图 3–3–13

（4）此时在文本框中出现一个闪烁的光标，输入文字即可完成段落文本的输入，如图 3–3–14 所示。

图 3–3–14

3.4 其 他 工 具

除了前面介绍的绘画工具、修饰工具和文本工具外，用户还会经常用到一些其他工具，如移动工具、裁剪工具、注释工具等。

3.4.1 移动工具

移动工具是 Photoshop 中应用极为频繁的工具，它的主要作用是对图像或选择区域进行移动、复制和变换等操作。选择工具箱中的“移动工具”，其选项栏如图 3–4–1 所示。

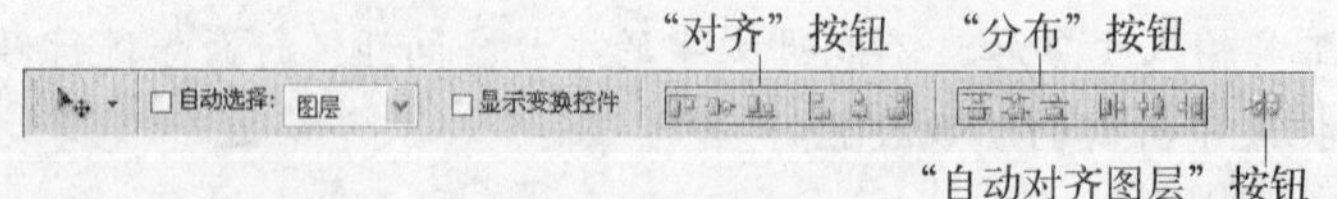

图 3–4–1

其各选项含义如下。

“自动选择”：勾选此复选框，并选择其后面下拉选项中的“组”或“图层”选项，用移动工

具单击图像会自动选择相应的图层或组。

“显示变换控件”：勾选此复选框，所选对象会被一个矩形虚线定界框包围，拖动定界框的不同位置，可以执行缩放、旋转等操作。

“对齐链接图层”按钮：此组按钮用于对齐与之相链接的图层，从左到右分别是顶对齐、垂直中齐、底对齐、左对齐、水平中齐和右对齐。

“分布链接图层”按钮：此组按钮用于分布与之相链接的图层，从左到右分别是按顶分布、垂直居中分布、按底分布、按左分布、水平居中分布和按右分布。

“自动对齐图层”按钮：单击此按钮可打开“自动对齐图层”对话框来设置图层的各种对齐。

1.移动图像

当用户的文件中有两个以上的图层时，我们就可以使用移动工具轻松地移动除背景图层以外图层上的图像，举例说明如下：

(1) 按“Ctrl+O”组合键打开素材中的“白兰氏”文件（此素材是一个包含3个图层的PSD格式文件），如图3-4-2所示，并确保在“瓶子”图层上操作。

确保在“瓶子”图层上操作

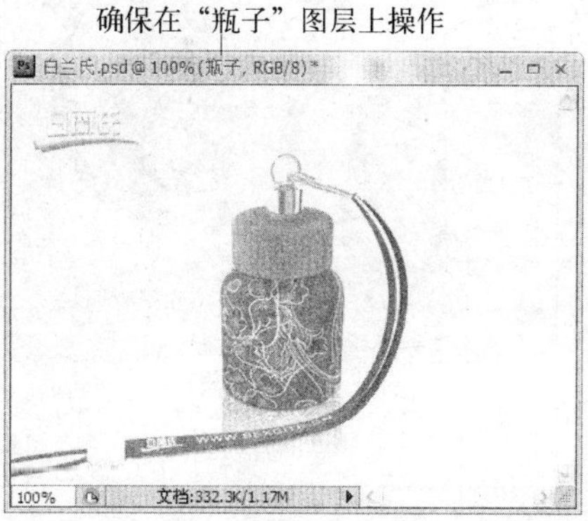

图 3-4-2

(2) 选择工具箱中的“移动工具”，保持其选项栏中的各项为默认状态，如图3-4-3所示。

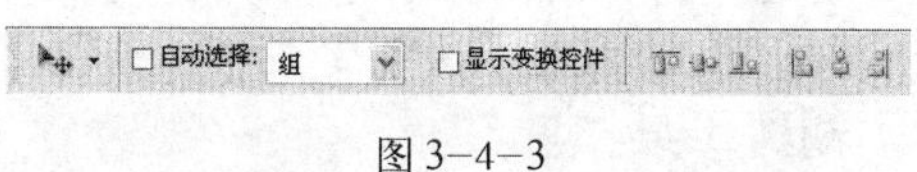

图 3-4-3

(3) 移动鼠标指针到中间的瓶子上，按住鼠标左键拖动，即可移动所选图层上的图像，如图3-4-4所示。

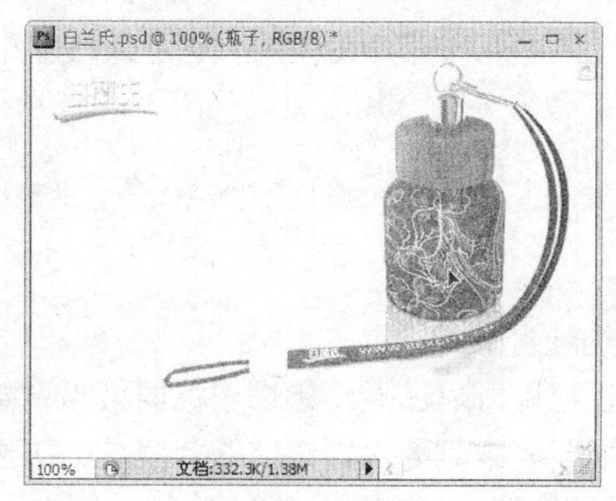

图 3-4-4

提示：

使用移动工具移动图像时，按住Shift键可沿水平、垂直或45度3个方向移动。

2.复制图像

配合Alt键，利用移动工具还可以复制图像，举例说明如下：

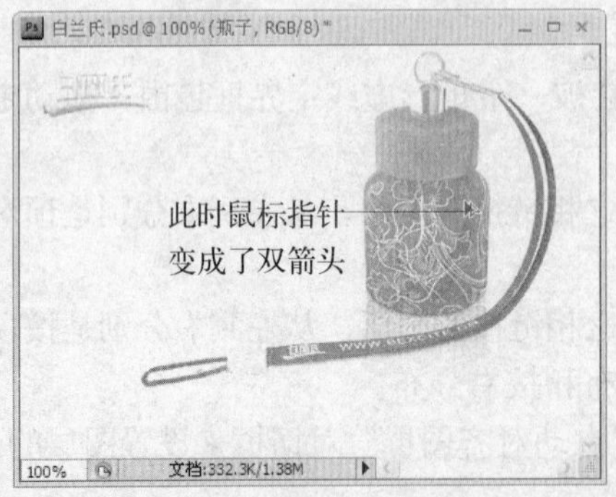

图 3-4-5

（1）接着上面的例子继续操作。移动鼠标指针到瓶子图像上并按住 Alt 键，此时鼠标指针变成了双箭头状态，如图 3-4-5 所示。

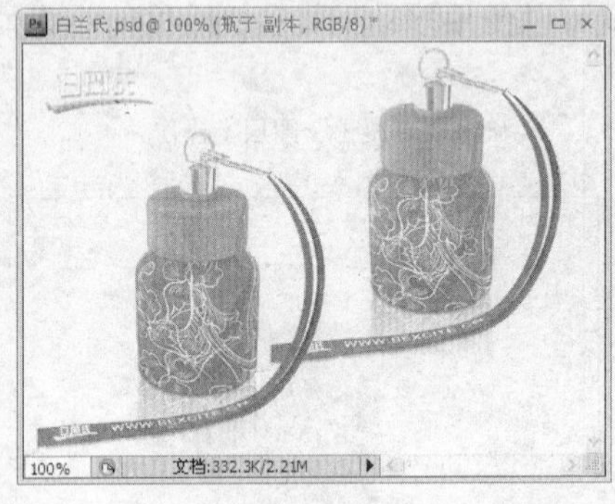
图 3-4-6

（2）按住鼠标左键向左下方拖动瓶子图像，图像即被复制到移动的位置，如图3-4-6所示。

提示：

当工具箱中选择的工具不是“移动工具”时，按住“Ctrl+Alt”组合键拖动图像也可复制图像。

3.4.2 裁剪工具

裁剪工具是用来裁切图像的，它可以修剪并调整图片，使图片在设计空间中完整显示。选择工具箱中的裁剪工具，其选项栏如图 3-4-7 所示。

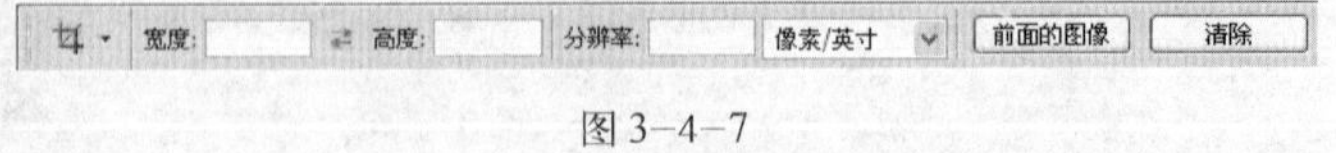

图 3-4-7

其各选项含义如下：

“宽度”和“高度”：用于设置裁切区域的宽度和高度。

“分辨率”：设置要保留图像的分辨率，在其右侧的下拉列表中可以设置单位。

“前面的图像”：单击此按钮，会在“宽度”、“高度”和“分辨率”文本框中显示当前文件的相应参数。

“清除”：用于清除选项栏上的各项参数设置。

要使用裁剪工具裁剪图像，只需用裁剪工具框选所需裁剪的区域后按 Enter 键即可，此时裁剪区域以外的部分会被裁剪掉。在确定裁剪前，用户还可以对裁剪框进行旋转、变形和设定裁剪部分的分辨率等操作，具体操作举例说明如下：

（1）按“Ctrl+O”组合键打开素材中“地产海报”文件，如图 3-4-8 所示。

图 3-4-8

（2）选择工具箱中的“裁剪工具”，并拉出裁剪范围，如图 3-4-9 所示。

图 3-4-9

（3）按一下 Enter 键，所需的图像被裁剪出来了，如图 3-4-10 所示。

提示：

提交当前裁剪操作还可以单击选项栏上的“提交”按钮✓，或单击鼠标右键，从弹出的菜单中选择“裁剪”命令。

图 3-4-10

3.4.3 注释工具

注释工具的作用是为图像添加文字说明，以方便用户查看和理解作品的含义，同时也能起到提示的作用，其使用方法举例说明如下：

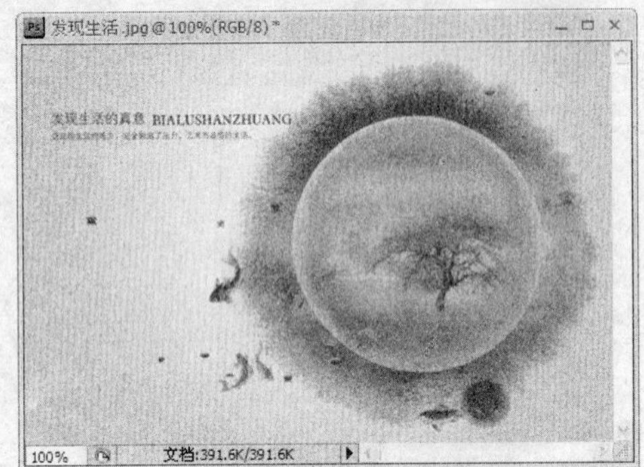
图 3–4–11

(1) 按“Ctrl+O”组合键任意打开一幅图像，如素材中的“发现生活”文件，如图 3–4–11 所示。

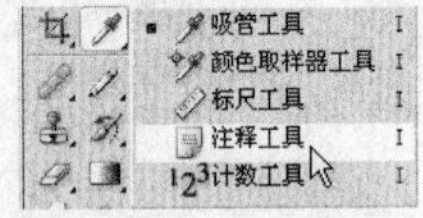

图 3–4–12

(2) 用鼠标右键单击工具箱中的“吸管工具”，从弹出的工具组中选择“注释工具”，如图 3–4–12 所示。

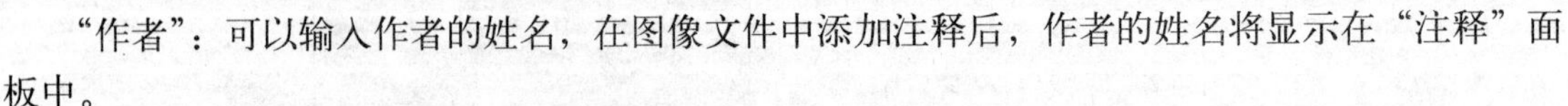

图 3–4–13

(3) 在其选项栏中用户可输入“作者”的名字，如图 3–4–13 所示。

“作者”：可以输入作者的姓名，在图像文件中添加注释后，作者的姓名将显示在“注释”面板中。

“颜色”：此项用来控制注释图标的颜色，单击其右侧的色块，可打开选取注释颜色对话框。

“清除全部”按钮：单击此按钮可以清除图像文件中的所有注释，但该按钮只有在有注释时才启用。

“显示或隐藏注释面板”按钮：单击此按钮可打开或关闭“注释”面板。

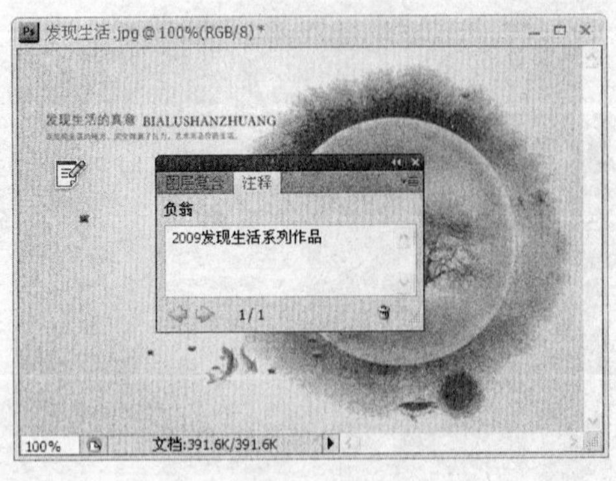

图 3–4–14

(4) 移动鼠标指针到图像上单击，从随即弹出的“注释”面板中输入说明文字即可完成对作品的注释，如图 3–4–14 所示。

提示：

用右键单击某目标注释图标，从弹出的快捷菜单中选择“删除注释”选项可删除该注释。

3.5 实例：圣诞卡

本例主要针对本章所学的知识进行设计，综合运用了油漆桶工具、画笔工具、文字工具等相关知识，目的是让用户了解如何将这些功能应用到实际作品中。

（1）按“Ctrl+N”组合键打开“新建”对话框，在“名称”后面的文本框中输入“圣诞卡”，设置“宽度”为9厘米，“高度”为15厘米，“分辨率”为72像素／英寸，“颜色模式”为RGB颜色，“背景内容”为白色，如图3–5–1所示。

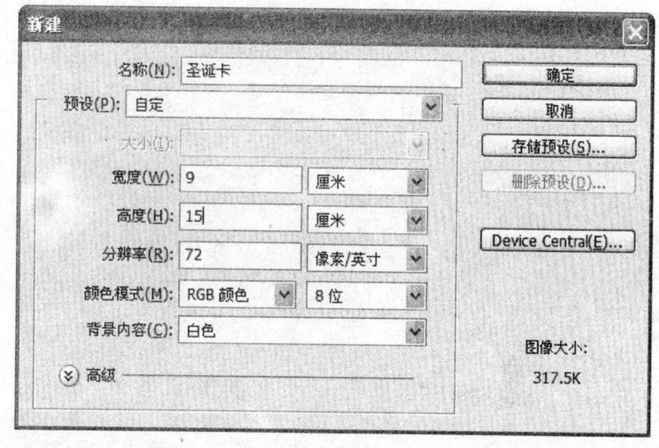

图3–5–1

（2）单击“确定”按钮新建一个文件。用鼠标右键单击工具箱中的“渐变工具”，从弹出的工具组中选择“油漆桶工具”，如图3–5–2所示。

图3–5–2

（3）单击工具箱中的“设置前景色”按钮，在弹出的“拾色器”对话框中设置一种蓝色（R：10，G：88，B：147），如图3–5–3所示。

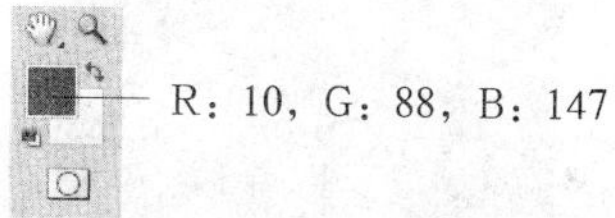

图3–5–3

（4）在“油漆桶工具”选项栏中保持默认参数，如图3–5–4所示。

图3–5–4

（5）移动鼠标指针到新建的文件窗口内单击，将背景填充为蓝色，如图3–5–5所示。

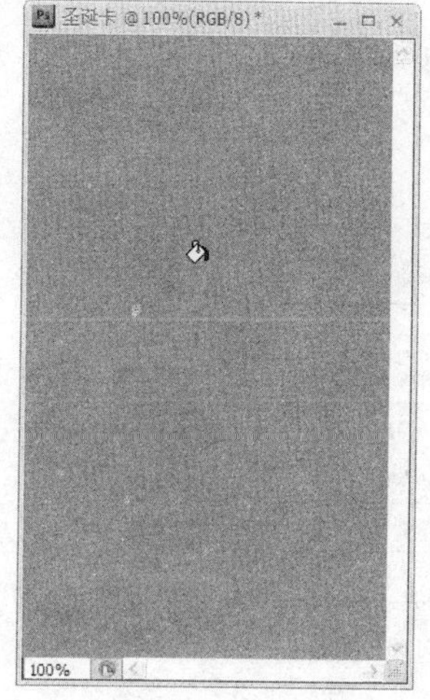

图3–5–5

(6) 按“Ctrl+O”组合键打开素材中的“过渡背景”文件（此素材是一个包含两个图层的PSD格式文件），如图3-5-6所示。

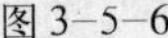
图3-5-6

(7) 选择工具箱中的“移动工具”，按住Shift键向新建的文件窗口内拖动“过渡背景”图像，将图像复制到新建的文件中，如图3-5-7所示。

图3-5-7

(8) 选择工具箱中的“画笔工具”，在其选项栏的“画笔预设面板”中选择“载入画笔”命令，如图3-5-8所示。

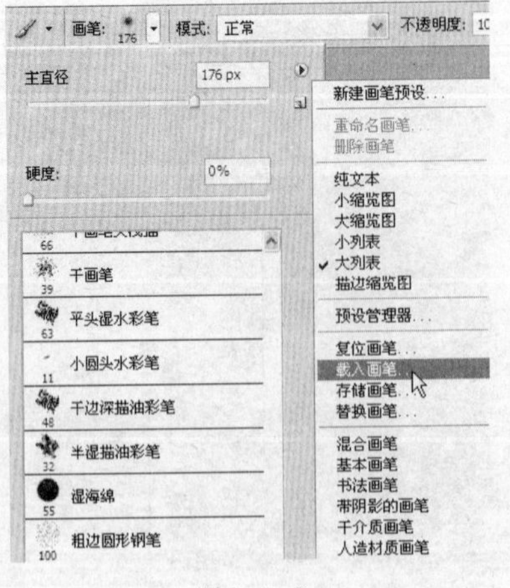

图3-5-8

(9) 在随即弹出的“载入”对话框中选择素材中的“雪花”笔刷文件，如图 3-5-9 所示。

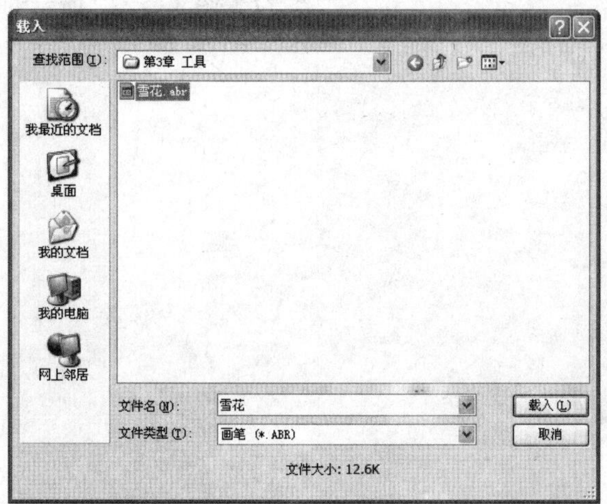

图 3-5-9

(10) 单击“载入”按钮，并将载入的“雪花”笔刷选中，如图 3-5-10 所示。

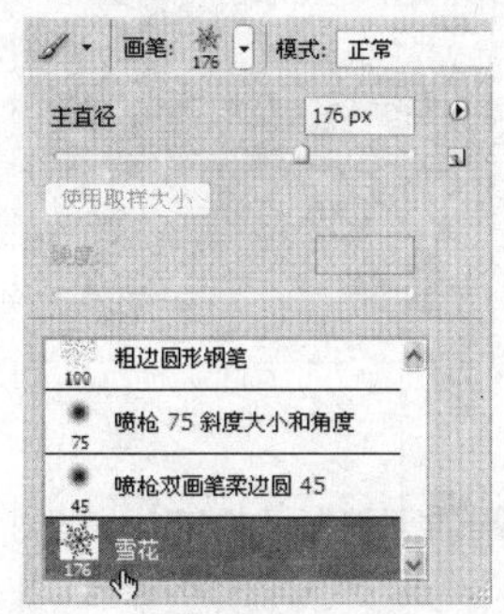

图 3-5-10

提示：

新载入的笔刷一般都在“画笔预设面板”的最后面。

(11) 按F5键调出“画笔”面板，单击左侧的“画笔笔尖形状”选项，在右侧设置“直径”为40px，“间距”为100%，如图 3-5-11 所示。

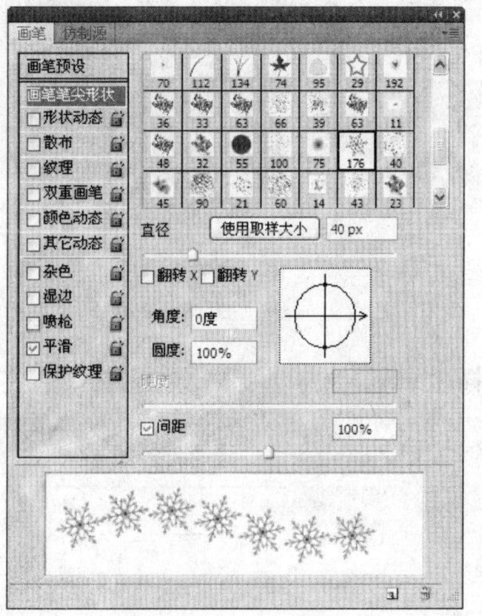

图 3-5-11

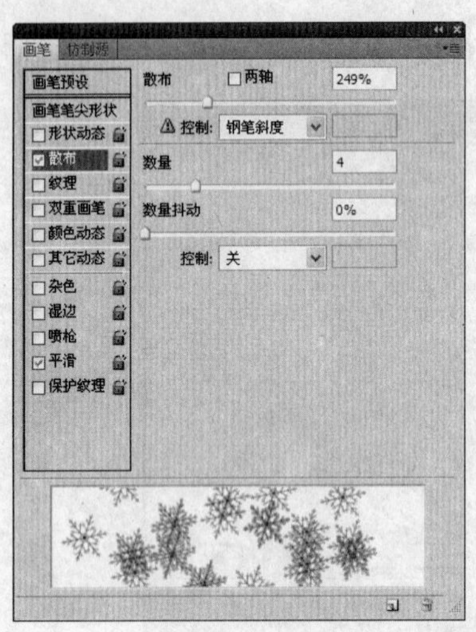

图 3-5-12

（12）单击左侧的“散布”选项，并在右侧设置图 3-5-12 所示的参数。

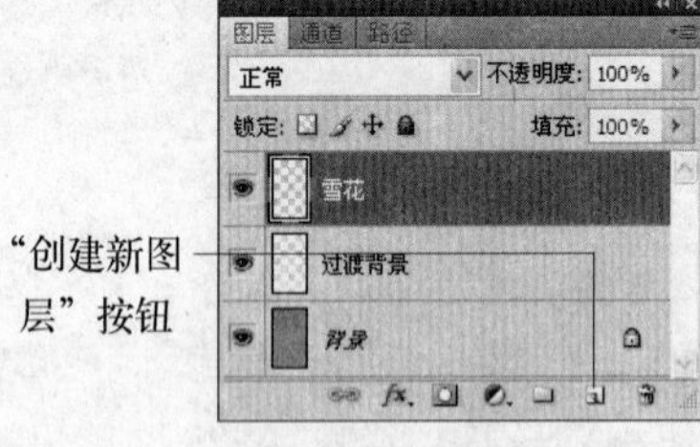

图 3-5-13

（13）单击“图层”面板底部的“创建新图层”按钮，新建一个图层，并命名为“雪花”，如图 3-5-13 所示。

图 3-5-14

（14）设置工具箱中的“前景色”为白色，使用“画笔工具”在页面上单击或按住鼠标左键拖动，绘制出图 3-5-14 所示的雪花效果。

（15）选择工具箱中的“横排文字工具”，在其选项栏中设置“字体”为“Ravie”，“字体大小”为“23.34 点”，“文本颜色”为白色，其他设置如图 3-5-15 所示。

图 3-5-15

(16) 移动鼠标指针到页面上单击，等光标呈输入状态时输入“Merry Christmas & Happy New Year”文字，并按图3-5-16所示进行排列。

图 3-5-16

(17) 选择“图层/图层样式/投影”命令，在弹出的“图层样式”对话框中设置图3-5-17所示的投影参数。

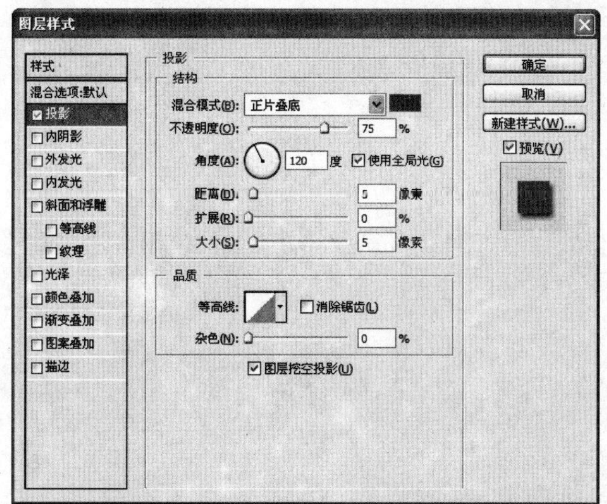

图 3-5-17

(18) 单击“确定”按钮，应用“投影”样式，此时文字效果如图 3-5-18 所示。

图 3-5-18

(19) 按“Ctrl+O”组合键打开素材中的“铃铛”文件，如图 3-5-19 所示。

(20) 选择工具箱中的“移动工具”，将铃铛图像拖动到图 3-5-20 所示的位置，圣诞卡制作完毕。

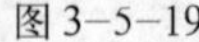
图 3-5-19

图 3-5-20

3.6 小 结

本章主要讲解了 Photoshop CS4 工具箱中部分工具的使用方法，通过对这些工具的介绍，希望用户能尽快掌握这些工具的实际用途和操作方法，并举一反三。

3.7 练 习

一. 填空题

(1) 渐变工具有______种渐变方式。

(2) 画笔工具最主要的功能是______________________________。

二. 选择题

(1) 注释工具的作用是为图像添加____________。

A. 语音说明　B. 图像说明　C. 英语注释　D. 文字说明

(2) 污点修复画笔工具可以修复图像的____________。

A. 纹理　B. 污点　C. 红眼　D. 色彩饱和度

三. 问答题

(1) 涂抹工具的工作原理是什么?

(2) 图章工具有哪两种? 它们的功能各是什么?

第4章　选　区

在Photoshop中创建或编辑图像时，大多数情况下都需要用户先创建工作区域再进行操作。本章介绍如何在Photoshop中创建、调整以及保存和载入选区知识，以使用户全面掌握选区并进行实例的创作。

4.1　创建选区

创建选区就是指定工作范围，创建选区后将只能在选区范围内操作，选区外的区域不会受到操作的影响。所以在Photoshop中有这么一句话，“能选择的就能操作”，可见创建选区的重要性。

4.1.1　矩形选框工具

矩形选框工具可以创建出矩形选区，其使用方法举例说明如下：

(1) 按“Ctrl+O”组合键打开素材中的“紫色背景”文件，如图4-1-1所示。

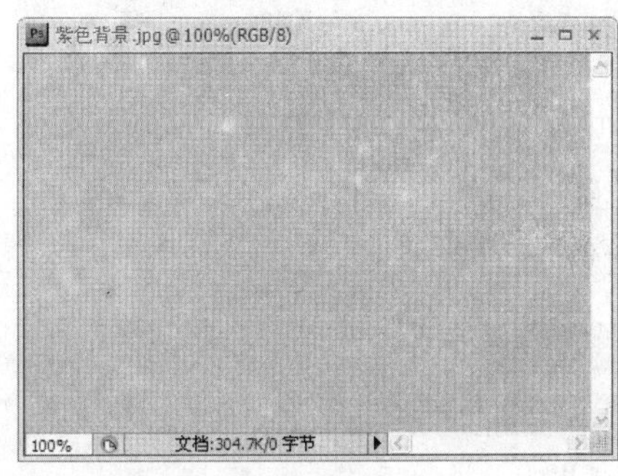

图4-1-1

(2) 用鼠标右键单击工具箱中的“矩形选框工具”，从弹出的工具组中选择“矩形选框工具”，如图4-1-2所示。

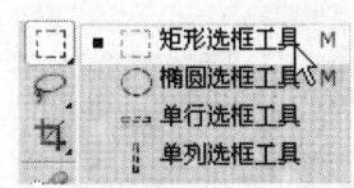

图4-1-2

(3) 在“矩形选框工具”选项栏中单击“新选区”按钮，设置“羽化”值为0px，“样式”为正常，如图4-1-3所示。

图4-1-3

“新选区”：用于创建独立的新选区。如果再次创建一个选区，新选区将代替旧选区。

“添加到选区”：选择该按钮时，会以添加方式建立新选区。

“从选区减去”：选择该按钮时，原有选区会减去与新建选区相交的部分。

“与选区交叉”：选择该按钮时，原有选区仅保留与新建选区相交的部分。

“羽化”：通过建立选区和选区周围像素之间的转换边界来模糊边缘。该模糊边缘将丢失选区边缘的一些细节。

“消除锯齿”：勾选该复选框，可以通过淡化边缘像素与背景像素之间的颜色，使选区的锯齿状边缘平滑。

“样式”：在此下拉选项中可选择“正常”、“固定比例”或“固定大小”3个样式来创建选区。

“调整边缘”：单击此按钮，可打开“调整边缘”对话框对选区边缘进行更细致的调整。

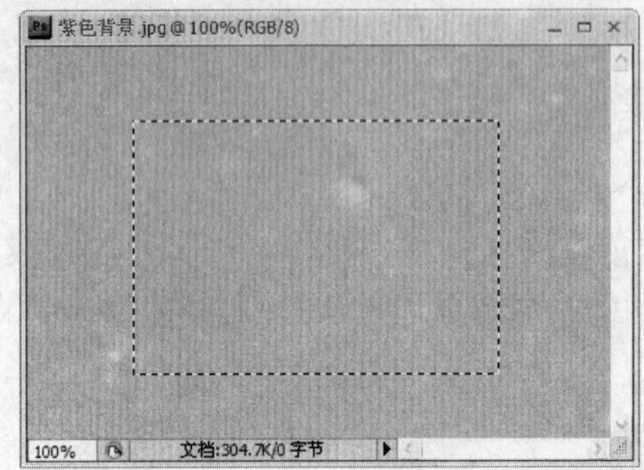

图 4-1-4

（4）移动鼠标指针到文档窗口内，等鼠标指针变为十字形状时，按住鼠标左键并拖动，创建图 4-1-4 所示的矩形选区。

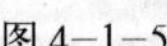

图 4-1-5

（5）单击工具箱中的“画笔工具”，并在其选项栏中选择图 4-1-5 所示的笔刷。

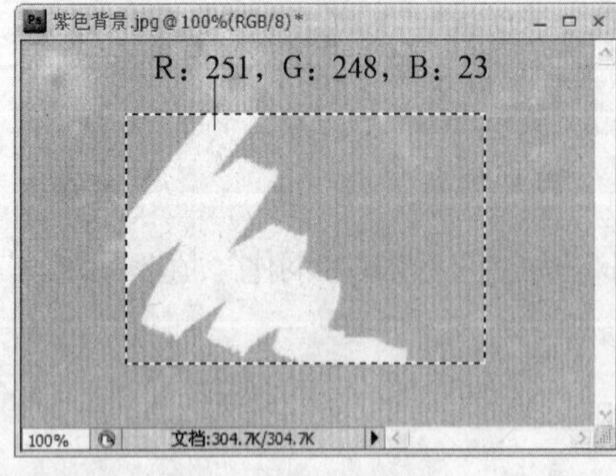

图 4-1-6

（6）设置工具箱中的“前景色”为黄色（R：251，G：248，B：23），移动鼠标指针到图像窗口内按住左键拖动。此时可以很清楚地发现，只有在选区内的区域被涂上了颜色，选区外的区域没有受到影响，如图 4-1-6 所示。

4.1.2 多边形套索工具

多边形套索工具可以创建出由直线连接的多边形选区，其使用方法举例说明如下：

(1) 按"Ctrl+O"组合键打开素材中的"盒子"文件，如图4-1-7所示。

图4-1-7

(2) 选择"多边形套索工具"，在其选项栏中单击"新选区"按钮，设置"羽化"值为0px，如图4-1-8所示。

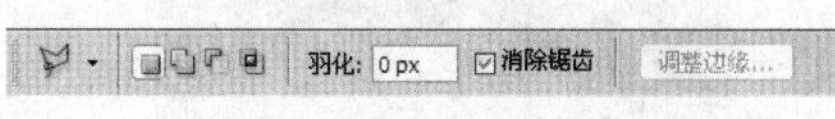

图4-1-8

(3) 移动鼠标指针到盒子边缘的一个起点处单击，如图4-1-9所示。

图4-1-9

(4) 拖动鼠标指针按图4-1-10所示的顺序依次单击左键，最后再回到①处，等鼠标指针旁出现小圆圈后单击鼠标左键，即可创建对该物体的选区。

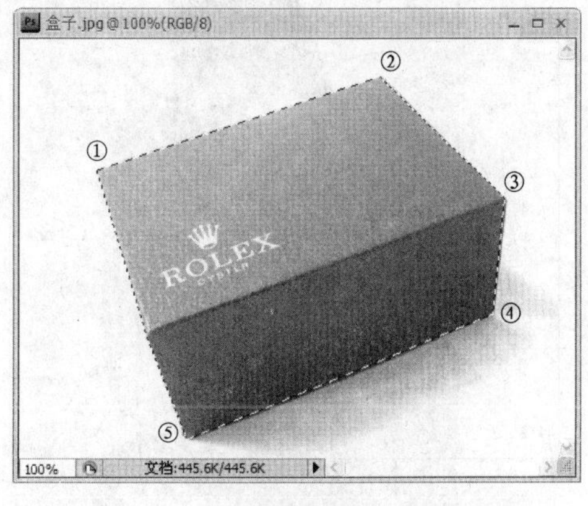

图4-1-10

提示：

①在用"多边形套索工具"创建选区的过程中双击鼠标左键，Photoshop会自动将单击处与起点处连接起来，形成封闭的选区。

②在用"多边形套索工具"创建选区的过程中，按Backspace键或Delete键，可按原来单击的次序逆序撤销绘制的线段。

4.1.3 快速选择工具

快速选择工具拥有更加智能化的选择功能，用户在使用快速选择工具拖动时，选区会向外扩展并自动查找和跟随图像中定义的边缘，快速地“绘制”出选区，其使用方法举例说明如下：

(1) 按“Ctrl+O”组合键打开素材中的“有子”文件，如图 4-1-11 所示。

图 4-1-11

(2) 选择“快速选择工具”，在其选项栏中单击“新选区”按钮，并将“画笔”设置为 30 像素，如图 4-1-12 所示。

图 4-1-12

(3) 移动鼠标指针到人物的身上按住鼠标左键并拖动，选区便自动跟踪边缘，如图 4-1-13 所示。

图 4-1-13

(4) 按住鼠标左键继续在人物的身上拖动，将人物全部选中，如图 4-1-14 所示。

图 4-1-14

(5) 按“Ctrl+O”组合键打开素材中的“白云”文件，如图 4-1-15 所示。

图 4-1-15

(6) 使用“移动工具”将选中的人物拖动到“白云”文件中，即可将两幅图像合成到一起并进行加工、设计，如图 4-1-16 所示。

图 4-1-16

提示：

如果用户有兴趣，可继续对这幅图像进行加工、设计。

4.1.4 使用“色彩范围”命令建立选区

使用“色彩范围”命令建立选区的原理与魔棒工具建立选区的原理类似，都是选取具有相近颜色的像素。但“色彩范围”命令更加方便灵活，它是以特定的颜色范围来建立选区，并且还可以即时控制颜色的相近程度，其使用方法举例说明如下：

图 4-1-17

(1) 按“Ctrl+O”组合键打开素材中的“斑马”文件，如图 4-1-17 所示。

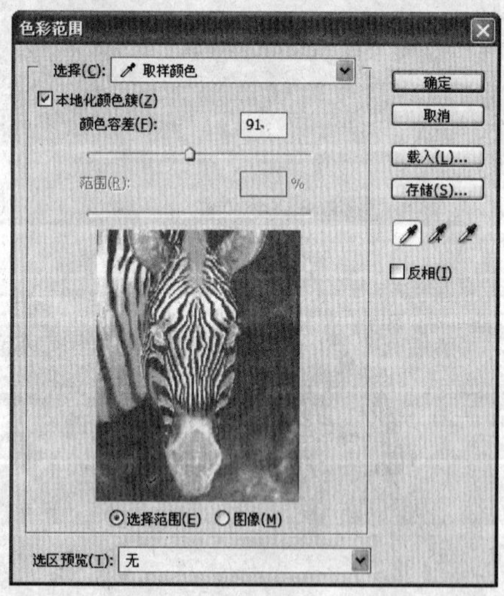

图 4-1-18

(2) 执行“选择/色彩范围”命令，打开“色彩范围”对话框，如图 4-1-18 所示。

提示：

“色彩范围”对话框在 Photoshop CS4 版本中新增加了一个“本地化颜色簇”复选框，勾选此复选框，用户将以选择像素为中心向外扩散，而不是像之前的版本只对所有颜色进行选择，这一功能无疑是进步的。

（3）选择“色彩范围”对话框右侧的“吸管工具”，并移动鼠标指针到白色的斑纹处单击，选择建立选区的基色，如图4−1−19所示。

图4−1−19

（4）拖动“颜色容差”和“范围”下面的滑块，设置所需的容差和范围，如图4−1−20所示。

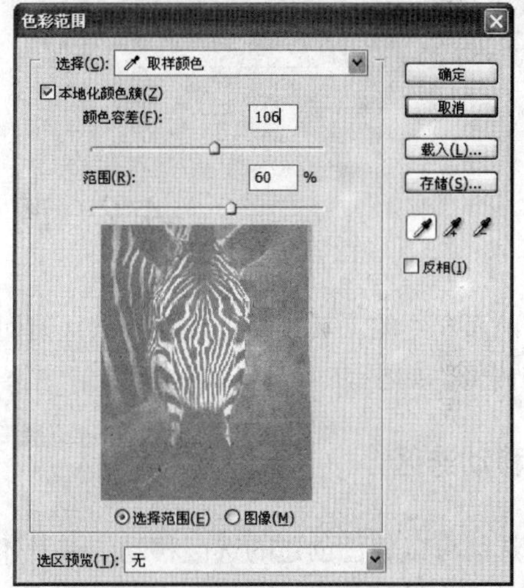

图4−1−20

（5）单击“确定”按钮，即可创建出特定范围内的选区，如图4−1−21所示。

图4−1−21

图 4-1-22

(6) 使用此例制作的实例效果如图 4-1-22 所示。

4.2 调整选区

使用前面介绍的工具或命令创建的选区有时还不能满足制作需要，这时就要求用户对选区进行相应的调整，如移动、变换、羽化等。

4.2.1 移动选区

移动选区可以将已创建的选区移动，并且不影响图像内的任何内容。移动选区通常有两种方法，一种是使用鼠标移动，另一种是使用键盘移动，下面分别予以介绍。

1. 鼠标移动

使用鼠标移动选区时需要注意：只有在选择选框工具、套索工具和魔棒工具时才可移动选区，其使用方法举例说明如下：

图 4-2-1

(1) 按“Ctrl+O”组合键打开素材中的“海鸥”文件，并将海鸥用选区选中，如图 4-2-1 所示。

提示：

如果不会创建这个选区，可切换到“通道”面板中，按住 Ctrl 键单击 Alpha1 通道，将这个选区调出来。

(2) 选择其中一个工具，如“矩形选框工具”，并且保证选项栏中建立选区的方式为“新选区”，如图 4−2−2 所示。

(3) 移动鼠标指针到选区内，当鼠标指针变为形状时，按住鼠标左键并拖动即可移动选区，如图 4−2−3 所示。

图 4−2−2

图 4−2−3

2. 键盘移动

使用键盘移动选区比使用鼠标移动选区要精确，因为每按一下方向键，选区会向相应的方向移动 1 个像素的距离。创建完选区后，默认状态下每按 1 次方向键即可将选区移动 1 个像素的距离，若按住 Shift 键按方向键，则以每次 10 个像素的距离移动选区。

4.2.2　变换选区

使用变换选区命令可以对选区进行自由变换、缩放、旋转等变换操作，其使用方法举例说明如下：

(1) 接着上面的例子继续操作。执行“选择/变换选区”命令，选区的四周出现了图 4−2−4 所示的控制框。

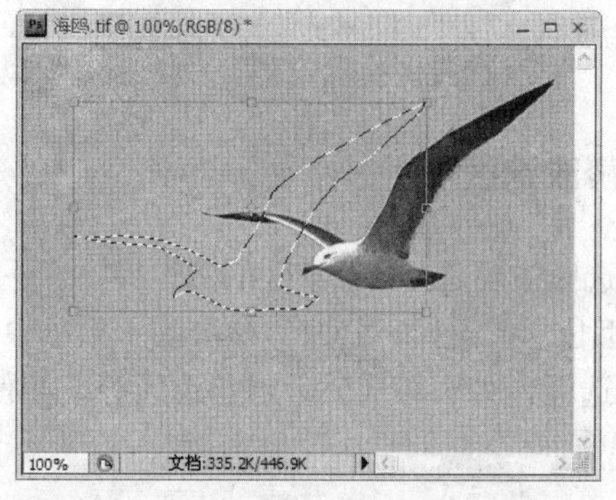

图 4−2−4

(2) 移动鼠标指针至控制框的外侧，当鼠标指针显示为弧形的双向箭头时，按住左键以顺时针或逆时针方向拖动鼠标，选区将以调节中心为轴进行旋转，如图 4−2−5 所示。

图 4−2−5

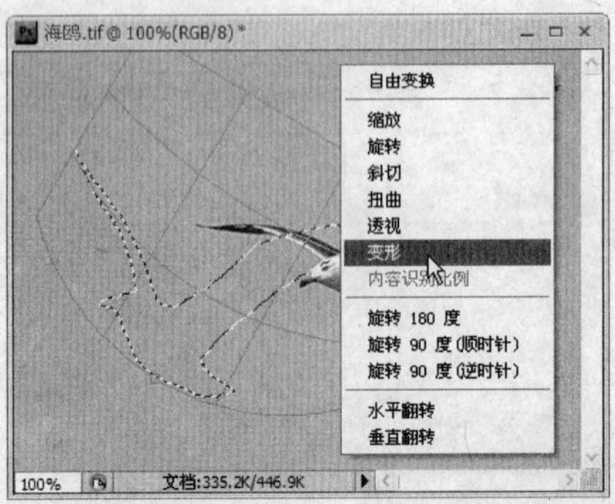

图 4–2–6

(3) 单击鼠标右键，在弹出的快捷菜单中选择“变形”命令，还可以对选区进行变形，如图 4–2–6 所示。

提示：

其实“变换选区”和“自由变换”的操作很相似，其他变换选区的操作用户可参阅自由变换章节的详细介绍。

图 4–2–7

(4) 确认所要的选区形状后，在选区内双击鼠标左键或按 Enter 键都可应用变换，如图 4–2–7 所示。

4.2.3 修改选区

修改选区主要是对当前选区的“边界”、“平滑”、“扩展”、“收缩”以及“羽化”进行修改。这 5 个命令都位于“选择 / 修改”命令的子菜单中，如图 4–2–8 所示。通过修改选区，可以创建一些特殊的选区，如圆环选区、圆角选区等，其使用方法分别举例说明如下：

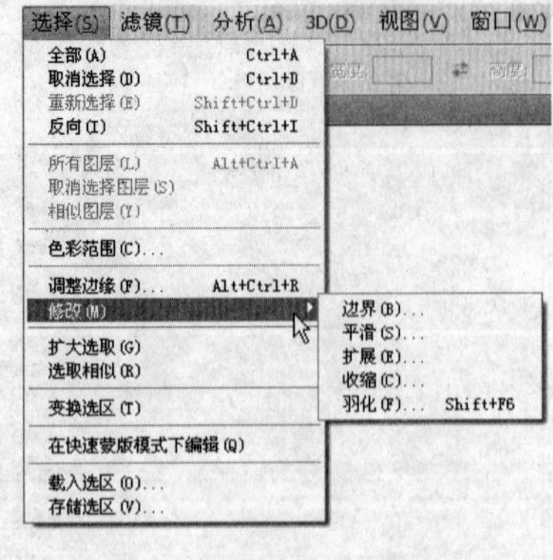

图 4–2–8

“边界”：此功能是用扩大的选区减去原选区，使用它可以很轻松地创建框住原选区的条形选区，并且扩大的程度可以自由控制。

(1) 按“Ctrl+O”组合键打开素材中的“海边”文件，再按“Ctrl+A”组合键选中整个图像，如图 4–2–9 所示。

图 4–2–9

提示：

执行“选择／全部”命令会将整个图像用选区全部选中，其快捷键是“Ctrl+A”。

(2) 单击“图层”面板底部的“创建新图层”按钮，新建一个“图层 1”图层，如图 4–2–10 所示。

(3) 在“图层 1”图层上工作。执行“选择／修改／边界”命令，从弹出的“边界选区”对话框中设置“宽度”为 10 像素，如图 4–2–11 所示。

(4) 单击“确定”按钮，修改后的选区边界如图 4–2–12 所示。

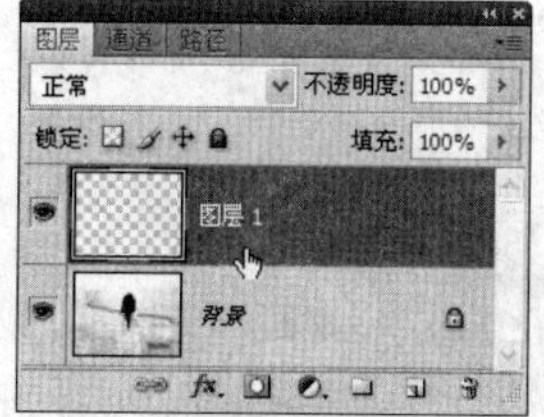

图 4–2–10

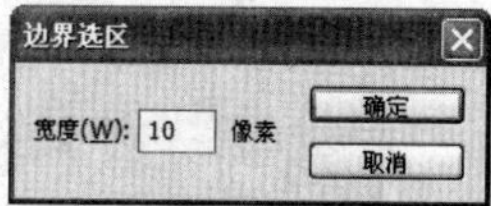

图 4–2–11

图 4–2–12

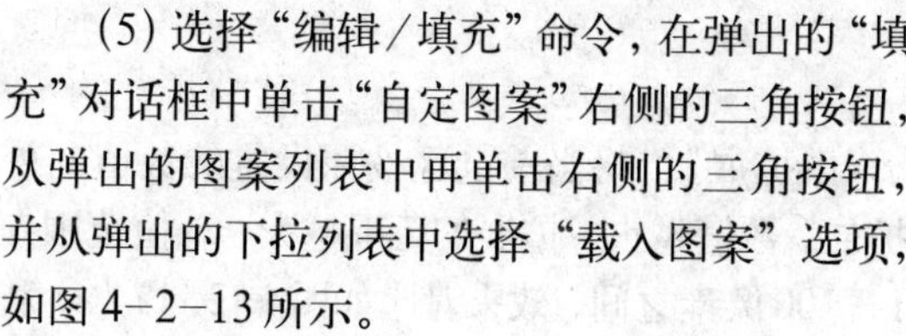

(5) 选择“编辑／填充”命令，在弹出的“填充”对话框中单击“自定图案”右侧的三角按钮，从弹出的图案列表中再单击右侧的三角按钮，并从弹出的下拉列表中选择“载入图案”选项，如图 4–2–13 所示。

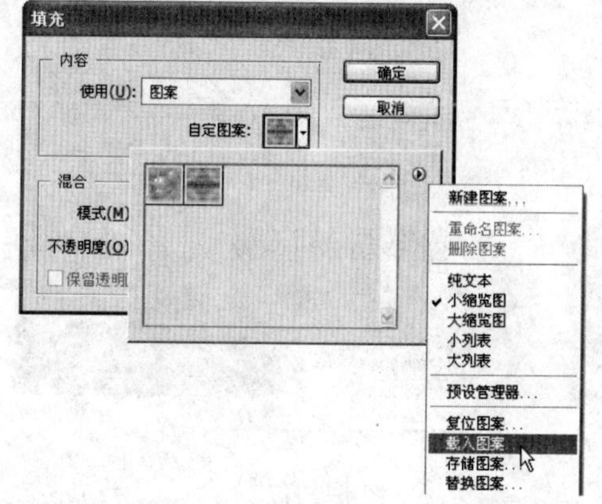

图 4–2–13

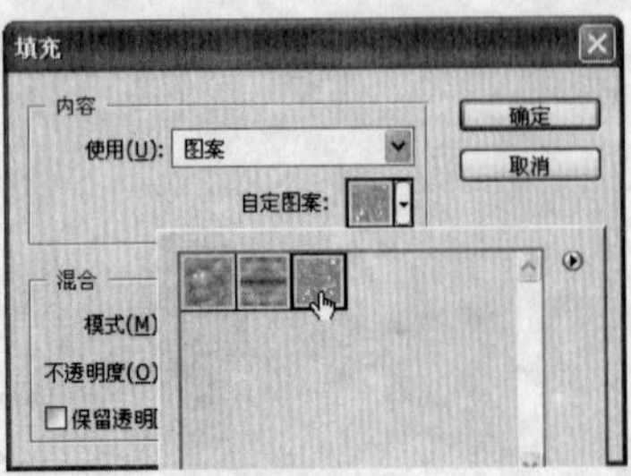

图 4-2-14

（6）从弹出的“载入”对话框中载入“红色花纹”图案文件，并将其选中，如图 4-2-14 所示。

提示：

“红色花纹”图案文件放在素材文件夹中，用户也可以使用 Photoshop 中自带的图案进行代替。

图 4-2-15

（7）单击“确定”按钮，再按“Ctrl+D”组合键取消选区，即可为照片制作出一个简单的边框，如图 4-2-15 所示。

(a)

(b)

图 4-2-16

“平滑”：通过改变取样的半径来改变选区的平滑程度，具体的操作方法与“边界”命令的操作方法相似，效果对比如图 4-2-16（a）和（b）所示。

(a)

(b)

图 4-2-17

“扩展”：将当前选区按照设定的数值向外扩展，数值越大，扩展的范围越大，取值范围在 1～100 像素之间，效果对比如图 4-2-17（a）和（b）所示。

"收缩"：此命令与"扩展"命令相反，是将当前选区按照设定的数值向内收缩，数值越大，收缩的范围越大，效果对比如图4–2–18 (a) 和 (b) 所示。

(a) (b)

图4–2–18

"羽化"：此命令与前面几个修改选区的命令有些区别，它可以让选区周围的图像逐渐减淡，创建出模糊的边缘效果。数值越大，模糊的程度也就越大，效果对比如图 4–2–19 (a) 和 (b) 所示。

(a) (b)

图4–2–19

4.2.4 调整边缘

调整边缘可以提高选区边缘的品质，并允许用户对照不同的背景查看选区。移动鼠标指针到不同的滑块上，在"调整边缘"对话框的下面还可预览此功能的调整效果，使编辑变得非常轻松。下面以其中的"羽化"功能为例介绍其使用方法，举例说明如下：

(1) 按"Ctrl+O"组合键打开素材中的"安琪"文件，如图 4–2–20 所示。

图4–2–20

图 4-2-21

图 4-2-22

(2) 选择“多边形套索工具”，在其选项栏中设置“羽化”值为0px，如图4-2-21所示。

(3) 使用“多边形套索工具”在人物脸部套选出图4-2-22所示的选区。

提示:

在用“多边形套索工具”创建选区的过程中，如果出现了错误，按Backspace键或者Delete键可按照原来单击的次序逆序删除标记的定位点；按住Alt键并按住鼠标左键拖动，可暂时切换到“套索工具”。

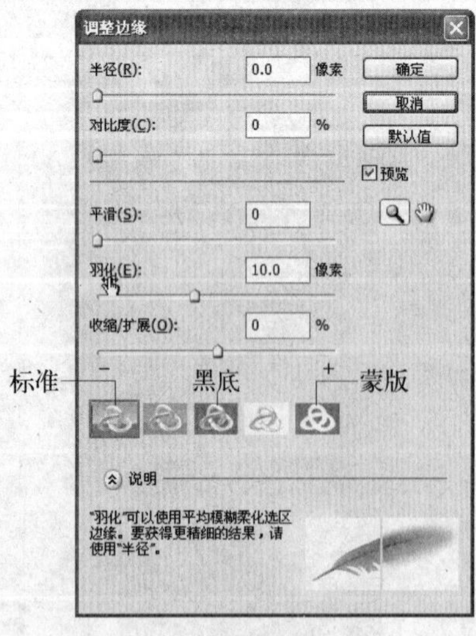

图 4-2-23

(4) 执行“选择/调整边缘”命令，在打开“调整边缘”对话框中将“羽化”设置为10.0像素，“半径”、“对比度”、“平滑”和“收缩/扩张”都设置为0，如图4-2-23所示。

提示:

在“调整边缘”对话框中单击那几个预览图标可以在不同的背景下显示调整的边缘，从左到右分别是“标准”、“快速蒙版”、“黑底”、“白底”和“蒙版”。

(5) 单击“确定”按钮，羽化后的选区效果如图 4–2–24 所示。

图 4–2–24

提示：

使用套索工具或其他选框工具指定选区以后，如果直接改变颜色，边线部分会显得很生硬，不自然。适当地提高羽化值可以制作出自然柔和的边线效果。

(6) 按“Ctrl+U”组合键打开“色相 / 饱和度”对话框。首先勾选“着色”复选框，然后设置“色相”值为 35，如图 4–2–25 所示。

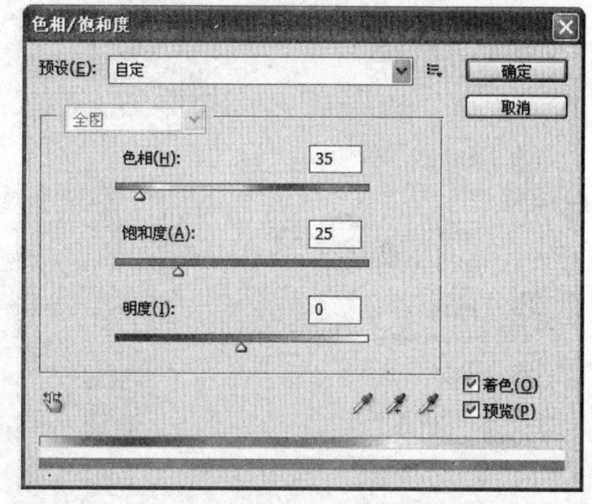

图 4–2–25

(7) 单击“确定”按钮，按“Ctrl+D”组合键取消选区。再用同样的方法对人物的胳膊和上身添加同样的颜色，如图 4–2–26 所示。

图 4–2–26

图 4-2-27

（8）选择“多边形套索工具”，在其选项栏中设置“羽化”值为 10 px，并将人物的衣服部分选中，如图 4-2-27 所示。

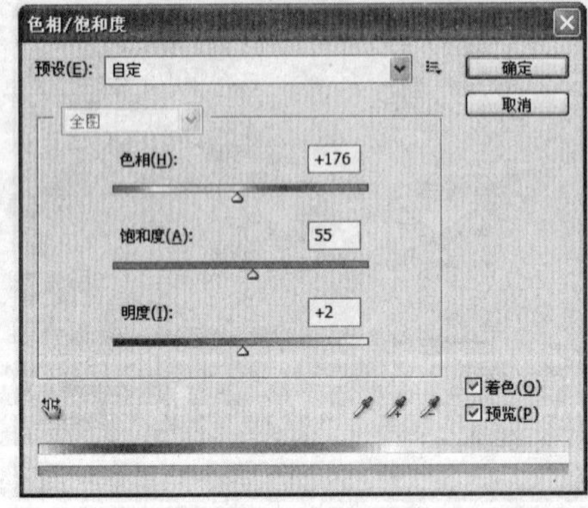

图 4-2-28

（9）按“Ctrl+U”组合键打开“色相/饱和度”对话框，勾选“着色”复选框并设置图 4-2-28 所示的参数。

提示：

在调整图像色彩的时候，因为选区是激活状态，所以不太容易看到颜色的变化，这时可以按“Ctrl+H”组合键隐藏选区，再对颜色进行调整，就可以很直观地看到它的变化效果。

图 4-2-29

（10）单击“确定”按钮并取消选区。继续使用“多边形套索工具”将人物的头发选中，如图 4-2-29 所示。

（11）按“Ctrl+U”组合键打开“色相/饱和度”对话框，勾选“着色”复选框并设置图4-2-30所示的参数。

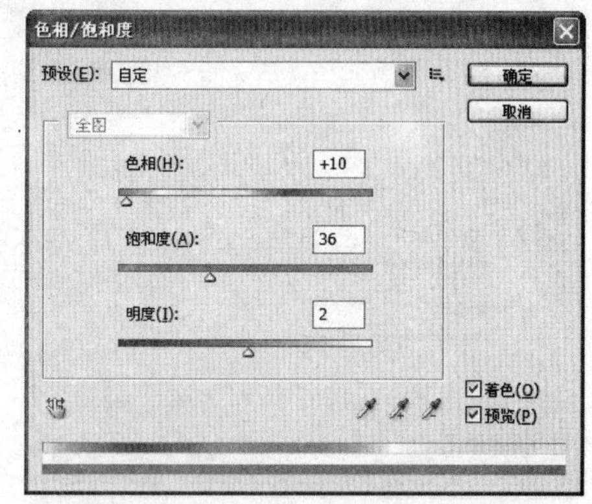

图4-2-30

（12）单击“确定”按钮，按“Ctrl+D”组合键取消选区。选择“多边形套索工具”，在其选项栏中设置“羽化”值为0px，并将人物的嘴唇处用选区套选，如图4-2-31所示。

图4-2-31

（13）按“Ctrl+Alt+R”组合键打开“调整边缘”对话框，并在其中设置图4-2-32所示的参数。

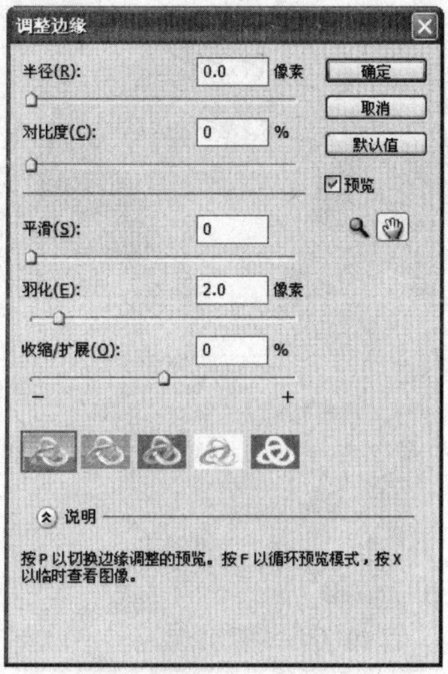

图4-2-32

（14）单击“确定”按钮后，再按“Ctrl+U”组合键打开“色相／饱和度”对话框，勾选“着色”复选框并设置图 4-2-33 所示的参数。

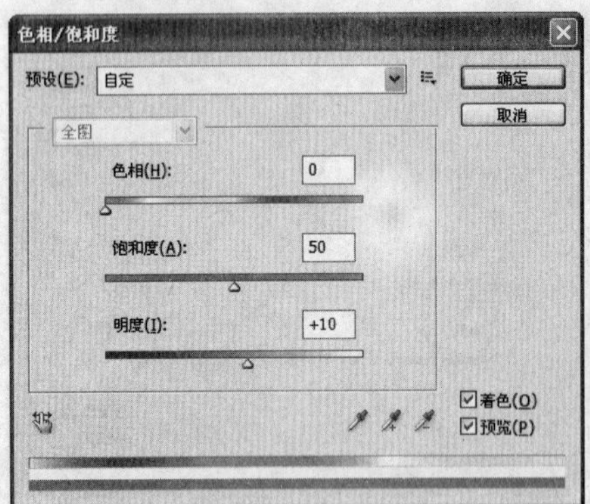

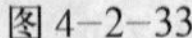
图 4-2-33

（15）单击“确定”按钮，并按“Ctrl+D”组合键取消选区，此时嘴唇效果如图 4-2-34 所示。

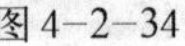
图 4-2-34

（16）使用同样的方法对衣物的吊带、背景等部位也分别上色，上色后的效果如图 4-2-35 所示。

图 4-2-35

4.3　存储和载入选区

创建一个精细的选区往往需要花上很多时间，如果不将其保存，日后一旦再次处理此区域，又要花费一定的时间去创建。存储选区是指将创建的选区保存下来，以方便日后调用；载入选区是指将存储的选区调出来。其使用方法举例说明如下：

(1) 按“Ctrl+O”组合键打开素材中的“贝多芬”文件，如图 4–3–1 所示。

图 4–3–1

(2) 选择“图像 / 调整 / 阈值”命令，在弹出的“阈值”对话框中设置“阈值色阶”值为105，如图 4–3–2 所示。

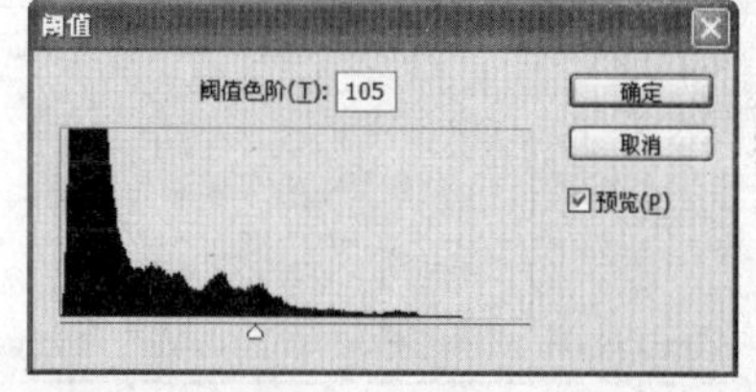

图 4–3–2

(3) 单击“确定”按钮，图像效果如图 4–3–3 所示。

图 4–3–3

(4) 选择工具箱中的“魔棒工具”，在其选项栏中单击“新选区”按钮，设置“容差”为0，并且不勾选“连续”复选框，如图4-3-4所示。

图4-3-4

(5) 移动鼠标指针到图像的白色部位单击一下，将白色区域全部选中，如图4-3-5所示。

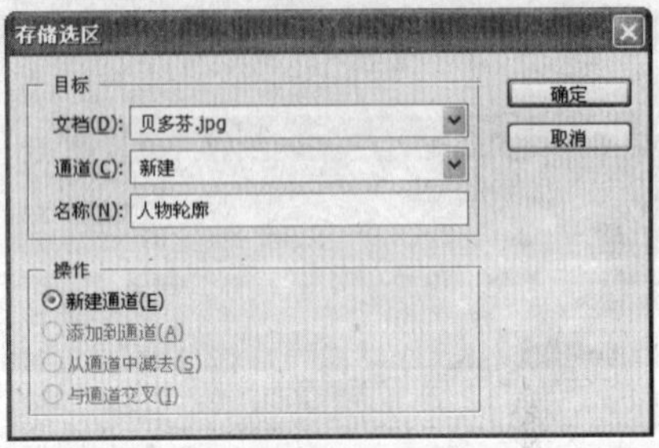

图4-3-5

(6) 执行“选择/存储选区”命令，打开“存储选区”对话框，并在“名称”后面将该选区命名为“人物轮廓”，如图4-3-6所示，单击“确定”按钮，将选区保存。

存储选区
目标
文档(D): 贝多芬.jpg
通道(C): 新建
名称(N): 人物轮廓
确定
取消
操作
新建通道(E)
添加到通道(A)
从通道中减去(S)
与通道交叉(I)

图4-3-6

(7) 按“Ctrl+D”组合键取消选区，并设置工具箱中的前景色为黑色（R：0，G：0，B：0），按“Alt+Backspace”组合键将前景色填充至“背景”图层中，如图4-3-7所示。

图4-3-7

(8) 执行“选择/载入选区”命令，打开“载入选区”对话框，并在“通道”选项中选择“人物轮廓”选项，如图 4-3-8 所示。

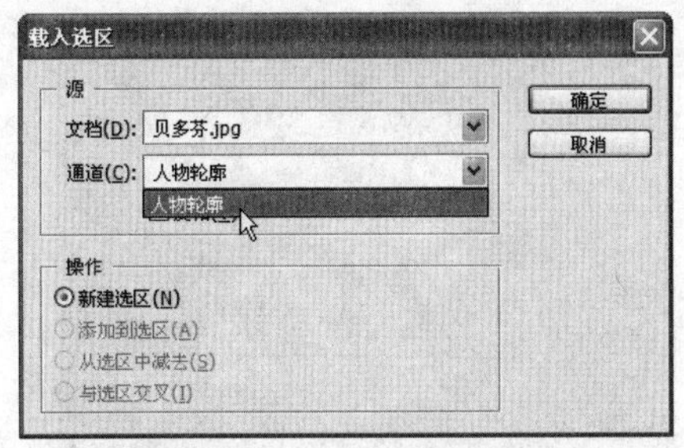

图 4-3-8

(9) 单击“确定”按钮，将“人物轮廓”选区再次载入到文件中。之后设置工具箱中的前景色为绿色（R：49，G：109，B：11），背景色为白色，如图 4-3-9 所示。

图 4-3-9

(10) 选择工具箱中的“渐变工具”，在其选项栏中选择“前景色到背景色渐变”颜色，并单击“线性渐变”按钮，其他设置如图 4-3-10 所示。

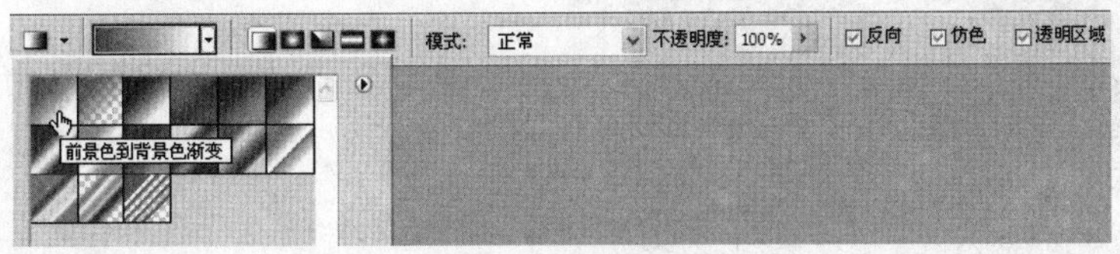

图 4-3-10

提示：

如果在操作中不小心把建立的选区取消了，执行“选择/重新选择”命令可将最近一次取消的选区恢复，其快捷键是“Ctrl+Shift+D”，熟练使用此命令能为用户的设计带来一些方便。

图 4–3–11

(11) 移动鼠标指针到画面的右上角，按住鼠标左键向左下角拖动，拉出从白色到绿色的线性渐变，如图 4–3–11 所示。

图 4–3–12

(12) 按“Ctrl+D”组合键取消选区。如果用户有兴趣，还可以对这幅图像添加一些设计元素，构成一幅平面作品，如图 4–3–12 所示。

提示：

执行“选择／取消选择”命令可以将当前的选择区域取消，“Ctrl+D”组合键是此命令的快捷键。在实际操作过程中经常会使用其快捷键进行操作，而不是选择其命令。

4.4　实例：黄昏独语

本例主要针对本章所学的知识进行设计，综合运用了椭圆选框工具、色彩范围命令以及羽化等功能，目的是引领用户灵活运用选区进行实例创作。

（1）按“Ctrl+N”组合键打开“新建”对话框，设置“宽度”为500像素，“高度”为300像素，“分辨率”为72像素/英寸，“颜色模式”为RGB颜色，“背景内容”为白色，如图4-4-1所示。

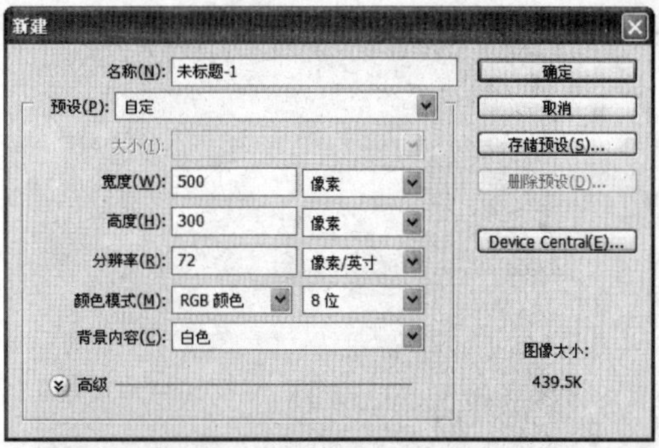

图4-4-1

（2）单击“确定”按钮新建一个文件。设置工具箱中的前景色为红色（R：203，G：0，B：0），并按“Alt+Backspace”组合键将前景色填充至“背景”图层中，如图4-4-2所示。

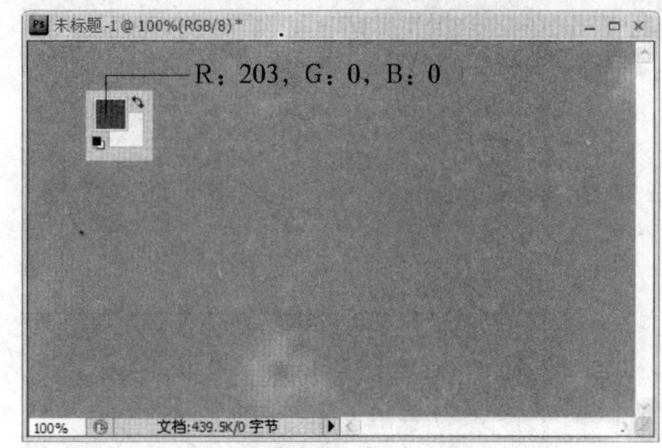

图4-4-2

（3）单击“图层”面板底部的“创建新图层”按钮，新建一个图层，并命名为“太阳”，如图4-4-3所示。

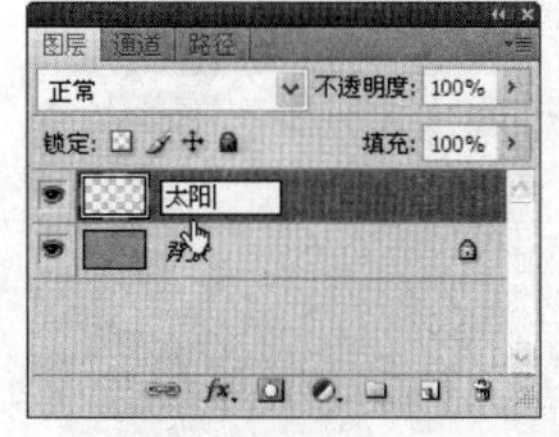

图4-4-3

（4）选择工具箱中的“椭圆选框工具”，在其选项栏中首先单击“新选区”按钮，然后设置“羽化”值为15px，如图4-4-4所示。

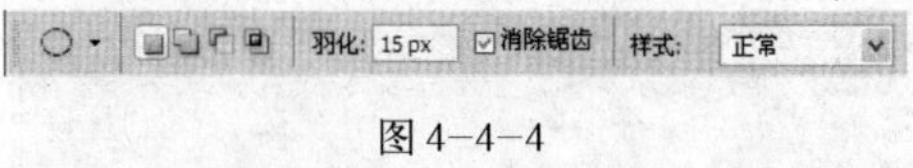

图4-4-4

（5）按住鼠标左键在画面的右上角拖动，创建一个正圆选区。设置工具箱中前景色为黄色（R：244，G：224，B：36），并按“Alt+Backspace”组合键将前景色填充至“太阳”图层中，如图4-4-5所示。

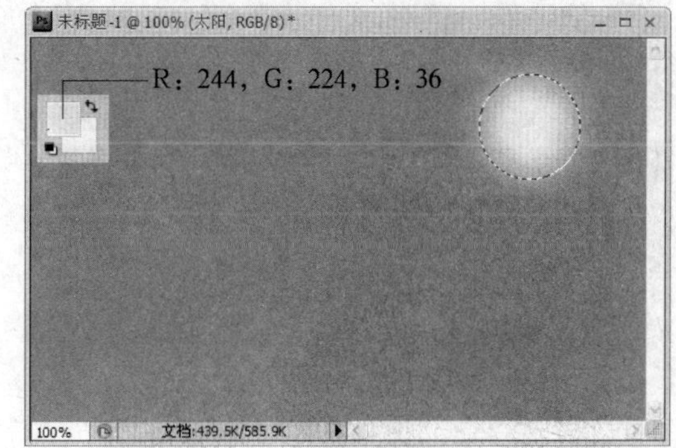

图4-4-5

图 4-4-6

(6) 按“Ctrl+D”组合键取消选区。之后按“Ctrl+O”组合键打开素材中的“树枝”文件，如图 4-4-6 所示。

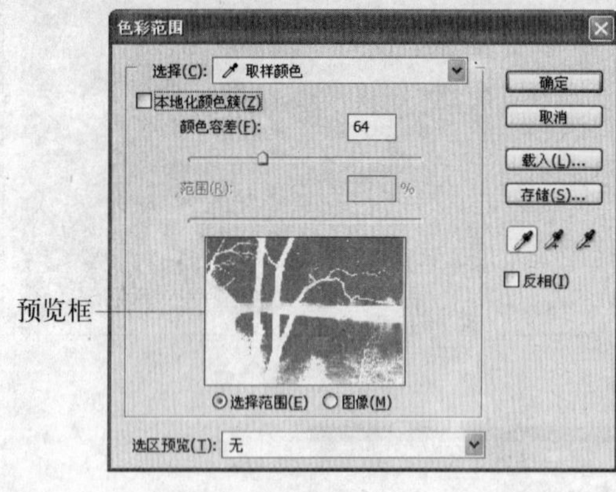

图 4-4-7

(7) 执行“选择/色彩范围”命令，打开“色彩范围”对话框。首先单击“本地化颜色簇”前面的复选框，将此功能取消，然后选择对话框右侧的“吸管工具”，并移动鼠标指针到图像上的黑色树干处单击，将黑色区域全部选中，如图 4-4-7 所示。

提示：

在“色彩范围”对话框下面的预览框中，白色显示的区域为选中的部分，黑色显示区域是未被选中的部分。

图 4-4-8

(8) 单击“确定”按钮，创建的选区范围如图 4-4-8 所示。

(9) 选择工具箱中的“移动工具”，移动鼠标指针到选中的黑色区域内，按住鼠标左键向新建的文件窗口内拖动，将选中的图像复制到新建的文件中，如图4-4-9所示。

图4-4-9

(10) 按“Ctrl+T”组合键快速执行自由变换，在其控制框内单击鼠标右键，从弹出的快捷菜单中选择“水平翻转”命令，将树干图像水平翻转并放置在图4-4-10所示的位置，按Enter键确认变换。

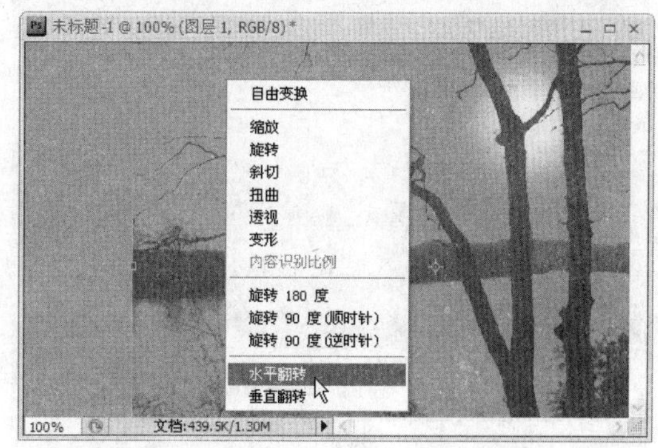

图4-4-10

(11) 选择工具箱中的“橡皮擦工具”，在其选项栏中设置一个合适大小的画笔，并将“不透明度”和“流量”都设置为100%，如图4-4-11所示。

图4-4-11

(12) 移动鼠标指针到树干周围的图像上，按住鼠标左键拖动，擦除不需要的部分，擦除后的效果如图4-4-12所示。

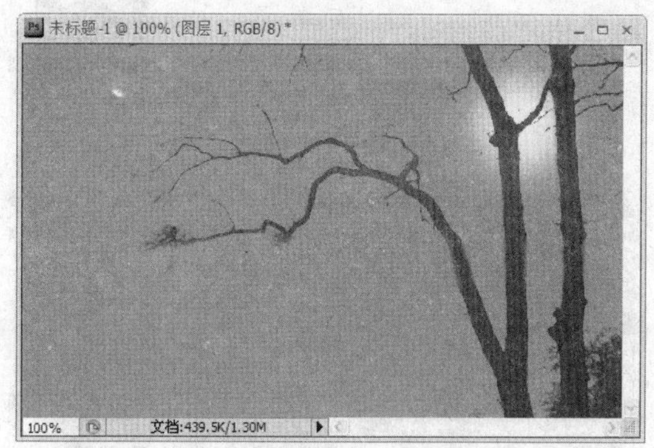

图4-4-12

(13) 按“Ctrl+O”组合键打开素材中的“墙皮”文件，如图 4-4-13 所示。

图 4-4-13

(14) 选择工具箱中的“移动工具”，将“墙皮”图像拖动到新建的文件中，并将其“图层混合模式”设置为线性加深，如图 4-4-14 所示。

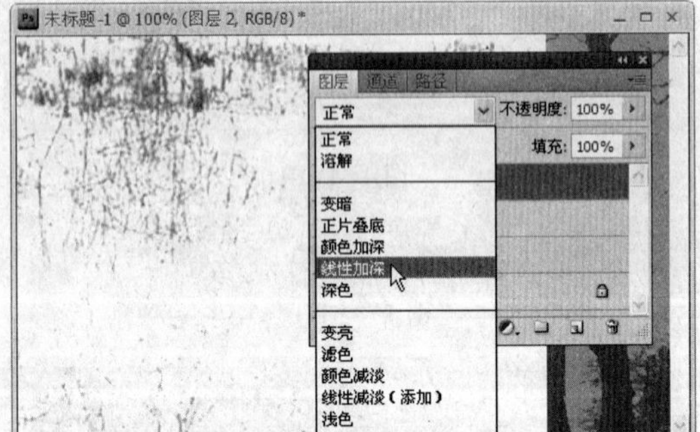

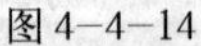
图 4-4-14

(15) 设置“图层混合模式”后的图像效果如图 4-4-15 所示。

图 4-4-15

(16) 按“Ctrl+O”组合键打开素材中的“小鸟”文件（此素材是一个包含两个图层的PSD格式文件），如图4-4-16所示。

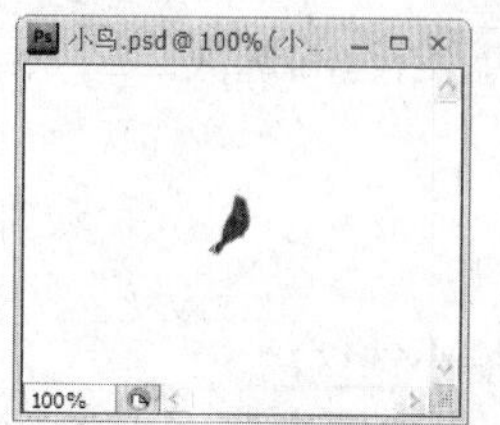

图4-4-16

(17) 选择工具箱中的“移动工具”，将“小鸟”图像拖动到新建的文件中，并摆放在图4-4-17所示的位置。

图4-4-17

(18) 最后使用文本工具在画面的左上角输入“黄昏独语”等文字，实例制作完毕，最终效果如图4-4-18所示。

图4-4-18

4.5　小　结

本章主要介绍了选区的创建、调整、保存和载入知识，用户不但要掌握这些选区知识，还要学会使用它们制作实例，将知识化为实际生产力。另外本章中的有些知识不易熟练掌握，如色彩范围、调整边缘等功能，用户应对它们加强练习。

4.6　练　习

一、填空题

(1) 多边形套索工具可以创建出由直线连接的＿＿＿＿＿选区。

(2) 使用变换选区命令可以对选区进行自由变换、＿＿＿＿＿、旋转等变换操作。

(3) 移动选区可以将已创建的选区＿＿＿＿＿＿，并且不影响图像内的任何内容。

二、选择题

(1) 羽化选区的作用是＿＿＿＿＿＿。
A.扩大选区　　B.缩小选区
C.使选择区域的边缘变得平滑，产生柔和的效果
D.使选区的边缘变得清晰，产生和背景对比强烈的效果
(2)“取消选区”命令的快捷键是＿＿＿＿＿＿。
A.Ctrl+C　B.Ctrl+V　C.Ctrl+S　D.Ctrl+D
(3)“存储选区”命令可以存储＿＿＿＿＿＿选区。
A.1次　B.3次　C.12次　D.多次

三、问答题

(1) 创建选区后，图像的哪些区域能够被编辑？
(2)“快速选择工具”与“魔棒工具”相比有什么不同？
(3)“色彩范围”对话框中新增加的“本地化颜色簇”复选框有什么作用？

第5章 色 彩

构图、层次及色彩是平面作品的3个重要内容，掌握在Photoshop中如何调整色彩自然很重要。本章将重点介绍色彩的基础知识、色彩的设置以及色彩调整命令的使用等内容，以帮助用户在Photoshop中熟练运用色彩。

5.1 色彩基础知识

色彩基础知识包括色彩3要素、色彩属性、色彩类型等，本节主要介绍一些Photoshop中涉及的色彩概念，以及色彩模式等3个知识点。

5.1.1 关于色彩的一些基本概念

要调整色彩，首先必须理解色彩，要理解色彩，就必须理解色彩的描述。Photoshop用色相、亮度、饱和度以及对比度和色调来描述色彩，现将这几个概念介绍如下：

色相：指色彩的相貌，也就是色彩的基本特征，图5-1-1是色彩的色相变化关系。

图5-1-1 色彩的色相变化

亮度：指色彩明暗、浓淡的程度，如一个黄色的梨子比一个深红的苹果要亮一些，所谓亮就是色彩对比的结果，图5-1-2是色彩的亮度变化关系。

饱和度：又叫纯度，指色彩的饱和程度。纯净鲜艳的颜色饱和度最高，灰色饱和度最低，图5-1-3是一个红色的纯度变化关系。

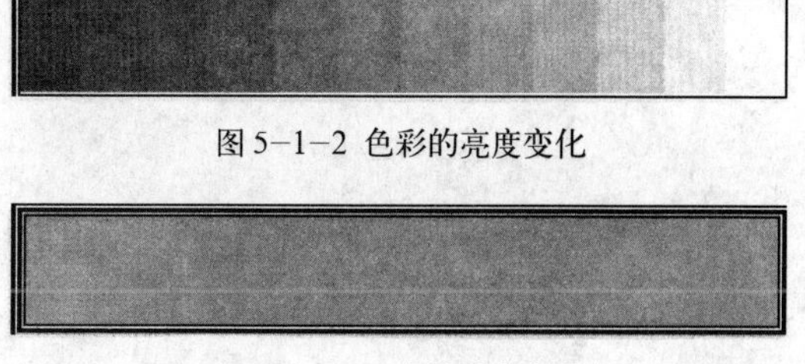

图5-1-2 色彩的亮度变化

图5-1-3 红色的纯度变化

对比度：指不同颜色之间的差异程度。两种颜色之间的差异越大，对比度就越大，如红对绿、黄对紫、蓝对橙是3组对比度较大的颜色。没有美术基础的读者可能有些不太理解，但可以牢记黑色和白色是对比度最大的颜色。冷色和暖色放在一起，对比度都比较大。

色调：色调是一幅画的总体色彩取向，是上升到一种艺术高度的色彩概括。经常听到有人这么说，他们家装修得很温馨，他们的结婚照特浪漫等，都是对色彩的一种概括——即色调。

5.1.2 色彩模式

Photoshop中的色彩模式决定了用于显示和打印图像的颜色模型。色彩模式不同，色彩范围也就不同，色彩模式还影响图像的默认颜色通道的数量和图像文件的大小。

1.RGB 模式

RGB模式也称为加色模式。RGB的含义为：R（红色）、G（绿色）、B（蓝色）。可通过红、绿、蓝3种颜色的混合，生成所需颜色。

Photoshop的RGB颜色模式使用RGB模型，为彩色图像中每个像素的RGB分量指定一个介于0～255之间的强度值。例如，亮红色可能R值为246，G值为20，而B值为50。当所有这3个分量的值相等时，结果是中性灰色。当所有分量的值均为255时，结果是纯白色；当所有分量的值为0时，结果是纯黑色。

RGB图像通过3种颜色或通道，可以在屏幕上重新生成多达1 670万种颜色；这3个通道转换为每像素24（8 × 3）位的颜色信息（在16位／通道的图像中，这些通道转换为每像素48位的颜色信息，具有再现更多颜色的能力）。新建的Photoshop图像的默认模式为RGB，计算机显示器使用RGB模式显示颜色。这意味着使用非RGB颜色模式（如CMYK）时，Photoshop将使用RGB模式显示屏幕上的颜色。图5-1-4所示就是一幅RGB颜色模式的图像。

2.CMYK 模式

CMYK模式也被称为减色模式。CMYK的含义为：C（青色）、M（洋红）、Y（黄色）、K（黑色）。这4种颜色都以百分比的形式进行描述，每一种颜色百分比范围均为0%～100%，百分比越高，颜色越深。

CMYK模式是大多数打印机用作打印全色或者4色文档的一种方法，Photoshop及其他应用程序将4色分解成模板，每种模板对应一种颜色。打印机然后按比率一层叠一层地打印全部色彩，最终得到想要的色彩。图5-1-5所示即是一幅CMYK模式的图像。

此处显示了图像的颜色模式

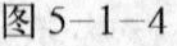

图5-1-4

图5-1-5

3.Lab 模式

Lab模式的原型是由CIE协会在1931年制定的一个衡量颜色的标准，在1976年被重新定义并命名为CIELab。Lab 颜色与设备无关，无论使用何种设备（如显示器、打印机、计算机或扫描仪）创建或输出图像，这种模型都能生成一致的颜色。

Lab模式是以一个亮度分量L及两个颜色分量a与b来表示颜色的。其中L的取值范围为0～100，a分量代表由绿色到红色的光谱变化，b分量代表由蓝色到黄色的光谱变化，a和b的取值范围为−120～120。

提示：

Lab模式所包含的颜色范围最广，能够包含所有的RGB和CMYK模式中的颜色。CMYK模式所包含的颜色最少，有些在屏幕上能看到的颜色在印刷品上是实现不了的。

4.多通道模式

多通道模式包含多种灰阶通道，每一通道均有256级灰阶组成。这种模式对有特殊打印需求的图像非常有用。当RGB或CMYK色彩模式的文件中任何一个通道被删除时，即会变成多通道色彩模式。另外，在此模式中的彩色图像由多种专色复合而成，大多数设备不支持多通道模式的图像，但存为PhotoshopDC2.0格式后就可以输出。

5.位图模式

位图模式只包含两种颜色，所以其图像也称作黑白图像。由于位图模式只由黑、白两色表示图像的像素，在进行图像模式的转换时会失去大量的细节，因此Photoshop提供了几种算法来模拟图像中丢失的细节。

在宽、高和分辨率相同的情况下，位图模式的图像尺寸最小，约为灰度模式的1/7和RGB模式的1/22（或以下）。要将图像转换为位图模式，必须先将图像转换成灰度模式，然后才能转换为位图模式。

6.灰度模式

灰度模式可以使用多达256级的灰度来表示图像，使图像的灰阶过渡更趋平滑细腻。图像的每个像素有一个0（黑色）到255（白色）之间的亮度值。灰度值也可以用黑色油墨覆盖的百分比来表示（0%等于白色，100%等于黑色）。

7.双色调模式

双色调模式是使用2～4种彩色油墨创建双色调（2种颜色）、3色调（3种颜色）和4色调（4种颜色）灰度图像。

提示：

要将图像转换成双色调模式，需要先将图像转换成灰度模式，再选择“图像／模式／双色调”命令。

8.索引颜色模式

索引颜色模式是网上和动画中常用的色彩模式，该模式最多使用256种颜色。当其他模式图像转换为索引颜色图像时，Photoshop将构建一个颜色查找表（CLUT），用以存放并索引图像中的颜色。如果原图像中的某种颜色没有出现在该表中，程序将选取与现有颜色中最接近的颜色来模拟该种颜色。

5.1.3 色彩模式间的转换

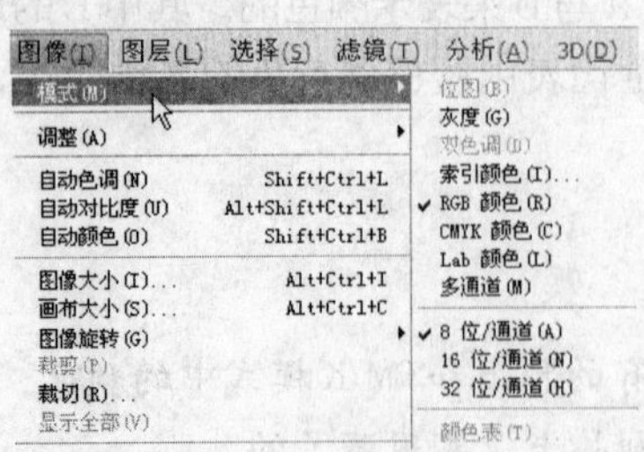

图 5-1-6

不同色彩模式具有不同色域及表现特点，因此在实际工作中，用户常常要根据需要改变色彩模式。默认状态下，Photoshop的色彩模式为RGB模式，如果用户要将其转换为其他色彩模式，可选择“图像/模式”命令，从弹出的子菜单中选择相应的命令即可，如图5-1-6所示。

提示：

在菜单中以灰色显示的色彩模式命令，表示当前图像不可使用此模式。

5.2 设置前景色和背景色

学会设置前景色和背景色无论是对绘图还是色彩调整都非常重要。在Photoshop中可以通过“拾色器”对话框、“颜色”面板、“色板”面板和“吸管工具”等对前景色和背景色进行设置。

5.2.1 用“拾色器”对话框设置

使用“拾色器”对话框来设置前景色和背景色是最常用的方法。用户单击工具箱中的“前景色”或“背景色”图标即可调出“拾色器”对话框，如图5-2-1（a）和（b）所示。

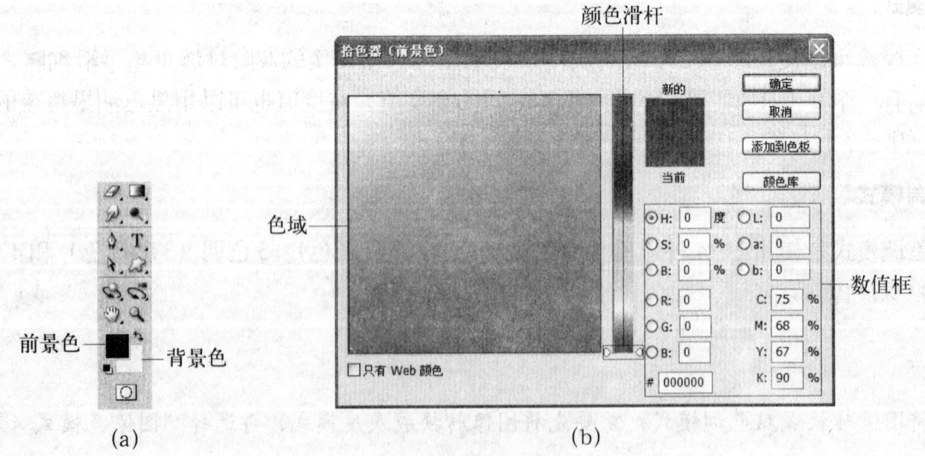

(a) (b)

图 5-2-1

提示：

单击“前景色”或“背景色”左下角的■图标，可以恢复前景色和背景色的颜色到默认状态，即前景色为黑色，背景色为白色；单击右上角的↰图标，可切换前景色与背景色的颜色。

在“拾色器”对话框左侧的色域中单击鼠标可以选取颜色，拖动中间的颜色滑杆可改变色域中的主色调；用户也可以在右侧的颜色数值框中直接输入数值来设置颜色，之后单击“确定”按

钮即可将选中的颜色设置为背景色或前景色。

单击“拾色器”对话框中的“颜色库”按钮会弹出“颜色库”对话框，如图5–2–2所示。在其中拖动滑块可选择颜色的主色调，单击色域区中的颜色块并单击“确定”按钮可选择此颜色。

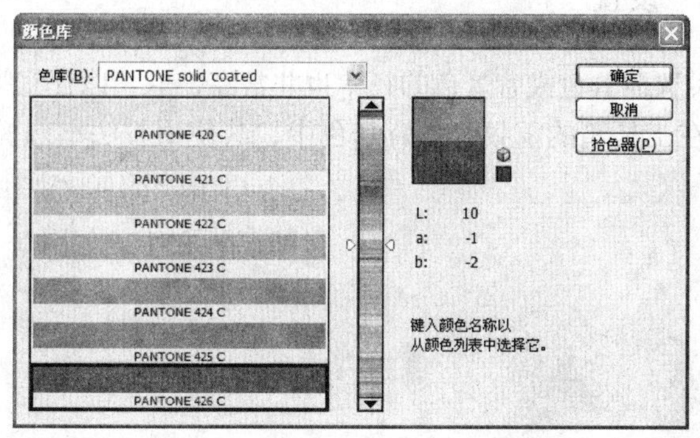

图5–2–2

5.2.2 用“颜色”面板设置

使用“颜色”面板可以很方便地设置前景色或背景色，选择“窗口/颜色”命令，会调出“颜色”面板，如图5–2–3所示。

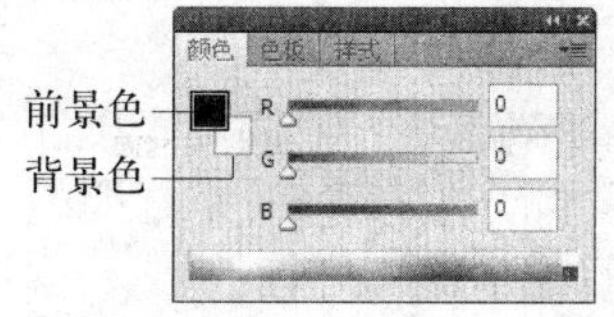

图5–2–3

在颜色面板中用鼠标单击前景色或背景色的图标，之后拖动RGB上的滑块或直接在RGB数值框中输入颜色值，可以改变当前的前景色或背景色。

提示：

“颜色”面板中的前景色或背景色处于选择状态时，其周围会有一个黑色边框。

在默认状态下，颜色面板的颜色模式为RGB模式，单击颜色面板右上角的面板菜单按钮，会弹出面板菜单，用户在其中可以选择所需的颜色模式，如图5–2–4所示。

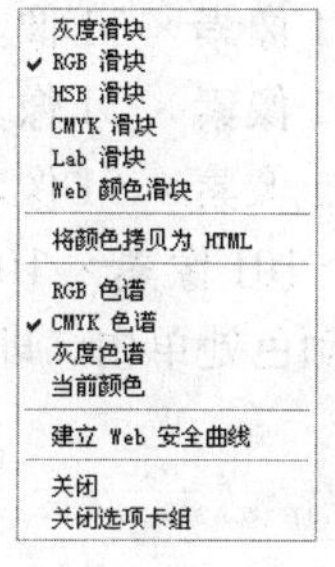

图5–2–4

5.2.3 用“色板”面板设置

使用“色板”面板设置前景色和背景色更为直接，只需用鼠标单击相应的颜色块即可。首先选择“窗口/色板”命令，将“色板”面板调出来，如图5–2–5所示。

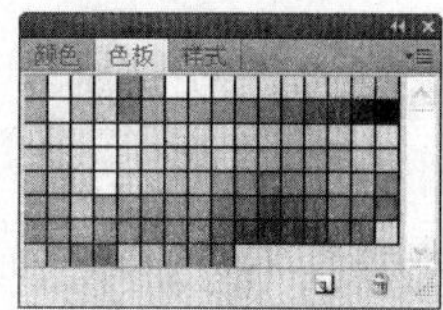

图5–2–5

移动鼠标指针到“色板”控制面板中的色块上，当鼠标指针变成吸管状态时单击鼠标即可将此颜色设置为前景色；当按住 Ctrl 键单击色块，此颜色将被设置为背景色。

5.2.4 用“吸管工具”设置

使用“吸管工具”设置前景色或背景色的频率也非常高，它可以任意吸取一幅图片中的颜色，并且吸取的颜色会显示在工具箱的前景色或背景色中，其使用方法举例说明如下：

(1) 按“Ctrl+O”组合键打开素材中的“五彩糖豆”文件，如图 5–2–6 所示。

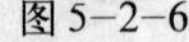
图 5–2–6

(2) 选择工具箱中的“吸管工具”，并在其选项栏中选择“取样大小”为取样点，“样本”为所有图层，如图 5–2–7 所示。

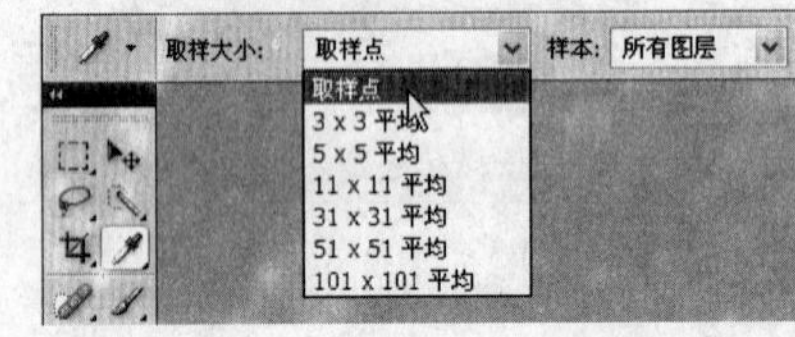

图 5–2–7

“取样点”：吸取单一像素的值。

“3 × 3 平均”：吸取一个 3 像素 × 3 像素区域的平均值。

“5 × 5 平均”：吸取一个 5 像素 × 5 像素区域的平均值。

“11 × 11 平均”：吸取一个 11 像素 × 11 像素区域的平均值。

“31 × 31 平均”：吸取一个 31 像素 × 31 像素区域的平均值。

“51 × 51 平均”：吸取一个 51 像素 × 51 像素区域的平均值。

“101 × 101 平均”：读取一个 101 像素 × 101 像素区域的平均值。

(3) 移动鼠标指针到所需的颜色处单击，即可吸取当前位置的颜色到工具箱中的前景色图标中，如图 5–2–8 所示。

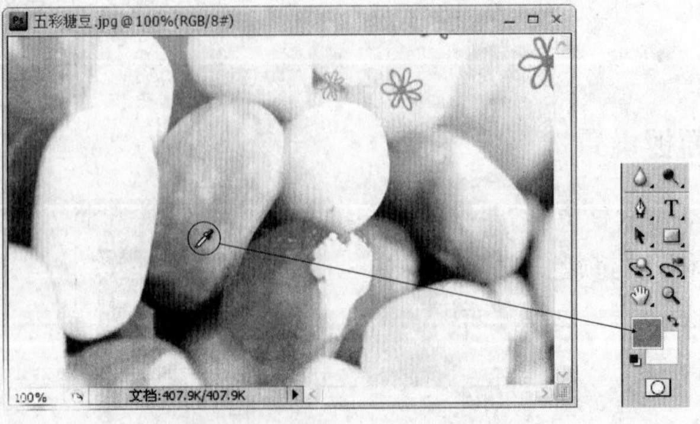

图 5–2–8

提示：

按住 Alt 键单击颜色，可将颜色吸取到工具箱中的背景色图标中。

5.3　查看图像的色彩

学会查看图像的色彩在 Photoshop 中也显得很重要，因为它直接影响到对色彩的调整。如果判断不出一幅图像哪里的色彩有问题，就很难调出高质量的色彩，甚至会影响到作品的美感。

5.3.1　如何观察直方图

直方图使用图形表示图像的每个亮度级别的像素数量，展示像素在图像中的分布情况。直方图中不同的部分表示图像中的阴影、中间调和高光，因此调整直方图中的不同部分就可调整图像的曝光度，将图像色调调整至最理想状态。

任意打开一幅图像，此例是素材中的“视”文件，如图 5–3–1 所示。

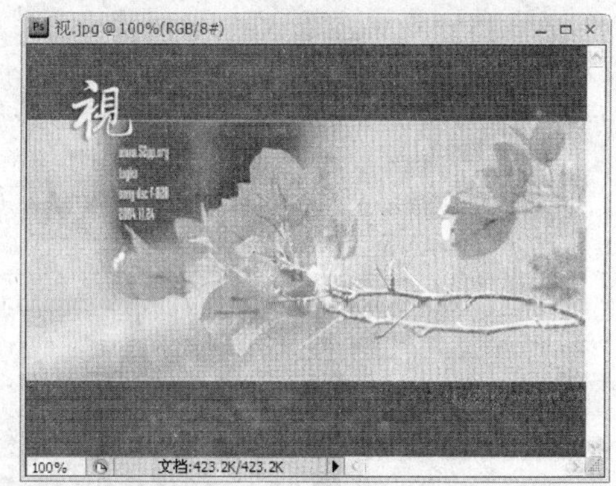

图 5–3–1

选择“窗口/直方图”命令或单击“直方图”选项卡，即可打开“直方图”面板，如图 5–3–2 所示。

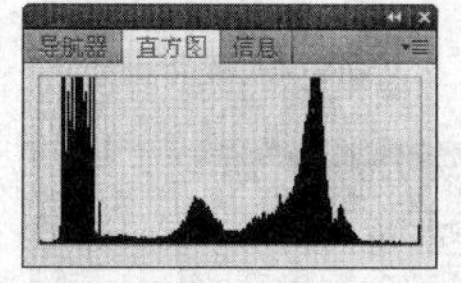

图 5–3–2

默认状态下，“直方图”面板以“紧凑视图”形式打开，并且没有控件或统计数据。选择“直方图”面板菜单中的“紧凑视图”、“扩展视图”或“全部通道视图”命令可调整直方图面板的视图，如图 5–3–3 所示。

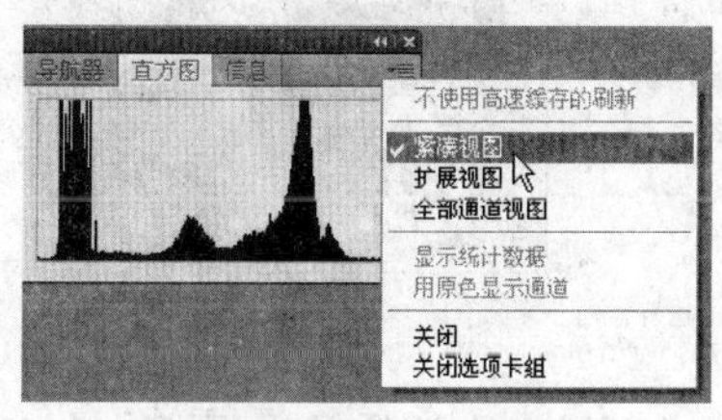

图 5–3–3

“紧凑视图”：显示不带控件或统计数据的直方图，如图 5–3–4 所示。

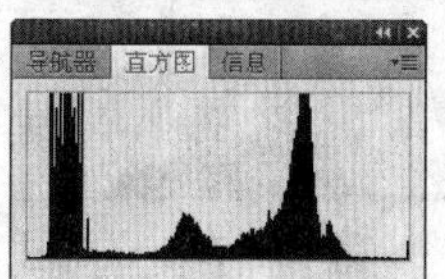

图 5–3–4

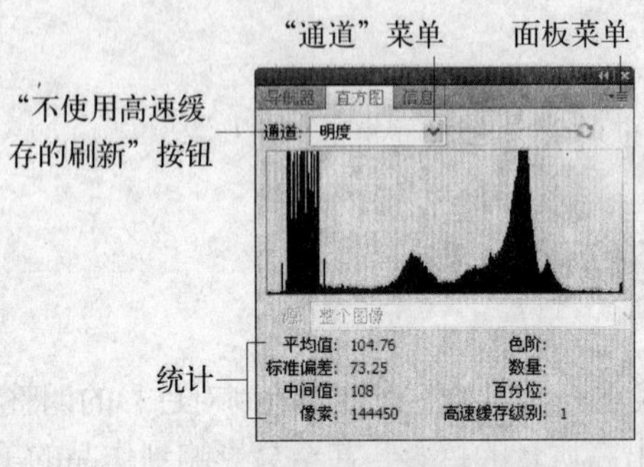

图 5–3–5

"扩展视图"：显示带有统计数据和控件的直方图，以便选取由直方图表示的通道、查看"直方图"面板中的选项、刷新直方图以显示未高速缓存的数据，以及在多图层文档中选取特定图层，如图 5–3–5 所示。

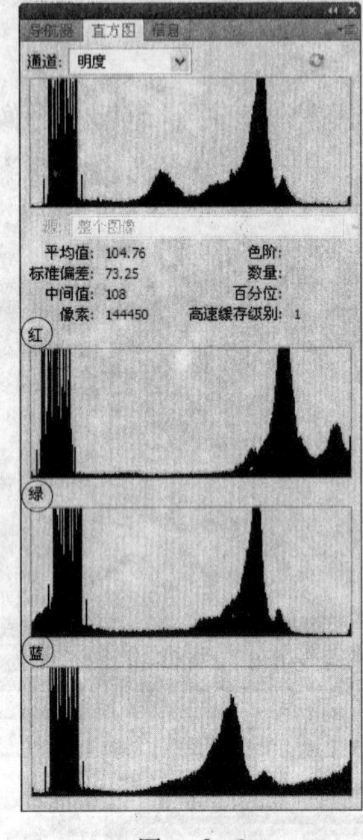

图 5–3–6

"全部通道视图"：除了"扩展视图"的所有选项外，还显示各个通道的单个直方图。此时显示的单个直方图中不包括 Alpha 通道、专色通道或蒙版，如图 5–3–6 所示。

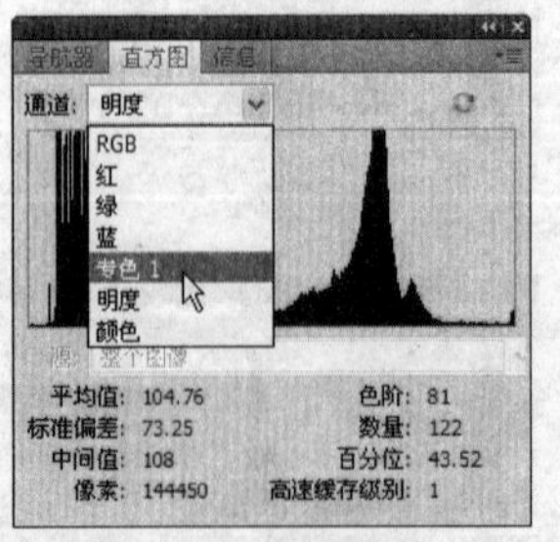

图 5–3–7

在"直方图"面板中，还可以查看直方图中的特定通道。方法是在"通道"下拉列表中选择特定的通道，如图 5–3–7 所示。

选取单个通道可显示文档的单个通道（包括颜色通道、Alpha 通道和专色通道）的直方图。

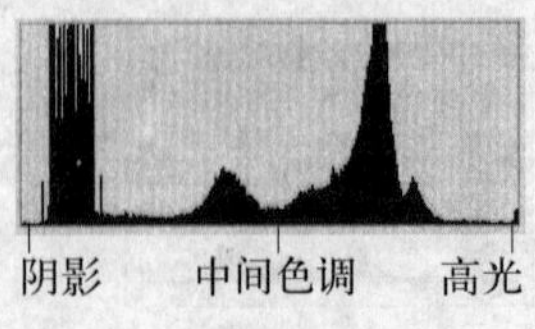

图 5–3–8

在直方图中其左边区域代表图像的"阴影"部分，中间区域代表图像的"中间色调"部分，右边区域代表图像的"高光"部分，如图 5–3–8 所示。

低色调的图像（曝光不足的照片），直方图中的谷峰一般集中在“阴影”处（直方图的左边部分），如图 5–3–9 所示。

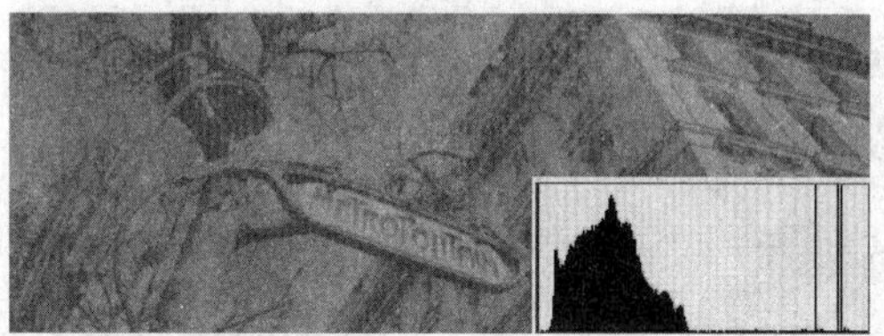

图 5–3–9

高色调的图像（曝光过度的照片），直方图中的谷峰一般集中在“高光”处（直方图的右边部分），如图 5–3–10 所示。

图 5–3–10

平均色调的图像（具有全色调的曝光正常的照片），直方图中的谷峰在整个直方图中都有显示（跨越整个直方图），如图 5–3–11 所示。

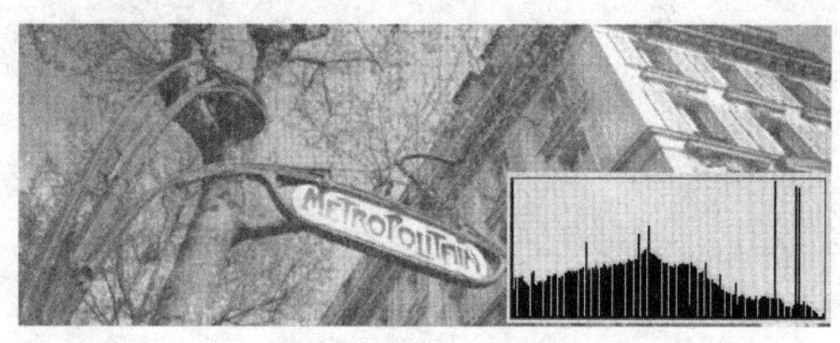

图 5–3–11

5.3.2 如何查看像素的颜色值

进行色彩校正时，可以使用“信息”面板和“颜色”面板查看像素的颜色值。在进行色彩调整时，此查看非常有用，可以帮助用户校正图像中的色痕，或者提示颜色是否饱和等。

选择“窗口／信息”命令或者单击“信息”选项卡，即可打开“信息”面板，如图 5–3–12 所示。

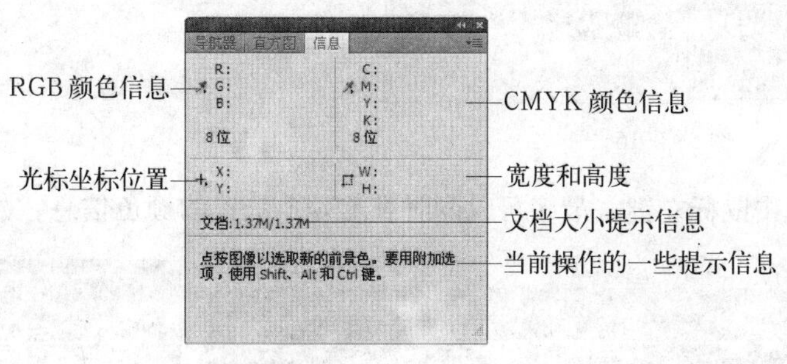

图 5–3–12

提示：

按 F8 键可快速开启或关闭“信息”面板。

用户可以使用“吸管工具”查看某个位置的颜色，也可以使用“颜色取样器工具”来查看图像中一个或多个位置的颜色信息，举例说明如下：

图 5-3-13

(1) 按“Ctrl+O”组合键打开素材中的“窗台”文件，如图 5-3-13 所示。

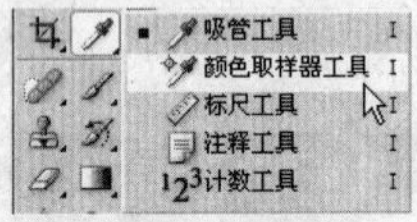

图 5-3-14

(2) 选择工具箱中的“颜色取样器工具”，如图 5-3-14 所示。

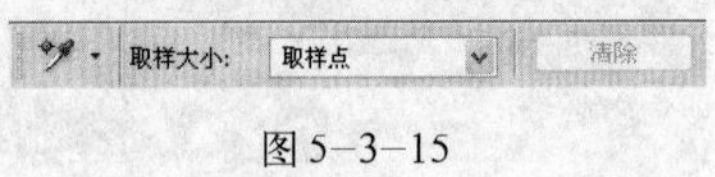

图 5-3-15

(3) 在其选项栏中选择“取样大小”为取样点，如图 5-3-15 所示。

(4) 移动鼠标指针到花上并单击，在“信息”面板中即显示出该点的像素颜色值，如图 5-3-16 所示。

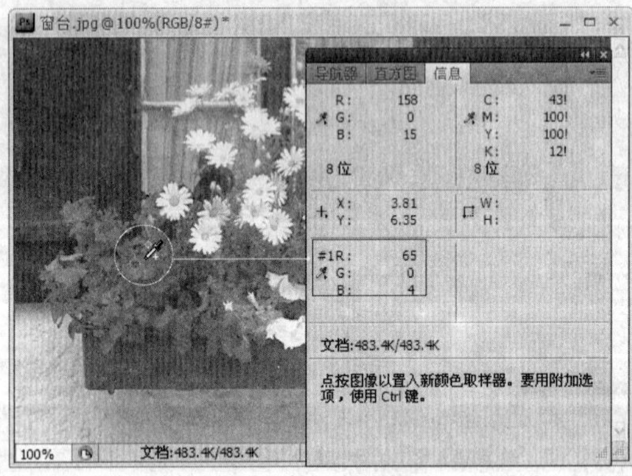

图 5-3-16

(5) 继续单击鼠标左键，最多可以同时查看 4 个位置的颜色信息，如图 5-3-17 所示。

图 5-3-17

5.4　色彩调整命令

使用色彩调整命令可以调整图像的各种色彩，如饱和度、亮度、偏色等。如果说前面讲的是色彩理论，那么现在介绍的就是具体的色彩调整操作，下面就带领用户学习几个色彩调整命令。

5.4.1　色阶

通过Photoshop中的色阶对话框可以调整图像的阴影、中间调和高光的强度级别，从而校正图像的色调范围和色彩平衡。其使用方法举例说明如下：

(1) 按“Ctrl+O”组合键打开素材中的“报纸”文件，如图5-4-1所示。

图5-4-1

(2) 选择“图像/调整/色阶”命令，打开“色阶”对话框，并在对话框中勾选“预览”复选框，如图5-4-2所示。

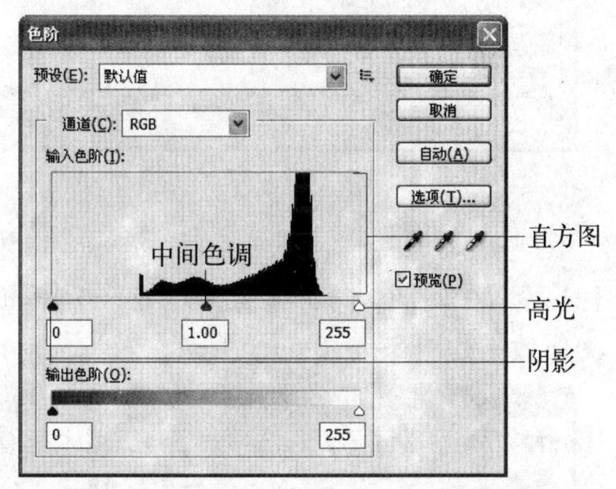

图5-4-2

提示：

在“色阶”对话框中，直方图正下方的3个三角滑块分别代表阴影部分、中间色调部分和高光部分。从图5-4-2的直方图中可以发现，这幅图像的“阴影”和“高光”部分有明显缺失。

(3) 设置阴影。向右拖动直方图下方左边的黑色三角滑块，拖动至图5-4-3（a）所示的位置，图像效果如图5-4-3（b）所示。

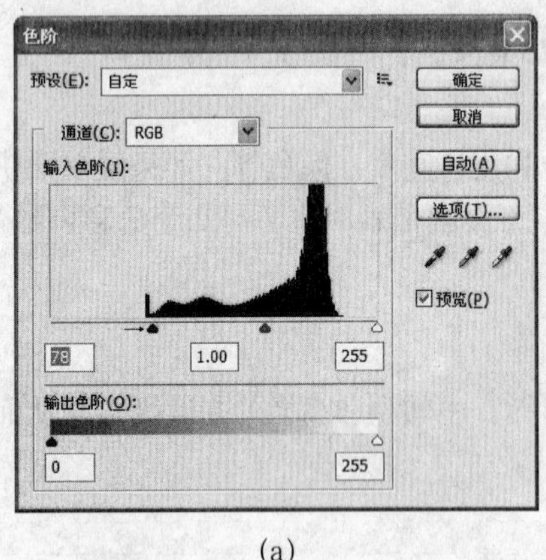

(a)

(b)

图 5-4-3

(4) 设置高光。向左拖动直方图右下方的白色三角形滑块，拖动至图 5-4-4 (a) 所示位置，此时图像中的高光变亮了一些，如图 5-4-4 (b) 所示。

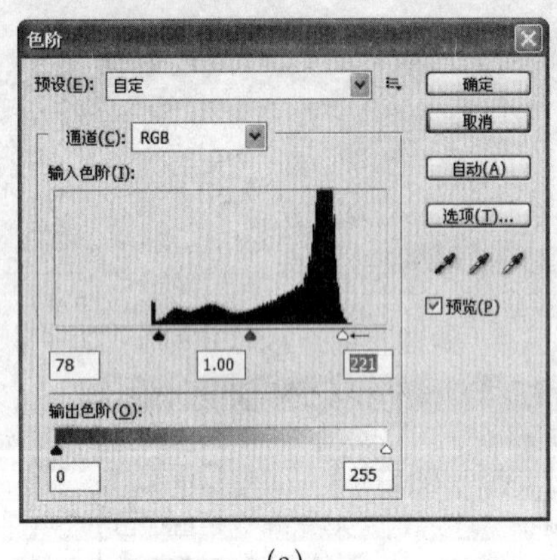

(a)

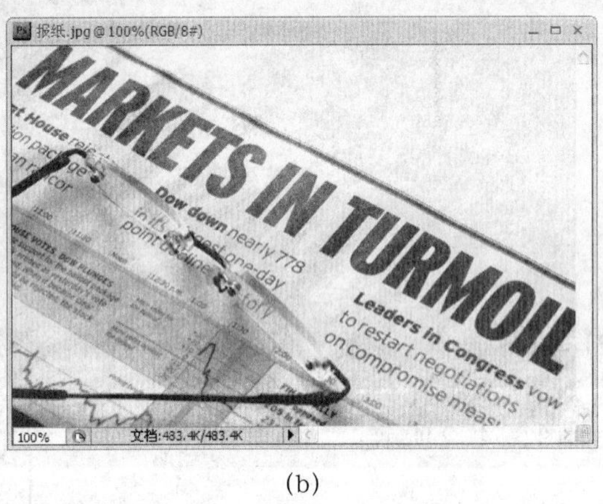

(b)

图 5-4-4

(5) 设置中间调。向右拖动直方图下方中间的灰色三角滑块，拖动至图 5-4-5 (a) 所示的位置，图像效果如图 5-4-5 (b) 所示。

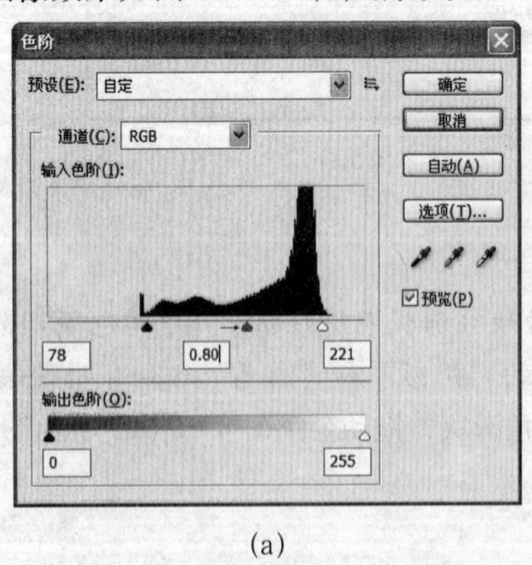

(a)

(b)

图 5-4-5

(6) 至此，图像的高光、阴影和中间调参数已经设置完了，图像的效果也有了明显的变化。用户还可以使用“设置灰点”吸管为图像设置灰场，降低图像的色差。单击“设置灰点”吸管，并移至图5−4−6所示的灰色区域单击。

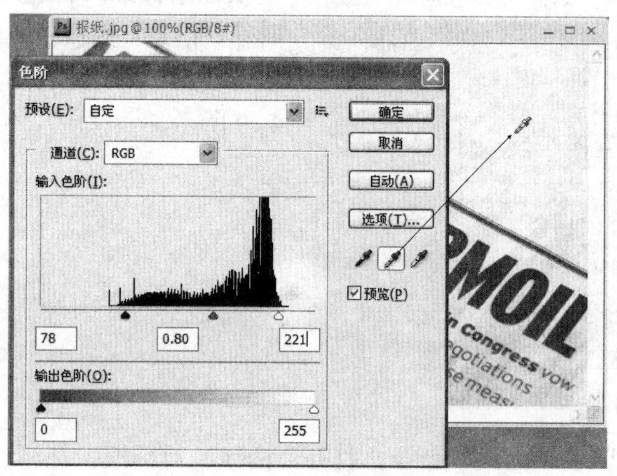

图5−4−6

(7) 单击“确定”按钮，应用所作的设置，此时图像的颜色和色调如图5−4−7所示。

图5−4−7

5.4.2 曲线

通过“曲线”可以调整图像的整个色调范围。“曲线”不但可以对高光、阴影和中间调进行调整，而且还可以在整个范围内添加14个调节控制点进行精细调整。“曲线”也可对图像中的单个颜色通道进行调整，举例说明如下：

(1) 按“Ctrl+O”组合键打开素材中的“1号车模”文件，如图5−4−8所示。

提示：

此素材照片有些偏黄色，下面需要通过曲线功能来矫正此偏色，使照片色彩色平衡。

图5−4−8

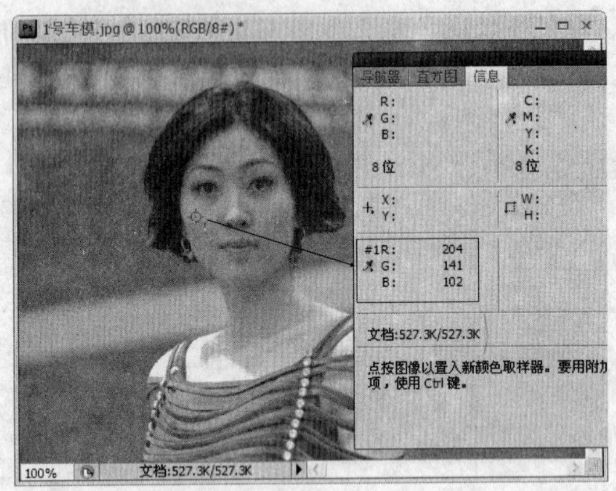

图 5–4–9

(2) 选择工具箱中的“颜色取样器工具”，移动鼠标指针到人物脸上的中间调区域单击，此时在“信息”面板中可以看出，R值比G值和B值都要大，说明红色偏多，而蓝色太少，如图5–4–9所示。

(3) 选择“图像／调整／曲线”命令，打开”曲线”对话框，在“通道”中选择红，并向下拖动曲线，将红色信息减少，如图5–4–10（a）所示。在拖动的过程中，在“信息”面板中可以看到数值逐渐变化的过程，如图5–4–10（b）所示。

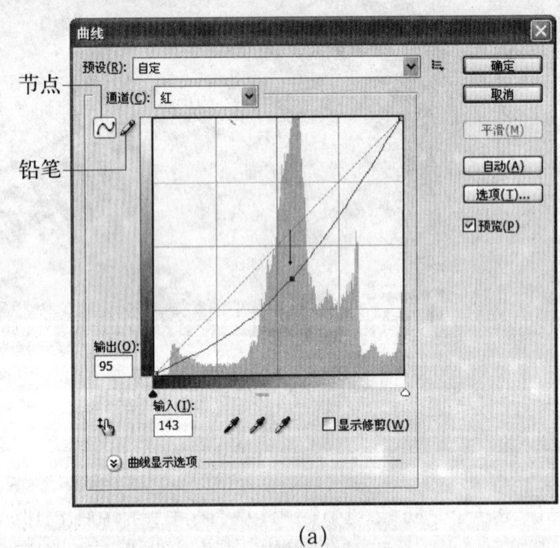

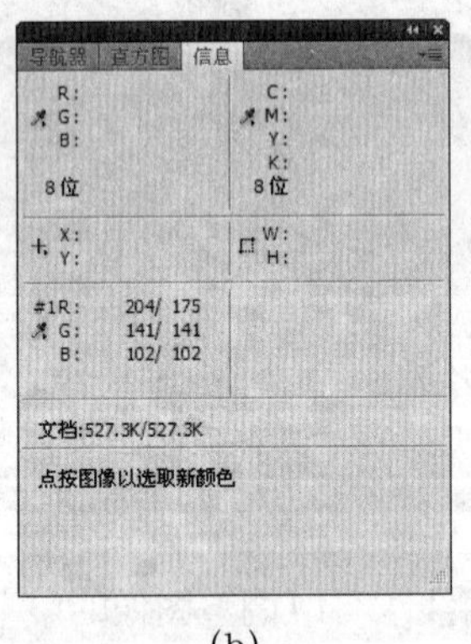

(a)　　　　(b)

图 5–4–10

提示：

拖动的幅度要视画面效果而定，最终要使R、G、B的3个值基本趋于平衡。

曲线调节窗口：移动鼠标指针到曲线调节窗口中的曲线附近，待鼠标指针变成十字形状后，按住左键拖动鼠标，即可改变图像的高光、中间调或阴影。

“输入”、“输出”：这两项用来显示曲线上当前控制点的“输入”、“输出”值。

“节点”：单击该按钮，可以在曲线上单击以添加节点，拖动节点，会改变图像的色调。

“铅笔”：单击该按钮，可以在“曲线调节”窗口中画出所需的色调曲线。

“平滑”按钮：单击该按钮，可以使曲线变得平滑，但是该按钮只有在激活“铅笔”按钮时才可用。

“显示修剪”：勾选该复选框，可用全黑或全白显示出图像中要修剪的区域。

“曲线显示选项”：单击该扩展按钮，可展开更多的曲线显示选项。

（4）在“通道”中选择蓝，并向上拖动曲线，增加蓝色信息，如图5−4−11（a）所示。在“信息”面板中可以看到B值和G值已经很接近了，如图5−4−11（b）所示。此时说明图像的色彩基本上得到了平衡。

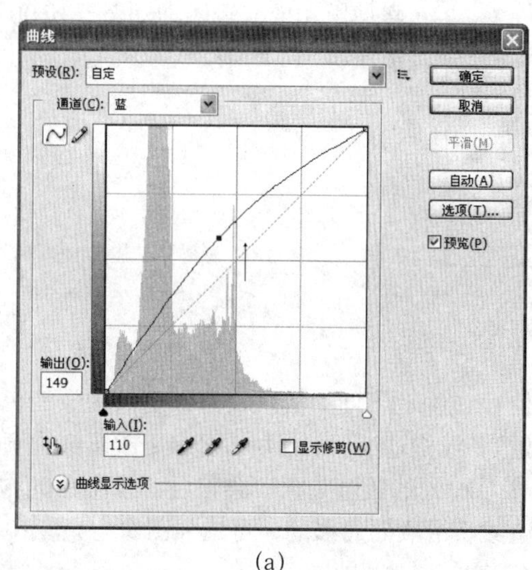

（a）

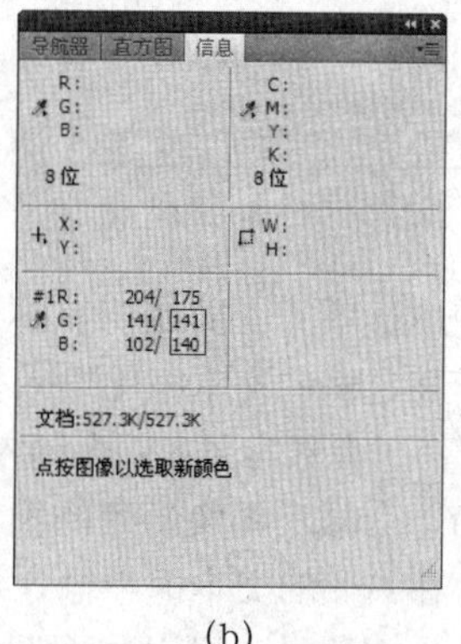

（b）

图5−4−11

（5）单击“确定”按钮，图像的色彩得到了平衡，效果如图5−4−12所示。

5.4.3　色相／饱和度

“色相／饱和度”命令可以改变图像的色相和饱和度，可以调整整幅图像或特定区域的像素的色相、饱和度和亮度，举例说明如下：

（1）按“Ctrl+O”组合键打开素材中的“古树留影”文件，如图5−4−13所示。

图5−4−12

图5−4−13

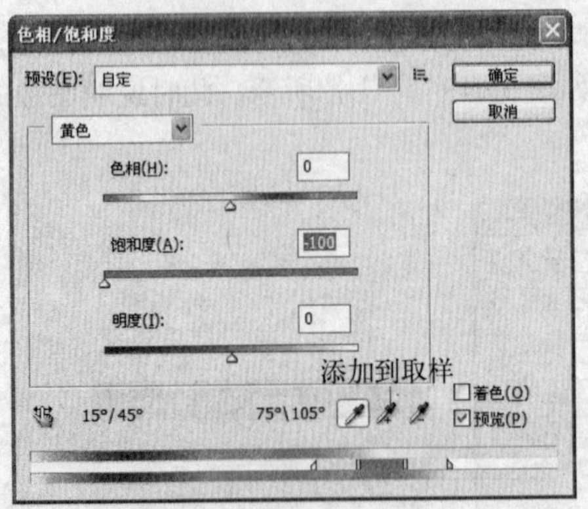

图 5–4–14

(2) 选择“图像/调整/色相/饱和度”命令，打开“色相/饱和度”对话框。首先勾选“预览”复选框，然后在下拉选项中选择“黄色”，并将“饱和度”滑块拖动至“-100”的位置，如图 5–4–14 所示。

该对话框中选项的含义如下：

“色相”：在右侧的文本框中输入数值，或拖动下面的滑块，可以更改图像的色相。

“饱和度”：在右侧的文本框中输入数值，或拖动下面的滑块，可以更改图像的颜色饱和度，输入的数值为负，会减小图像颜色的饱和度；输入的数值为正，会增加图像颜色的饱和度。

“明度”：在右侧的文本框中输入正值或将滑块向右移动，可增强图像的亮度；输入的数值为负，或将滑块向左移动，可以减弱图像的亮度。

：这几个吸管都是用来改变图像的色彩变化范围的。但它们只有在选择单色通道时起作用，在选择“全图”选项时，该组按钮不能使用，它们的具体作用如下：

激活“吸管工具”按钮，移动吸管到图像中单击，可将单击处的颜色作为色彩变化的范围。

激活“添加到取样”按钮，移动吸管到图像中单击，可增加当前单击的颜色范围到现有的色彩变化范围。

激活“从取样中减去”按钮，可在原有色彩变化范围上删掉当前单击的颜色范围。

“着色”：勾选该复选框，可以对灰度图像上色，也可以制作图像的单色调效果。

图 5–4–15

(3) 此时大部分黄色图像的饱和度已经降低了，但还有小部分饱和度没有降低。单击“添加到取样”按钮，并移动鼠标指针到树上的黄色处单击，如图 5–4–15 所示，此时图像中所有黄色的饱和度都降低了。

(4) 在下拉选项中选择“绿色”选项，并将“饱和度”滑块拖动至“−100”的位置，如图5−4−16所示。

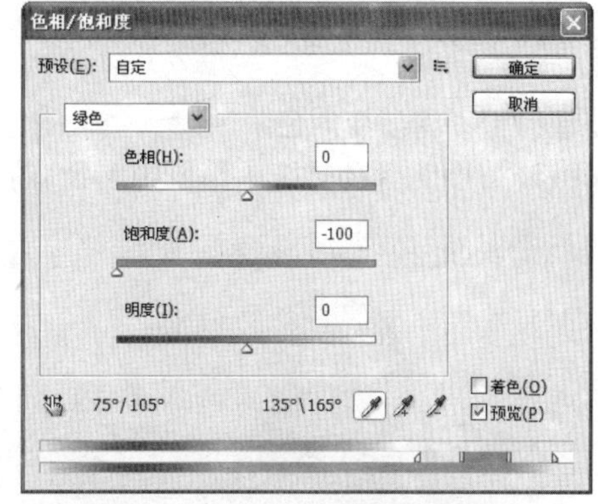

图 5−4−16

(5) 单击“确定”按钮，图像中的绿色饱和度也降低了，效果如图5−4−17所示。

图 5−4−17

(6) 最后在画面的右上方添加上简单的文字，一幅特别的照片效果就出来了，如图5−4−18所示。

图 5−4−18

5.4.4 渐变映射

渐变映射可以将渐变的色阶映射到图像的色阶上。有时为了使图像达到一定的视觉效果，可使用 Photoshop 中的各种功能，举例说明如下：

图 5–4–19

(1) 按“Ctrl+O”组合键打开素材中的“纯美的季节”文件，如图 5–4–19 所示。

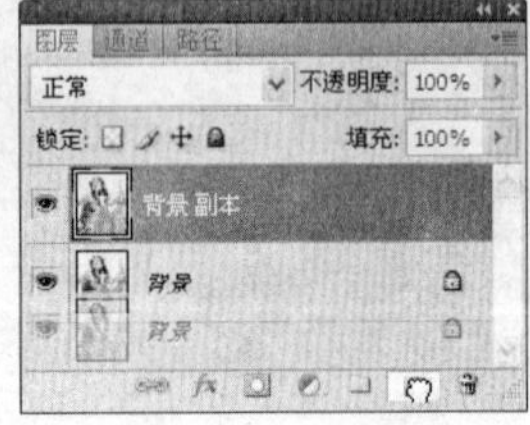

图 5–4–20

(2) 拖动“背景”图层到“图层”面板底部的“创建新图层”按钮上，复制一个图层，如图 5–4–20 所示。

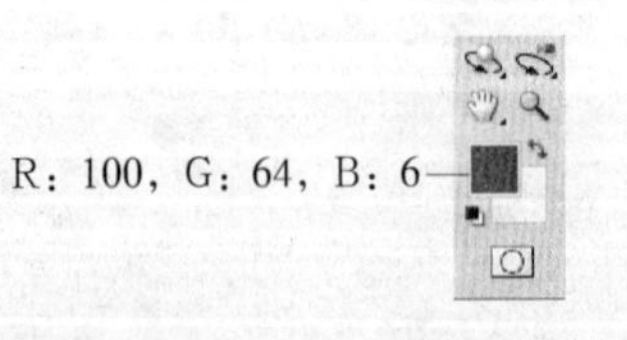

图 5–4–21

(3) 单击工具箱中的“前景色”和“背景色”图标，分别将前景色和背景色设置为赭石色（R：100，G：64，B：6）和白色（R：255，G：255，B：255），如图 5–4–21 所示。

(4) 选择“滤镜 / 素描 / 绘图笔”命令，在打开的“绘图笔”对话框中设置图 5–4–22 所示的各项参数。

提示：

该滤镜会根据工具箱中的“前景色”和“背景色”来决定画面的效果，所以在之前要设置好前景色和背景色。

图 5-4-22

（5）单击“确定”按钮，图像变成了图 5-4-23 所示的单色效果。

（6）设置“背景 副本”图层的“图层混合模式”为叠加，如图 5-4-24 所示。

图 5-4-23

图 5-4-24

（7）选择“图像／调整／渐变映射”命令，在弹出的“渐变映射”对话框中选择黑色到白色的渐变，如图 5-4-25 所示。

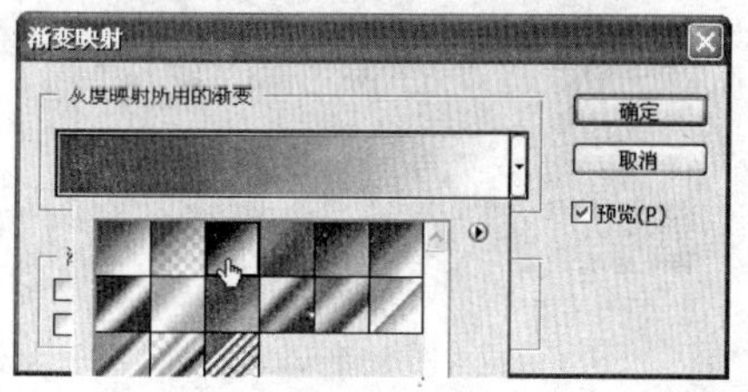

图 5-4-25

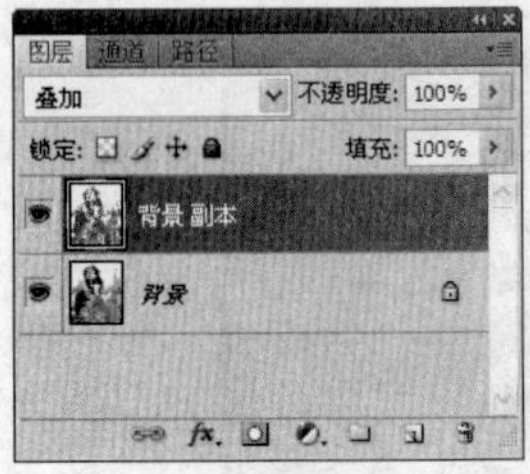

图 5-4-26

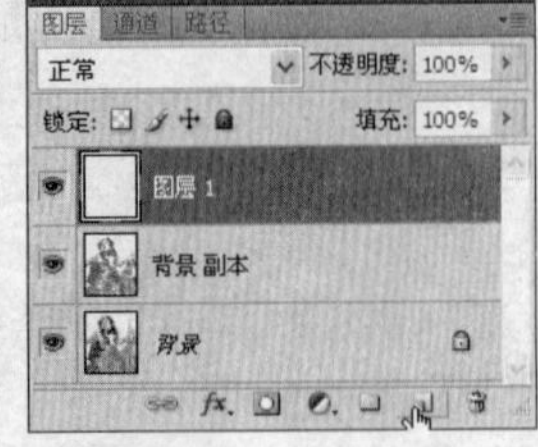

图 5-4-27

(8) 单击“确定”按钮，并将此图层的“图层混合模式”设置为叠加，使颜色的对比拉大，如图 5-4-26 所示。

(9) 单击“图层”面板底部的“创建新图层”按钮，新建一个“图层 1”图层，并在其图层上填充淡黄色（R：246，G：241，B：225），如图 5-4-27 所示。

图 5-4-28

(10) 设置“图层 1”图层的“图层混合模式”设置为正片叠底，使底色呈现出一种淡淡的黄，如图 5-4-28 所示。

提示：

使用此方法可以消除底色惨白的现象，使画面更加柔和。

图 5-4-29

(11) 最后在画面上配上文字，制作完毕的效果如图 5-4-29 所示。

5.5　实例：音乐节海报

本例主要针对本章所学的知识进行设计，综合运用了设置前景色、“色相／饱和度”命令以及色阶等功能，使作品出现了很清晰的层次和节奏感。

（1）按“Ctrl+N”组合键打开“新建”对话框，在“名称”后面的文本框中输入“音乐节海报”，设置“宽度”为360像素，“高度”为500像素，“分辨率”为72像素／英寸，“颜色模式”为RGB颜色，“背景内容”为白色，如图5–5–1所示。

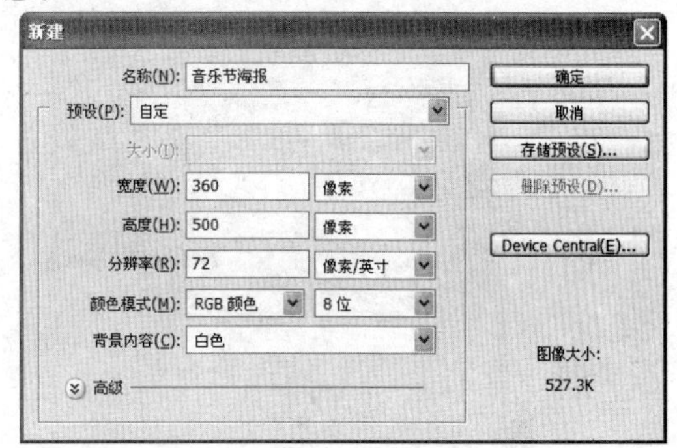

图5–5–1

（2）单击“确定”按钮新建一个文件。设置工具箱中的前景色为黄色（R：251，G：244，B：6），如图5–5–2所示，并按“Alt+Backspace”组合键将前景色填充至“背景”图层中。

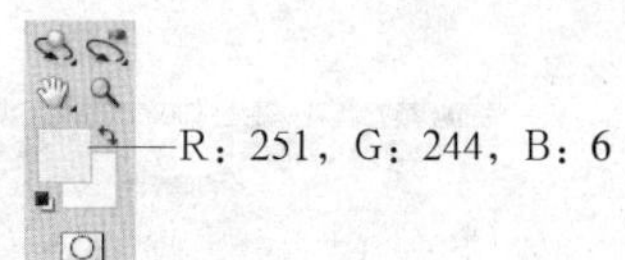

图5–5–2

（3）按“Ctrl+O”组合键打开素材中的“叶子”文件，如图5–5–3所示。

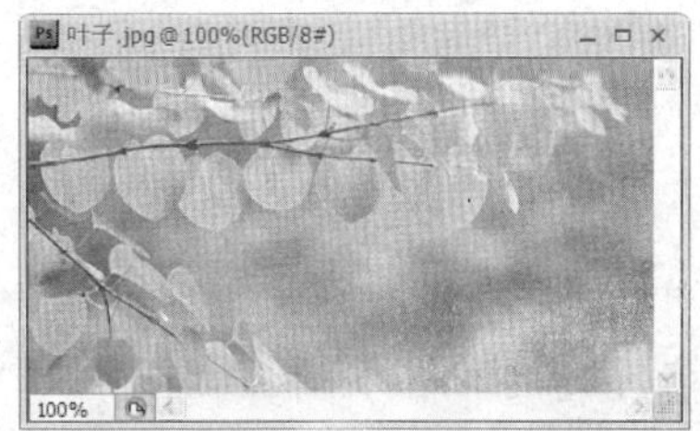

图5–5–3

（4）选择工具箱中的“移动工具”，将叶子图像拖动到新建的文件中，并摆放在图5–5–4所示的位置。

图5–5–4

图 5–5–5

(5) 用同样的方法打开素材中的“听音乐”和“幼苗”文件，并分别拖动到图 5–5–5 所示的位置。

图 5–5–6

(6) 单击“图层”面板中幼苗图像所在的图层，如图 5–5–6 所示。

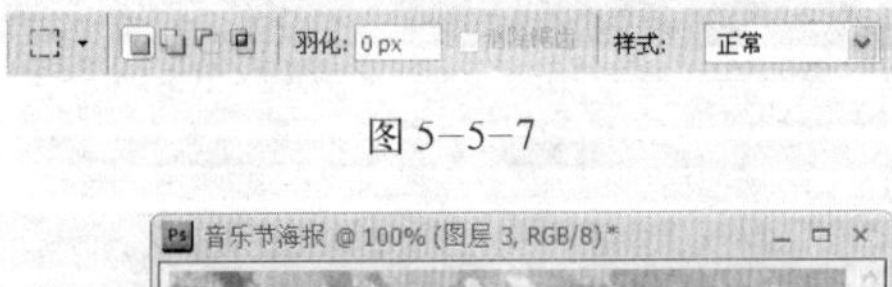

图 5–5–7

(7) 选择工具箱中的“矩形选框工具”，并在其选项栏中设置“羽化”为 0px，如图 5–5–7 所示。

(8) 按住鼠标左键并拖动，分别将幼苗上面和下面的区域用选区选中，如图 5–5–8 所示。

图 5–5–8

(9) 按Delete键，将幼苗上面和下面多余的部分删除，使3张图片的高度基本一致。按“Ctrl+D”组合键取消选区，效果如图5–5–9所示。

图5–5–9

(10) 单击“图层”面板中叶子图像所在的图层，如图5–5–10所示。

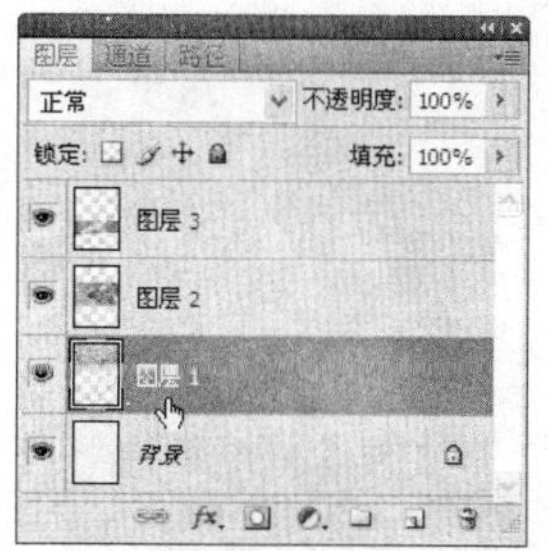

图5–5–10

(11) 按“Ctrl+U”组合键打开“色相/饱和度”对话框，将“明度”滑块拖动至“+40”的位置，如图5–5–11所示。

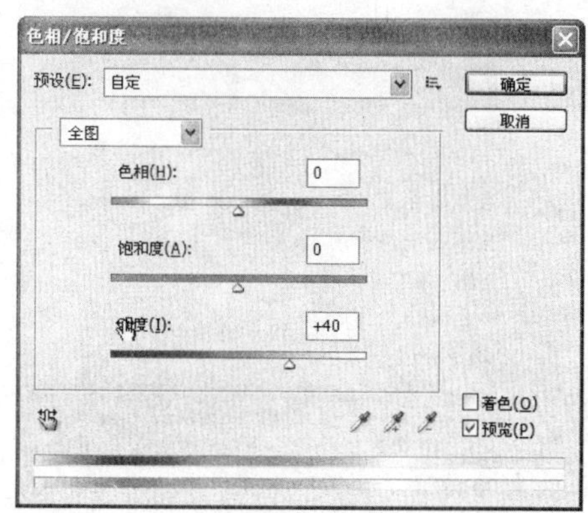

图5–5–11

(12) 单击“确定”按钮，叶子图像的明度提高了，当然图像也随之变模糊了，效果如图 5-5-12 所示。

图 5-5-12

(13) 用同样的方法将幼苗图像的明度也提高一些，这样画面就出现层次感了，如图 5-5-13 所示。

图 5-5-13

(14) 单击“图层”面板中听音乐图像所在的图层，如图 5-5-14 所示。

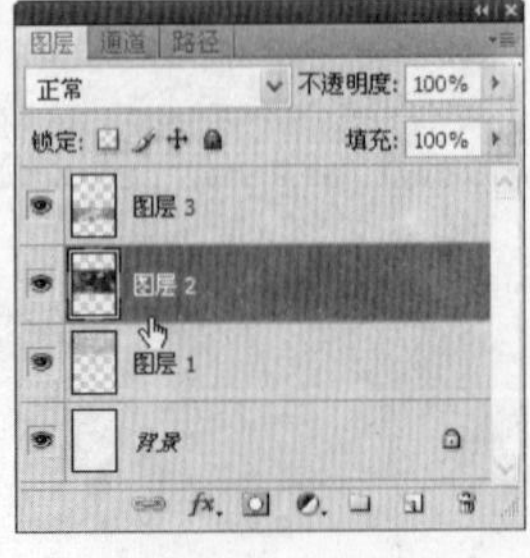

图 5-5-14

（15）按“Ctrl+L”组合键打开“色阶”对话框，在其中首先单击右上角的“自动”按钮，然后拖动左边的黑色三角滑块至12的位置，如图5–5–15所示。

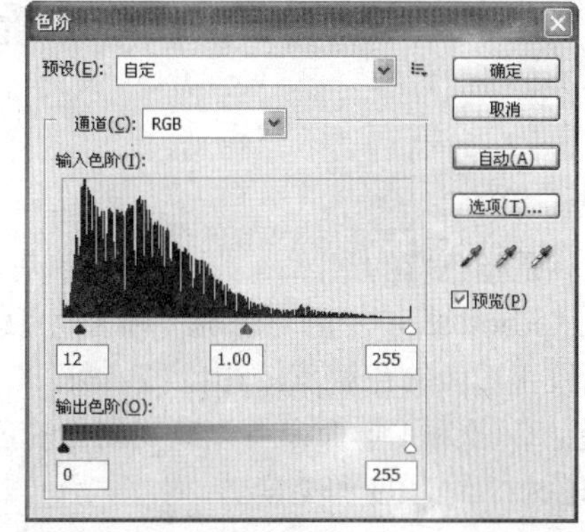

图5–5–15

（16）单击“确定”按钮，听音乐图像的色阶得到了校正，并且加深了阴影区域。接着按“Ctrl+O”组合键打开素材中的“音乐节标志”文件，如图5–5–16所示。

图5–5–16

（17）将标志拖动到海报文件的左上角，并在图5–5–17所示的位置输入一些相关文字，音乐节海报制作完毕。

图5–5–17

5.6　小　结

通过本章的学习，读者应该了解色彩的一些基础知识，并掌握色彩的设置及调整等实际操作方法。这些方法在实际工作中都用得上，只有熟练掌握这些方法才能高质量、高效率地提高图像的色彩质量。

5.7 练　习

一、填空题

(1) 色相是指色彩的________，是色彩的基本特征，如红色、橙色、黄色等。

(2) 通过Photoshop中的“色阶”对话框可以调整图像的________、________和________的强度级别，从而校正图像的色调范围和色彩平衡。

(3)“色相／饱和度”命令可以改变图像的色相和________。可以调整整幅图像或________的色彩像素的色相、饱和度和亮度。

二、选择题

(1)“图像／调整”子菜单里共有______个调整色彩的命令。

A.20　B.21　C.22　D.23

(2) 打开“曲线”对话框的快捷键是______。

A.Ctrl+U　B.Ctrl+M　C.Shift+U　D.Shift+M

(3) 将一幅彩色图像变成灰度图像，可以使用下面的______命令。

A.“色阶”　B.“亮度／对比度”　C.“曲线”　D.“色相／饱和度”

三、问答题

(1) 分别叙述一下色相、亮度、饱和度等一些色彩基本概念。

(2) 本章学习了几种查看图像色彩的方法，分别是什么？

(3) 在Photoshop CS4版本中，“图像／调整”子菜单中新增加了一个什么命令？

第6章　图　层

图层可以将图像不同的部分作为分散的对象进行编辑，这使得合成图像和修改图像有了无限的灵活性。本章将对图层的基础操作、管理以及应用几部分进行介绍，并通过实例练习来巩固本章的知识，使用户学会综合运用知识的能力。

6.1　图层基础操作

在Photoshop中，图层的一些基础操作使用很频繁，如新建图层、复制图层等，这些貌不惊人的操作却是我们设计作品中很重要的操作过程。在Photoshop CS4版本中，图层面板的外观略有变化，本节先介绍一些图层的基本操作。

6.1.1　显示图层面板

在使用图层前，需要将“图层”面板显示出来，这样才能进一步对它进行操作。选择“窗口/图层”命令，或按快捷键F7，都可将“图层”面板调出来，如图6-1-1所示。

图6-1-1

提示：

按F7键可以快速地打开或者隐藏“图层”面板。

6.1.2　新建图层

新建图层可以建立一个空白的透明的图层。建立图层有好几种方法，下面介绍两种常用的新建图层方法。

1.通过菜单新建图层

选择“图层/新建/图层”命令，打开“新建图层”对话框，设置各项参数后，单击“确定”按钮，如图6-1-2所示，即可新建一个空白的透明图层。对话框中各项的含义如下：

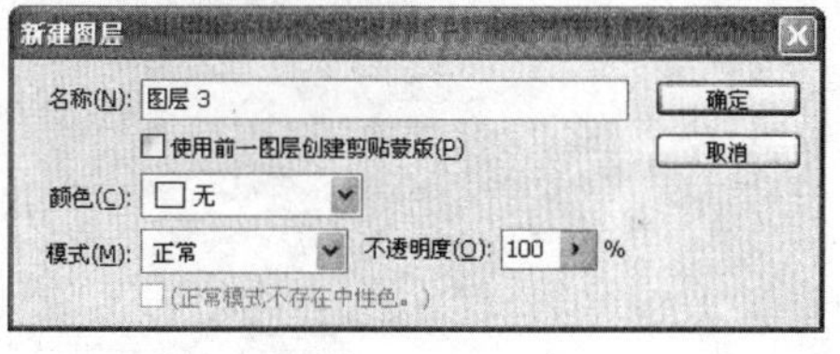

图6-1-2

“名称”：在右侧的文本框中可为新图层起一个名字。

“使用前一图层创建剪贴蒙版”：勾选此复选框，新图层将用前一图层创建剪贴蒙版。

“颜色”：单击右侧的下拉按钮，在弹出的下拉列表框中选择一种颜色，作为新图层在图层控制面板中的显示颜色。

“模式”：单击右侧的下拉按钮，在弹出的下拉列表框中可选择一种模式，作为新建图层与当前图层的混合模式。

“不透明度”：在右侧的文本框中输入数值或拖动下面的滑块，可设置新建图层的不透明度。

提示：

按“Ctrl+Shift+N”组合键可快速打开“新建图层”对话框。

2.通过图层面板新建图层

在图层面板上新建图层比用菜单命令新建图层要快捷得多，是图像处理中常用的方法，其操作方法如下：

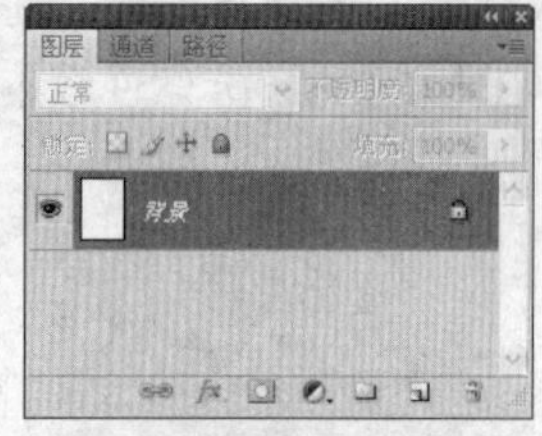

图 6–1–3

(1) 选择“窗口／图层”命令，调出“图层”面板，如图 6–1–3 所示。

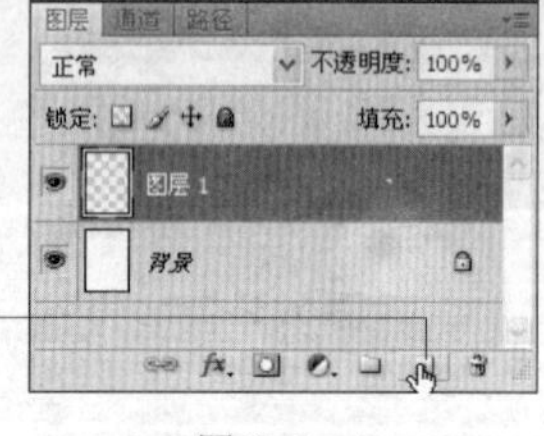

“创建新图层”按钮

图 6–1–4

(2) 单击“创建新图层”按钮，即可快速新建一个图层，如图 6–1–4 所示。

提示：

按住 Alt 键单击“创建新图层”按钮，将打开“新建图层”对话框。

6.1.3　删除图层

删除图层是将没有用的图层删除，下面介绍两种较常用的删除图层的方法。

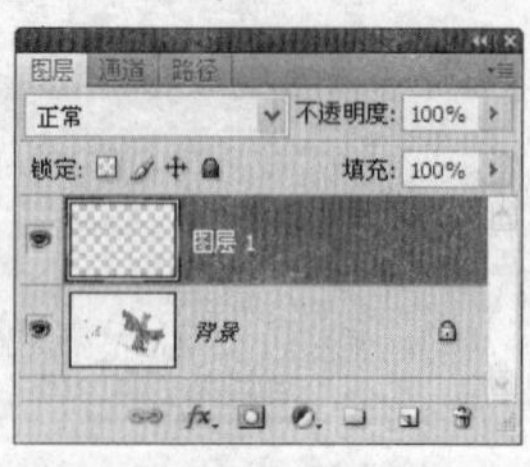

图 6–1–5

如果要删除图层，“图层”面板上至少有两个图层，如图 6–1–5 所示。

（1）单击图层面板右下角的“删除图层”按钮，从弹出的对话框中单击“是”按钮，如图6–1–6所示，即可将当前图层删除，如果单击“否”按钮，会取消删除图层的操作。

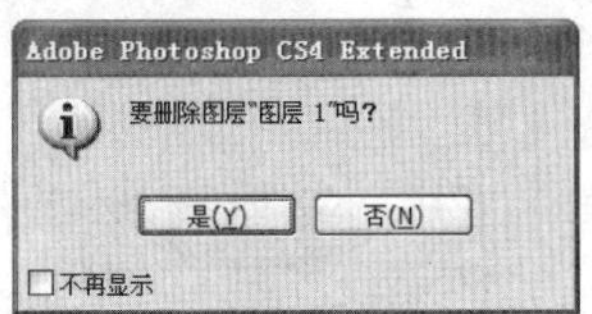

图6–1–6

（2）如果想快速地删除图层，直接将不需要的图层拖动到“删除图层”按钮上即可，如图6–1–7所示。

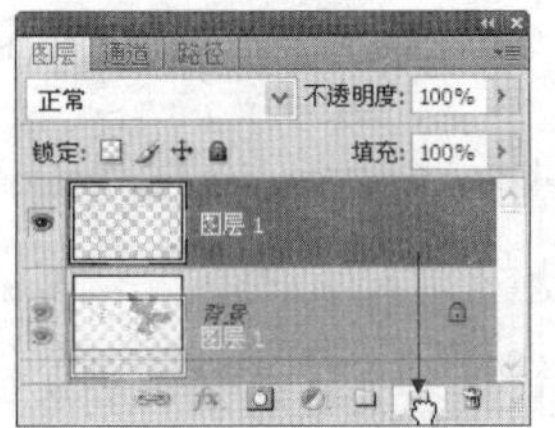

图6–1–7

提示：

用鼠标右键单击当前图层的蓝色部分，从弹出的快捷菜单中选择“删除图层”命令，也可删除该图层。

6.1.4 复制图层

复制图层就是再创建一个相同的的图层。复制图层的操作很有用，它不但可以快速地制作出图像效果，而且还可保护原文件不被破坏。

1.通过图层面板复制图层

使用图层面板复制图层比较快捷，下面就介绍这一方法：

（1）按“Ctrl+O”组合键打开素材中的“斑马”文件，效果和图层面板状态分别如图6–1–8（a）和（b）所示。

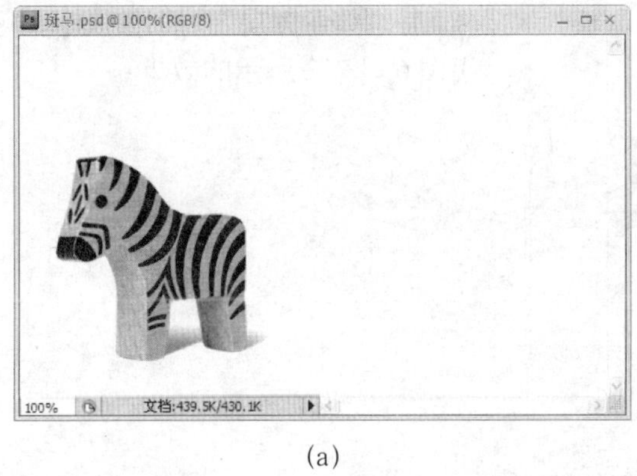

（a）　（b）

图6–1–8

提示：

此“斑马”文件是一个PSD格式的图层文件，其中包含两个图层。

图 6–1–9

(2) 拖动“斑马”图层到“创建新图层”按钮上，如图 6–1–9 所示。

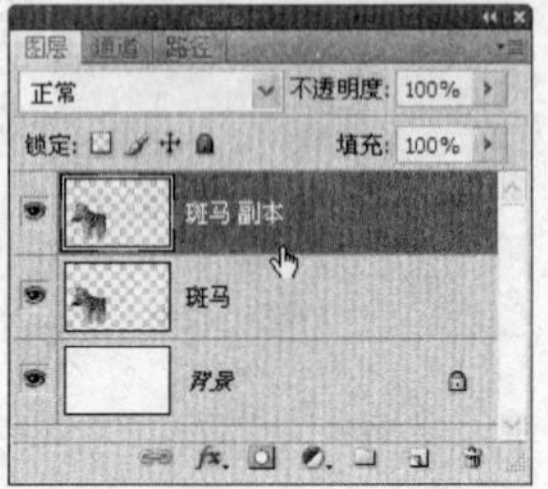

图 6–1–10

(3) 释放鼠标左键后，即可快速复制一个图层，如图 6–1–10 所示。

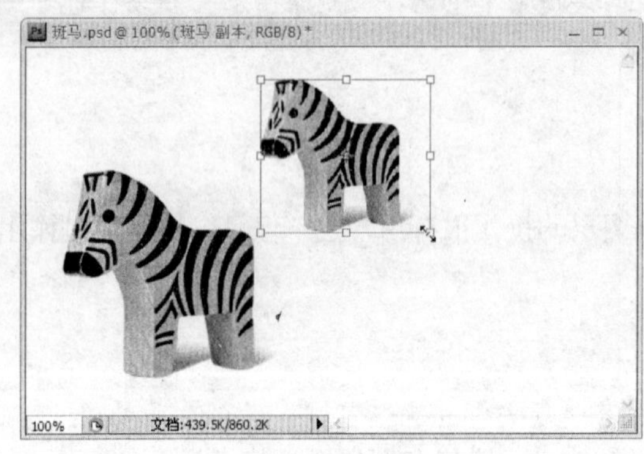

图 6–1–11

(4) 在“斑马 副本”图层上操作，按“Ctrl+T”组合键并将图像缩小，再将其移至图 6–1–11 所示的位置。

图 6–1–12

(5) 按 Enter 键确认变换。如果继续上述操作，并调整各图层上的图像大小，将很容易调整出图 6–1–12 所示的效果。

提示：

图层越多，文件的容量就越大，计算机处理图像信息的时间就越长。

2.通过菜单复制图层

使用菜单复制图层比较灵活，它不仅可以在原图像上建立图像的副本，还能为原图像重新建立副本，举例说明如下：

(1) 按“Ctrl+O”组合键同时打开“玫瑰花”和“书封”两个文件，如图6-1-13 (a) 和 (b) 所示。

(a)

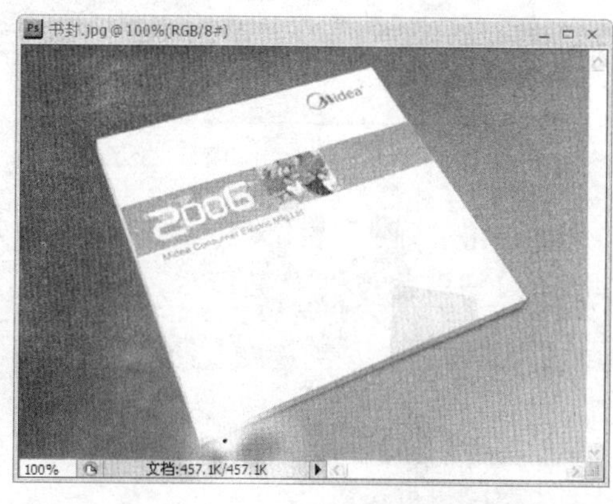

(b)

图6-1-13

(2) 使“玫瑰花”文件处于当前工作状态，选择“图层/复制图层”命令，打开“复制图层”对话框，在“为”右侧的文本框中输入文件名——“美丽的花”，如图6-1-14所示。

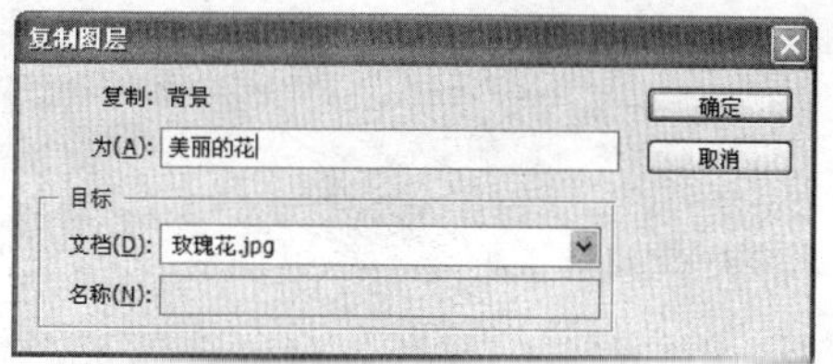

图6-1-14

(3) 单击“确定”按钮，即可为当前图像创建一个副本，图层面板状态如图6-1-15所示。

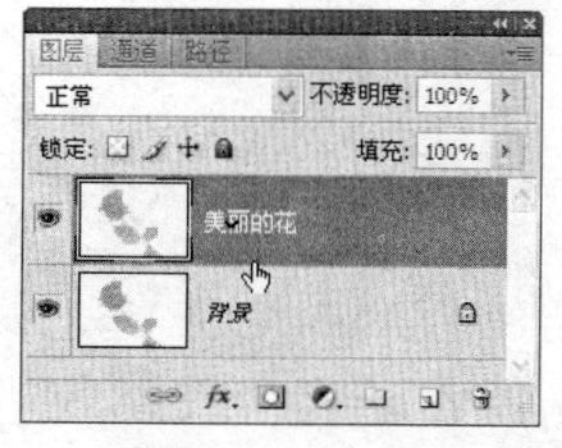

图6-1-15

(4) 若在“复制图层”对话框的“文档”选项中选择“书封”，如图6-1-16所示。

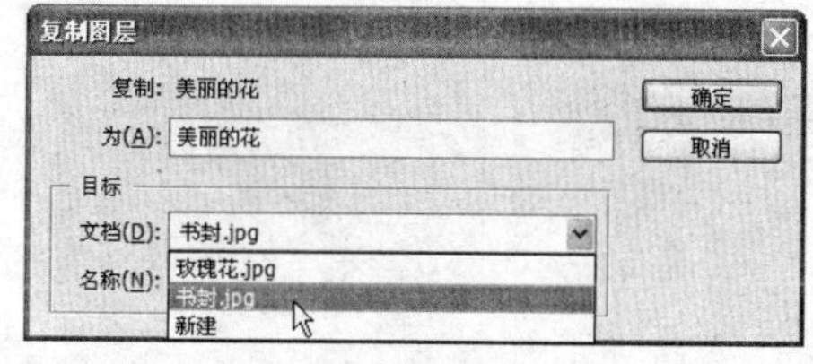

图6-1-16

(5) 单击“确定”按钮，即可将当前图层文件复制到“书封”文件中，图层面板如图6-1-17所示。

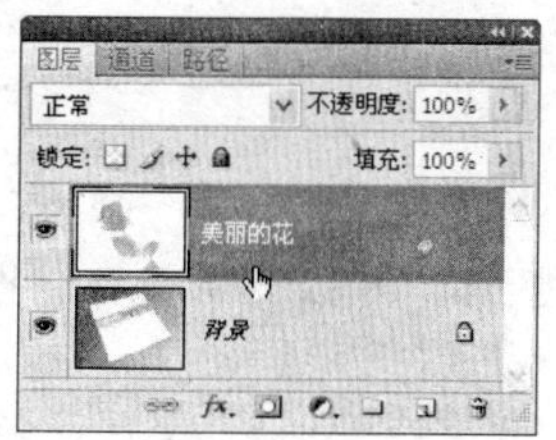

图6-1-17

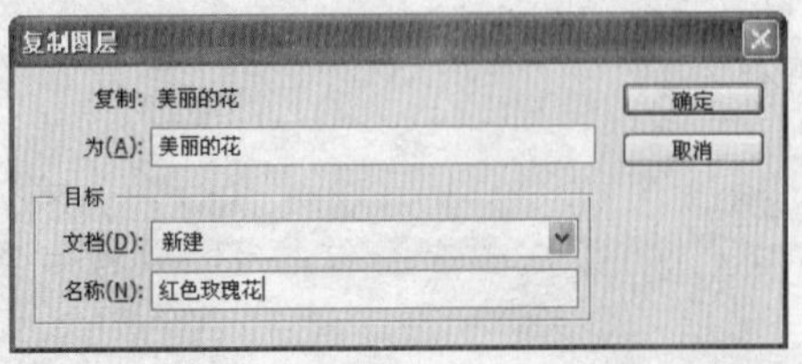

图 6–1–18

（6）若在“文档”选项中选择“新建”，并在“名称”下面起一个名称——“红色玫瑰花”，如图 6–1–18 所示。

（7）单击“确定”按钮，Photoshop 将自动把当前图层的图像复制到一个新建的文件中，效果如图 6–1–19（a）和（b）所示。

（a）原文件

（b）新建文件

图 6–1–19

6.1.5 选择图层

在图层面板中可以选择多个连续、不连续、相似或所有图层，这有助于用户进行操作。不仅如此，Photoshop 还为用户设置了一些快捷键，下面分别对这几种选择图层的方法进行介绍。

1. 选择多个连续的图层

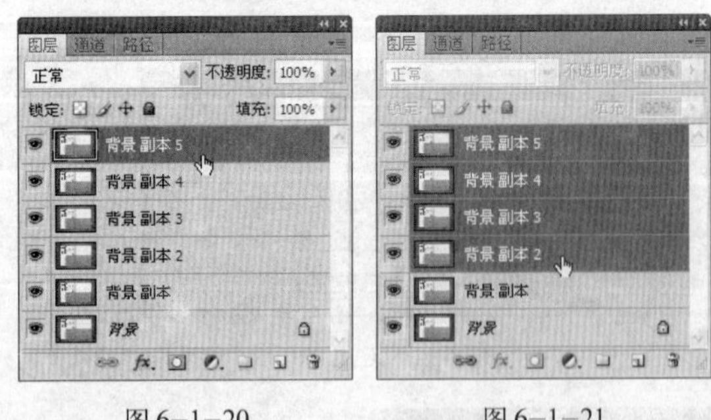

图 6–1–20　　图 6–1–21

（1）按“Ctrl+O”组合键任意打开一张图片，复制5个图层后，单击最上面的图层——“背景 副本 5”图层，如图 6–1–20 所示。

（2）按住Shift键单击下面的“背景 副本2”图层，即可将连续的“背景 副本5”至“背景 副本 2”图层选择，如图 6–1–21 所示。

提示：

选择多个连续的图层后，可以将所选择的图层一起移动、变换。

2.选择多个不连续的图层

(1) 接着上面的文件继续操作，单击任意一个图层，如图6–1–22所示。

(2) 按住Ctrl键再分别单击需要选择的图层，即可选择多个不连续的图层，如图6–1–23所示。

图6–1–22

图6–1–23

3.选择相似图层

选择“相似图层”命令可以选择类型相似的所有图层。

(1) 按“Ctrl+O”组合键打开一个具有多个文字图层的文件，并在图层面板中单击任意一个文字图层，如图6–1–24所示。

(2) 执行“选择/相似图层”命令，如图6–1–25所示。

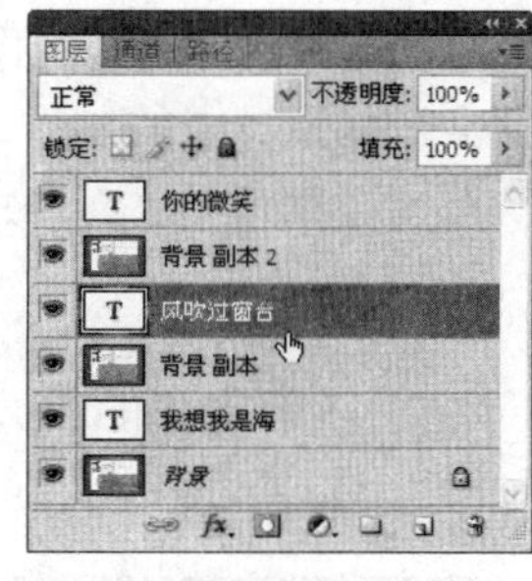

图6–1–24

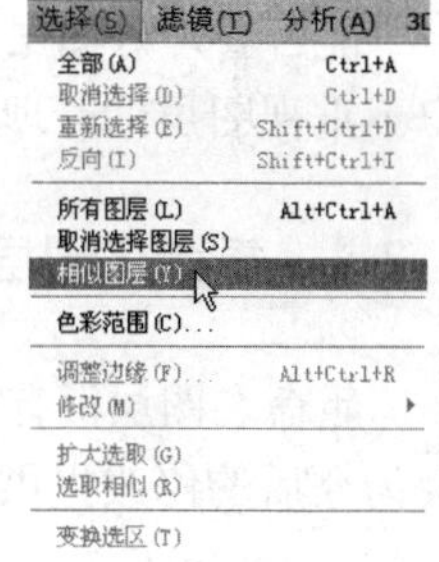

图6–1–25

(3) 此时在图层面板中所有类型相似的文字图层都被选中，如图6–1–26所示。

图6–1–26

4.选择所有图层

选择所有图层是指选择除“背景图层”外的所有图层。

(1) 按“Ctrl+O”组合键打开一个具有多个图层的文件，如图6–1–27所示。

(2) 执行“选择/所有图层”命令，如图6–1–28所示。

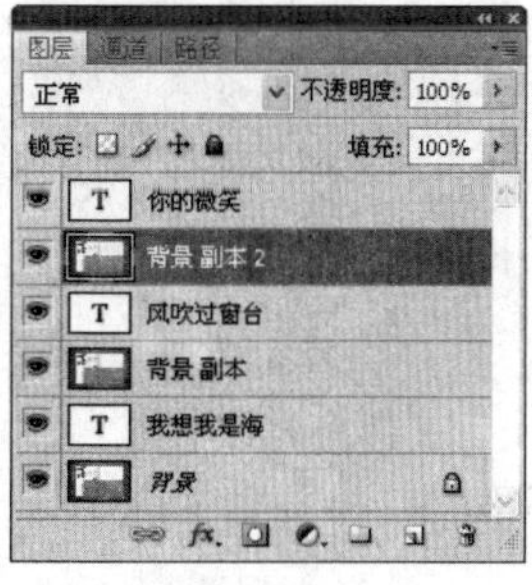

图6–1–27

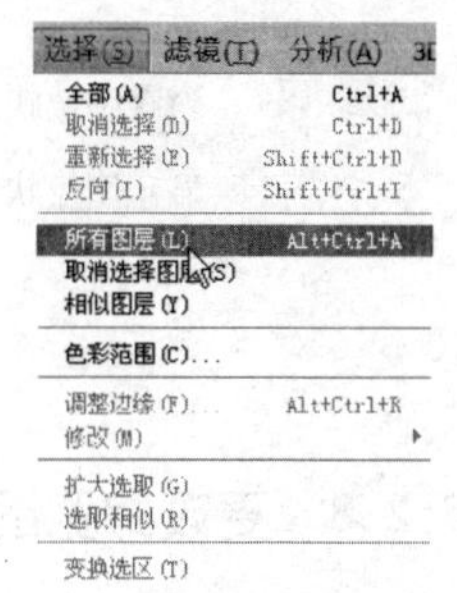

图6–1–28

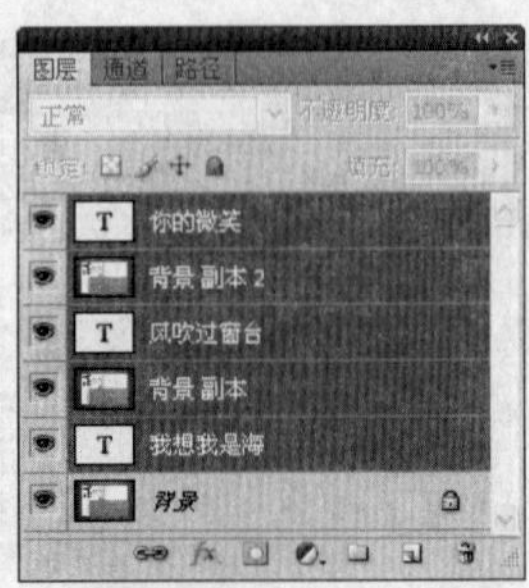

图6-1-29

（3）此时除“背景图层”以外的所有图层都被选中了，效果如图6-1-29所示。

6.2 管理图层

能否管理好图层，决定着能否设计出好的作品，同时也可以看出设计者的制作水平。很多用户不重视图层的管理，这会制约设计者的制作，下面介绍几种管理图层的方法。

6.2.1 重命名图层

重命名图层很有用，如果一个作品里的图层特别多，给每一个图层起一个简单又好记的名称，会为今后的修改提供方便。

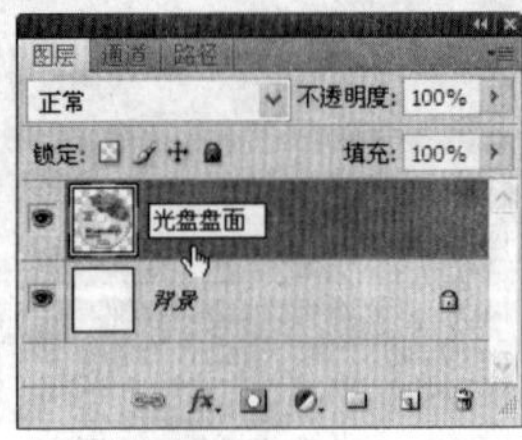

图6-2-1

为图层重命名，双击需要修改名称的图层上的图层名，等文字出现图6-2-1所示的状态时，输入新的名称即可。

6.2.2 显示、隐藏图层内容

显示、隐藏图层内容的操作在制作图像时经常会用到，它可以将不需要显示的图层内容暂时隐藏起来，这有利于设计人员查看或修改图像。

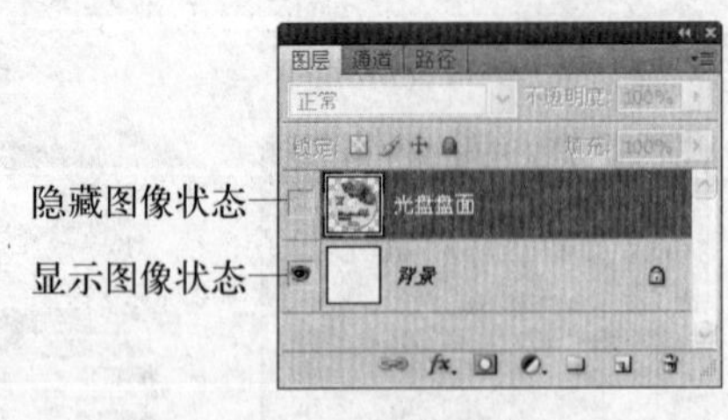

图6-2-2

要想隐藏图层上的内容，只需单击图层面板中目标图层前面的眼睛图标，将图层前面的眼睛图标隐藏即可，如图6-2-2所示，再次单击该图标位置，将重新显示该图层内容。

6.2.3 更改缩览图大小

更改缩览图大小也是管理图层的有效方法之一，因为图层缩览图越大，占用图层面板的地方

就越大，但如果没有缩览图，或缩览图特别小，又不容易看清各个图层上的内容，所以，合理地调整缩览图的大小，可以方便图像的制作。

要更改缩览图大小，需要在图层面板菜单中选择“面板选项”命令，如图6－2－3所示。

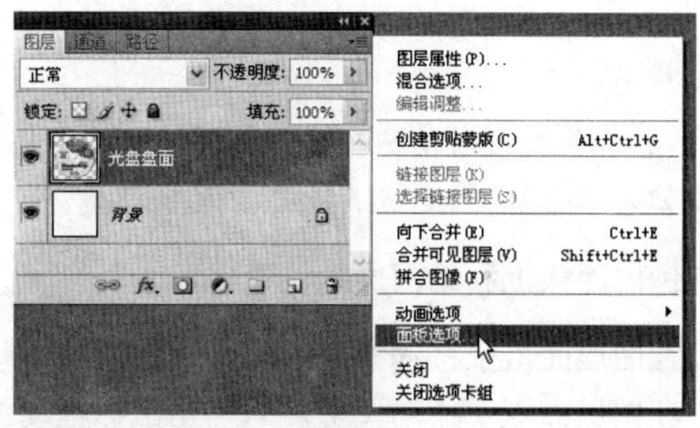

图6－2－3

在弹出的“图层调板选项”对话框的“缩览图大小”区中任选一个单选按钮，单击“确定”按钮即可更改缩览图显示的大小，如图6－2－4所示。

“图层边界”：选择此单选按钮，缩览图将会扩展到图层面板的边界。

“整个文档”：选择此单选按钮，缩览图将显示整个图层的大小（既显示图形部分，又显示透明部分）。

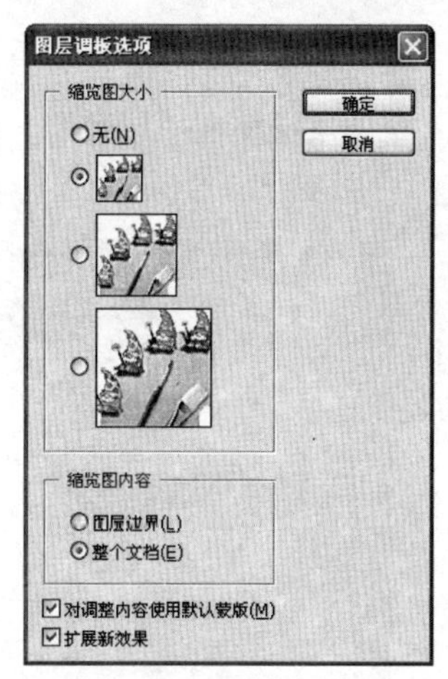

图6－2－4

6.2.4　移动图层的位置

移动图层的位置可以重新摆放图层的顺序，这是设计制作时经常用到的操作。图层摆放的顺序不同，产生的图像效果也将不同。

1.使用菜单移动图层的位置

使用菜单移动图层的位置比较直观，但操作起来稍微慢一些，通常使用菜单命令后面的快捷键移动图层的位置。

选择“图层／排列”，将打开图6－2－5所示的5个子选项。选择不同的子选项，当前图层将会移到不同的位置，下面对5个子选项的作用予以详细介绍。

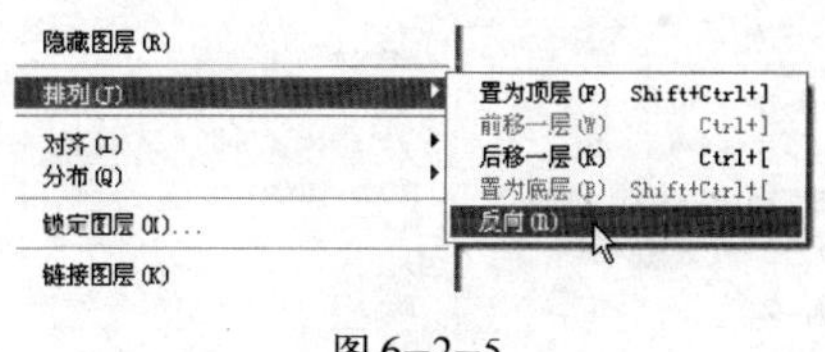

图6－2－5

“置为顶层”：执行此命令，可以将当前图层移到所有图层的最上面。

“前移一层”：执行此命令，可以将当前图层向上移动一层。

“后移一层”：执行此命令，可以将当前图层向下移动一层。

“置为底层”：执行此命令，可以将当前图层移到所有图层的最下面，即背景层的上方。

“反向”：执行此命令，可以反转选定图层的顺序（要使用此选项，选择的图层数至少要在两个以上）。

提示：

“置为顶层”的快捷键是“Shift+Ctrl+]”；“前移一层”的快捷键是“Ctrl+]”；“后移一层”的快捷键是“Ctrl+[”；“置为底层”的快捷键是“Shift+Ctrl+[”。

2.在图层面板上移动图层的位置

在图层面板上移动图层的位置比较快捷，是最实用的移动图层位置的方法。

在图层面板上移动图层，只需用鼠标拖动图层到目标位置即可。

6.2.5　链接图层

链接图层就是将多个图层链接在一起操作。链接图层后，可很方便地移动多个图层中的图像，对链接图层进行旋转、自由变形、合并等。

显示此图标，表示此图层与当前操作层有链接关系

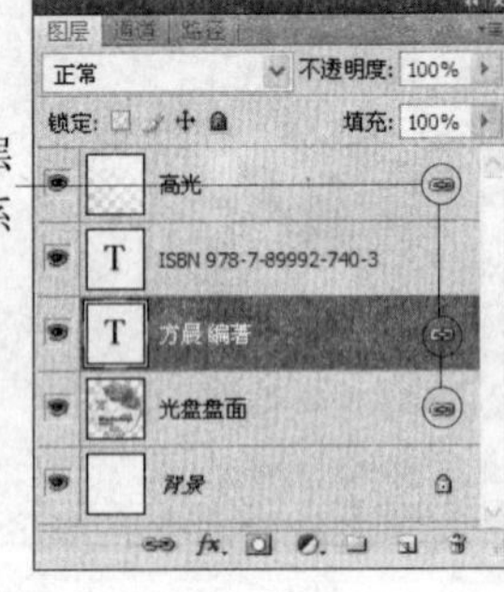

图6-2-6

在Photoshop CS4版本中，图层的链接和前一版本一样，没有变化。用户首先需按住Ctrl键单击图层，将需要进行链接的图层选中（按住Shift单击可选择连续的几个图层），然后单击图层面板底部的“链接图标”即可将选中的图层链接，如图6-2-6所示。

6.2.6　合并图层

合并图层就是将多个图层合并成一个图层。在设计图像的过程中，一般会用到很多图层，这样会使图像文件变大，处理速度变慢，因此，在设计作品的过程中需要将一些处理完的图层合并起来。

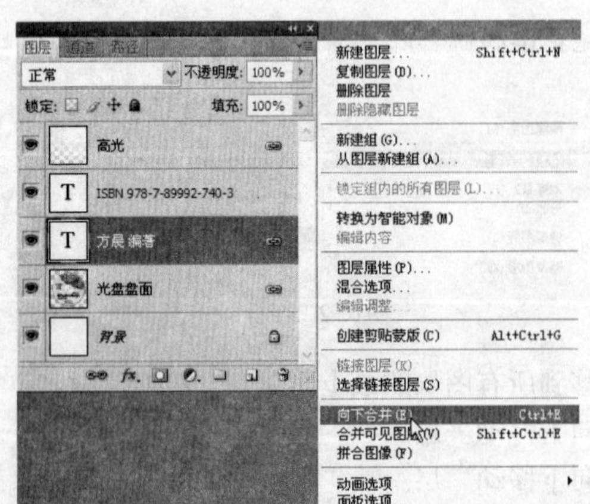

图6-2-7

合并图层的方法如下：

单击图层面板右上角的“图层面板菜单”按钮，从弹出的下拉菜单中选择所需的合并命令即可，如图6-2-7所示。

"向下合并"：单击此命令，可以将当前图层合并到下面的一个图层中去。

"合并可见图层"：单击此命令，可以将所有显示的图层合并到背景图层中去。

"拼合图像"：单击此命令，可以将所有显示的图层合并。如果图层面板中有隐藏的图层，会弹出一个提示对话框，单击"确定"按钮，将去掉隐藏的图层，并将显示的图层合并；若单击"取消"按钮，将取消合并图层操作。

提示：

"向下合并"的快捷键是"Ctrl+E"；"合并可见图层"的快捷键是"Shift+Ctrl+E"。

6.3 应用图层

前面两节介绍了一些图层的基础操作和管理知识，本节将介绍一些图层的应用知识，如图层样式、图层蒙版、调整图层等，看看图层究竟能做出些什么图像效果。

6.3.1 使用图层样式

图层样式可以制作出阴影、发光、浮雕等效果，是Photoshop中比较有代表性的功能。常用它来做一些按钮、图标等质感较强的图像，下面以一个图标为例进行说明：

(1) 按"Ctrl+N"组合键打开"新建"对话框，在"名称"后面的文本框中输入"PS图标"，设置"宽度"为400像素，"高度"为300像素，"分辨率"为96像素／英寸，"颜色模式"为RGB颜色，"背景内容"为白色，如图6-3-1所示。

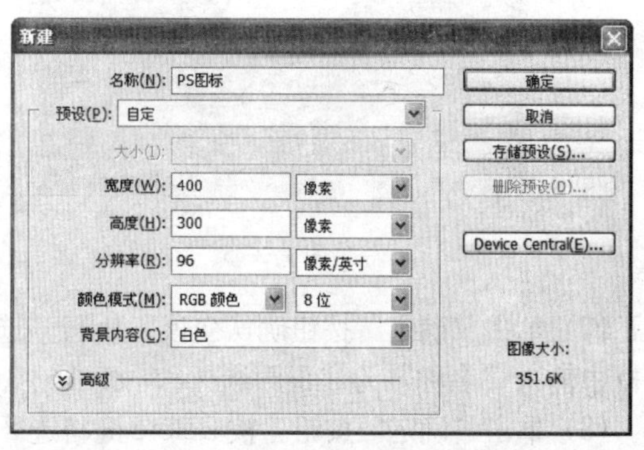

图6-3-1

(2) 单击"确定"按钮新建一个文件。设置工具箱中的前景色为黑色（R：0，G：0，B：0），背景色为白色（R：255，G：255，B：255），并按"Alt+Backspace"组合键将前景色填充至"背景"图层中，如图6-3-2所示。

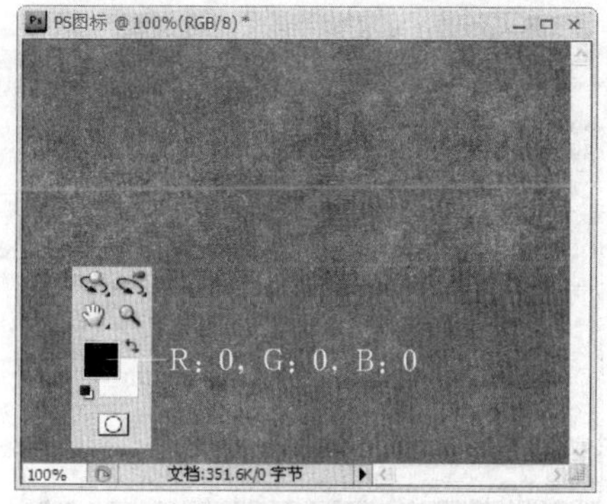

图6-3-2

图6-3-3

(3)单击“图层”面板下方的“创建新图层”按钮，新建一个图层并命名为“圆环”，如图6-3-3所示。

图6-3-4

(4)选择工具箱中的“椭圆选框工具”，在其选项栏中单击“新选区”按钮，并设置“羽化”值为0px，如图6-3-4所示。

(5)移动鼠标指针到窗口中，按住Shift键拖动鼠标，创建一个正圆选区。之后按“Ctrl+Backspace”组合键将背景色填充至选区内，效果如图6-3-5所示。

(6)不要取消选区继续进行操作。执行“选择/变换选区”命令，按住“Shift+Alt”组合键的同时向内拖动顶角的控制点，将选区稍稍缩小一些，如图6-3-6所示。

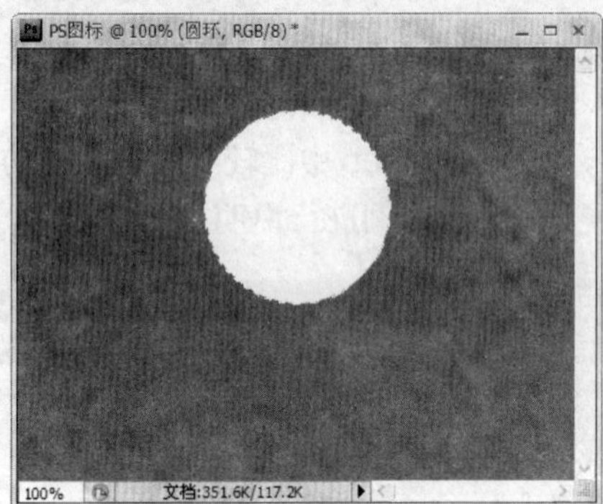
图6-3-5

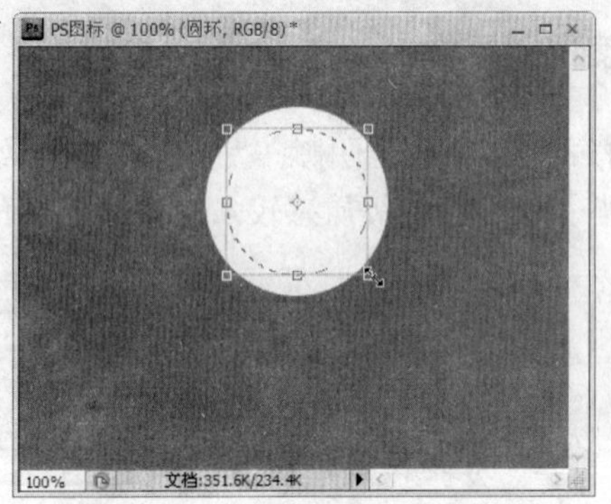
图6-3-6

(7)单击“确定”按钮确认变换。执行“选择/存储选区”命令，在打开的“存储选区”对话框中输入“名称”为“正圆选区”，如图6-3-7所示。

(8)单击“确定”按钮。按Delete键将选区内的白色图像删除，之后再按“Ctrl+D”组合键取消选区，效果如图6-3-8所示。

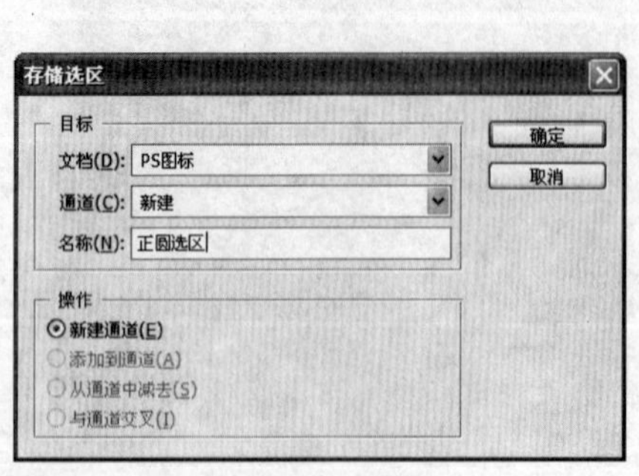

图6-3-7

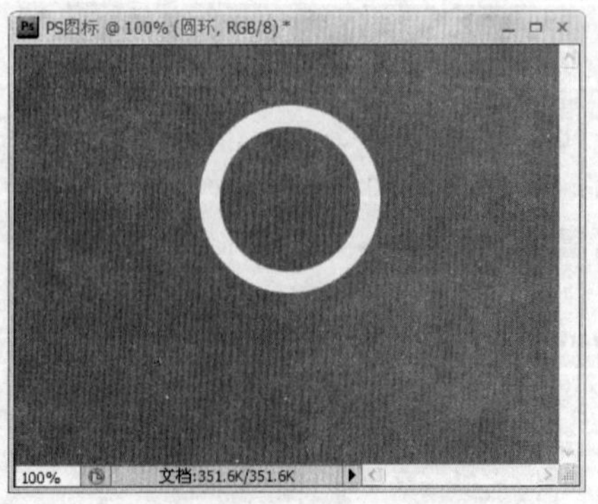
图6-3-8

(9) 双击“圆环”图层后面的空白处，如图6–3–9所示。

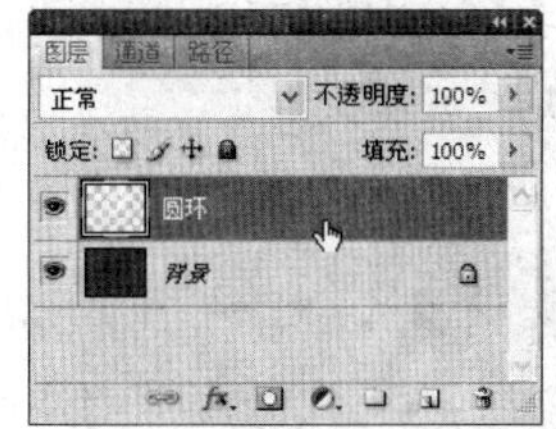

图6–3–9

(10) 在弹出的“图层样式”对话框中分别设置“斜面和浮雕”及其中的“等高线”样式，具体参数如图6–3–10 (a) 和 (b) 所示。

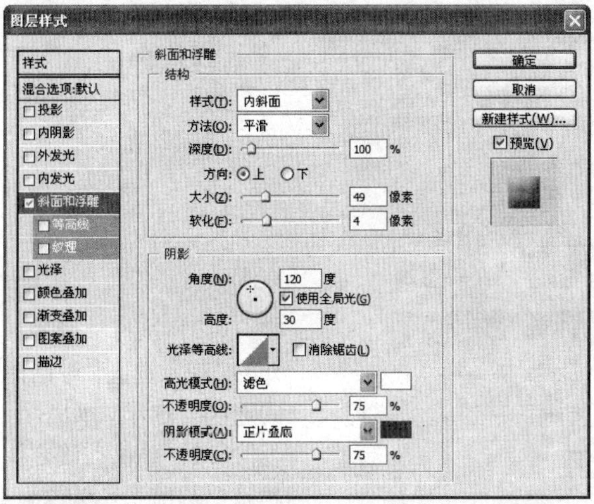

(a)

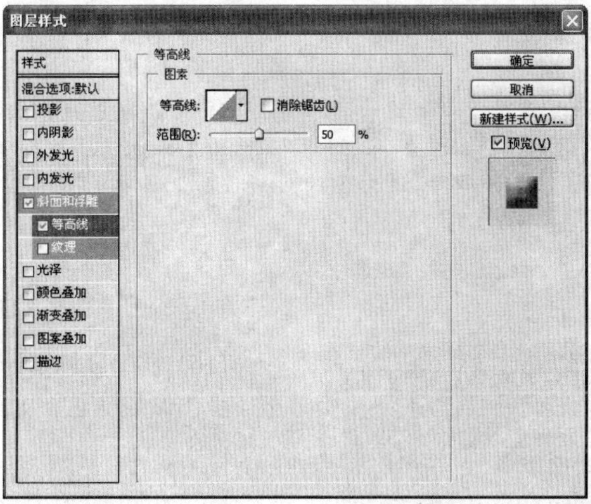

(b)

图6–3–10

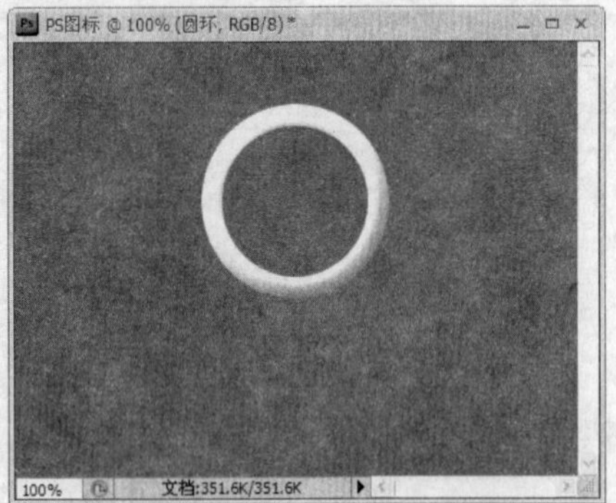

图 6–3–11

（11）单击“确定”按钮，图像效果如图 6–3–11 所示。

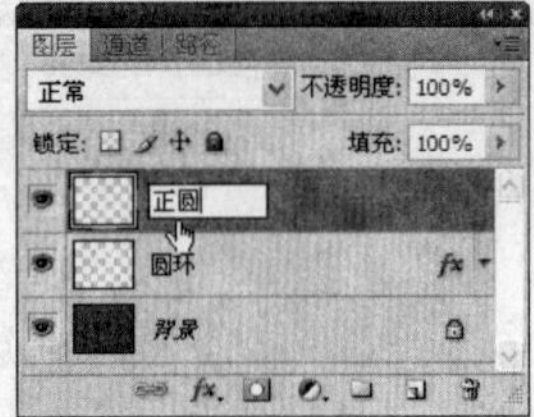
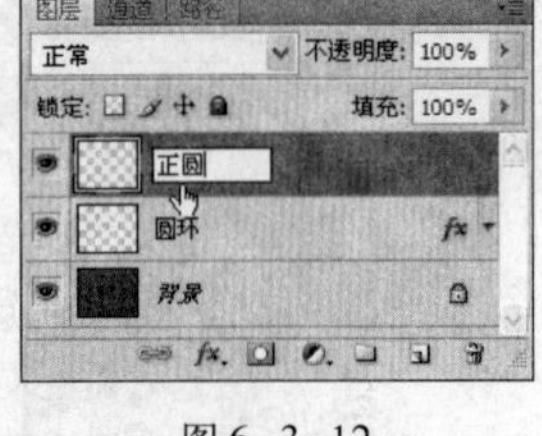

图 6–3–12

（12）单击“图层”面板下方的“创建新图层”按钮，新建一个图层并命名为“正圆”，如图 6–3–12 所示。

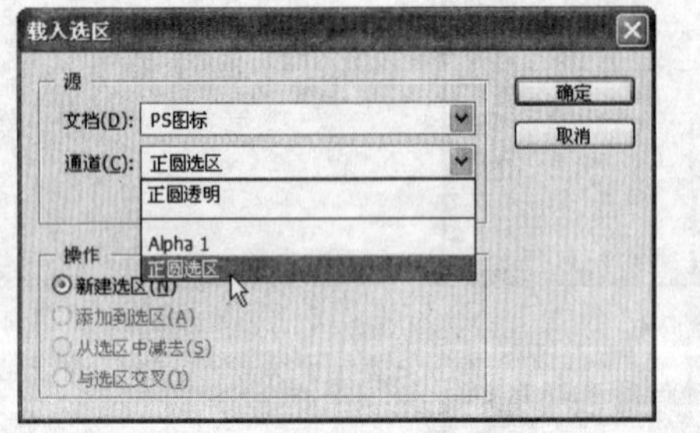

图 6–3–13 　　图 6–3–14

（13）执行“选择 / 载入选区”命令，在打开的“载入选区”对话框中选择“通道”中的“正圆选区”选项，如图 6–3–13 所示。

（14）单击“确定”按钮载入选区。设置工具箱中的前景色为深蓝色（R：22，G：2，B：59），背景色为浅蓝色（R：56，G：95，B：151），如图 6–3–14 所示。

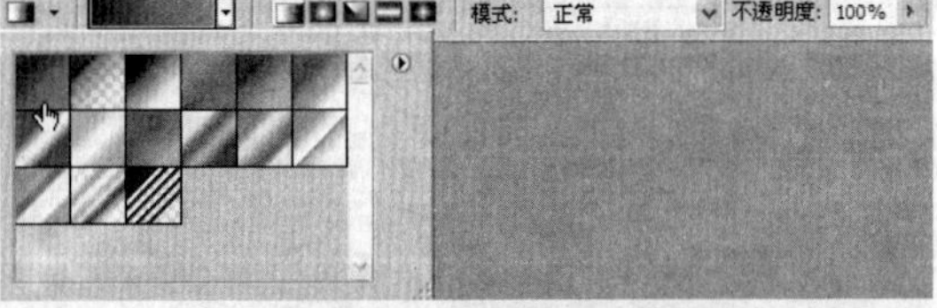

图 6–3–15

（15）选择工具箱中的“渐变工具”，并在其选项栏中选择“前景到背景”渐变，其他设置如图 6–3–15 所示。

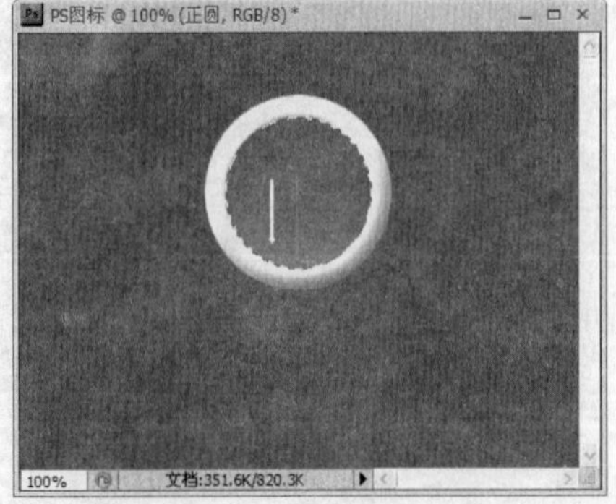

图 6–3–16

（16）移动鼠标指针到载入的选区内，从上至下拉出渐变颜色，如图 6–3–16 所示。

(17) 不要取消选区继续进行操作。单击“图层”面板下方的“创建新图层”按钮，新建一个图层并命名为“高光”，如图6–3–17所示。

图6–3–17

(18) 设置工具箱中的前景色为白色（R：255，G：255，B：255）。选择“渐变工具”，并在其选项栏中选择“前景到透明”渐变，设置“不透明度”为50%，其他设置如图6–3–18所示。

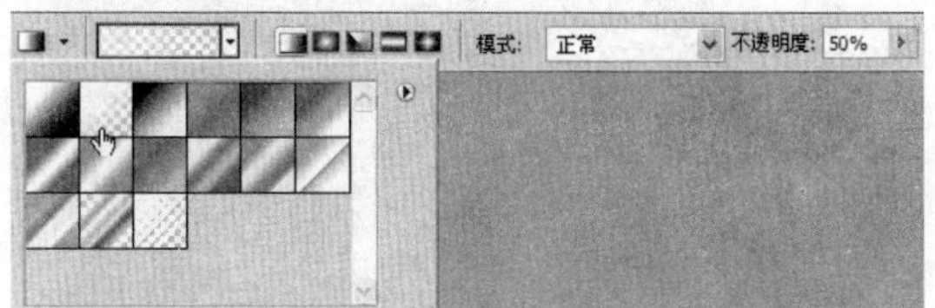

图6–3–18

(19) 移动鼠标指针到选区的左上方，按照图6–3–19所示的的距离和方向拉出渐变，制作出高光效果。

(20) 按“Ctrl+D”组合键取消选区。选择“横排文字工具”，在按钮的中央输入“PS”字母，并加上“投影”图层样式，效果如图6–3–20所示。

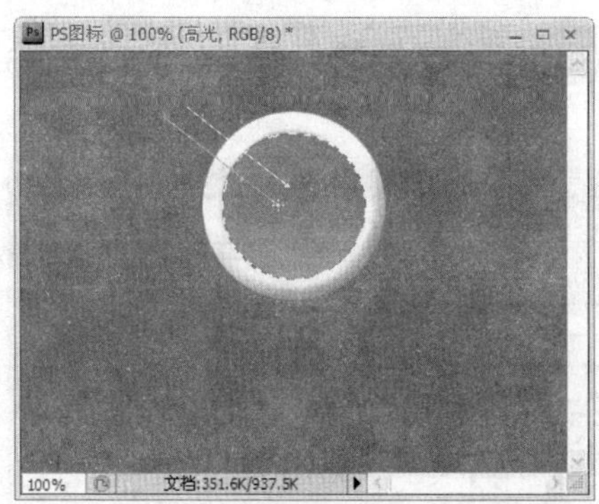

图6–3–19

图6–3–20

(21) 最后在按钮的下方绘制一些文字，“PS图标”制作完毕，效果如图6–3–21所示。

图6–3–21

6.3.2 理解图层蒙版

使用图层蒙版可以创建出许多梦幻般的图像效果，是合成图像必不可少的功能。它的优点是可以在保护原图像不被损坏的同时制作出特殊的图像效果。

图 6–3–22

(1) 按“Ctrl+O”组合键打开素材中的“凤凰古城风景”文件，拖动“背景”图层到“图层”面板底部的“创建新图层”按钮上，复制一个“背景 副本”图层，如图 6–3–22 所示。

(2) 选择“滤镜/艺术效果/水彩”命令，从弹出的“水彩”对话框中设置图 6–3–23 所示的参数。

图 6–3–23

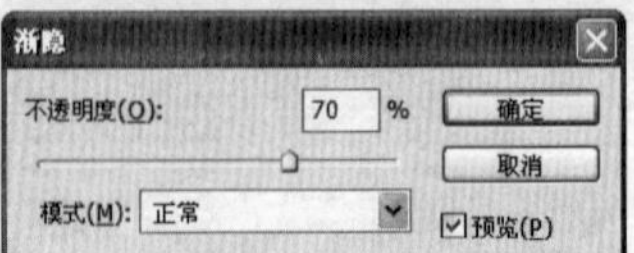

图 6–3–24

(3) 单击“确定”按钮后，选择“编辑/渐隐”命令，从弹出的“渐隐”对话框中设置“不透明度”为 70%，如图 6–3–24 所示。

（4）单击“确定”按钮，滤镜效果减淡了一些，如图 6–3–25 所示。

（5）单击“图层”面板下方的“添加图层蒙版”按钮，为“背景 副本”图层添加一个图层蒙版，如图 6–3–26 所示。

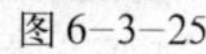

图 6–3–25

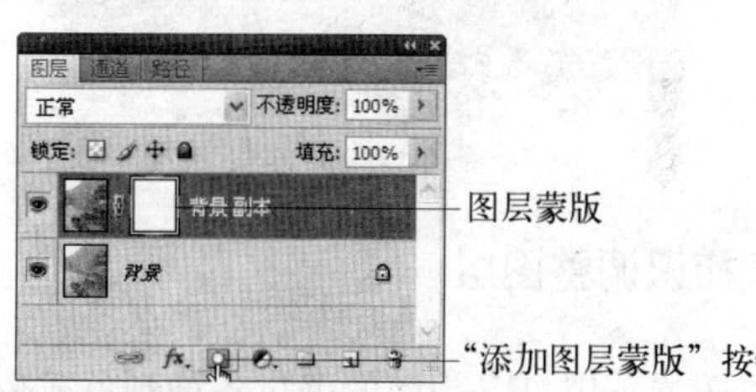

图 6–3–26

（6）选择“画笔工具”，并在其选项栏中选择一个合适大小的柔角画笔，其他设置如图 6–3–27 所示。

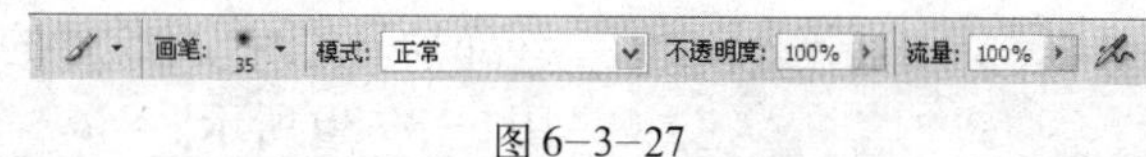

图 6–3–27

（7）在图层蒙版上操作。设置前景色为黑色，移动画笔到前面的小船上进行涂抹，此时图像效果和图层蒙版状态如图 6–3–28（a）和（b）所示。

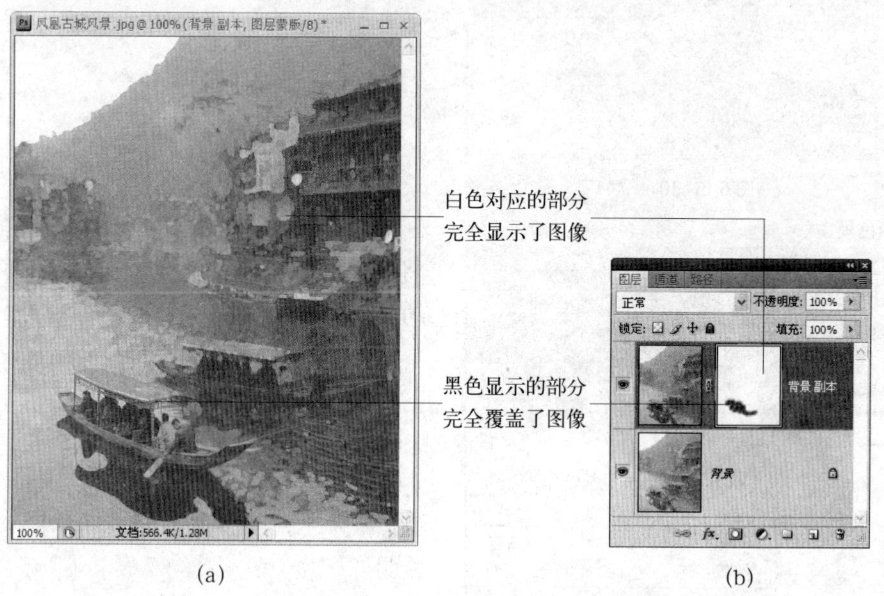

(a)　　(b)

图 6–3–28

图 6-3-29

(8) 最后可将此幅图像设计成图6-3-29所示的效果。由于篇幅的关系在此不再细述，用户可打开提供的源文件查看制作细节。

6.3.3 初识调整图层

调整图层不但可以为图像进行各种颜色或色调的调整，还可以保护原图像不被损坏。和前一版本相比，调整图层的使用略有一些改变，因为在Photoshop CS4版本中增加了一个“调整”图层面板，下面举例说明调整图层的使用。

图 6-3-30

(1) 按“Ctrl+O”组合键打开素材中的“婚纱外景”文件（此文件的颜色模式为RGB），如图 6-3-30 所示。

图 6-3-31

(2) 选择“图像 / 模式 /Lab 颜色”命令，将图像的颜色模式转换为Lab，如图 6-3-31 所示。

（3）单击“图层”面板底部的“调整图层”按钮，从弹出的快捷菜单中选择“曲线”选项，如图 6–3–32 所示。

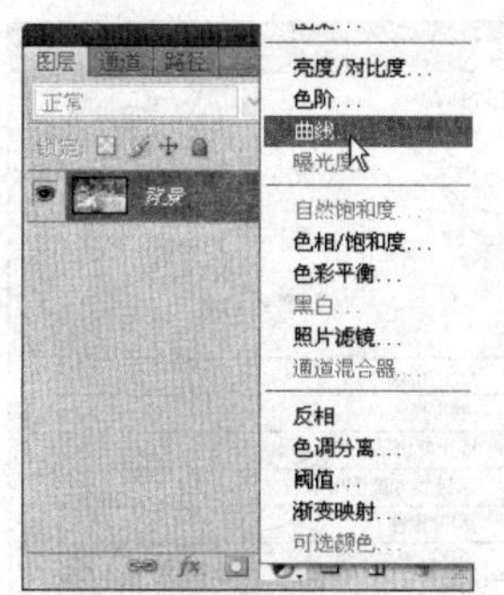

图 6–3–32

（4）在随即弹出的“曲线”对话框中首先选择 a 通道，然后将曲线调整至图 6–3–33 所示形状。

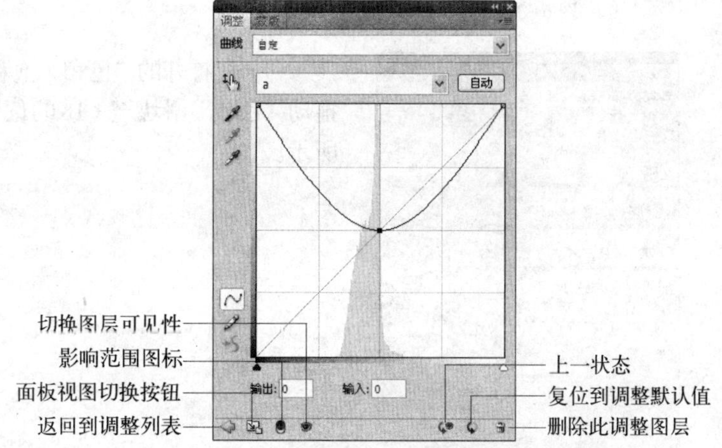

图 6–3–33

返回到调整列表：单击此按钮可返回到调整列表的状态。

面板视图切换按钮：单击此按钮可将视图切换到标准视图状态。

影响范围图标：显示此图标表示此调整图层将影响到下面的所有图层。

切换图层可见性：单击此按钮可切换调整图层在“图层”面板中的可视性。

上一状态：按此按钮可查看上一状态。

复位到调整默认值：单击此按钮可恢复到默认状态。

删除此调整图层：单击此按钮可删除此调整图层。

（5）此时图像的色彩效果如图 6–3–34 所示。

图 6–3–34

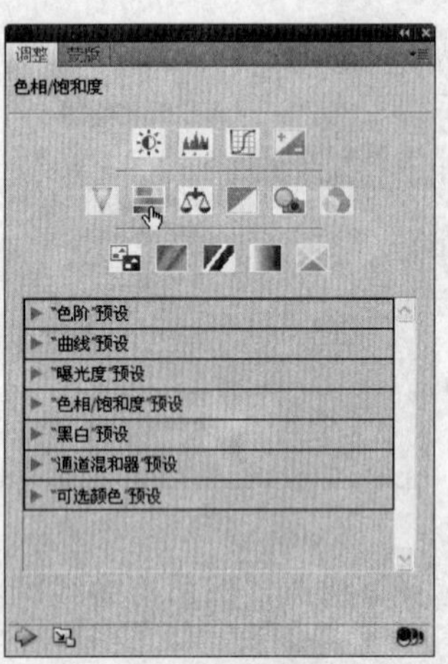

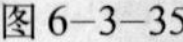
图 6-3-35

(6) 单击"调整"面板左下角的"返回到调整列表"图标，再单击"色相／饱和度"图标，如图 6-3-35 所示。

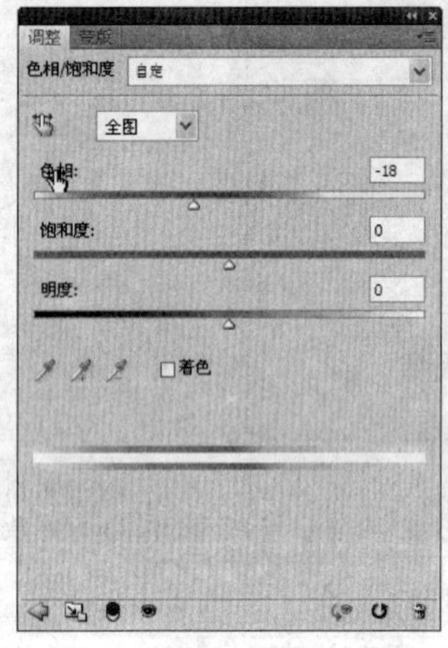

图 6-3-36

(7) 在打开的"色相／饱和度"界面中向左拖动"色相"滑块至 -18 的位置，如图 6-3-36 所示。

(8) 此时就把一幅绿意盎然的图像变成了秋天的感觉，效果和"图层"面板状态如图 6-3-37 (a) 和 (b) 所示。

(a)

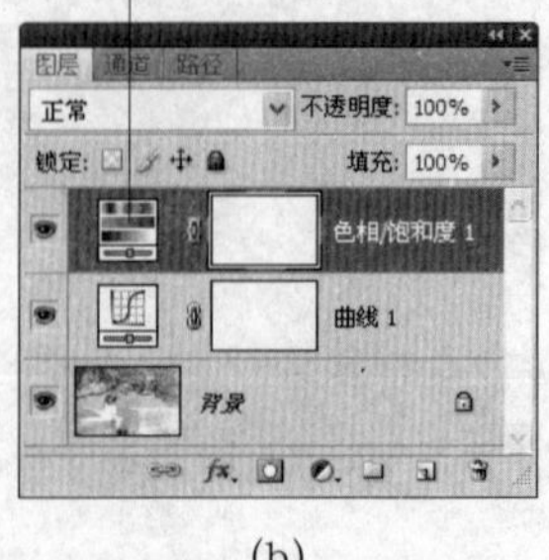

(b)

图 6-3-37

6.4 实例：时间

本例以时间为主题进行创作，并针对本章所学的知识进行设计。综合运用了图层蒙版、重命名图层、合并图层等功能，制造了一种冲击时间的视觉效果，也体现了时间的力量。

（1）按“Ctrl+N”组合键打开“新建”对话框，在“名称”后面的文本框中输入“时间”，设置“宽度”为500像素，“高度”为320像素，“分辨率”为120像素/英寸，“颜色模式”为RGB颜色，“背景内容”为白色，如图6–4–1所示。

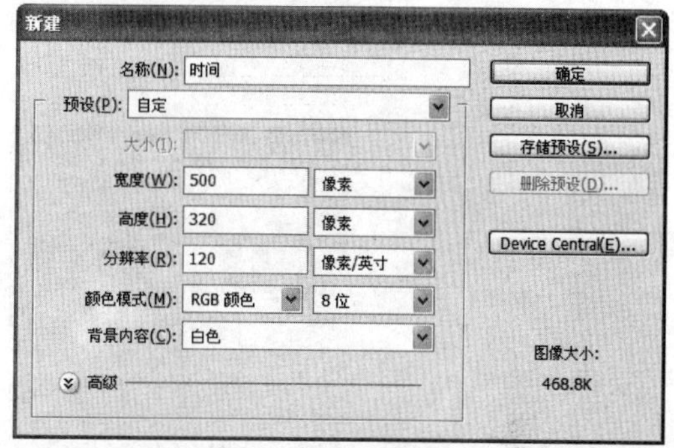

图6–4–1

（2）单击“确定”按钮新建一个文件。按“Ctrl+O”组合键打开素材中的“怀表”文件，如图6–4–2所示。

图6–4–2

（3）选择工具箱中的“移动工具”，并拖动怀表图像到新建的文件中。按“Ctrl+T”组合键执行“自由变换”命令，按住Shift键并向内拖动顶角的控制点，将怀表等比例缩小，如图6–4–3所示。

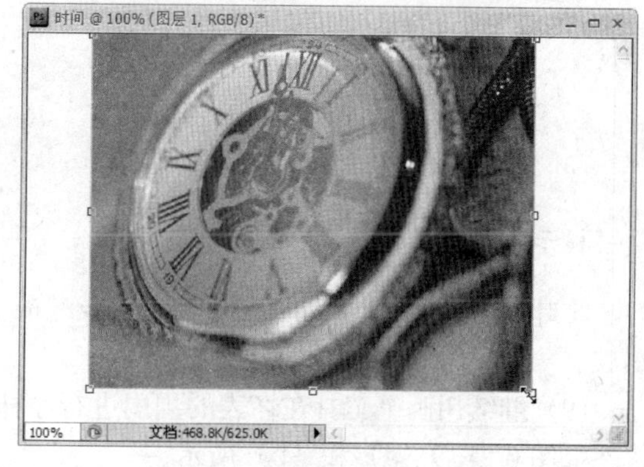

图6–4–3

提示：

在此需要在这个怀表图像图层上操作。

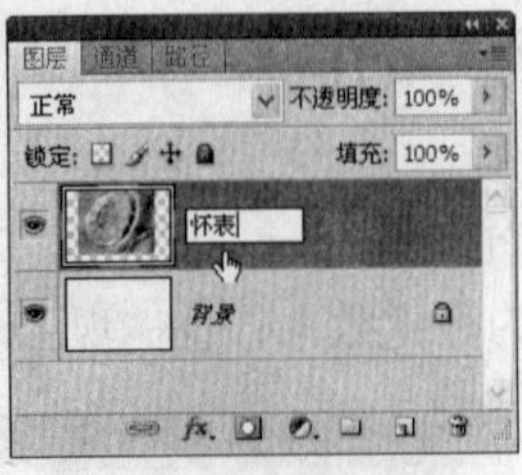

图6-4-4

(4) 按Enter键确认变换。双击“怀表”图层的名称，将该图层重命名为“怀表”，如图6-4-4所示。

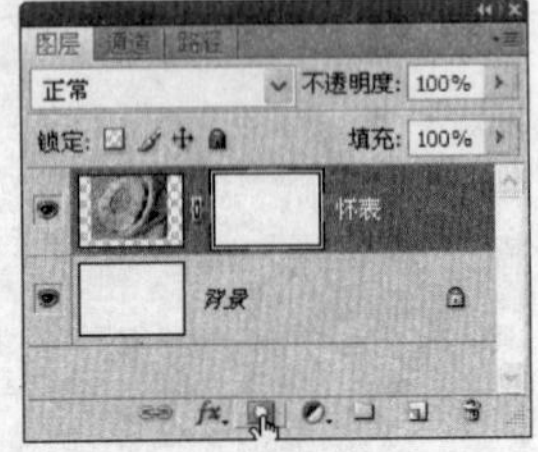

图6-4-5

(5) 单击“图层”面板下方的“添加图层蒙版”按钮，为“怀表”图层添加一个图层蒙版，如图6-4-5所示。

图6-4-6

(6) 选择工具箱中的“画笔工具”，在其选项栏中选择一个合适大小的柔角画笔，其他设置如图6-4-6所示。

(7) 在图层蒙版上操作。设置前景色为黑色，移动画笔到怀表的周围进行涂抹，将周围的图像隐藏，效果如图6-4-7所示。

图6-4-7

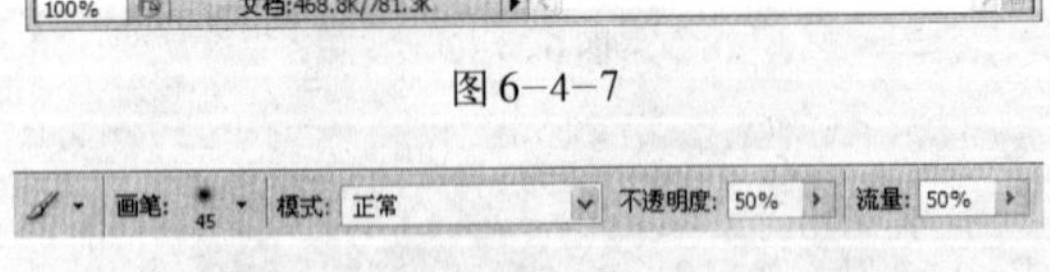

图6-4-8

(8) 在“画笔工具”选项栏中选择一个较小的柔角画笔，并设置“不透明度”和“流量”都为50%，如图6-4-8所示。

提示:

此时画笔的大小以及“不透明度”和“流量”大小应灵活控制，不用拘泥于书本所介绍的参数。

(9) 继续用画笔工具在怀表的周围进行涂抹，将表盘周围的图像轻轻擦除，效果和图层蒙版状态如图6-4-9 (a) 和 (b) 所示。

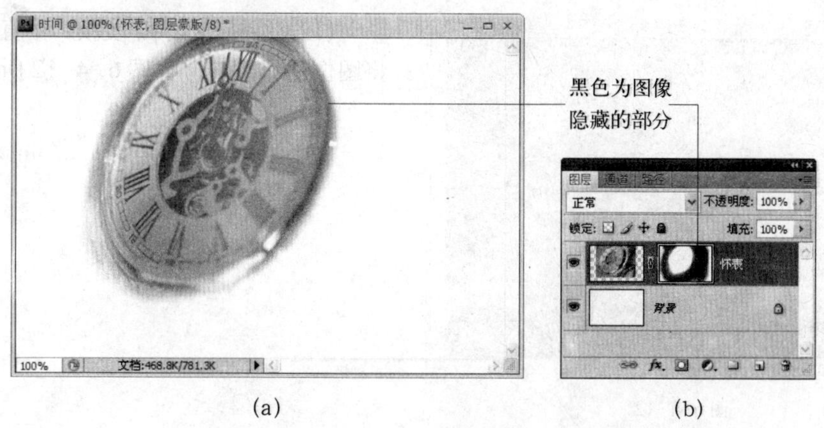

(a)　　(b)

图 6-4-9

（10）按“Ctrl+O”组合键打开素材中的“水”文件，如图 6-4-10 所示。

图 6-4-10

（11）选择工具箱中的“移动工具”，按住 Shift 键拖动水图像到新建的文件中，将图像对齐到文件的中心，如图 6-4-11 所示。

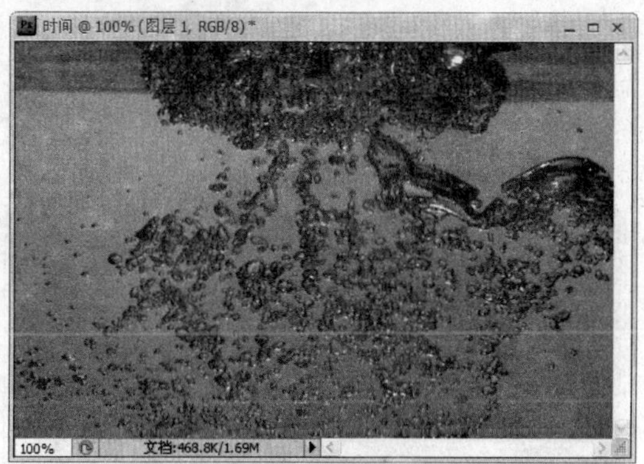

图 6-4-11

图 6–4–12

(12) 选择“编辑/变换/垂直翻转”命令，将图像垂直翻转，如图 6–4–12 所示。

图 6–4–13

(13) 选择“编辑/变换/水平翻转”命令，再将图像水平翻转，此时效果如图 6–4–13 所示。

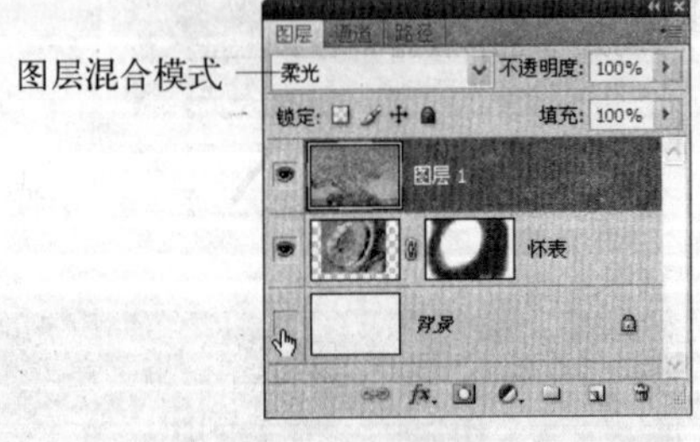

图 6–4–14

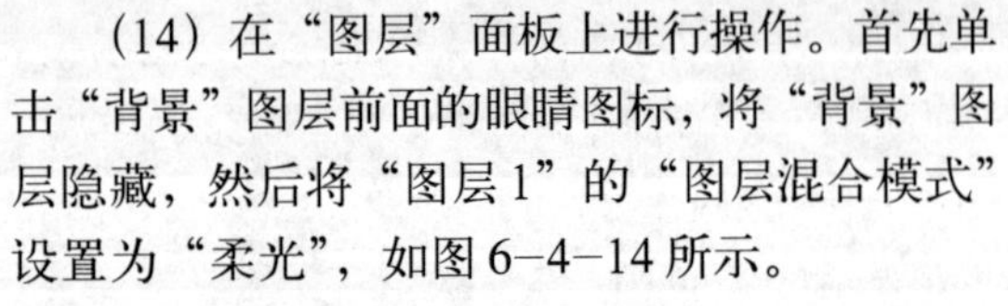

(14) 在“图层”面板上进行操作。首先单击“背景”图层前面的眼睛图标，将“背景”图层隐藏，然后将“图层 1”的“图层混合模式”设置为“柔光”，如图 6–4–14 所示。

图 6–4–15

(15) 此时画面的图像效果如图 6–4–15 所示。

（16）按“Ctrl+O”组合键打开素材中的“凝望”文件，并用“魔棒工具”将右下角的人物用选区选中，如图 6-4-16 所示。

图 6-4-16

（17）选择“移动工具”，将选中的人物拖动到新建的文件中，并摆放到画面的右下角，如图 6-4-17 所示，到此，“时间”作品的画面效果就制作完成了。

图 6-4-17

（18）选择“图层／拼合图像”命令，并在随即弹出的提示对话框中单击“确定”按钮，如图 6-4-18 所示。

图 6-4-18

（19）此时就将所有图层合并为一个“背景”图层了，如图 6-4-19 所示，作品制作完毕。

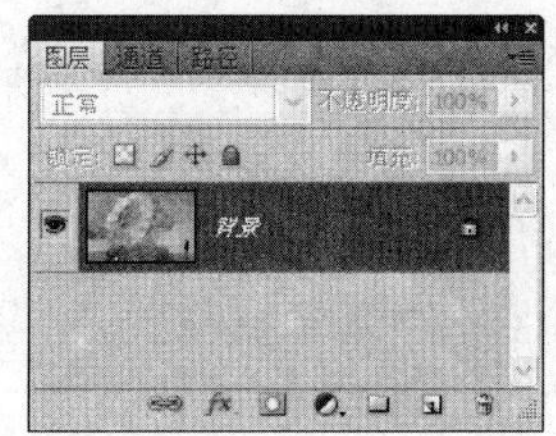

图 6-4-19

6.5　小　结

本章重点介绍了 Photoshop 中的图层相关知识。通过本章的学习，用户应掌握图层的基础操作、管理以及一些应用。对于初学者而言，图层蒙版知识相对较难理解，在学习时应多加注意。

6.6 练 习

一、填空题

(1) 打开“图层”面板的快捷键是______。

(2) 单击图层面板中图层前面的______图标可以隐藏此图层。

(3) 选择多个连续的图层后，可以将所选择的图层一起______和______。

二、选择题

(1)“向下合并”的快捷键是______。

A.Shift+Ctrl+E　B.Ctrl+E　C.Shift+E　D.Shift+M

(2) 调出“新建图层”对话框的快捷键是______。

A.Ctrl+N　B.Alt+N　C.Shift+N　D.Ctrl+Shift+N

(3) 将一个图层移到所有图层的最上面，可以按快捷键______。

A.Ctrl+]　B.Ctrl+[　C.Shift+Ctrl+]　D.Shift+Ctrl+[

三、问答题

(1) 图层蒙版的作用是什么?

(2) 图层样式可以用来制作出哪些效果?

(3) 在Photoshop CS4版本中，调整图层出现了哪些变化?

第7章 路 径

路径是使用钢笔工具、自由钢笔工具或形状工具画出的轮廓或形状，是属于矢量图形的范畴。本章将学习有关路径的知识，如创建路径、编辑路径、管理路径等，一步步带领用户认识路径并使用路径制作实例。

7.1 路径的基础知识

在学习路径前，用户应对路径的概念和作用有一个了解，知道路径的功能和组成，这有助于用户将来对路径进行编辑和应用，下面对路径的基础知识进行介绍。

7.1.1 路径的概念

简单地说，路径就是使用钢笔工具、自由钢笔工具和形状工具创建的路径或形状轮廓。通过编辑路径的锚点，用户可以改变路径的形状，制作出任意图形。

7.1.2 路径的作用

下面对路径的作用作一简单介绍：

(1) 路径是矢量图形，不会失真。

(2) 制作线条和图形。

(3) 将路径作为矢量蒙版来隐藏图层区域。

(4) 将路径转换为选区。

(5) 使用颜色填充或描边路径。

(6) 在路径上环绕文字。

(7) 剪贴路径。

7.1.3 路径的组成

路径是由锚点、直线段或曲线段组成的矢量线条。在创建路径前了解路径的组成，可以更好地完成路径的创建，以及路径的编辑，图 7–1–1 所示列出了路径各个部位的名称。

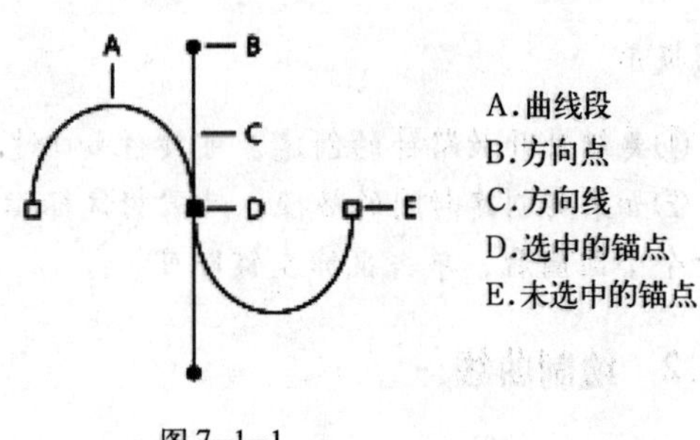

图 7–1–1

7.2 创 建 路 径

本节将介绍使用钢笔工具、自由钢笔工具和形状工具创建路径，这也是路径最基本的操作。通过这些路径创建工具，用户可以绘制出任意图形，但本节只介绍最基本的创建路径方法。

7.2.1 绘制直线

使用钢笔工具可以绘制出直线路径，其方法是通过单击鼠标创建锚点来完成，举例说明如下：

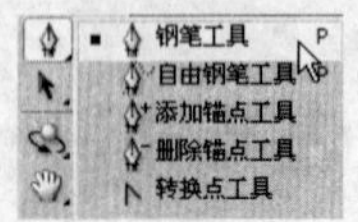

图 7-2-1

(1) 选择工具箱中的“钢笔工具”，如图 7-2-1 所示。

图 7-2-2

(2) 在其选项栏中单击“路径”按钮，如图 7-2-2 所示。

图 7-2-3

(3) 移动鼠标指针到图像窗口中单击，创建第一个锚点，如图 7-2-3 所示。

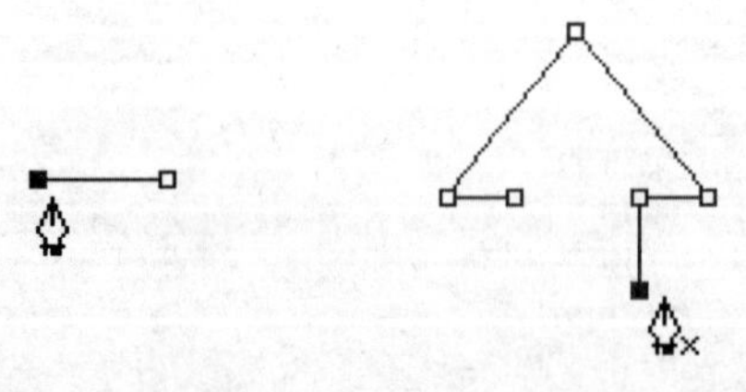

图 7-2-4　　图 7-2-5

(4) 移动鼠标指针到下一位置再次单击，即可创建出直线段路径（在移动鼠标指针的过程中，如果按住 Shift 键，创建直线段的角度将限制为 45 度的倍数），如图 7-2-4 所示。

(5) 如果继续移动鼠标指针单击，将创建出连续的直线段，但最后一个锚点总是以实心方形显示，表示其处于选中状态，没选中的锚点将以空心方形显示，如图 7-2-5 所示。

提示：

①要结束开放路径的创建，可按住 Ctrl 键单击路径以外的位置。

②如果要创建封闭的路径，只需将鼠标指针移到路径的起始锚点处，等鼠标指针的右下角出现一个小圆圈后，单击鼠标左键即可。

7.2.2 绘制曲线

使用钢笔工具也可以绘制出曲线路径，其方法同绘制直线路径相似，只不过在创建锚点的时

候需要拖动鼠标建立方向线。方向线和方向点的位置直接影响到曲线的形状，举例说明如下：

（1）选择工具箱中的“钢笔工具”，移动鼠标指针到图像中单击并拖动鼠标，确定起始锚点和方向线，如图 7–2–6 所示。

图 7–2–6

（2）移动鼠标指针到下一个位置单击并拖动鼠标（此时钢笔工具显示为箭头图标，并且拖拉出的方向线随鼠标的移动而移动），即可创建出曲线路径，如图 7–2–7 所示。

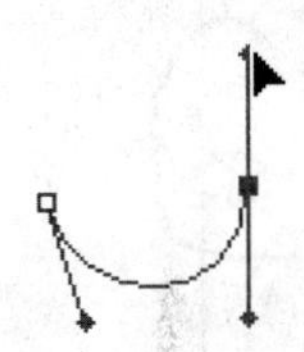

图 7–2–7

提示：

在拖动鼠标的过程中，如果按住 Shift 键，将限制在 45 度角的倍数上移动。

（3）继续单击并拖动鼠标，可继续创建曲线，如图 7–2–8 所示。

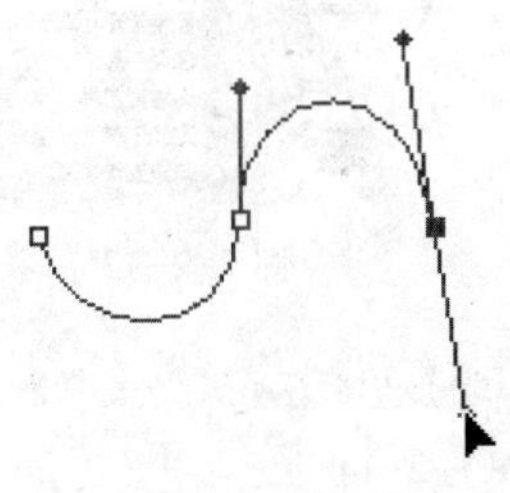

图 7–2–8

提示：

如果在拖动鼠标的过程中按住 Alt 键，则仅会改变一侧方向线的角度。

7.2.3　绘制自由曲线

自由曲线是由“自由钢笔工具”绘制而成的，其绘制方法就如同使用铅笔那样自由，因此称之为自由曲线。它不仅能绘制出开放的自由曲线，还能绘制出闭合的自由曲线，其使用方法举例说明如下：

（1）选择工具箱中的“自由钢笔工具”，如图 7–2–9 所示。

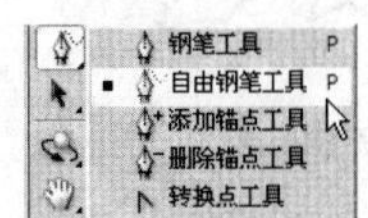

图 7–2–9

图 7−2−10

（2）在其选项栏中单击“路径”按钮，如图7−2−10所示。

（3）移动鼠标指针到图像窗口中按住鼠标左键并拖动，即可绘制出开放的自由曲线，如图7−2−11所示。

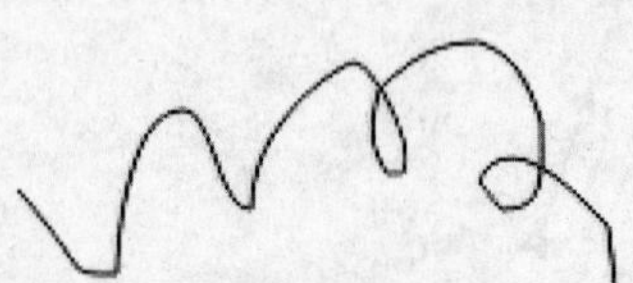

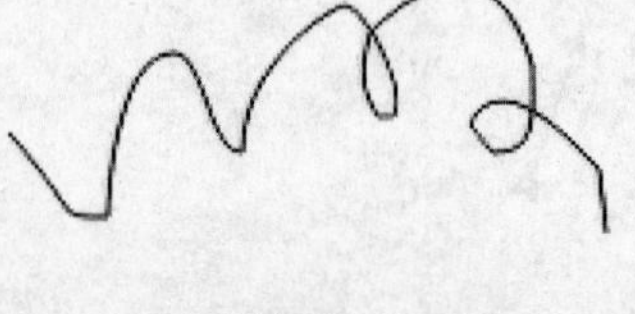

图 7−2−11

（4）在拖动的过程中如果将鼠标指针移到路径的起点处，等鼠标指针的右下角出现一个小圆圈后，松开鼠标左键即可绘制出一条闭合的自由曲线，如图7−2−12所示。

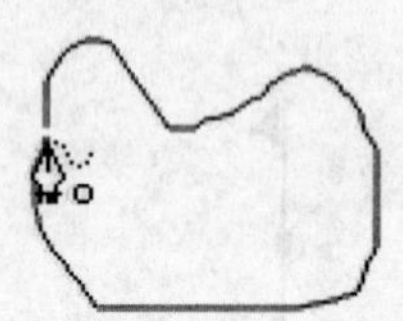

图 7−2−12

7.2.4 绘制形状路径

形状的轮廓其实也是路径，工具箱中预设了很多形状工具，用户可以利用这些形状工具绘制出一些常用的形状路径，其使用方法举例说明如下：

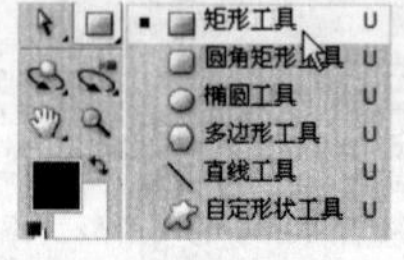

图 7−2−13

（1）选择形状工具组中的任意一个形状工具，如“矩形工具”，如图7−2−13所示。

图 7−2−14

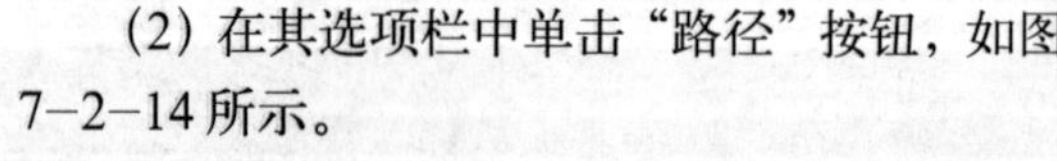

（2）在其选项栏中单击“路径”按钮，如图7−2−14所示。

（3）移动鼠标指针到图像窗口中按住鼠标左键并拖动，即可绘制出一条矩形形状的路径，如图7−2−15所示。

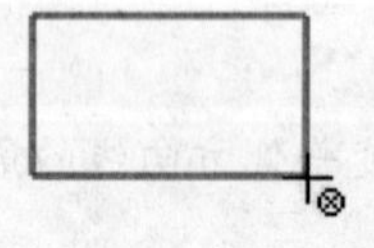

图 7−2−15

（4）选择其他形状工具，还可绘制出椭圆矩形、星形等各种形状的路径，如图7−2−16所示。

图 7−2−16

7.3 编辑路径

即使是绘制能力很强的用户，也不可能将图形一次性绘制成功，因此编辑路径就显的很重要了。通过编辑路径的锚点、方向线等，可以将路径改变成任意形状。

7.3.1 路径的选择和移动

在编辑路径前，首先需要学会如何选择路径和移动路径。选择和移动路径都要使用“路径选择工具”或“直接选择工具”，下面分别进行介绍。

1.路径选择工具

使用“路径选择工具”可以选择和移动整条路径，其使用方法举例说明如下：

(1) 创建一段路径或一个形状，如图 7–3–1 所示。

图 7–3–1

(2) 选择工具箱中的“路径选择工具”，如图 7–3–2 所示。

图 7–3–2

(3) 移动鼠标指针到路径上单击，即可将整条路径选中，如图 7–3–3 所示。

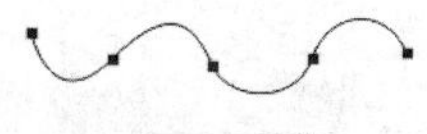

图 7–3–3

提示：

路径中的锚点全部为实心状态时，表示选中了整段路径。

(4) 用“路径选择工具”选中路径后按住鼠标左键并拖动路径即可移动整段路径。

2.直接选择工具

使用“直接选择工具”可以选择和移动部分路径，其使用方法举例说明如下：

(1) 接着上面的例子继续操作。选择工具箱中的“直接选择工具”，如图 7–3–4 所示。

图 7–3–4

(2) 移动鼠标指针到路径上框选某一段路径，即可将该段路径选中，如图 7–3–5 所示。

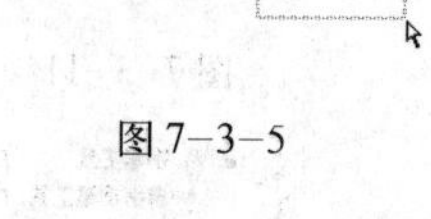

图 7–3–5

提示：

选中路径段的锚点全都为实心状态显示。

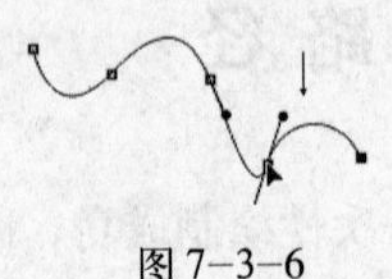
图 7–3–6

(3) 移动鼠标指针到选中的路径段上，按住鼠标左键并拖动路径即可移动此段路径，如图 7–3–6 所示。

7.3.2 转换路径

利用"转换点工具"既可以使路径在平滑曲线和直线之间相互转换，又可以调整曲线的形状，其使用方法举例说明如下：

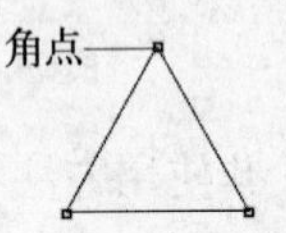

图 7–3–7

(1) 选择"钢笔工具"，创建一条三角形形状的路径（此路径是一条用直线相连接的路径），如图 7–3–7 所示。

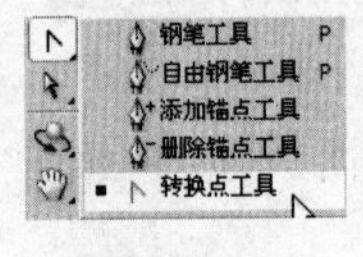

图 7–3–8

(2) 选择工具箱中的"转换点工具"，如图 7–3–8 所示。

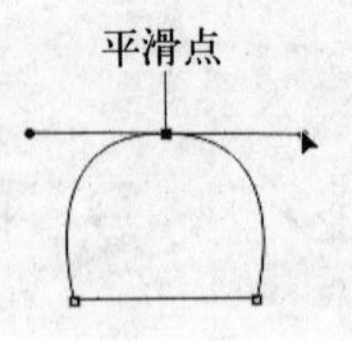

图 7–3–9

(3) 移动鼠标指针到路径上的角点处按住鼠标左键并拖动，即可将两边的直线转换为平滑曲线，如图 7–3–9 所示。

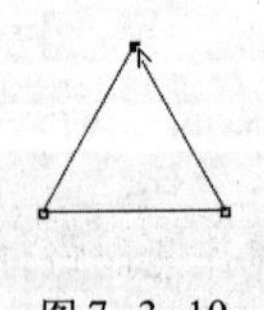
图 7–3–10

(4) 移动鼠标指针再回到这个平滑点上单击，此时平滑曲线又被转换为了直线，如图 7–3–10 所示。

7.3.3 添加和删除锚点

锚点是路径的重要构成要素，它的疏密决定了路径的可编辑程度。使用工具箱中的"添加锚点工具"或"删除锚点工具"可以添加或删除锚点，其使用方法举例说明如下：

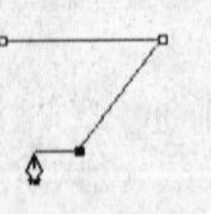
图 7–3–11

(1) 选择"钢笔工具"，在窗口内任意绘制一段路径，如图 7–3–11 所示。

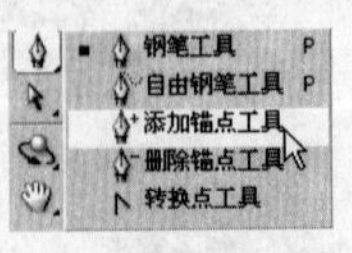

图 7–3–12

(2) 选择工具箱中的"添加锚点工具"，如图 7–3–12 所示。

(3) 此时移动鼠标指针到路径上，当指针右下角出现一个小加号时，单击鼠标左键即可在单击处增加一个锚点，如图 7−3−13 所示。

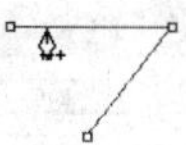

图 7−3−13

(4) 选择工具箱中的“删除锚点工具”，如图 7−3−14 所示。

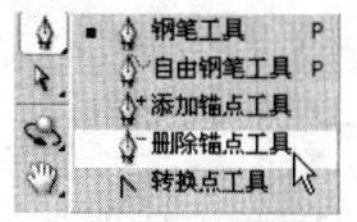

图 7−3−14

(5) 移动鼠标指针到锚点上，当指针的右下角出现一个小减号时，单击鼠标左键即可将此锚点删除，如图 7−3−15 所示。

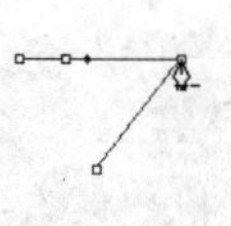

图 7−3−15

7.4 管 理 路 径

有效地管理路径可以帮助用户减少不必要的失误，提高工作效率。本节介绍如何存储工作路径、重命名路径等管理路径的知识。

7.4.1 存储工作路径

通常，使用钢笔工具或形状工具创建的路径将作为“临时工作路径”存储在路径面板中，如果没有存储便取消选择该工作路径，当再次创建路径时，新的路径将取代现有路径。所以，及时存储有用的路径很有必要，其存储方法举例说明如下：

(1) 选择“钢笔工具”，任意创建一段路径，如图 7−4−1 所示。

图 7−4−1

(2) 将工作路径的名称拖动到路径面板底部的“创建新路径”按钮上，即可将临时的工作路径保存，如图 7−4−2 (a) 和 (b) 所示。

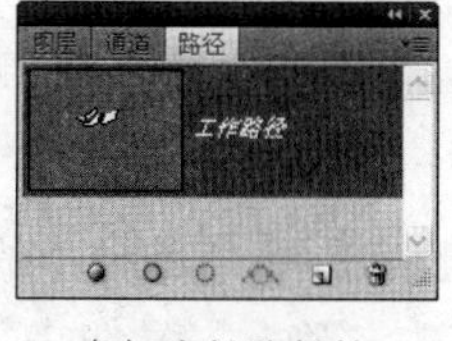

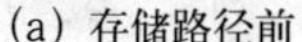

(a) 存储路径前

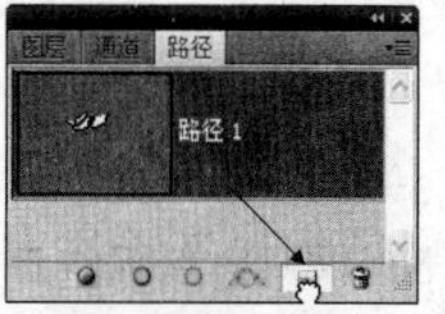

(b) 存储路径后

图 7−4−2

(3) 另外，在路径面板菜单中选择“存储路径”命令，如图 7−4−3 所示。

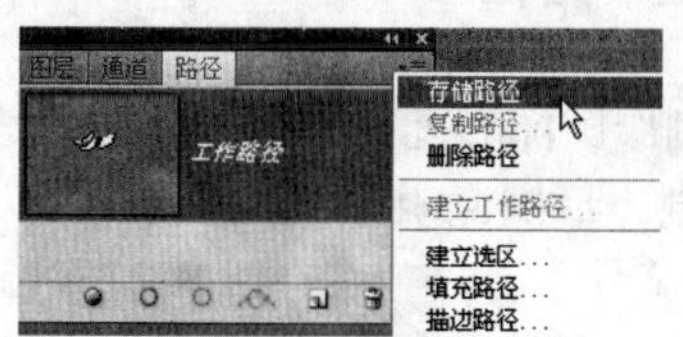

图 7−4−3

图 7-4-4

(4) 在随即弹出的“存储路径”对话框中输入新的路径名称并单击“确定”按钮，也可将路径保存，如图 7-4-4 所示。

7.4.2 重命名路径

在路径面板中为路径起一个比较直观的名字是很有用的，尤其是在拥有很多个路径图层的情况下。

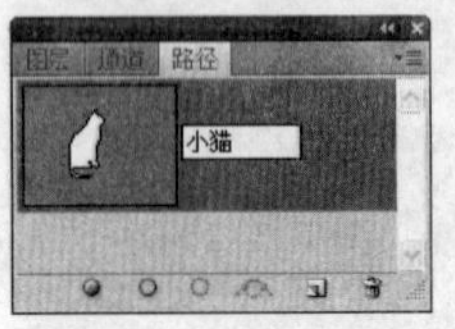

图 7-4-5

重命名存储路径的方法是：双击路径面板中的路径名，等其呈现输入状态后输入新的名称，按 Enter 键即可，如图 7-4-5 所示。

7.4.3 复制路径

复制路径可以迅速备份一条一模一样的路径，它不但可以快速地制作出一条同样的路径，还可以保护原路径不被损坏，其复制方法举例说明如下：

图 7-4-6

(1) 使用形状工具任意创建一条形状路径并重命名，如图 7-4-6 所示。

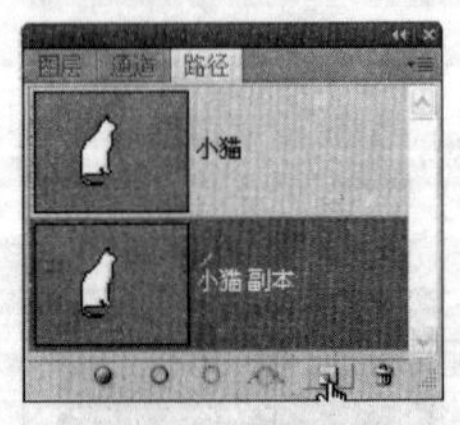

图 7-4-7

(2) 拖动“小猫”图层到“路径”面板底部的“创建新路径”按钮上，即可复制一条路径——“小猫 副本”，如图 7-4-7 所示。

(3) 用户也可以选择“路径”面板菜单中的“复制路径”命令，从弹出的“复制路径”对话框中输入新的路径名称并单击“确定”按钮来复制路径。

7.4.4 隐藏和显示路径

在使用路径制作图像的过程中，有些时候是需要将路径隐藏的，以便于观察制作的图像效果或进行下一步绘制，举例说明如下：

图 7-4-8

(1) 首先创建一条路径，然后在“路径”面板的空白处单击，即可将路径隐藏，如图 7-4-8 所示。

(2) 移动鼠标指针到“路径”面板中的图层上单击，即可将该图层中的路径在视图中显示出来，如图 7−4−9 所示。

图 7−4−9

提示：

按“Ctrl+H”组合键可快速将路径在隐藏和显示之间来回切换。

7.4.5　删除路径

删除不需要的路径也属于管理路径的一部分，其方法有多种，下面分别进行介绍：

(1) 将路径图层拖动到路径面板底部的“删除当前路径”按钮上，即可将该路径删除，如图 7−4−10 所示。

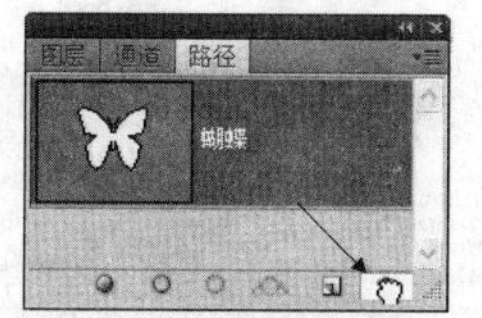

图 7−4−10

(2) 在路径面板中选中要删除的路径图层，之后再单击路径面板底部的“删除当前路径”按钮，从弹出的提示对话框中单击“是”按钮即可删除路径，如图 7−4−11 所示。

图 7−4−11

提示：

如果按住 Alt 键单击“路径”面板底部的“删除当前路径”按钮，则可直接删除路径，不会弹出提示对话框。

(3) 用户也可以选择“路径”面板菜单中的“删除路径”命令将路径删除，如图 7−4−12 所示。

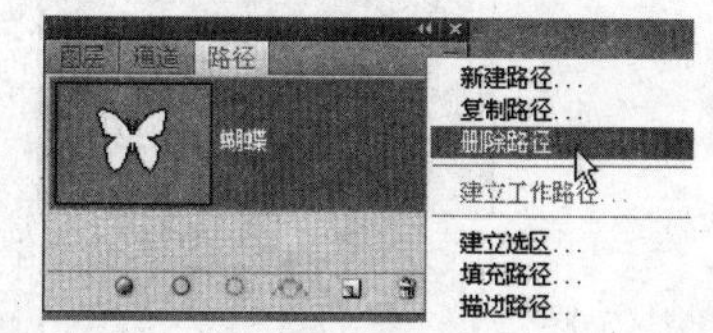

图 7−4−12

7.5　应 用 路 径

学习路径的关键是学会使用路径制作出漂亮的、个性的图像。本节将介绍使用路径进行描边、制作选区，将路径作为矢量蒙版来隐藏图层区域等一系列路径的应用知识。

7.5.1　描边路径

描边路径可以使用画笔、橡皮擦、图章等工具对路径进行描边操作，制作出其他工具无法实现的效果，举例说明如下：

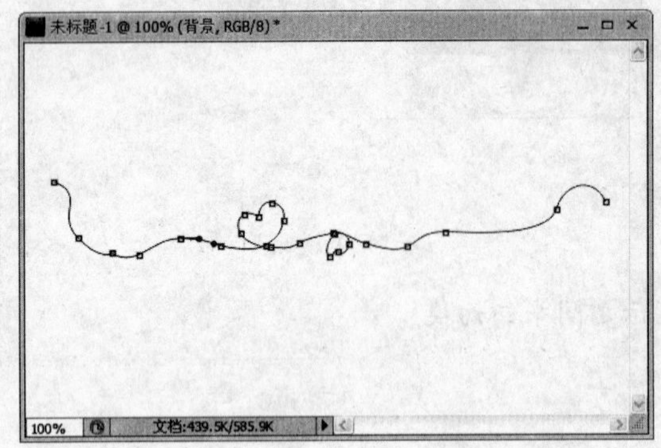

图7–5–1

（1）按“Ctrl+N”组合键打开“新建”对话框，新建一个500像素×300像素的文件，并用“钢笔工具”创建一条开放的路径，如图7–5–1所示。

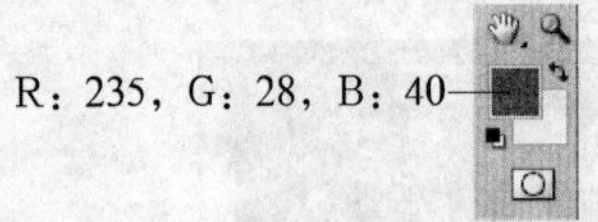

图7–5–2

（2）选择“画笔工具”，设置前景色为红色（R：235，G：28，B：40），如图7–5–2所示。

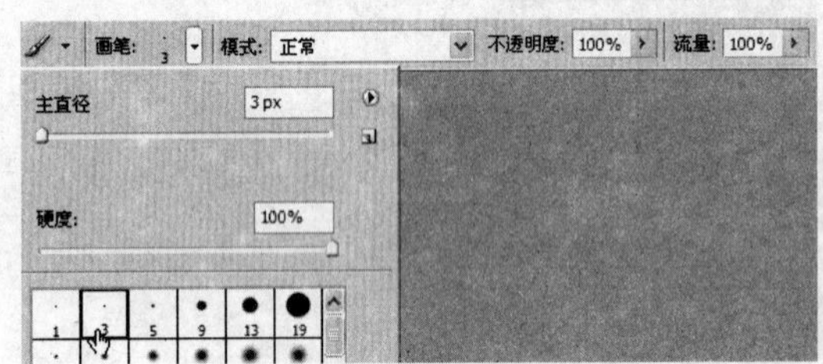

图7–5–3

（3）在画笔工具选项栏中选择“画笔”为尖角3像素，“模式”为正常，“不透明度”和“流量”都为100%，如图7–5–3所示。

图7–5–4

（4）单击“路径”面板选项卡，在“路径1”图层上单击鼠标右键，从弹出的下拉菜单中选择“描边路径”命令，如图7–5–4所示。

图7–5–5

（5）在弹出的“描边路径”对话框中选择“画笔”，并勾选“模拟压力”复选框，如图7–5–5所示。

提示：

①在此选择的工具只起到描边的作用，要想改变描边的颜色、线条的粗细，以及各种效果，还需要在描边前设置所选工具的相关参数。

②如果勾选了“描边路径”对话框中的“模拟压力”复选框，描边将模拟人手的压力效果。

(6) 单击“确定”按钮，即可沿着路径进行描边，效果如图 7–5–6 所示。

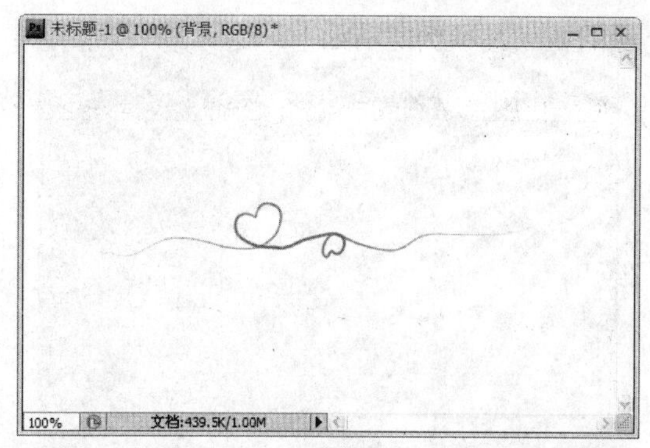

图 7–5–6

(7) 用户也可以使用不同的画笔笔触来描边。图 7–5–7 所示就是使用两种不同的画笔描边后的效果。

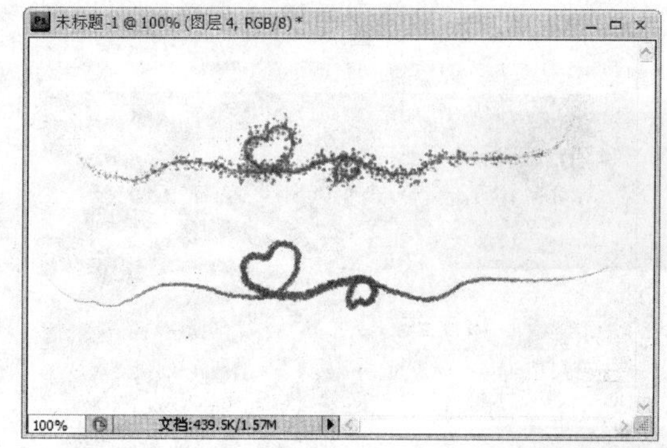

图 7–5–7

7.5.2　将路径转换成选区使用

将路径转换成选区是创建选区的一个好方式，常用来制作比较复杂的选区。本例将使用“自由钢笔工具”从混乱的背景中抠取一个蝴蝶图像，举例说明如下：

(1) 按“Ctrl+O”组合键打开素材中的“蝴蝶”文件，如图 7–5–8 所示。

图 7–5–8

(2) 选择工具箱中的“自由钢笔工具”，单击其选项栏中的“路径”按钮，并勾选“磁性的”复选框，如图 7–5–9 所示。

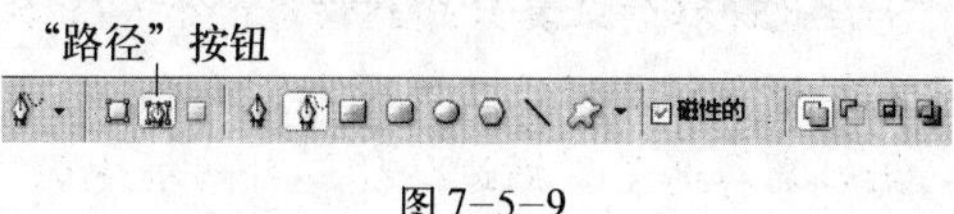

图 7–5–9

图 7–5–10

(3) 按“Ctrl+‘+’”组合键将图像放大。移动鼠标指针到蝴蝶的边缘处单击，并沿着边缘移动鼠标，这时路径会沿着蝴蝶的边缘自动套索，如图 7–5–10 所示。

图 7–5–11

(4) 因为蝴蝶的触须和腿太细，不易用“自由钢笔工具”选取，所以这里先不套选这些部位，如图 7–5–11 所示。

图 7–5–12

(5) 用“自由钢笔工具”套索完蝴蝶身体后，单击“路径”面板下方的“将路径做为选区载入”按钮，将路径转换为选区，如图 7–5–12 所示。

提示：

建立完路径后，按“Ctrl+Enter”组合键可将路径快速转换成选区。

（6）保持选区不被取消，单击工具箱中的“以快速蒙版模式编辑”按钮，切换到快速蒙版编辑方式，如图7-5-13所示。

图7-5-13

（7）选择“画笔工具”，并设置前景色为白色（R：255，G：255，B：255）。使用直径为“2 px”左右的画笔涂抹蝴蝶的触角和腿，将它们清晰地显示出来，如图7-5-14所示。

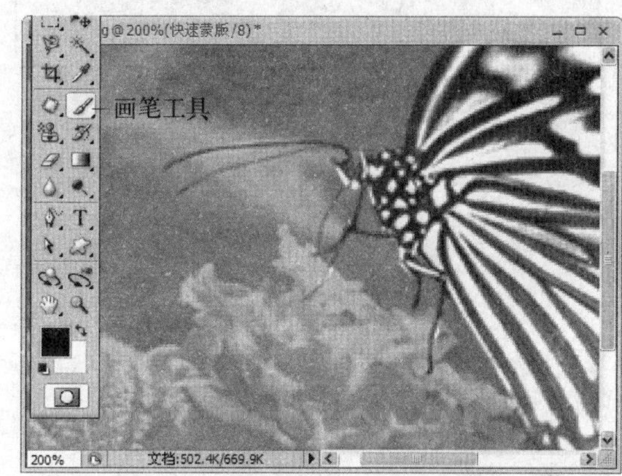

图7-5-14

（8）单击工具箱中的“以标准模式编辑”按钮，返回到标准编辑方式。这时蝴蝶的身体、触角和腿全部被选中了，如图7-5-15所示。蝴蝶从混乱的背景中被抠出。

（9）按“Ctrl+J”组合键将选取内容复制到一个新的图层，这时就可以将抠出的图像运用到其他文件中了，如图7-5-16所示。

图7-5-15

图7-5-16

提示：

“Ctrl+J”组合键是“图层/新建/通过拷贝的图层”命令的快捷键。

7.5.3 将路径作为矢量蒙版使用

将路径作为矢量蒙版使用是CS4版本特有的功能，它可以将路径作为矢量蒙版添加到图层中，并且还可以更改蒙版的不透明度以及羽化等，举例说明如下：

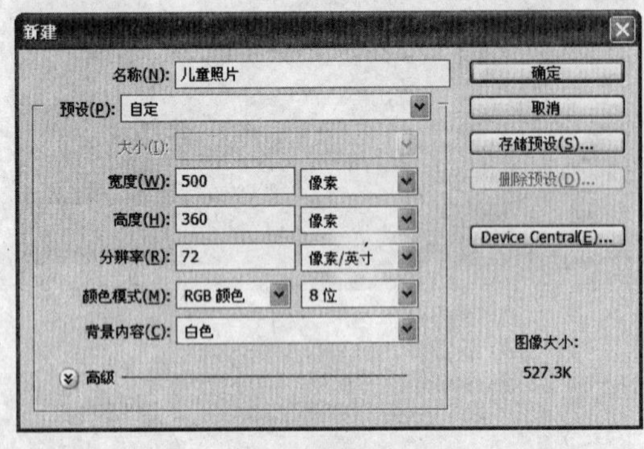

图 7–5–17

(1) 按“Ctrl+N”组合键打开“新建”对话框，新建一个名为“儿童照片”的文件，如图7–5–17所示。

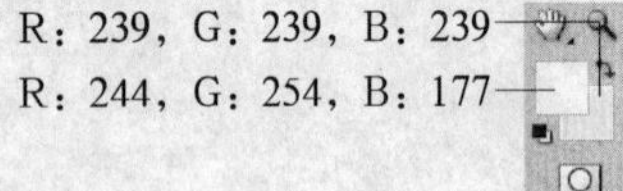

图 7–5–18

(2) 设置工具箱中的前景色为黄色（R：244，G：254，B：177），背景色为亮灰色（R：239，G：239，B：239），如图7–5–18所示。

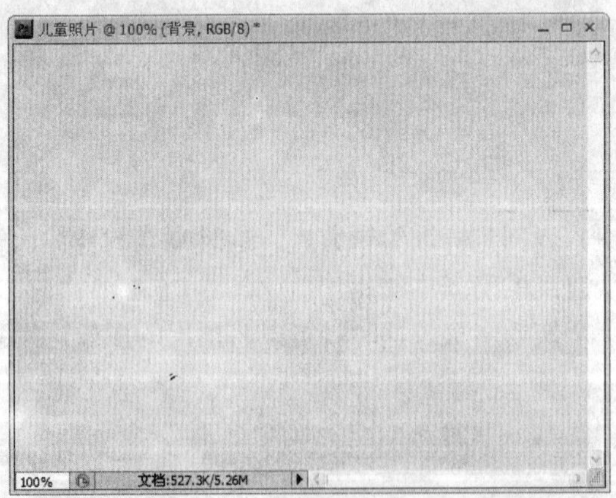

图 7–5–19

(3) 选择“滤镜/渲染/云彩”命令，制作出图7–5–19所示的效果。

提示：

按“Ctrl+F”组合键可重复执行上次的滤镜。

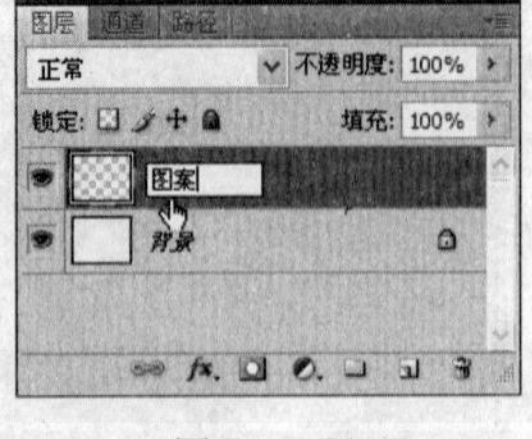

图 7–5–20

(4) 单击“图层”面板下方的“创建新图层”按钮，新建一个图层并命名为“图案”，如图7–5–20所示。

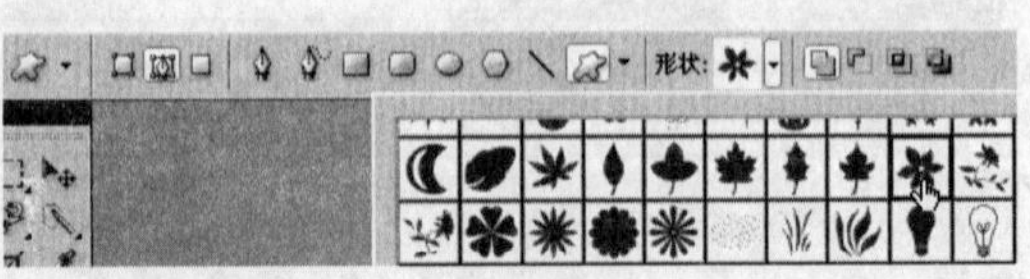

图 7–5–21

(5) 选择工具箱中的“自定形状工具”，在其选项栏中单击“路径”按钮，并选择“花1”形状，如图7–5–21所示。

（6）单击“路径”面板下方的“创建新路径”按钮，新建一个“路径1”图层，如图7–5–22所示。

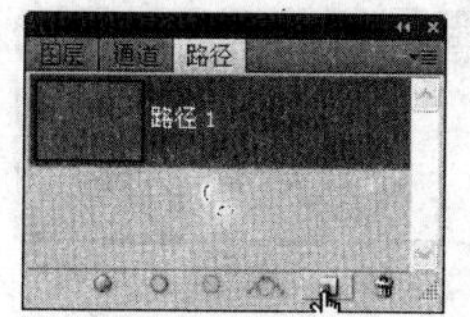

图7–5–22

（7）按住鼠标左键并拖动，在画面中连续创建出几个“花1”形状，如图7–5–23所示。

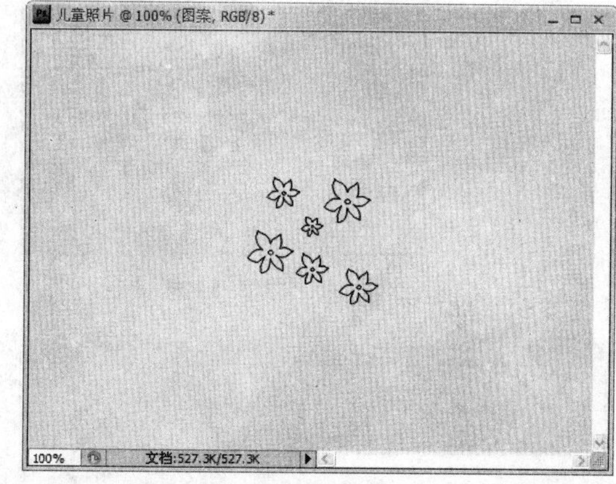

图7–5–23

（8）按“Ctrl+Enter”组合键将路径快速转换成选区。设置前景色为黄色（R：243，G：227，B：96），并按“Alt+Delete”组合键将前景色填充至选区内，如图7–5–24所示。

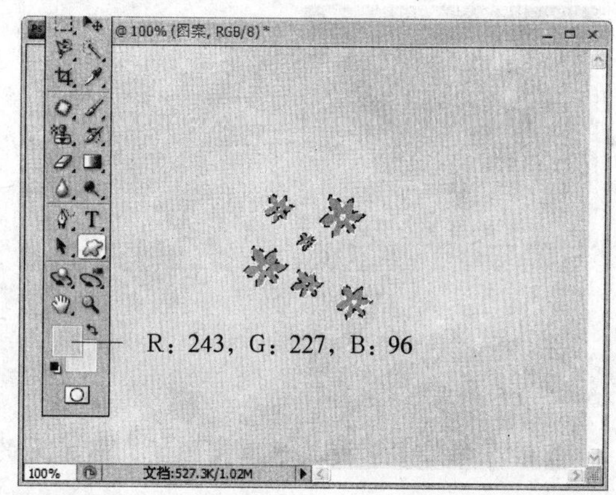

图7–5–24

（9）选择“矩形选框工具”，确定其选项栏中的“羽化”值为0px，之后将图案框选，如图7–5–25所示。

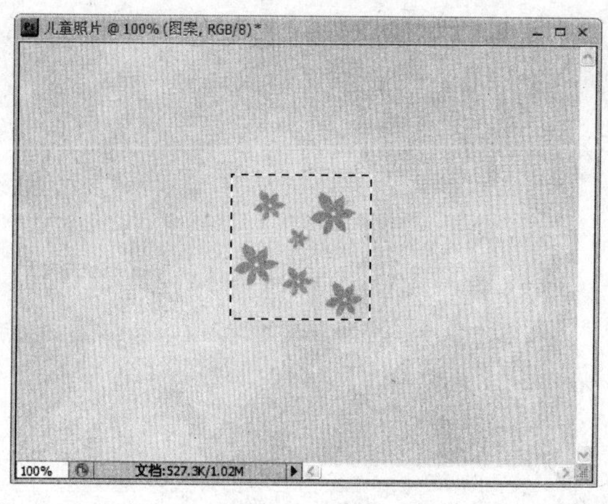

图7–5–25

图 7–5–26

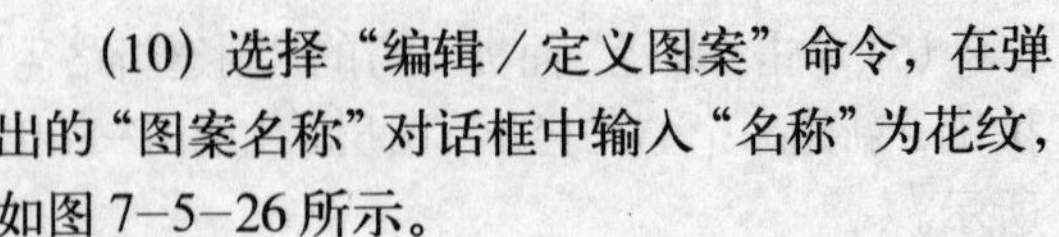

（10）选择“编辑 / 定义图案”命令，在弹出的“图案名称”对话框中输入“名称”为花纹，如图 7–5–26 所示。

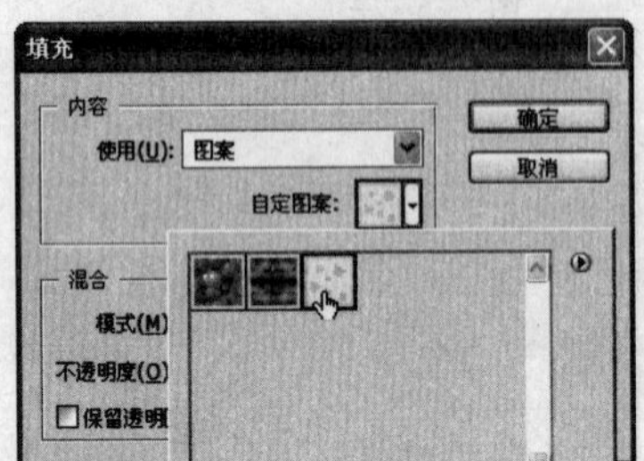

图 7–5–27

（11）按“Ctrl+D”组合键取消选区，选择“编辑 / 填充”命令，在弹出的“填充”对话框中选择刚才定义的图案，如图 7–5–27 所示。

图 7–5–28

（12）单击“确定”按钮，将图案填充至“图案”图层中，并将其图层的“不透明度”设置为30%，如图 7–5–28 所示。

提示：

直接在“图案”图层中填充图案，新填充的图案将会覆盖“图案”图层中原有的图案。

图 7–5–29

（13）按“Ctrl+O”组合键打开素材中的“可爱宝宝”文件，如图 7–5–29 所示。

（14）选择“移动工具”，将宝宝图像拖动到“儿童照片”文件中，并摆放在图 7-5-30 所示的位置。

图 7-5-30

（15）选择工具箱中的“自定形状工具”，在其选项栏中单击“路径”按钮，并选择“叶子 1”形状，如图 7-5-31 所示。

图 7-5-31

（16）按住 Shift 键并拖动鼠标，创建一个叶子形状，并使用“路径选择工具”将叶子形状移动到图 7-5-32 所示的位置。

图 7-5-32

（17）保持叶子形状为显示状态。单击“蒙版”面板右上角的“添加矢量蒙版”按钮，如图 7-5-33 所示。

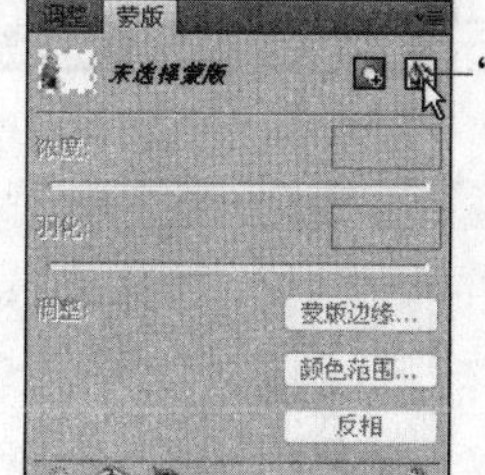

图 7-5-33

（18）此时就为新图层添加了一个矢量蒙版，图层状态如图 7-5-34 所示。

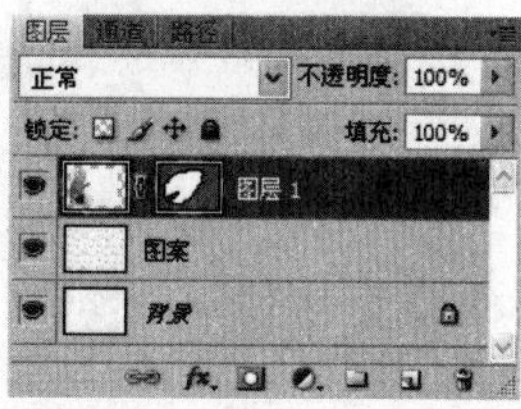

图 7-5-34

（19）双击“图层 1”后面的空白区域，从弹出的“图层样式”对话框中设置“投影”样式，具体参数如图 7-5-35 所示。

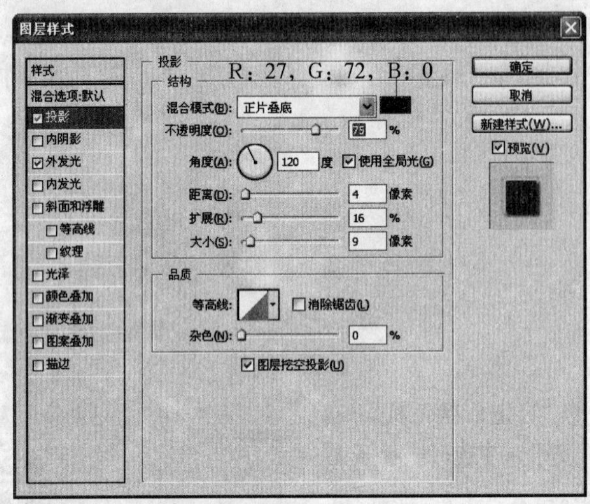

图 7-5-35

（20）单击“图层样式”对话框左侧的“外发光”样式，并在右侧设置图 7-5-36 所示的参数。

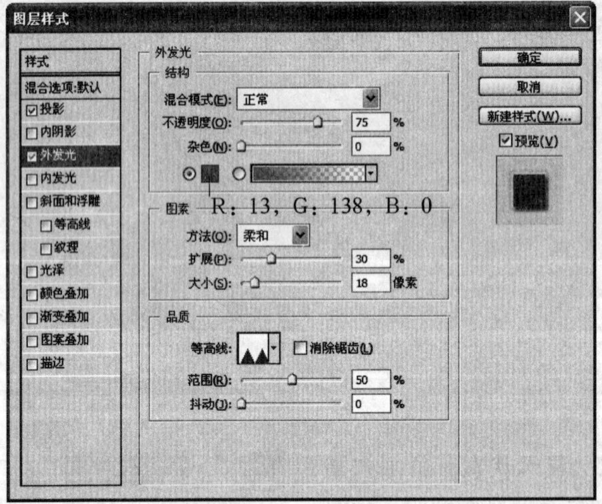

图 7-5-36

图 7-5-37

（21）单击“确定”按钮，此时图像效果如图 7-5-37 所示。

（22）选择“自定形状工具”，在其选项栏中首先单击“形状图层”按钮，然后选择“叶子1”形状，再将“颜色”设置为绿色（R：144，G：189，B：111），如图7-5-38所示。

R：144，G：189，B：111

形状： 样式： 颜色：

图7-5-38

（23）按住Shift键并拖动鼠标，在画面的右下角创建一个叶子形状，并将其图层的“不透明度”设置为20%，如图7-5-39所示。

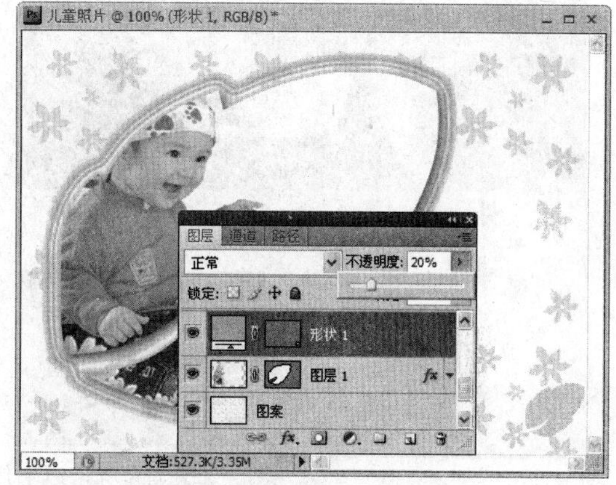

图7-5-39

（24）最后在画面的右下角输入相关文字，一幅关于儿童照片的作品就制作完成了，效果如图7-5-40所示。

图7-5-40

7.5.4　剪贴路径

剪贴路径的主要作用是移除图像的背景。用PageMaker排过版的用户可能会有这样的经历，即把保存的TIFF图像置入PageMaker时，发现图像的周围总出现白色的背景，如图7-5-41所示。通过剪贴路径就可以解决这一问题：将路径内的图像输出，路径外的图像变成透明的区域。举例说明如下：

图7-5-41

图 7–5–42

（1）按“Ctrl+O”组合键打开素材中的“汽车”文件，并用路径圈出图像的轮廓，如图 7–5–42 所示。

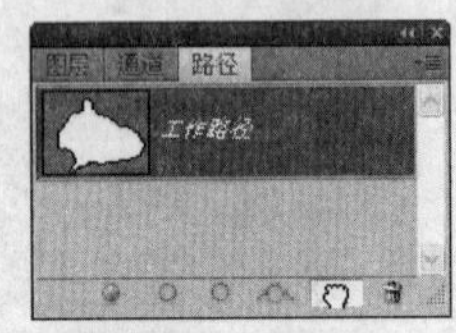

图 7–5–43

（2）拖动“工作路径”图层到“路径”面板底部的“创建新路径”按钮上，如图 7–5–43 所示，由“工作路径”图层生成“路径 1”图层。这样做的目的是将路径转化为永久性路径，因为形状图层中的路径和“工作路径”都是暂时的路径，不能输出为剪贴路径，只有将其转化为永久性路径才可输出为剪贴路径。

（3）选择“路径”面板菜单中的“剪贴路径”命令，如图 7–5–44 所示。

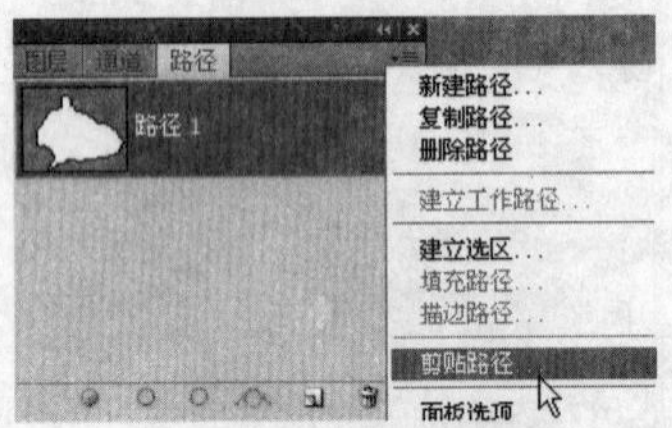

图 7–5–44

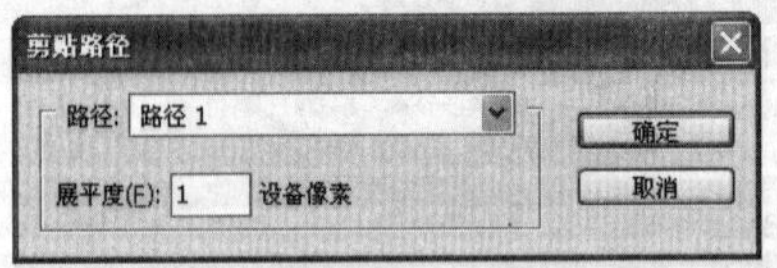

图 7–5–45

（4）在打开的“剪贴路径”对话框中选择需要输出的“路径”名称，在“展平度”文本框中输入所需的平滑度数值。数值越大，线段的数目越多，曲线也就越精确，其变化范围在0.2～100之间。一般来说，分辨率为 300～600 像素／英寸的图像，“展平度”设置在 1～3 即可；如果是 1200～2400 像素／英寸的高分辨率图像，“展平度”可设置在 8～10 之间，如图 7–5–45 所示。

（5）输出剪贴路径后，将该图像保存为 TIFF、EPS 或 DCS 格式，再将其置入到 PageMaker、Illustrator 等排版软件中，图像中的白色背景将被移除，显示为透明，如图 7–5–46 所示。

图 7–5–46

7.5.5　在路径上放置文字

在Photoshop CS版本中，路径和文字工具已经很好地进行了结合，文字可以沿钢笔、直线或形状工具绘制的路径进行排列，使制作文字就像在矢量软件中一样方便，举例说明如下：

(1) 选择工具箱中的“钢笔工具”，在其选项栏中单击“路径”按钮后绘制出图7-5-47所示的路径。

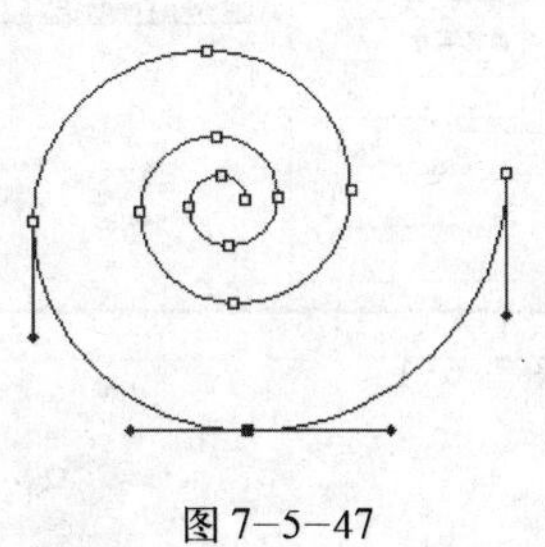

图7-5-47

(2) 选择工具箱中的“横排文字工具”，在其选项栏中选择所需的字体和字号，如图7-5-48所示。

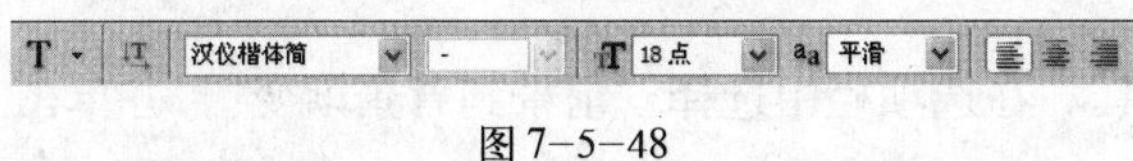

图7-5-48

(3) 移动鼠标指针到路径上，等鼠标指针变成图7-5-49所示的形状时单击鼠标左键。

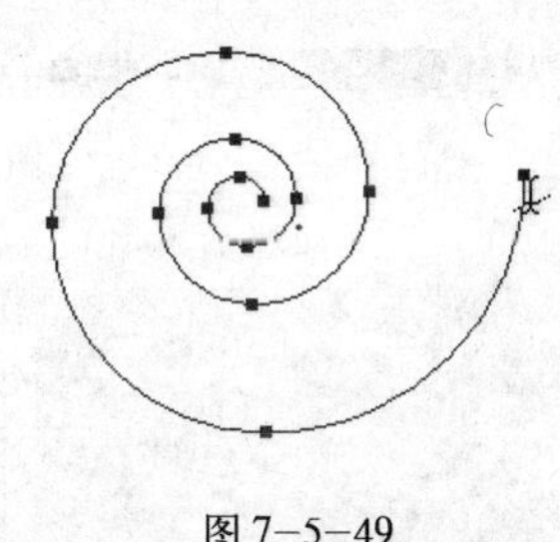

图7-5-49

提示：

鼠标指针变成图7-5-49所示的形状表示将沿路径的轨迹排列文字。

(4) 在光标处输入所需的文本，满意后按“Ctrl+Enter”组合键结束操作，效果如图7-5-50所示。

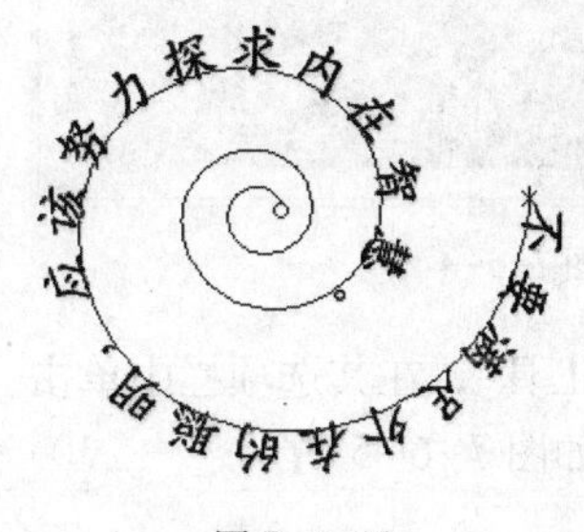

图7-5-50

7.6　实例：福汇山庄标志

在Photoshop中常用路径来绘制一些插图、变形文字和logo等。本例针对本章所学的知识进行设计，综合运用了路径的各种功能制作了一个标志。

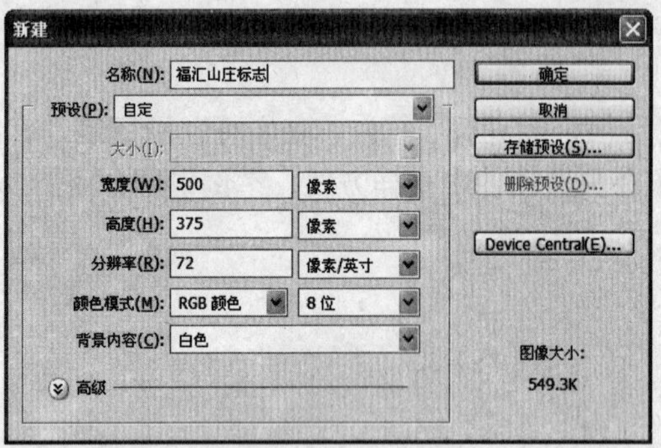

图 7-6-1

（1）按“Ctrl+N”组合键打开“新建”对话框，在“名称”后面的文本框中输入“福汇山庄标志”，设置“宽度”为500像素，“高度”为375像素，“分辨率”为72像素／英寸，“颜色模式”为RGB颜色，“背景内容”为白色，如图7-6-1所示。

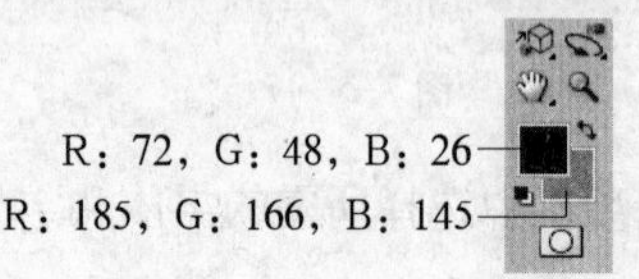

图 7-6-2

（2）单击“确定”按钮新建一个文件。设置工具箱中的前景色为棕色（R：72，G：48，B：26），背景色为浅棕色（R：185，G：166，B：145），如图7-6-2所示。

（3）选择“渐变工具”，在选项栏中选择“前景到背景渐变”，并单击“直线渐变”按钮，其他设置如图7-6-3所示。

图 7-6-3

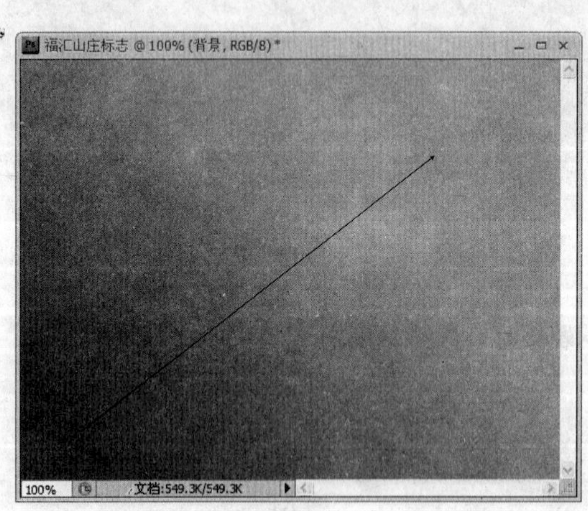

图 7-6-4

（4）移动鼠标指针到窗口的左下角，按住鼠标左键向右上角拖动，拉出图7-6-4所示的渐变效果。

（5）选择“椭圆工具”，在其选项栏中单击“形状图层”按钮，颜色设置为淡绿色（R：218，G：229，B：213），如图7-6-5所示。

图 7-6-5

（6）按住 Shift 键并拖动鼠标，创建一个正圆形状，并将其摆放到图 7–6–6 所示的位置。

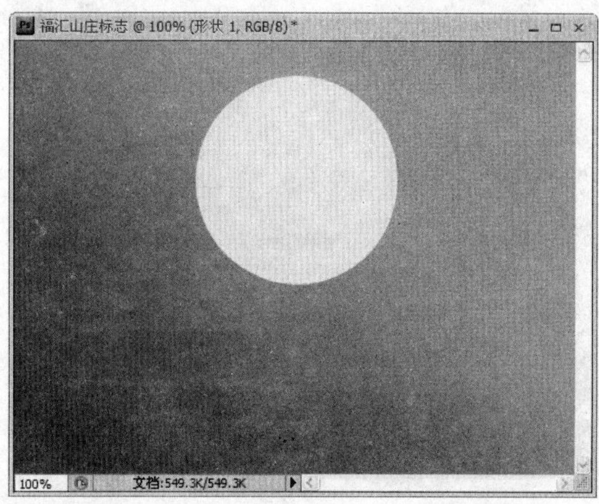

图 7–6–6

（7）双击正圆形状图层后面的空白处，从弹出的“图层样式”对话框中设置“描边”样式，具体参数如图 7–6–7 所示。

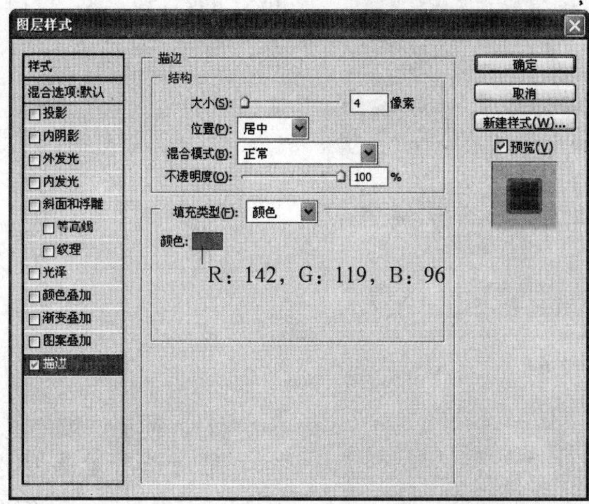

图 7–6–7

（8）单击“确定”按钮，此时图像效果如图 7–6–8 所示。

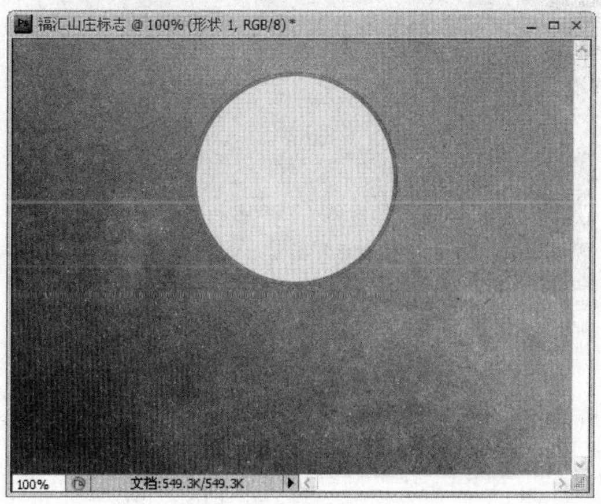

图 7–6–8

（9）用同样的方法再制作一个小点的正圆图形，并将其描边的“大小”缩小至1，效果如图 7-6-9 所示。

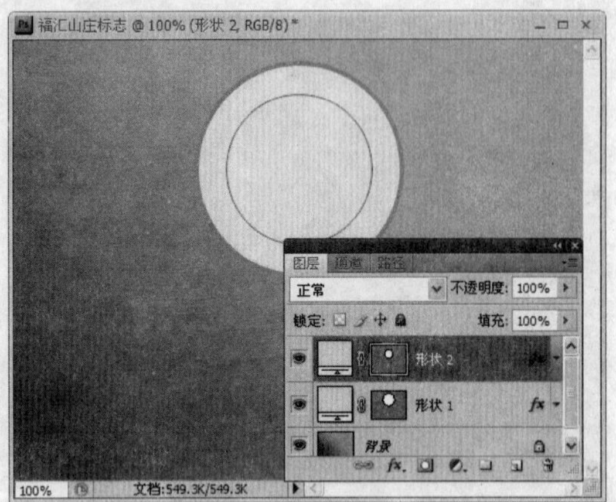
图 7-6-9

（10）选择“椭圆工具”，在正圆的中心再创建一个稍小些的正圆图形，颜色为浅棕色（R：175，G：157，B：121），如图 7-6-10 所示。

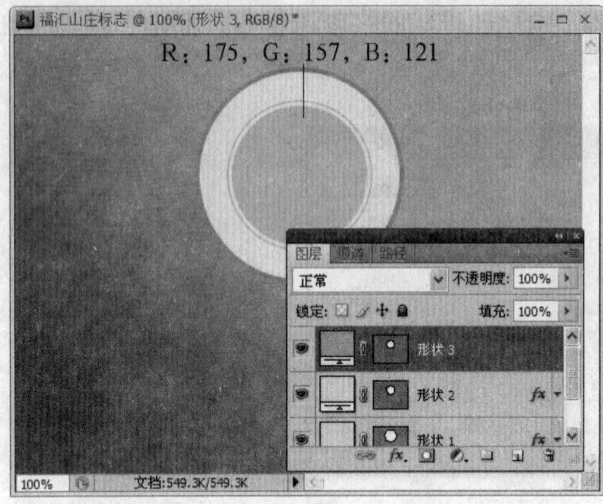

图 7-6-10

（11）使用“钢笔工具”、“矩形工具”、“椭圆工具”以及“转换点工具”等，在正圆的中间绘制出山庄图形，颜色为淡绿色（R：218，G：229，B：213），如图 7-6-11 所示。

图 7-6-11

（12）选择“椭圆工具”，在其选项栏中单击“路径”按钮，如图 7-6-12 所示。

“路径”按钮

图 7-6-12

（13）按住Shift键并拖动鼠标，在图7-6-13所示的位置创建一条正圆路径。

图7-6-13

（14）选择“横排文字工具”，移动鼠标指针到路径上，等鼠标指针变成沿路径输入文字的形状时单击鼠标左键，输入“FU HUI MOUNTAIN VILLA”文字，颜色为深棕色，如图7-6-14所示。

图7-6-14

提示：

使用“路径选择工具”或“直接选择工具”拖动文字，可以移动文字在路径上的位置。

（15）用同样的方法在下面输入“精英汇集幸福有我”文字，并加上图7-6-15所示的图案。

图7-6-15

提示：

这些图案均是由路径进行绘制。如果用户有现成的图案，也可以用类似的图案代替。

图 7–6–16

（16）最后使用文字工具在图标的的下方输入文字，颜色为淡绿色（R：218，G：229，B：213），“福汇山庄标志”制作完毕，效果如图 7–6–16 所示。

7.7 小 结

本章讲解了路径的创建、编辑、管理及应用等内容，所有的知识点应该说都没有难度，用户只要认真学习，很容易就能熟练掌握。至于如何制作出漂亮的作品，这就需要用户发挥自己的发散思维和艺术细胞了。

7.8 练 习

一、填空题

（1）路径是由锚点、直线段或______组成的矢量线条。
（2）路径除了由钢笔工具创建之外，还可以使用______工具来创建路径。
（3）利用“转换点工具”可以使路径在平滑曲线和______之间相互转换。

二、选择题

（1）在选中“直接选取工具”的情况下，要一次性选中整条路径，可以按______键。
A. Alt　B. Ctrl　C. Shift　D. 以上都不对
（2）选择工具箱中的“钢笔工具”后，在其选项栏中有______绘图模式可供选择。
A. 1 种　B. 2 种　C. 3 种　D. 4 种
（3）隐藏和显示路径的快捷键是______。
A. Shift+H　B. Ctrl+H　C. Alt+H　D. Shift+Alt+H

三、问答题

（1）简述路径的概念。
（2）简述路径的作用。
（3）剪贴路径的作用是什么？

第8章　蒙版和通道

蒙版用来隔离和调节图像的特定部分，用户既可以创建一次性的临时蒙版，也可以创建永久性蒙版。通道是存放图像信息的地方，通过通道可改变图像的色彩，存储选区等。本章将分别介绍蒙版和通道的相关概念及应用。

8.1　蒙　版

蒙版是合成图像的一项重要功能。通过创建和编辑蒙版可以合成出各种图像效果，并且不会使图像受损。在Photoshop中，蒙版有好几种，包括快速蒙版、图层蒙版、矢量蒙版和剪贴蒙版。本节将介绍它们的作用、创建、编辑以及应用。

8.1.1　什么是蒙版

蒙版就是蒙盖住图像，使其隐藏，以避免被编辑。这样用户就可以灵活地控制图像中的哪些部分显示和隐藏，从而编辑出特殊的图像效果。

8.1.2　图层蒙版

图层蒙版在前面已经作过介绍，是Photoshop中较为典型和重要的一种蒙版。在这里再举一例，一是便于用户理解各种蒙版，二也可以体现出图层蒙版的重要地位。

1.创建图层蒙版

(1) 按“Ctrl+O”组合键打开素材中的“幻想壁纸”和“许愿瓶”文件，如图8-1-1 (a) 和 (b) 所示。

(a)

(b)

图8-1-1

图 8-1-2

(2) 选择工具箱中的“移动工具”，拖动“幻想壁纸”图像到“许愿瓶”文件中，并对齐到图8-1-2所示的位置。

提示：

在对齐的时候，用户可以把图层的“不透明度”降低，这样就可以观察到具体的位置，待对齐后再恢复到100%的“不透明度”。

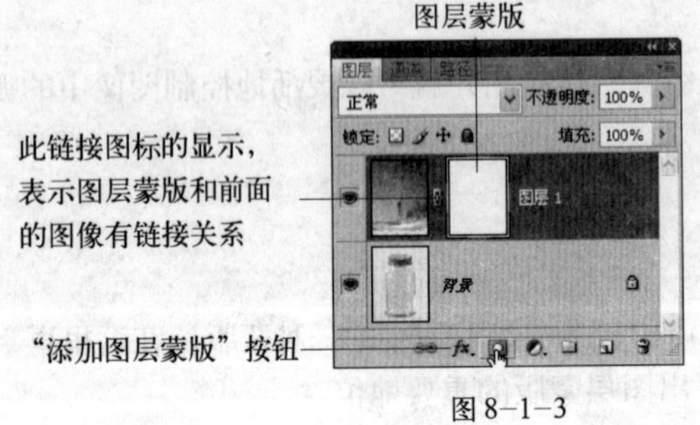

图 8-1-3

(3) 在“图层1”上操作。单击“图层”调板底部的“添加图层蒙版”按钮，在此图层上创建一个图层蒙版，如图8-1-3所示。

2.编辑图层蒙版

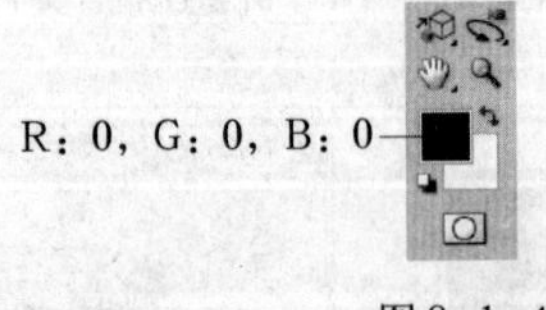

图 8-1-4

(1) 设置工具箱中的前景色为黑色（R：0，G：0，B：0），如图8-1-4所示。

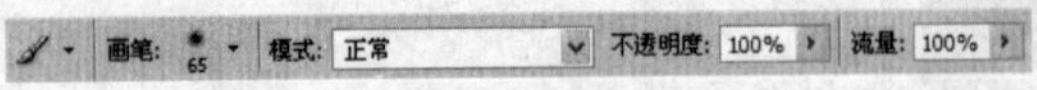

图 8-1-5

(2) 选择“画笔工具”，并在其选项栏中选择一个合适大小的柔角笔头，“模式”为正常，“不透明度”和“流量”都为100%，如图8-1-5所示。

提示：

选择“画笔工具”后，按键盘上的“[”或“]”键可以每次以10像素为增量改变画笔的直径；按住Shift键并按键盘上的“[”或“]”键，可以每次以25%的比例改变画笔的硬度。

(3) 移动“画笔工具”到许愿瓶周围的图像上涂抹，将其周围的图像全部隐藏，如图8-1-6所示。

图8-1-6

提示:

①在图层蒙版中填充黑色或用黑色涂抹，会将图像隐藏。

②在图层蒙版中填充白色或用白色涂抹，会将图像显示。

③在图层蒙版中填充不同的灰色，或用不同的灰色涂抹，Photoshop 则会根据灰色深浅的程度隐藏或显示图像，将图像处理成不同程度的半透明状态。

(4) 在“画笔工具”选项栏中将“画笔”大小降低，“模式”设置为正常，“不透明度”设置为40%，“流量”设置为30%，如图8-1-7所示。

图8-1-7

(5) 移动“画笔工具”到许愿瓶边缘的图像上涂抹，将其边缘的图像处理成半透明，如图8-1-8所示。

图8-1-8

提示:

在用画笔工具涂抹的过程中一定要确保在图层蒙版上操作，而不是蒙版前的图像上，更不是在其他图层上。

（6）再适当降低画笔的“不透明度”和“流量”，在许愿瓶的高光处涂抹，将瓶子的立体感充分表现出来，此时图像效果和图层蒙版状态如图8-1-9（a）和（b）所示。

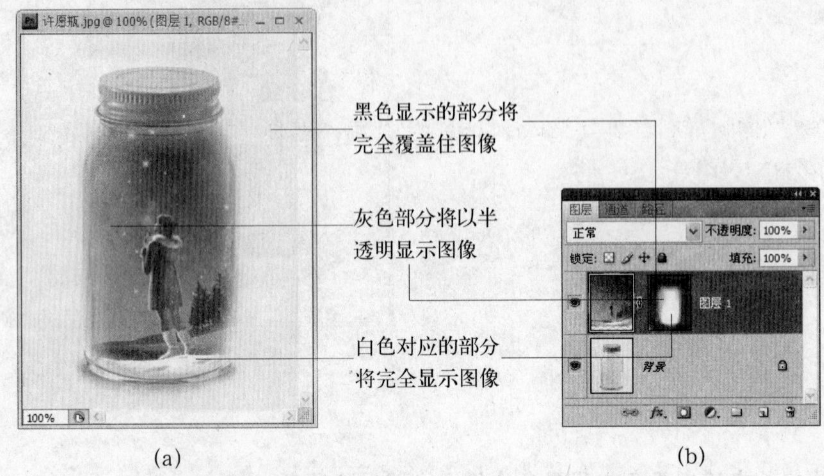

（a） （b）

图8-1-9

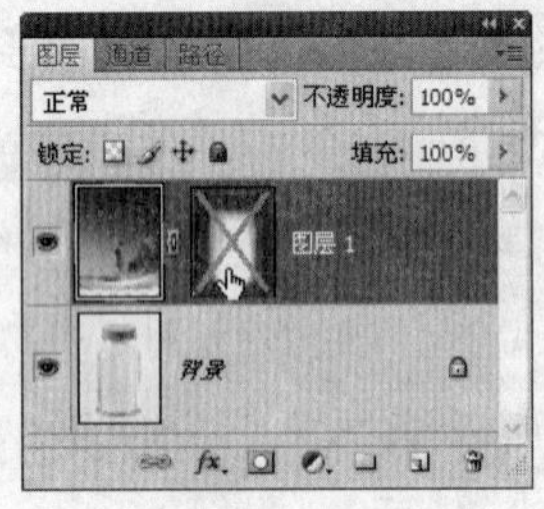

图8-1-10

（7）按住Shift键单击图层蒙版，可以将图层蒙版暂时关闭，以查看图像原始的状态。此时图层蒙版上会显示一个红色的叉子，如图8-1-10所示。

8.1.3 矢量蒙版

矢量蒙版的作用与图层蒙版的作用相似，可显示、隐藏图层中的部分内容，或保护部分区域不被编辑。与图层蒙版不同的是：矢量蒙版与分辨率无关，并且由钢笔或形状工具创建。

1.创建矢量蒙版

图8-1-11

（1）按“Ctrl+O”组合键打开素材中的“落叶”文件，如图8-1-11所示。

（2）设置工具箱中的前景色为橘黄色（R：231，G：112，B：11），背景色为白色，如图8–1–12所示。

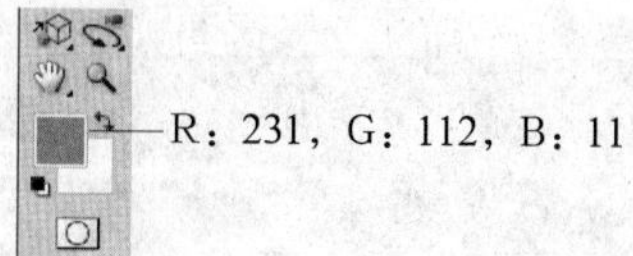

图8–1–12

（3）选择“渐变工具”，在选项栏中选择“前景色到背景色”渐变，“渐变模式”为线性渐变，其他设置如图8–1–13所示。

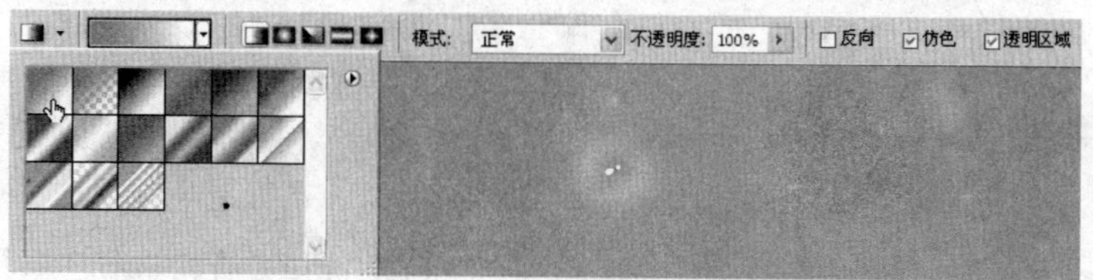

图8–1–13

（4）单击“图层”调板底部的“创建新图层”按钮，新建一个“图层1”图层。移动鼠标指针到窗口内，按图8–1–14所示的距离和方向拉出渐变。

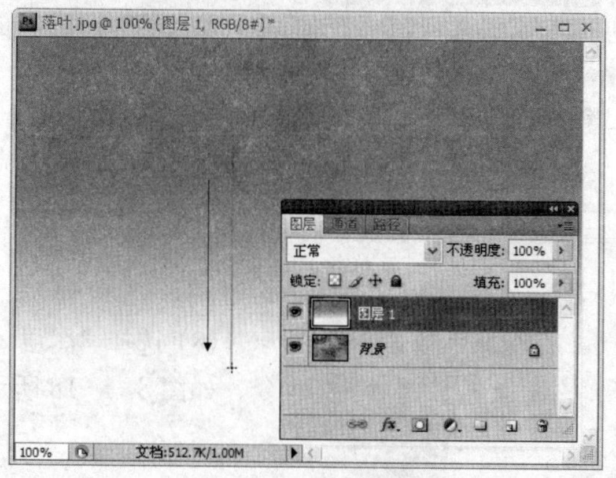

图8–1–14

（5）选择“自定形状工具”，单击选项栏中的“路径”按钮，并选择“叶子2”形状，如图8–1–15所示。

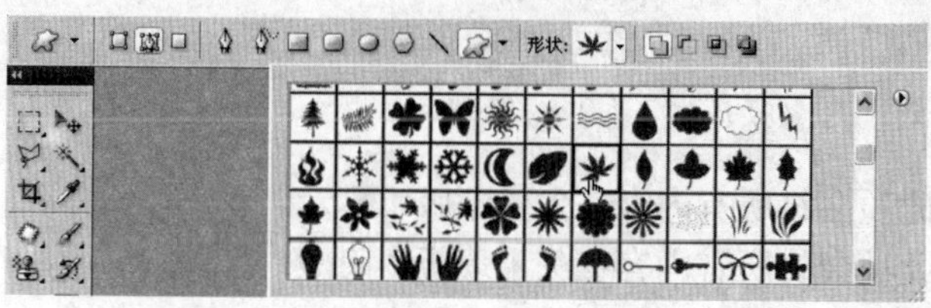

图8–1–15

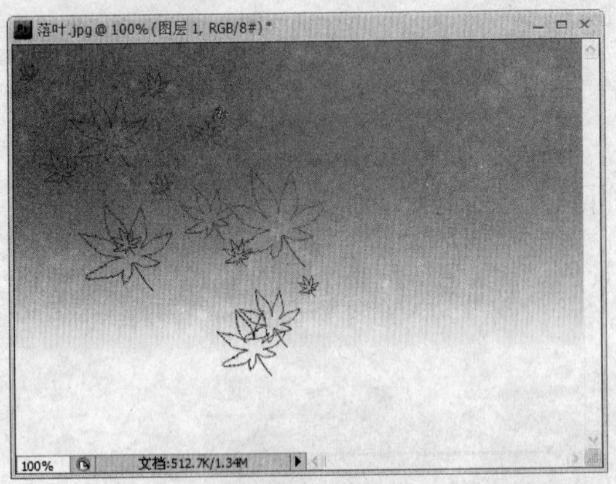

图 8-1-16

（6）在“图层 1”上操作，按住 Shift 键并拖动鼠标，在图 8-1-16 所示的位置创建多片叶子形状。

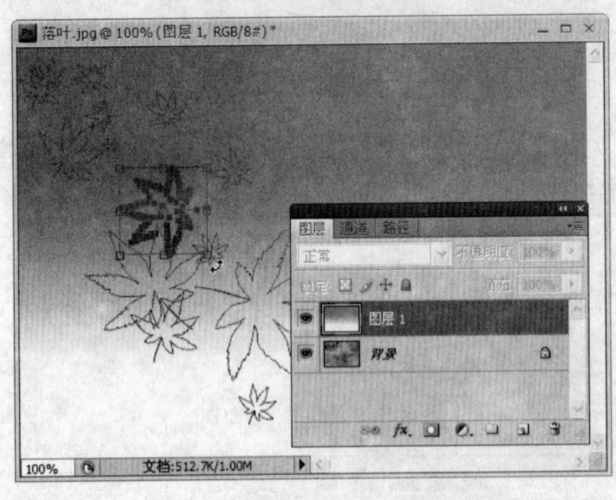

图 8-1-17

（7）选择“直接选择工具”，单击其中一片叶子，按“Ctrl+T”组合键并调整叶子的角度。使用同样的方法逐个调整其他每片叶子的角度，如图 8-1-17 所示。

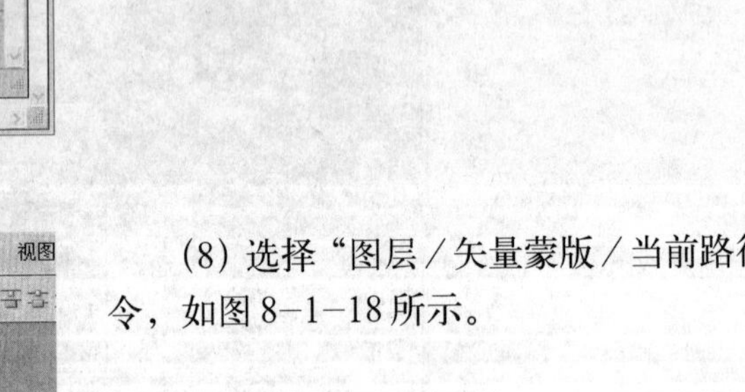

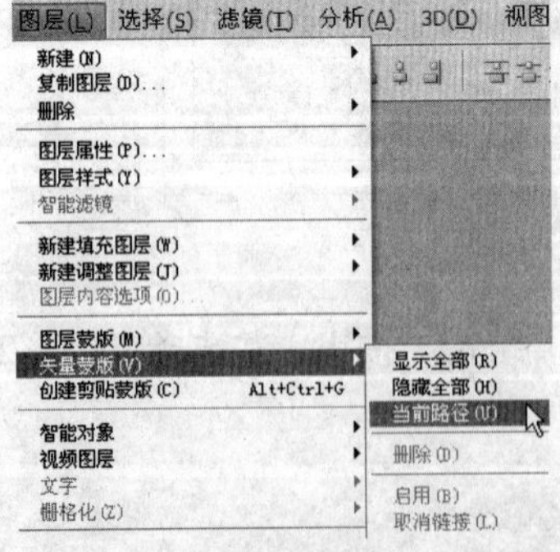

图 8-1-18

（8）选择“图层 / 矢量蒙版 / 当前路径”命令，如图 8-1-18 所示。

显示全部：选择此项会将所有内容在矢量蒙版中显示。
隐藏全部：选择此项会将所有内容在矢量蒙版中隐藏。
当前路径：选择此项会将当前路径在矢量蒙版中显示。

(9) 此时就为当前的路径创建了一个矢量蒙版，图像效果和“图层”调板状态如图 8-1-19 (a) 和 (b) 所示。

(a) (b)

图 8-1-19

2. 编辑矢量蒙版

(1) 选择“自定形状工具”，单击选项栏中的“路径”按钮，再次选择“叶子 2”形状，并单击“添加到路径区域”按钮，如图 8-1-20 所示。

图 8-1-20

(2) 移动鼠标指针到画面的右下角按住鼠标左键并拖动，在矢量蒙版上再添加几片叶子，如图 8-1-21 所示。

图 8-1-21

(3) 按住 Shift 键单击矢量蒙版缩览图，可以将矢量蒙版暂时关闭，以查看图像原始的状态。此时矢量蒙版上会显示一个红色的叉子，如图 8-1-22 所示。

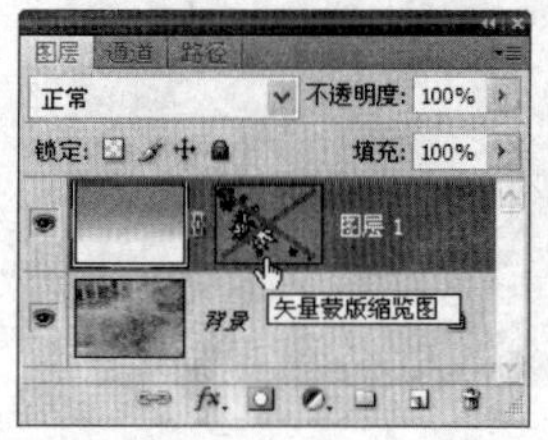

图 8-1-22

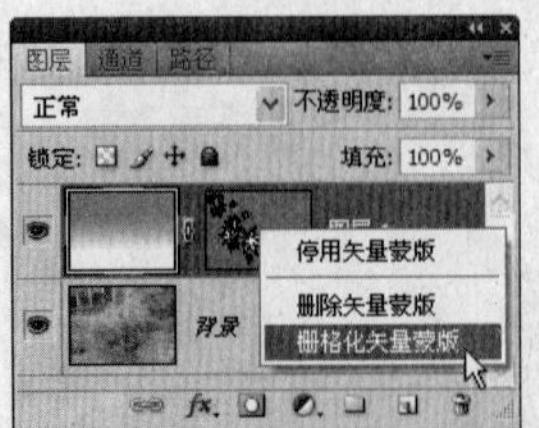

图 8-1-23

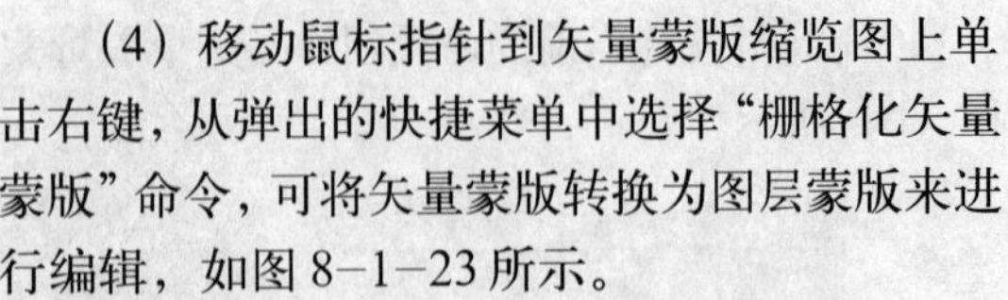

（4）移动鼠标指针到矢量蒙版缩览图上单击右键，从弹出的快捷菜单中选择“栅格化矢量蒙版”命令，可将矢量蒙版转换为图层蒙版来进行编辑，如图 8-1-23 所示。

图 8-1-24

（5）最后用文字工具在画面的右下角输入相应的文字，使作品完整，效果如图 8-1-24 所示。

8.1.4　快速蒙版

快速蒙版是一个制作和编辑选区的临时蒙版，用于辅助用户创建选区。在快速蒙版模式下，用户可以使用各种绘图工具或滤镜命令对蒙版进行编辑，以制作出风格各异的选区。

1. 创建快速蒙版

图 8-1-25

（1）按“Ctrl+O”组合键打开素材中的“花神”文件，并用“矩形选框工具”在图 8-1-25 所示的位置创建一个矩形选区。

（2）单击工具箱中的“以快速蒙版方式编辑”按钮，如图 8-1-26（a）所示，此时就为图像添加了一个快速蒙版，如图 8-1-26（b）所示。

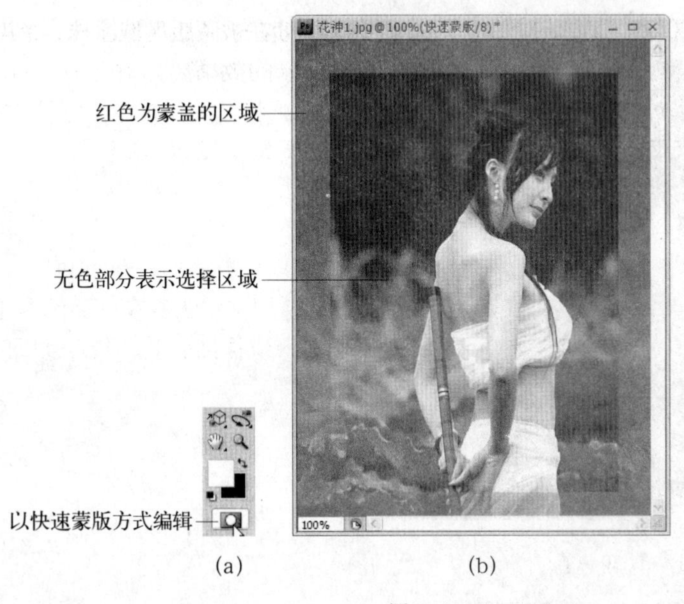

(a)　　　　(b)

图 8–1–26

2. 编辑快速蒙版

(1) 选择工具箱中的“画笔工具”，在选项栏中设置合适的画笔大小，“模式”设置为正常，“不透明度”和“流量”都设置为100%，如图8–1–27所示。

图 8–1–27

(2) 设置工具箱中的前景色为白色（R：255，G：255，B：255），如图8–1–28所示。

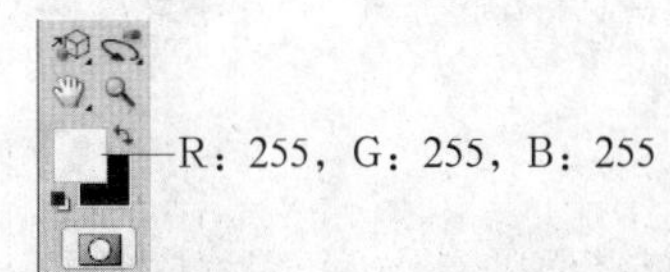

图 8–1–28

(3) 移动鼠标指针到被蒙版区域涂抹，将选择范围增大，如图8–1–29所示。

图 8–1–29

提示：

①在快速蒙版中填充白色或用白色涂抹，会扩大选择区域。

②在快速蒙版中填充黑色或用黑色涂抹，会取消选择区域。

③在快速蒙版中填充不同的灰色，或用不同的灰色涂抹，Photoshop将会根据灰色深浅的程度创建出羽化状态的选区。

(4) 继续在被蒙版区域涂抹，将其处理成图 8-1-30 所示的效果。

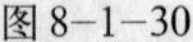
图 8-1-30

(5) 单击工具箱中的“以标准模式编辑”按钮，将快速蒙版转换为选区，如图8-1-31所示。

图 8-1-31

(6) 单击“通道”调板底部的“将选区存储为通道”按钮，将选区保存为Alpha1通道，如图 8-1-32 所示。

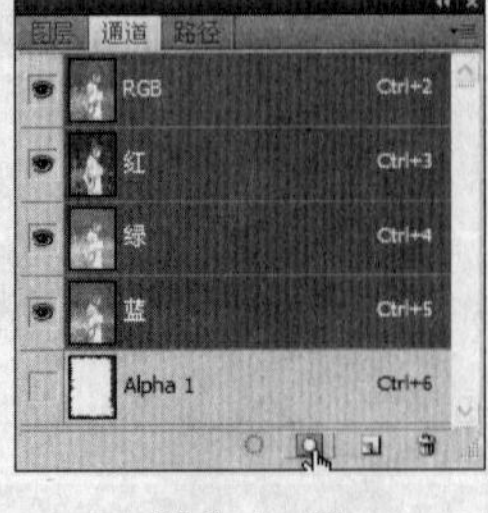

图 8-1-32

提示：

将选区保存为Alpha通道可以将选区永久地保存起来，方便以后再次调用。

（7）双击工具箱中的“以快速蒙版方式编辑”按钮，调出“快速蒙版选项”对话框。在此对话框中可对快速蒙版的各个选项进行设置，这里把“不透明度”改成了 100%（默认状态为 50%），如图 8–1–33 所示，单击“确定”按钮。

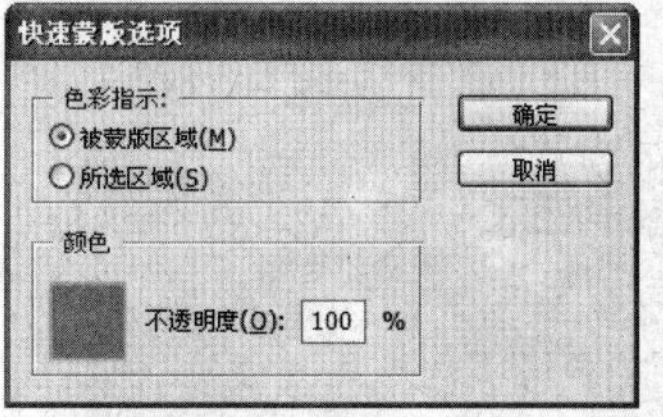

图 8–1–33

（8）选择“滤镜 / 扭曲 / 玻璃”命令，在打开的滤镜对话框中设置图 8–1–34 所示的参数。

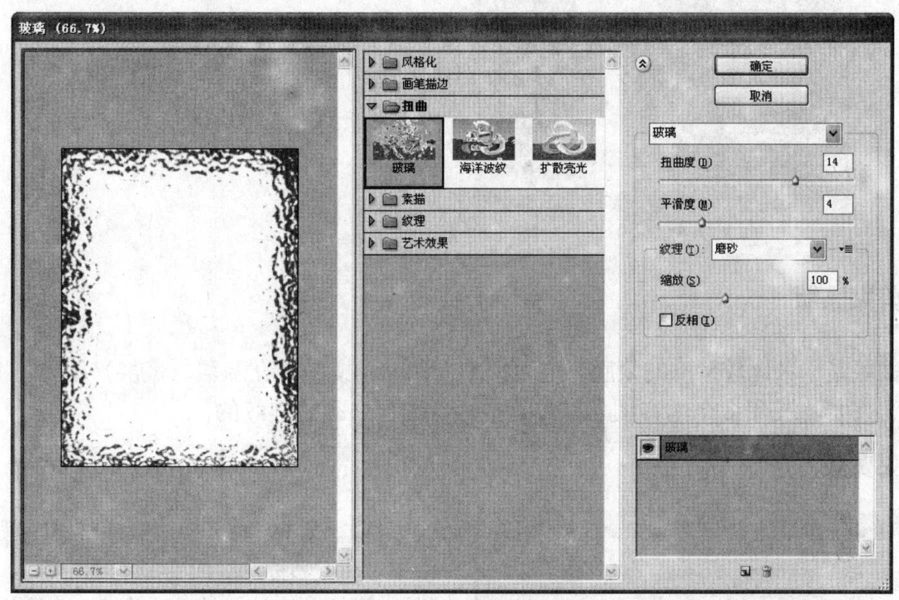

图 8–1–34

（9）单击“确定”按钮，被蒙版区域被处理成了图 8–1–35 所示的效果。

图 8–1–35

图 8–1–36

（10）单击工具箱中的“以标准模式编辑”按钮，将快速蒙版转换为选区。往选区内填充一种黄色（R：238，G：228，B：213），再按“Ctrl+D”组合键取消选区，之后在画面左下角加入文字，一幅作品就完成了，如图 8–1–36 所示。

8.1.5 剪贴蒙版

剪贴蒙版是一种比较特殊的蒙版，它可以将图像显示或隐藏在基层（底层）图形范围内，且可以在基层图层上使用多个内容图层，但这些内容图层必须是连续的。

1. 创建剪贴蒙版

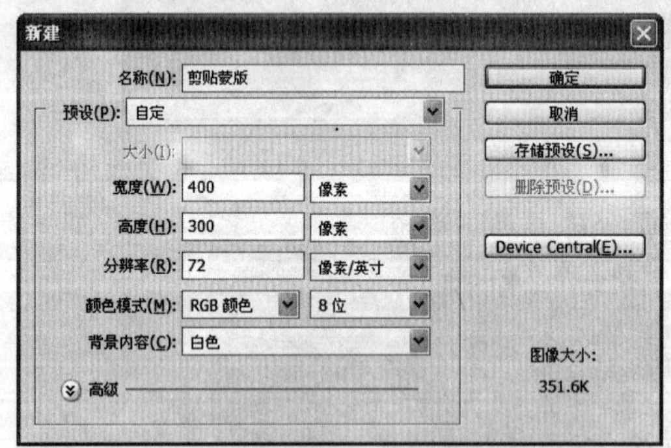

图 8–1–37

（1）按“Ctrl+N”组合键打开“新建”对话框，在“名称”后面的文本框中输入“剪贴蒙版”，设置“宽度”为 400 像素，“高度”为 300 像素，“分辨率”为 72 像素／英寸，“颜色模式”为 RGB 颜色，“背景内容”为白色，如图 8–1–37 所示。

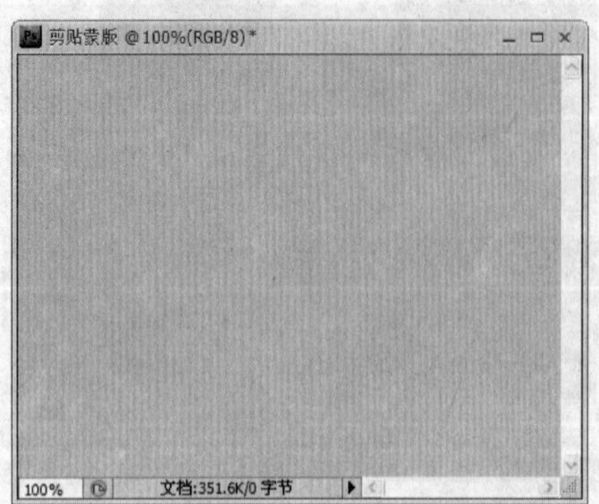

图 8–1–38

（2）单击“确定”按钮新建一个文件。设置工具箱中的前景色为黄色（R：244，G：197，B：0），按“Alt+Delete”组合键将前景色填充至“背景”图层，如图 8–1–38 所示。

（3）选择工具箱中的“自定形状工具”，在其选项栏中单击“路径”按钮，并选择“雨伞”形状，如图 8-1-39 所示。

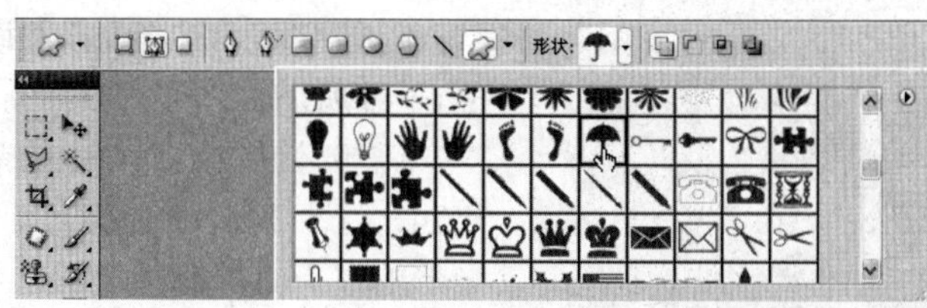

图 8-1-39

（4）按住鼠标左键并拖动，在画面中创建一个“雨伞”形状，如图 8-1-40 所示。

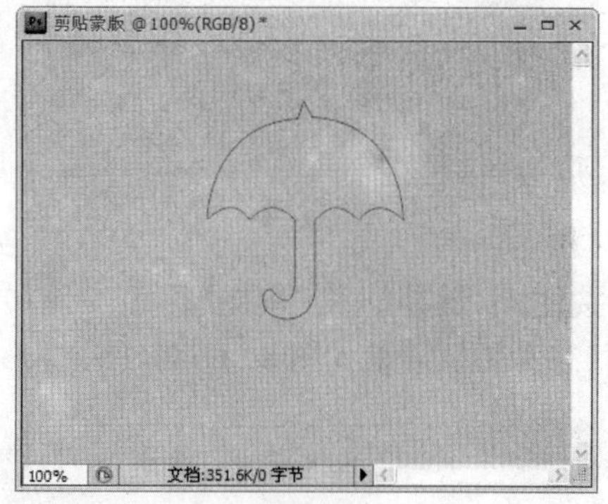

图 8-1-40

（5）单击“图层”调板下方的“创建新图层”按钮，新建一个图层并命名为“伞图形”，如图 8-1-41 所示。

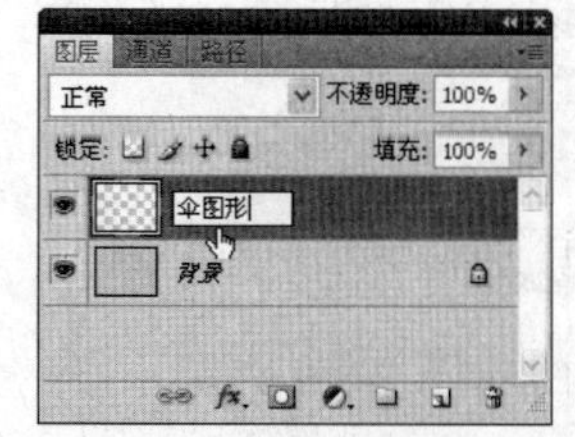

图 8-1-41

（6）按“Ctrl+Enter”组合键将路径快速转换成选区。设置前景色为白色（R：255，G：255，B：255），并按“Alt+Delete”组合键将前景色填充至选区内，如图 8-1-42 所示。

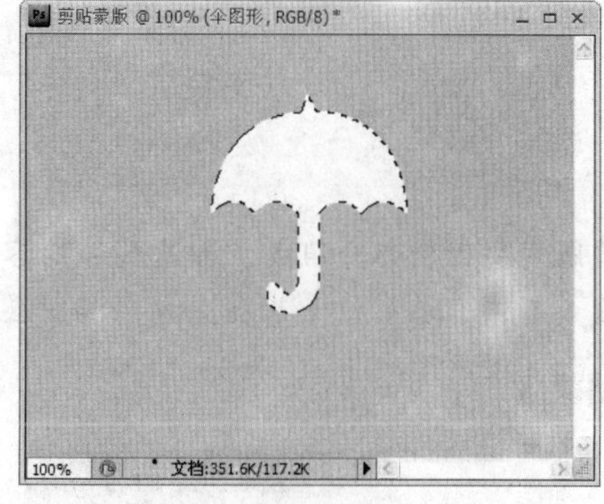

图 8-1-42

（7）按“Ctrl+D”组合键取消选区。单击“图层”调板下方的“创建新图层”按钮，再新建一个“图层 1”图层，如图 8-1-43 所示。

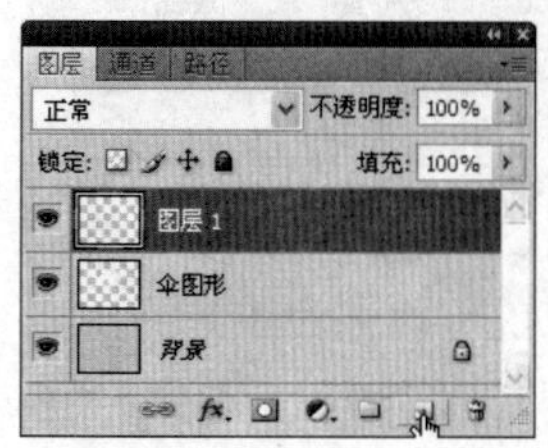

图 8-1-43

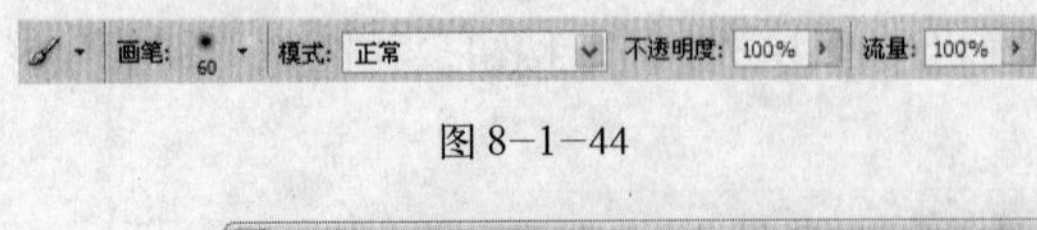

图 8-1-44

(8) 选择工具箱中的"画笔工具",在选项栏中设置合适的画笔大小,"模式"设置为正常,"不透明度"和"流量"都设置为100%,如图8-1-44所示。

(9) 设置工具箱中的前景色为浅紫色(R:243,G:143,B:247),移动鼠标指针到伞图形的左上方涂抹出笔触,如图8-1-45所示。

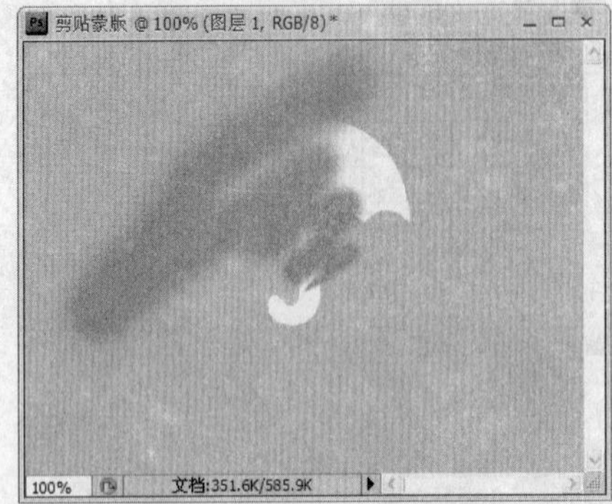

图 8-1-45

(10) 按住Alt键并单击"伞图形"和"图层1"中间的交接处,创建一个剪贴蒙版,此时"图层"调板状态和图像效果如图8-1-46(a)和(b)所示。

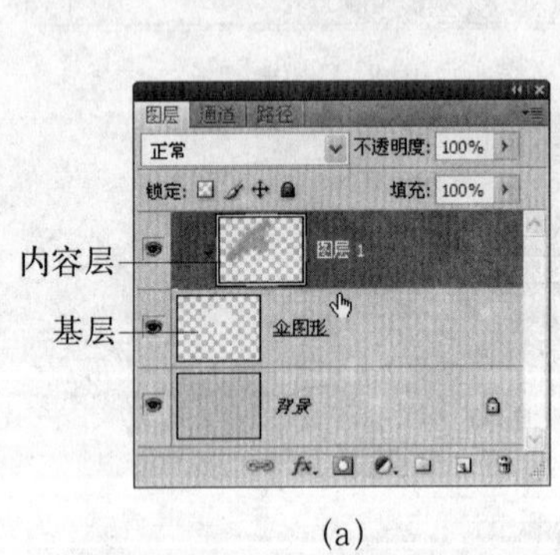

(a)

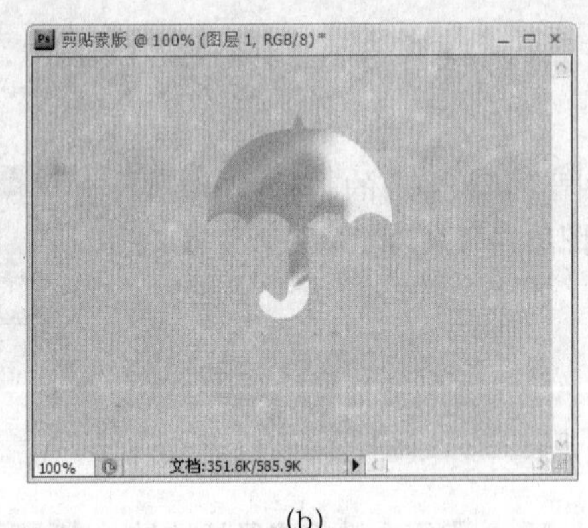

(b)

图 8-1-46

提示:

剪贴蒙版主要由两部分组成,即基层和内容层。基层位于整个剪贴蒙版的底部,其图层名称带有下划线;而内容层则位于基层上方,其图层缩览图呈缩进状态,并带有"剪贴蒙版图标"↵。

2. 编辑剪贴蒙版

图 8-1-47

(1) 在"图层1"上面再新建一个图层,并按住Alt键单击"图层1"和"图层2"中间的交接处,使"图层2"成为剪贴蒙版的内容层,如图8-1-47所示。

（2）在选项栏中适当降低画笔大小，“不透明度”和“流量”的值，如图 8-1-48 所示。

图 8-1-48

（3）设置工具箱中的前景色为深紫色（R：175，G：73，B：179），移动鼠标指针到伞图形的左侧涂抹，制作出伞的立体感，如图 8-1-49 所示。

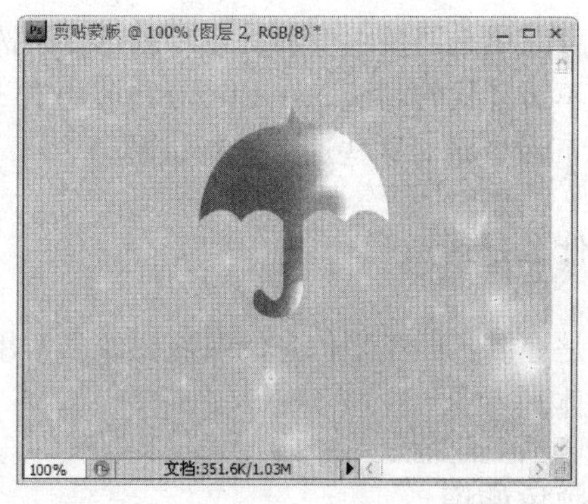

图 8-1-49

（4）移动鼠标指针到“图层 1”和“图层 2”中间的交接处，按住 Alt 键再次单击，可将“图层 2”内容层移去，此时“图层”调板状态和图像效果如图 8-1-50（a）和（b）所示。

（a）

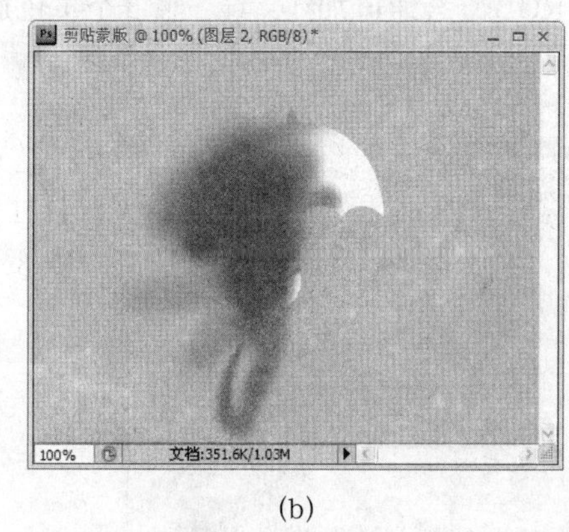

（b）

图 8-1-50

提示：

如果按住 Alt 键单击基层和其正上方的内容层（本例为“伞图形”和“图层 1”）交接处，可将剪贴蒙版中的所有图层释放。

（5）还原先前的剪贴蒙版状态，在伞下配上文字，一个小标志就形成了，如图 8-1-51 所示。

图 8-1-51

8.2 通 道

通道可以用来调整图像的颜色和创建复杂选区，在绘制和修饰图像方面应用极为广泛，有着其他工具不可替代的功能。在Photoshop中有3种通道类型，分别为颜色通道、Alpha通道和专色通道，下面分别对这些通道进行讲解。

8.2.1 什么是通道

通道是存储不同类型信息的灰度图像。常用来调整图像颜色、创建和保存选区，是一种较为特殊的载体。

8.2.2 颜色通道

顾名思义，颜色通道就是含有颜色信息的通道。颜色通道是在用户新建和打开图像时自动创建的。图像的颜色模式决定了所创建的颜色通道的数目，如打开一幅RGB颜色模式的图像，其通道数量就是一个RGB复合通道加红、绿、蓝3个单色通道，共4个通道。

1.观察颜色通道

图 8-2-1

(1) 按“Ctrl+O”组合键打开素材中的“七月日光”文件（此图像的颜色模式为RGB），如图8-2-1所示。

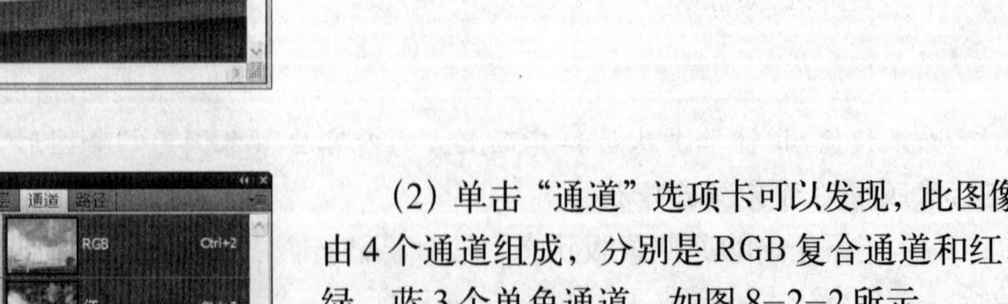

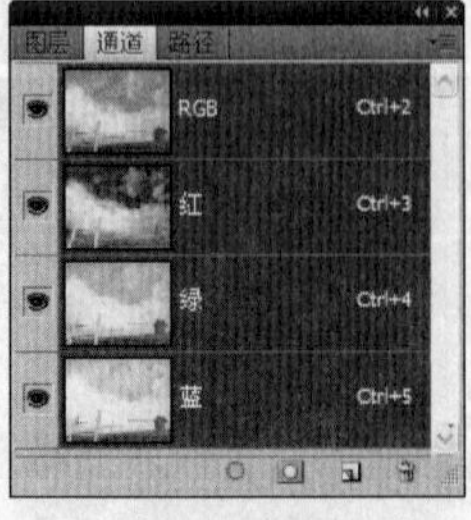

图 8-2-2

(2) 单击“通道”选项卡可以发现，此图像由4个通道组成，分别是RGB复合通道和红、绿、蓝3个单色通道，如图8-2-2所示。

提示：

在RGB模式的图像文件中，单色通道中的暗部表示该色缺失，亮部表示该色存在，而且RGB模式的成色原理是加色，即绿＋蓝＝青，红＋蓝＝品红，红＋绿＝黄。

2. 编辑颜色通道

(1) 移动鼠标指针到“蓝”通道前面的“眼睛”图标处单击，隐藏“蓝”通道，此时可以发现画面的颜色变黄了，如图 8-2-3 (a) 和 (b) 所示。

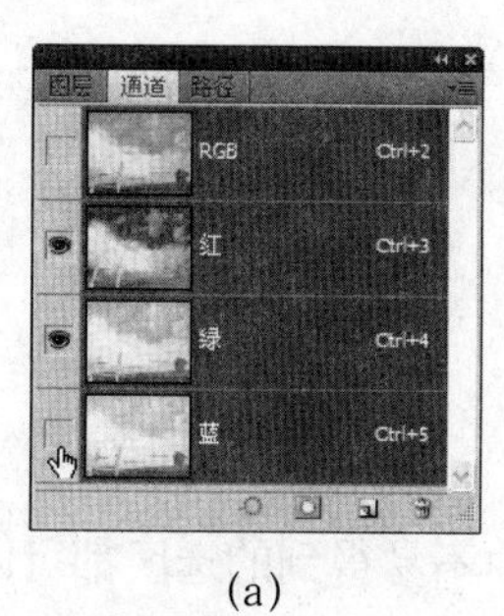

(a)

(b)

图 8-2-3

(2) 单击“绿”通道前面的“眼睛”图标，将“绿”通道隐藏，再单击“红”通道，此时用户可以看见，“红”通道其实是一个黑白色的灰度图像，如图 8-2-4 所示。

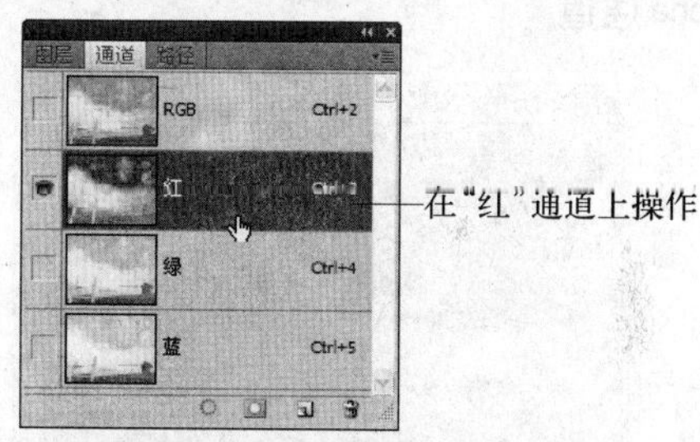

图 8-2-4

(3) 移动鼠标指针到“RGB”复合通道前面的“眼睛”图标处单击，如图 8-2-5 所示。

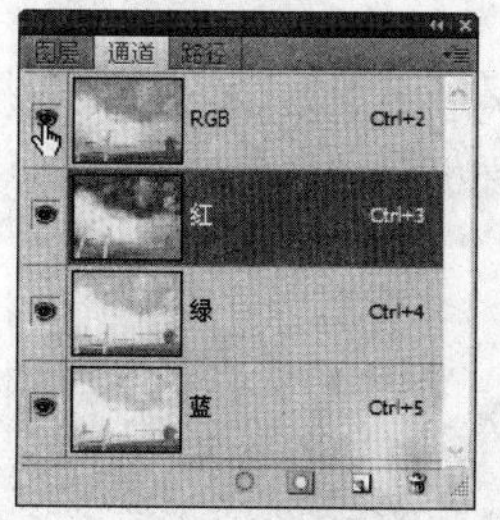

图 8-2-5

(4) 设置工具箱中的前景色为白色 (R：255，G：255，B：255)，如图 8-2-6 所示。

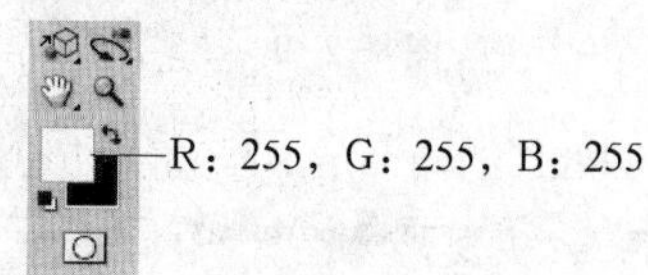

图 8-2-6

(5) 选择“画笔工具”，在选项栏中设置合适的画笔大小，“模式”设置为正常，“不透明度”和“流量”都设置为100%，如图 8-2-7 所示。

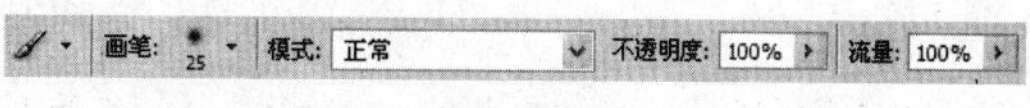

图 8-2-7

图 8–2–8

（6）移动鼠标指针到图 8–2–8 所示位置涂抹出两个心型形状。用户可以很明显地发现，用白色画笔涂抹的地方显示出了红色。

8.2.3 Alpha 通道

Alpha 通道的主要功能是保存和编辑选区，一些在图层中不易得到的选区都可以通过灵活使用 Alpha 通道来创建。

1. 创建 Alpha 通道

图 8–2–9

（1）按“Ctrl+O”组合键打开素材中的“写真”文件，如图 8–2–9 所示。

“添加到选区”按钮

画笔： 30 □对所有图层取样 □自动增强 调整边缘...

图 8–2–10

（2）选择工具箱中的“快速选择工具”，单击选项栏中的“添加到选区”按钮，并设置一个合适大小的笔头，如图 8–2–10 所示。

（3）移动鼠标指针到人物外面的区域单击鼠标，将外面的区域大致选中，如图 8-2-11 所示。

（4）单击“通道”调板底部的“将选区存储为通道”按钮，将选区存储为 Alpha1 通道，如图 8-2-12 所示。

图 8-2-11

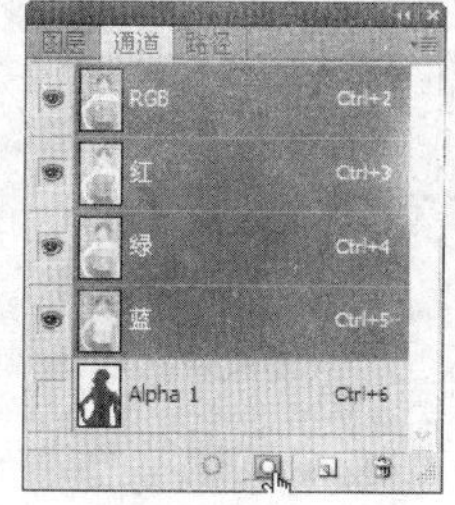

图 8-2-12

2. 编辑 Alpha 通道

（1）单击“Alpha1”通道，再单击“RGB”复合通道前面的“眼睛”图标，此时在“Alpha1”通道中的黑色部分在画面中显示为半透明红色，如图 8-2-13（a）和（b）所示。

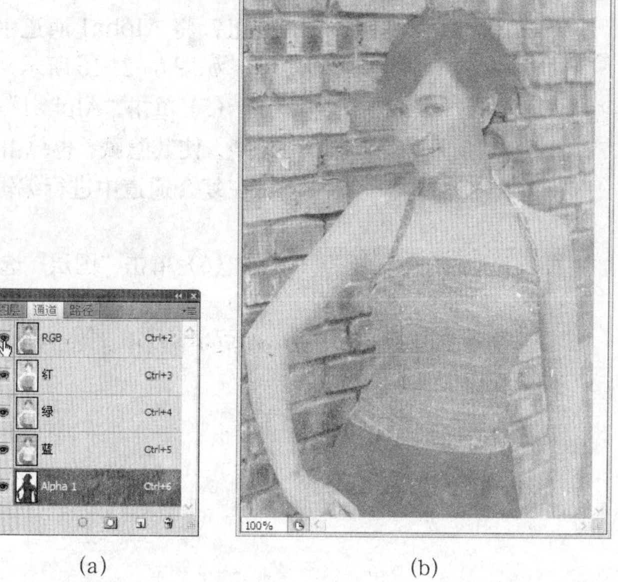

（a）　　（b）

图 8-2-13

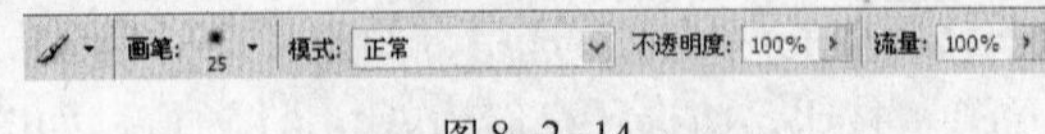

图 8–2–14

（2）选择“画笔工具”，在选项栏中设置合适的画笔大小，“模式”设置为正常，“不透明度”和“流量”都设置为100%，如图 8–2–14 所示。

（3）设置工具箱中的前景色为白色（R：255，G：255，B：255），用画笔将人物周围的半透明红色擦除，使红色部分完全覆盖住人物，如图 8–2–15 所示。

图 8–2–15

提示：

在Alpha通道中用白色涂抹会扩大选择区域；用黑色涂抹会取消选择区域；用不同的灰色涂抹，Photoshop会根据灰色深浅的程度创建出不同的半透明选区。

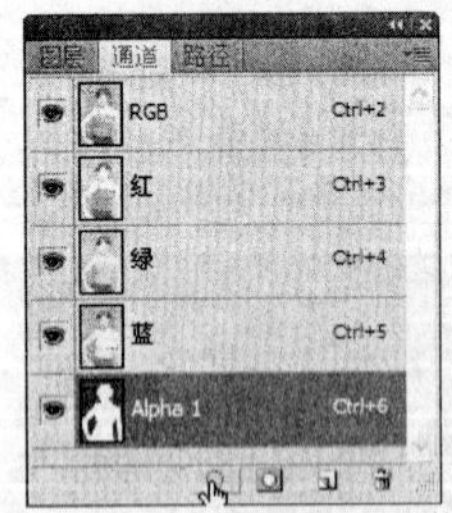

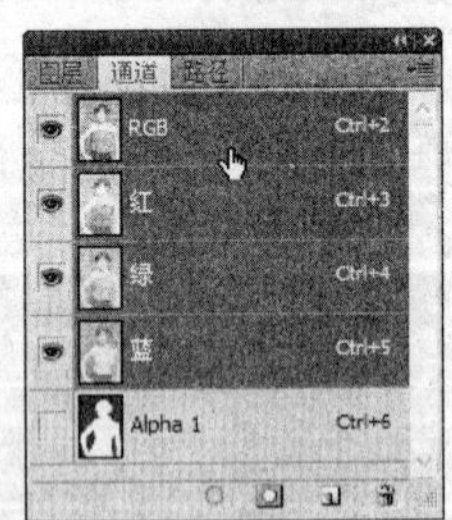

图 8–2–16　　图 8–2–17

（4）按“Ctrl+I”组合键将颜色反相，之后单击“通道”调板底部的“将通道作为选区载入”按钮，将 Alpha1 通道中的白色部分载入为选区，如图 8–2–16 所示。

（5）单击“Alpha1”通道前面的“眼睛”图标，使其隐藏，再单击“RGB”复合通道，准备在复合通道中进行编辑，如图 8–2–17 所示。

图 8–2–18

（6）单击“图层”选项卡，回到“图层”调板中。按“Ctrl+J”组合键将选区内的图像复制到新的图层中，如图 8–2–18 所示。

（7）在“图层 1”图层上按“Ctrl+T”组合键，出现控制框后单击鼠标右键，从弹出的快捷菜单中选择“水平翻转”命令，按 Enter 键确认，如图 8−2−19 所示。

图 8−2−19

（8）之后可在图像的背景加入一些设计元素，使作品完整，如图 8−2−20 所示。

图 8−2−20

8.2.4　专色通道

专色是特殊的预混油墨，用于替代或补充印刷色油墨。通过专色通道可以在印刷物中标明进行特殊印刷的区域。

（1）接着上例继续进行操作。按住 Ctrl 键并单击“图层 1”前面的缩览图，将人物的选区载入，如图 8−2−21 所示。

（2）单击“通道”调板右上角的“调板菜单”按钮，从展开的菜单中选择“新建专色通道”，如图 8−2−22 所示。

图 8-2-21

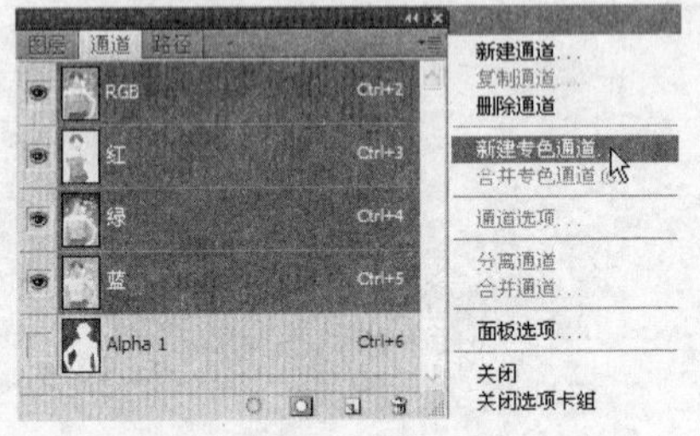

图 8-2-22

(3) 弹出“新建专色通道”对话框，单击“颜色”后面的色块，从随即弹出的“颜色库”中选择所需的一种专色，如图 8-2-23（a）和（b）所示。

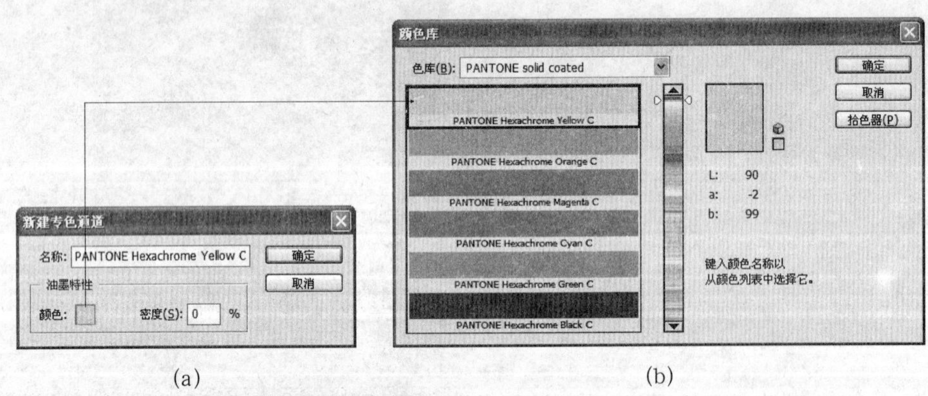

(a)　　(b)

图 8-2-23

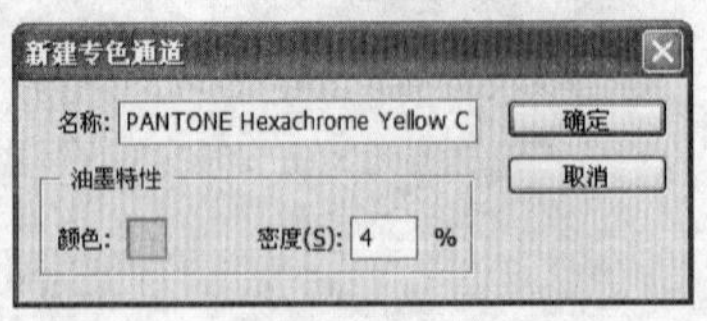

图 8-2-24

(4) 单击“确定”按钮回到“新建专色通道”对话框，并将“密度”设置为4%，如图 8-2-24 所示。

提示：

“密度”选项可以在屏幕上模拟印刷后专色的密度，在其中可以输入 0%～100% 之间的任意一个值。

(5) 单击“确定”按钮，在“通道”调板中便出现了一个专色通道。此时在图像上也可以看到加上专色后的效果，如图 8-2-25（a）和（b）所示。

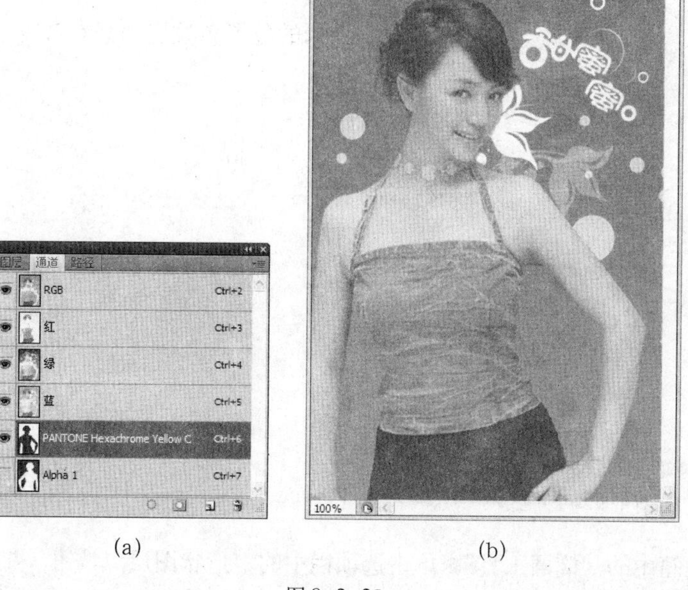

(a)　　　　(b)

图8-2-25

提示：

为了使其他应用程序能够更好地识别打印专色通道，自动形成的通道名称最好不要随意更改。若要输出专色通道，在Photoshop中需要将文件以DCS2.0格式或PDF格式进行存储。

8.3　实例：CD盘面

在Photoshop中常用蒙版和通道功能来制作一些视觉特效。本例针对本章所学的知识进行设计，主要运用了剪贴蒙版和一些其他功能，制作手法简洁。

（1）按“Ctrl+N”组合键打开“新建”对话框，在“名称”后面的文本框中输入“CD盘面”，设置“宽度”为126毫米，“高度”为126毫米，“分辨率”为96像素/英寸，其他参数如图8-3-1所示。

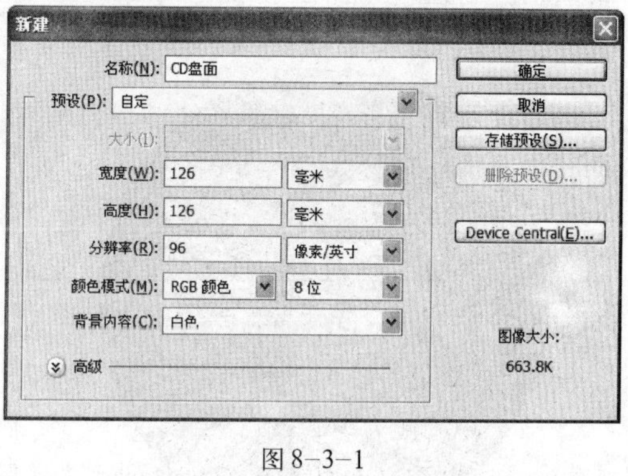

图8-3-1

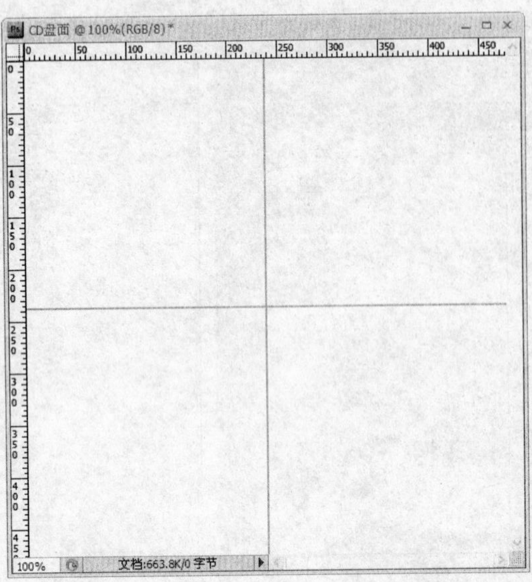

图8-3-2

(2) 单击“确定”按钮，新建一个空白文件。按“Ctrl+R”组合键显示标尺，并在横竖63毫米的位置各拉出一条参考线，如图8-3-2所示。

(3) 选择工具箱中的“椭圆工具”，单击选项栏中的“形状图层”按钮，并设置“颜色”为黑色（R：0，G：0，B：0），如图8-3-3所示。

图8-3-3

(4) 按“Ctrl+R”组合键隐藏标尺。移动鼠标指针到两条参考线的交点处，按住鼠标左键并在拖动的同时按住“Shift+Alt”组合键，以画布为中心等比例绘制一个正圆形，如图8-3-4所示。

(5) 保持“椭圆工具”为选择状态，单击选项栏中的“重叠形状区域除外”按钮。移动鼠标指针到两条参考线的交点处，在按住鼠标左键拖动的同时按住“Shift+Alt”组合键，以画布为中心等比例绘制一个小正圆形，如图8-3-5所示。

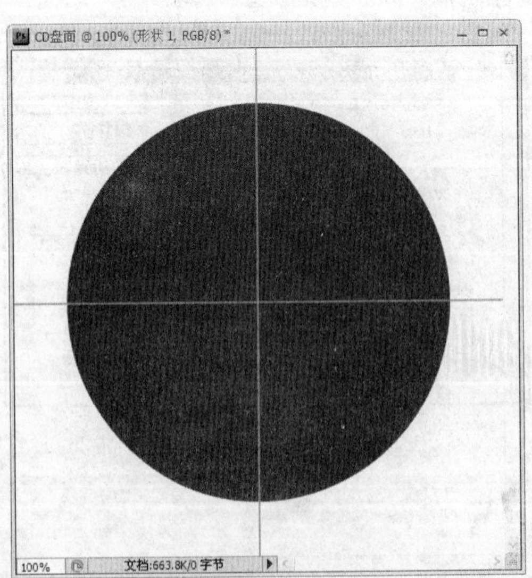

图8-3-4

“重叠形状区域除外”按钮

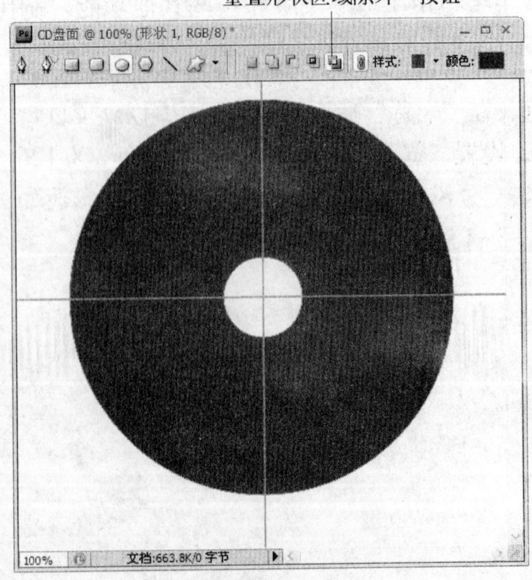

图8-3-5

(6) 双击形状图层后面的空白处，打开“图层样式”对话框。分别为图像应用“投影”和“描边”样式，具体参数设置如图 8–3–6 (a) 和 (b) 所示。

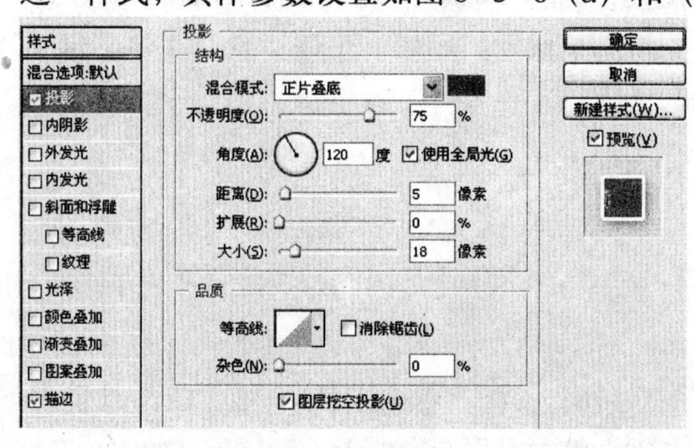

(a)

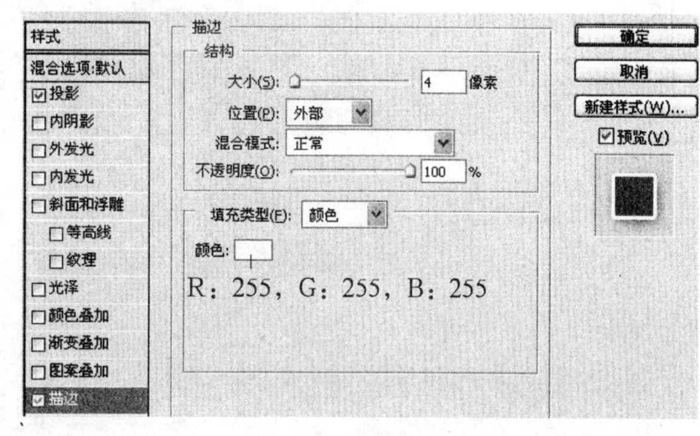

(b)

图 8–3–6

(7) 单击“确定”按钮应用图层样式。按“Ctrl+;”组合键隐藏参考线，此时图像效果如图 8–3–7 所示。

图 8–3–7

(8) 按“Ctrl+O”组合键打开素材中的“飞儿乐团”文件，并将它拖动到文件中，如图 8–3–8 所示。

图 8–3–8

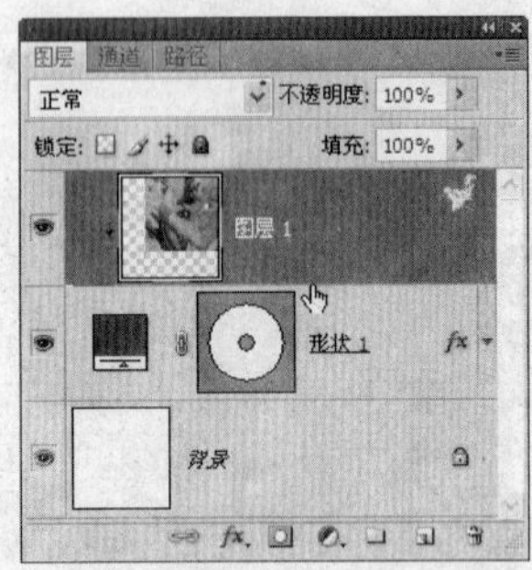

图 8-3-9

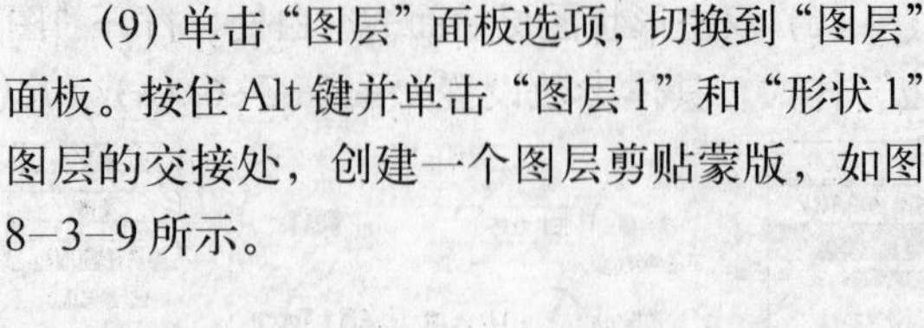
(9) 单击“图层”面板选项，切换到“图层”面板。按住 Alt 键并单击“图层 1”和“形状 1”图层的交接处，创建一个图层剪贴蒙版，如图 8-3-9 所示。

图 8-3-10

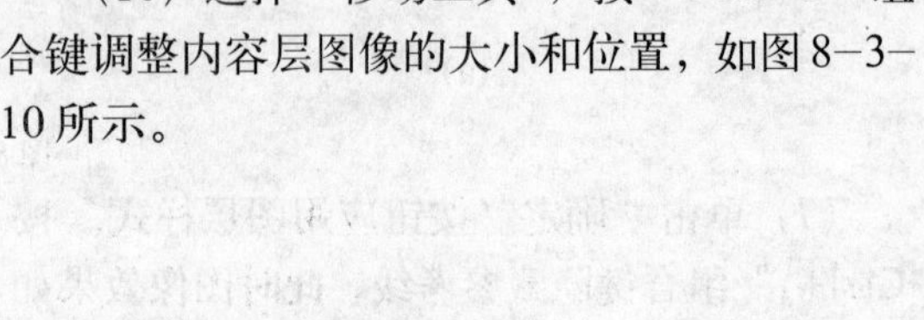
(10) 选择“移动工具”，按“Ctrl+T”组合键调整内容层图像的大小和位置，如图 8-3-10 所示。

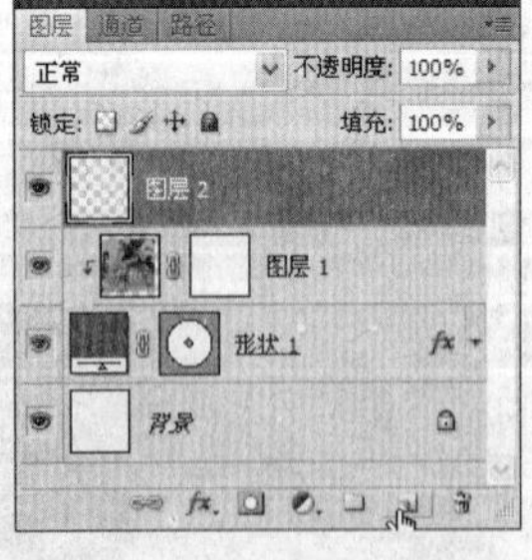

图 8-3-11

(11) 单击“图层”面板下方的“创建新图层”按钮，新建一个图层，如图 8-3-11 所示。

图 8-3-12

(12) 选择“画笔工具”，在选项栏中设置“画笔”为 280px，“模式”设置为正常，“不透明度”和“流量”都设置为 100%，如图 8-3-12 所示。

（13）设置工具箱中的前景色为蓝色（R：42，G：2，B：185），移动鼠标指针到图 8–3–13 所示的位置单击，创建一个模糊边缘的色块。

图 8–3–13

（14）将“图层 2”的“不透明度”设置为 50%，之后按住 Alt 键并单击“图层 1”和“图层 2”图层间的交接处，如图 8–3–14 所示。

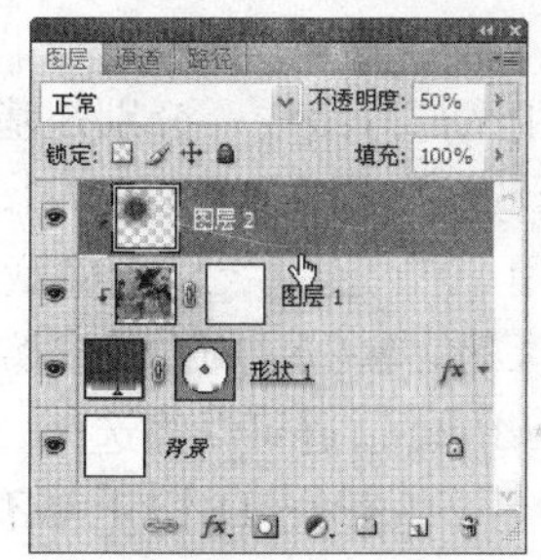

图 8–3–14

（15）最后使用“横排文字工具”在蓝色色块上输入白色的歌曲名，CD 盘面制作完毕，效果如图 8–3–15 所示。

图 8–3–15

8.4 小 结

本章对蒙版和通道的使用及技巧进行了讲解，蒙版和通道是Photoshop的重要功能，任何一个渴望掌握图像处理真谛的人都应对它们的使用技巧进行深入的了解，只有这样才能掌握图像处理的高级技巧。

8.5 练 习

一、填空题

(1) Alpha通道的主要功能是______和编辑选区。

(2) 蒙版就是蒙盖住图像，使其______，以避免被编辑。

(3) 通道常用来调整图像颜色、______和______选区，是一种较为特殊的载体。

二、选择题

(1) 剪贴蒙版主要由两部分组成，分别是基层和______。

A.普通图层　B.形状图层　C.内容层　D.“背景”图层

(2) 在图层蒙版中用______涂抹，将会隐藏图像。

A.白色　B.黑色　C.画笔工具　D.橡皮擦工具

(3) 将选区保存为Alpha通道可以将选区______保存起来。

A.临时　B.永久　C.24小时　D.以上都不对

三、问答题

(1) 简述快速蒙版的作用。

(2) 简述通道与蒙版的区别。

(3) 一旦创建了Alpha通道，如何在Alpha通道中进行编辑?

第9章　动作和3D

动作可以简化图像编辑步骤，提高工作效率，使某些繁琐的重复性工作变得简单易行。3D则是Photoshop CS4版本新增加的功能，现在用户在Photoshop中即可创建3D模型、赋予材质了，下面分别对它们进行讲解。

9.1　动　作

为了高效地完成一些重复性工作，Photoshop为用户提供了“动作”功能。在使用动作之前，必须经过一系列录制过程——创建动作，这样以后再遇到同样的工作时，只需单击一下“播放”按钮或按一个组合键就能完成这项工作。

9.1.1　录制动作

在记录动作之前一般需要新建一个组，以避免与Photoshop中自带的动作混淆，举例说明如下：

(1) 按“Ctrl+O”组合键打开素材中的“小baby”文件(此文件的颜色模式是RGB)，如图9-1-1所示。

图9-1-1

(2) 在“动作”面板中单击“创建新组”按钮，打开“新建组”对话框并命名新组为“模式转换”，如图9-1-2所示。单击“确定”按钮。

图9-1-2

(3) 单击“动作”面板底部的“创建新动作”按钮，打开“新建动作”对话框，并将动作名称命名为“超级动作”，如图9-1-3所示。

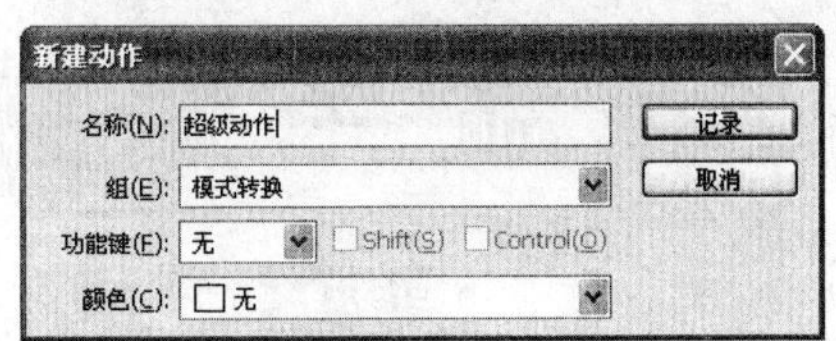

图9-1-3

对话框中各选项的含义如下：

“名称”：在此项右侧的文本框中可输入新动作的名称，本例输入的名称为“超级动作”。

“组”：在此项中可以指定将当前动作放入的某个组。单击右侧的下拉按钮，会弹出所有组的名称。

“功能键”：用于选择执行动作功能时的组合键。共有11种组合键，从F2～F12。选择其中任意一个功能键，其后的Shift与Control复选项即可选择。功能键与Shift键和Ctrl键组合后可产生44种组合键。

“颜色”：用于选择动作的颜色。此处设置的颜色，只有在显示按钮模式的动作面板中被显示出来。

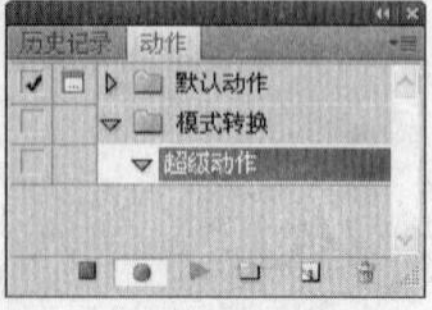

图9-1-4

(4) 在新建动作对话框中设置完成后，单击“记录”按钮，即可进入记录状态。在记录状态下，“记录”按钮呈红色显示，如图9-1-4所示。

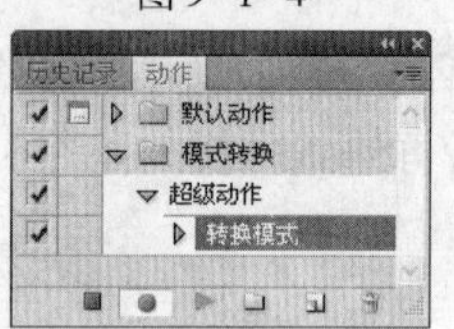

图9-1-5

(5) 选择菜单中的“图像/模式/CMYK颜色”命令，将当前图像模式转换成CMYK颜色模式。这一过程，Photoshop会自动记录下来，如图9-1-5所示。

(6) 记录完成后，单击“停止播放/记录”按钮，这个模式转换动作就被成功地记录下来了。

提示：

在动作“面板”上如果要更改序列或动作的名称，需双击该序列或动作名称。

9.1.2 播放动作

动作录制完成后，需要播放和使用这个动作，否则录制的动作将变得毫无意义。以上一节录制的动作为例：

图9-1-6

(1) 按“Ctrl+O”组合键打开素材中的“小女孩”文件（RGB模式），如图9-1-6所示。

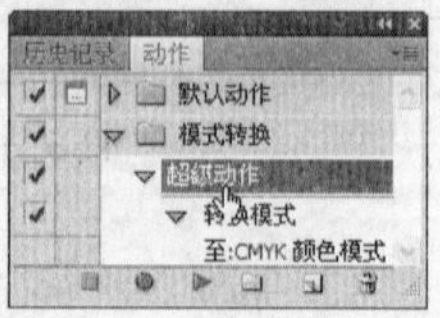

图9-1-7

(2) 在“动作”面板中选中要执行的动作：“超级动作”，如图9-1-7所示。

(3) 单击“动作”面板底部的“播放”按钮 ▶ ，如图9-1-8所示。这样就可以迅速地将一张RGB模式的图片转换成一张CMYK模式的图片。

图 9-1-8

为了方便操作，在执行动作时，可将动作面板中的动作转换成按钮模式。这样在执行该动作时，只需单击一下按钮即可。

要想将动作面板中的动作转换成按钮模式，单击“动作”面板右上角的“菜单”按钮，在弹出的面板菜单中选择“按钮模式”命令即可，如图9-1-9所示。

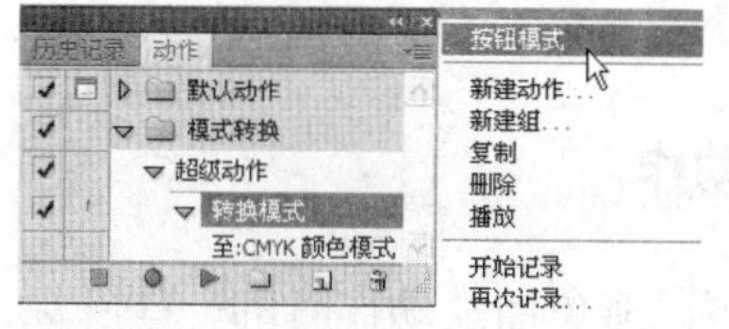

图 9-1-9

转换后的“动作”面板如图9-1-10所示。

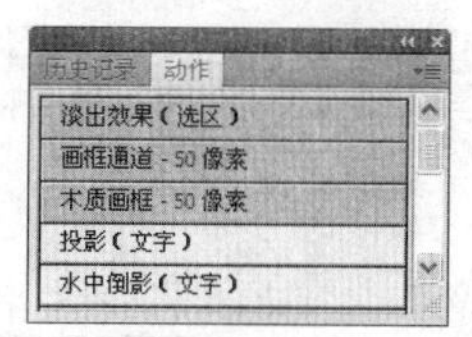

图 9-1-10

提示：

在按钮模式下执行动作时，Photoshop会执行动作中所有记录的命令，即使该动作中有些命令被关闭，也仍然会被执行。

此外，在播放动作时，经常会弹出一个对话框，告诉用户当前命令不可用等信息。造成这个问题的原因是播放动作的速度太快，计算机无法及时判断出错的根源。用户可以根据需要随时改变动作的播放速度。

单击“动作”面板右上角的“菜单”按钮，从弹出的下拉菜单中选择“回放选项”命令，打开”回放选项”对话框，如图9-1-11所示。

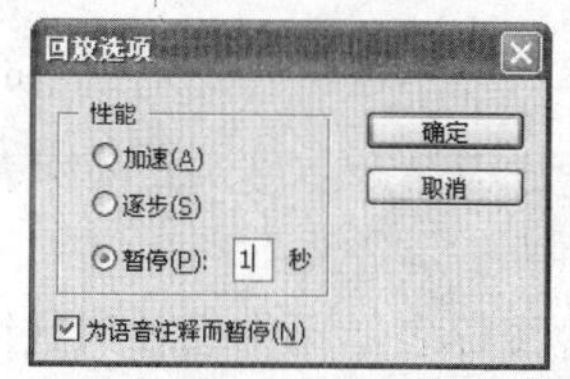

图 9-1-11

在“性能”选项组中有3个单选按钮，其含义分别是：

“加速”：选择此单选按钮，播放速度最快，也是Photoshop默认的选项。

“逐步”：选择此单选按钮，会一步一步地播放动作中的命令。

“暂停”：选择此单选按钮，可以在后面的文本框中输入暂停的时间，范围在1～60秒之间。播放动作时会在每一步作暂停，暂停时间由文本框内的数值决定。

勾选“为语音注释而暂停”复选框，在遇到有语音注释的命令时暂停。

提示：

在Photoshop中可以同时播放多个动作。方法是：按住Shift键并单击，可在同一个组中同时选

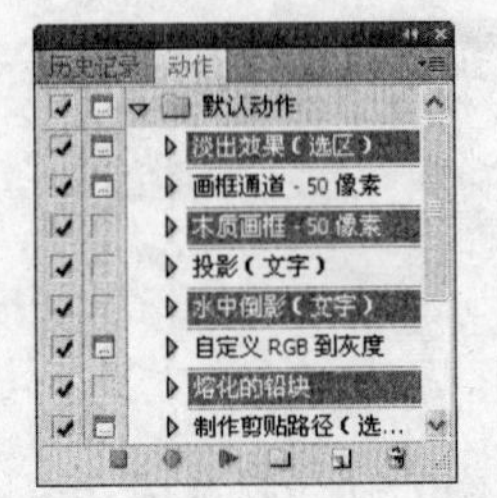

(a) 同时选择多个连续动作 (b) 同时选择多个不连续动作

图 9-1-12

中多个连续的动作；按住Ctrl键并单击，可在同一个组中同时选中多个不连续的动作，如图 9-1-12 (a) 和 (b) 所示。播放多个连续或不连续的组，其选择方法与选择多个动作的方法一样。

9.1.3 编辑动作

编辑动作可以避免播放动作时的一些麻烦，如不希望弹出某个对话框，或需要增加一个信息提示等；或在录制过程中出现错误，需要删除某个动作或增加某些操作等。

在讲解编辑动作前，还需要对“动作”面板上各个按钮功能和图标的含义进行了解。

(1) 按“Alt+F9”组合键快速打开“动作”面板，打开一个已经录制好的动作进行学习，如图 9-1-13 所示。

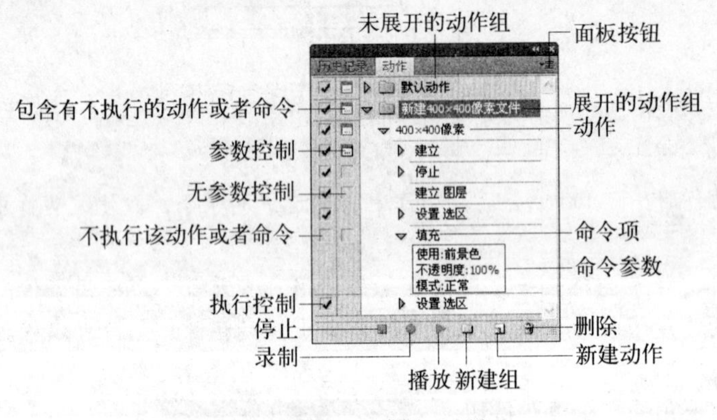

图 9-1-13

包含有不执行的动作或命令：显示此图标表示这个动作组或者某个动作中有不执行的动作或者命令。

参数控制：显示此图标表示动作播放到这里会停止，并让用户输入参数或进行其他控制。

无参数控制：此项表示播放动作时将没有阻碍，连续播放。

不执行该动作或命令：此项表示播放动作时不执行该动作或命令。

执行控制：显示此图标表示执行该命令。

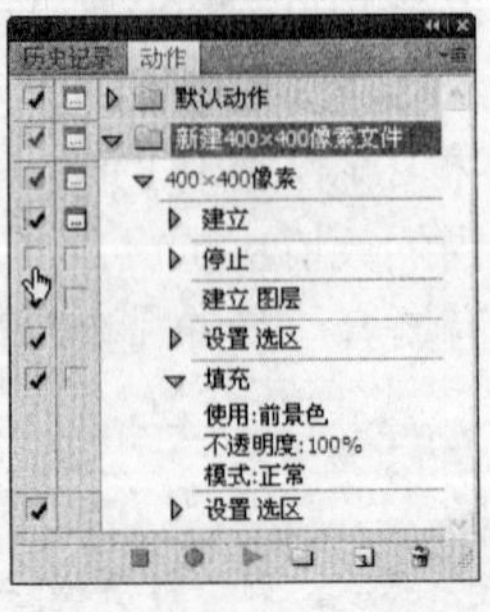

图 9-1-14

(2) 单击“停止”命令前面的“✓”号，使其隐藏，如图 9-1-14 所示。这样在播放动作的时候就不会执行该动作。

还可以在播放录制动作的时候更改一下填充的颜色。

(3) 单击“填充”命令前面的空白处，使其出现“参数控制”图标，如图9–1–15所示。这样，动作播放到这里会停止，并弹出对话框让你重新设置颜色。

如果想为录制的动作再增加某些操作，比如想把新建的文件直接存储起来，可按下面的操作进行。

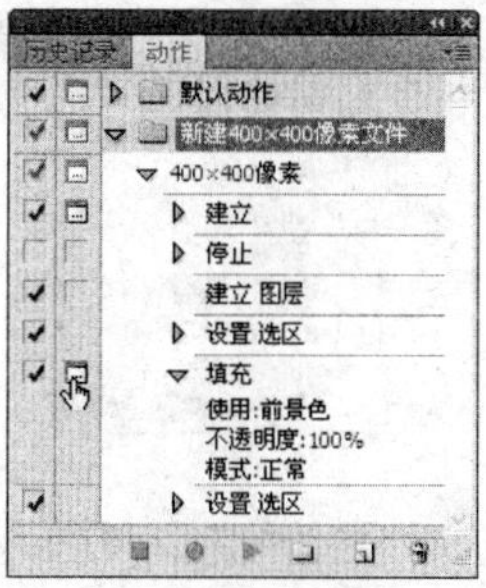

图9–1–15

(4) 选择“400像素×400像素”动作中的最后一个命令，并单击“开始记录”按钮，如图9–1–16所示（增加操作前）。

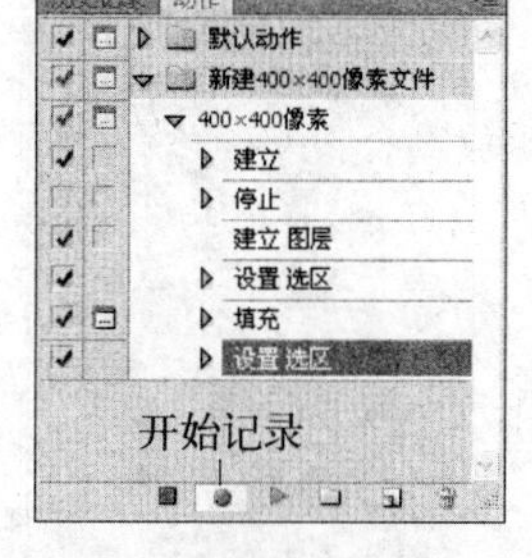

图9–1–16

(5)选择“文件/存储”命令,再按“Ctrl+W”组合键将文件关闭，单击“停止记录”按钮，此时动作面板的状态如图9–1–17所示（增加操作后）。这时如果单击“播放选区”按钮 ▶，文件将被自动存储并关闭。

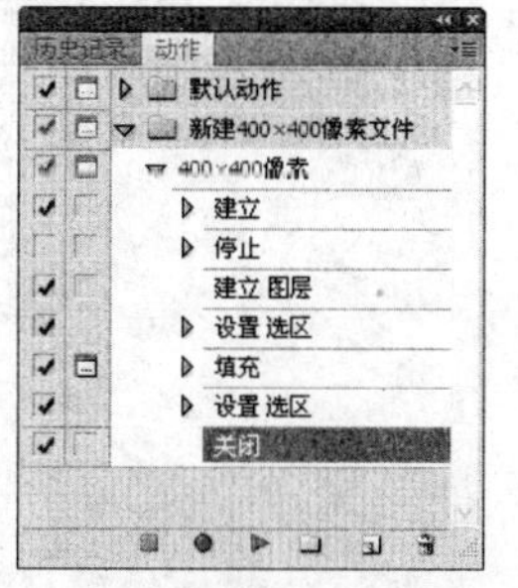

图9–1–17

如果不需要某个动作或者命令，可以将它删除。

(6) 删除操作：单击“建立图层”命令，将其拖动到“删除”图标上即可将此操作删除，如图9–1–18所示。

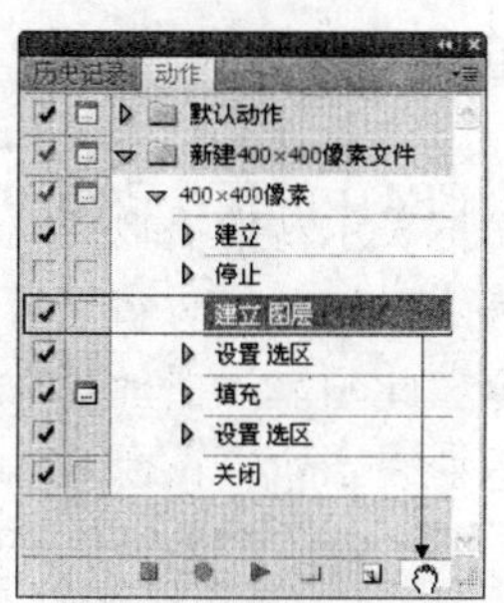

图9–1–18

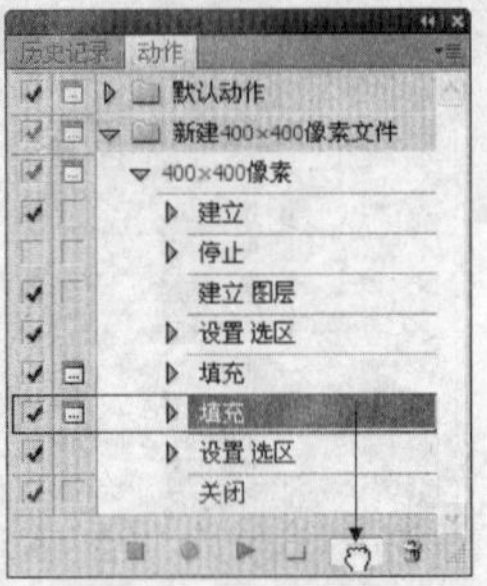

图 9−1−19

（7）复制操作：单击“填充”命令，并将其拖动到“创建新动作”图标上，如图 9−1−19 所示，此时即可复制这个操作。

图 9−1−20

（8）单击“播放选区”按钮，这时将弹出两次填充对话框，在对话框中选择一种图案，单击“确定”按钮，图像效果如图 9−1−20 所示。

提示：

以上所讲的内容只涉及到部分动作的编辑操作。

9.1.4 使用 CS4 中的自带动作

本例使用 Photoshop CS4 中的预置动作，并使用软件中自带的动作为图像制作一个暴风雪的效果。

图 9−1−21

（1）按“Ctrl+O”组合键打开素材中的“江边”文件，如图 9−1−21 所示。

(2) 选择菜单中的“窗口 / 动作”命令，或按“Alt+F9”组合键快速打开“动作”面板，如图 9-1-22 所示。

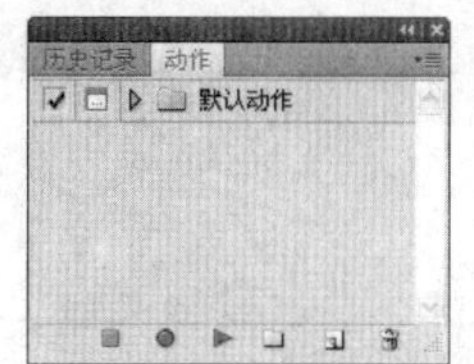

图 9-1-22

(3) 单击“动作”面板右上角的“菜单”按钮，从弹出的下拉菜单中选择“图像效果”命令，如图 9-1-23 所示。

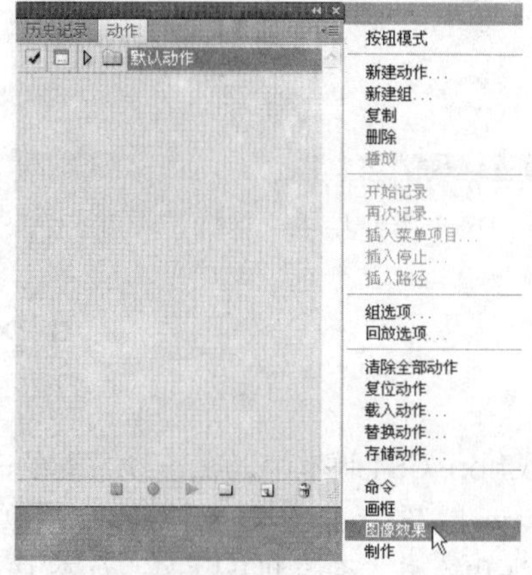

图 9-1-23

(4) 此时“图像效果”动作组被调出来了。单击“图像效果”动作组前面的“三角”按钮，展开此动作组，如图 9-1-24 所示。

图 9-1-24

(5) 单击“图像效果”动作组中的“暴风雪”动作，并单击“动作”面板底部的“播放”按钮 ▶，如图 9-1-25 所示。

图 9-1-25

图 9-1-26

(6) 此时便为图像添加了暴风雪效果，如图 9-1-26 所示。

9.2 3D

在 Photoshop CS4 版本中，在三维方面的改进可以说是巨大的。用户不仅可以打开和处理由 3D Max、Maya 以及 Google Earth 等程序创建的 3D 文件，而且还可以在 Photoshop 中独立创建 3D 模型、渲染和输出三维模型及贴图。如今 Photoshop 中的 3D 功能已经日趋成熟，变得越来越强大了。

9.2.1 关于 OpenGL

OpenGL 是一种软件和硬件标准，可在处理大型或复杂图像（如 3D 文件）时加速视频处理过程。不过使用 OpenGL 功能需要显卡支持 OpenGL 的标准，如果显卡支持 OpenGL 功能，可按照下面的方法将其启用：

选择“编辑 / 首选项 / 性能”命令，在弹出的“首选项”对话框中勾选右侧“GPU 设置”选项组中的“启用 OpenGL 绘图”复选框，单击“确定”按钮即可启用 OpenGL 绘图功能，如图 9-2-1 所示。

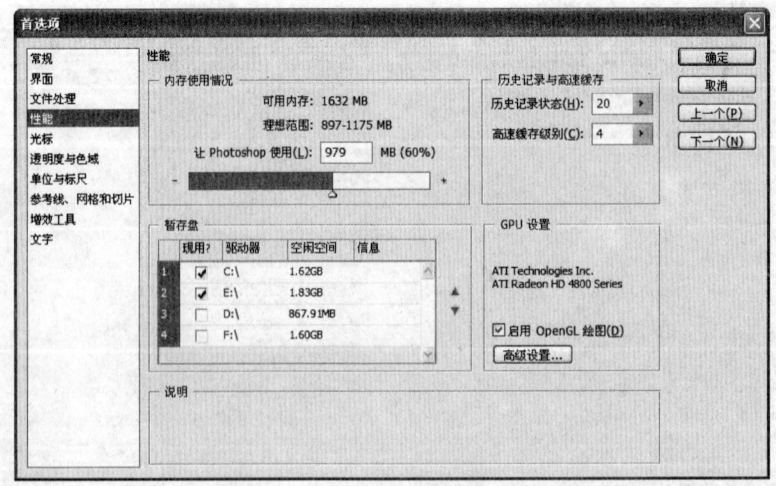

图 9-2-1

提示：

如果显卡不支持OpenGL的标准，则不能勾选“启用OpenGL绘图”复选框，需要升级显卡驱动程序或重新更换新的显卡。

9.2.2　创建3D图像

在Photoshop CS4版本中可以通过好几种方式来创建3D图像，下面介绍3种常用的创建3D图像的方法。

1.从2D图像创建3D图像

从2D图像创建3D图像就是将一幅平面图像作为起始点来创建3D图像。将平面图像转换为3D图像后，该平面图层也相应被转换为3D图层，举例说明如下：

(1) 按“Ctrl+O”组合键打开素材中的“女星”文件，此时图像效果和“图层”面板状态如图9–2–2 (a) 和 (b) 所示。

(a)

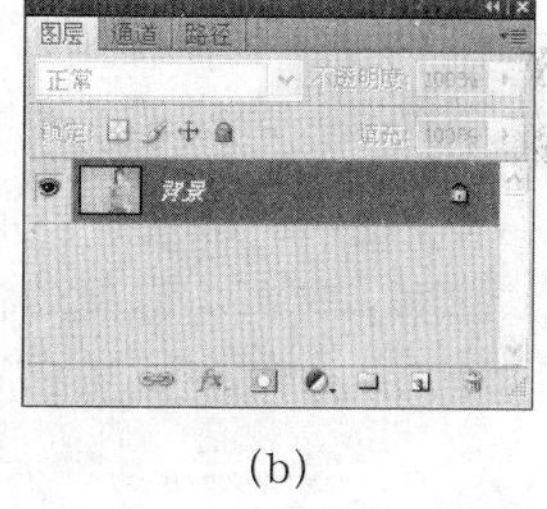

(b)

图9–2–2

(2) 选择“3D/从图层新建3D明信片”命令，如图9–2–3所示。

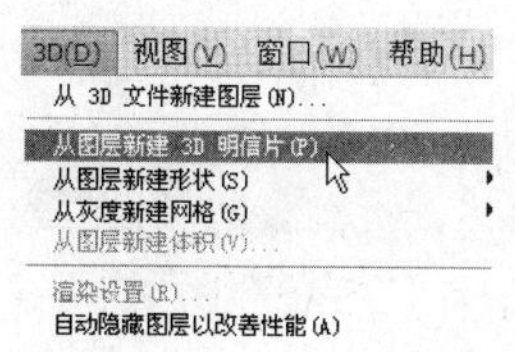

图9–2–3

(3) 此时“图层”面板中的平面图层被转换为3D图层，如图9–2–4所示。

(4) 选择工具箱中的“3D旋转工具”，如图9–2–5所示。

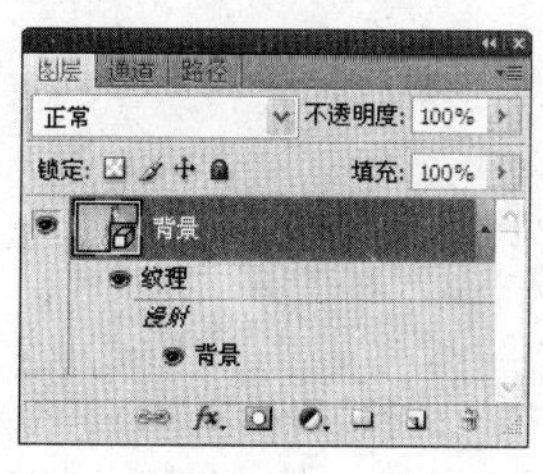

图9–2–4

图9–2–5

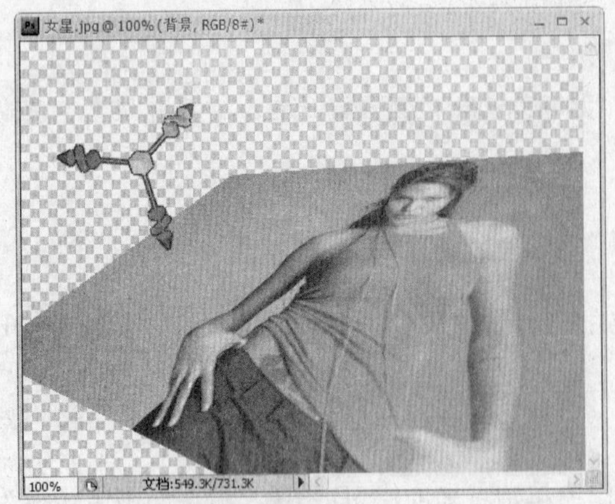

图9-2-6

(5) 移动鼠标指针到窗口内并按住鼠标左键拖动，此时可以旋转这个3D图像，如图9-2-6所示。

2. 从图层创建3D图像

从图层创建3D图像可以创建一些基本的3D图像，如锥形、立方体和圆柱体等，举例说明如下：

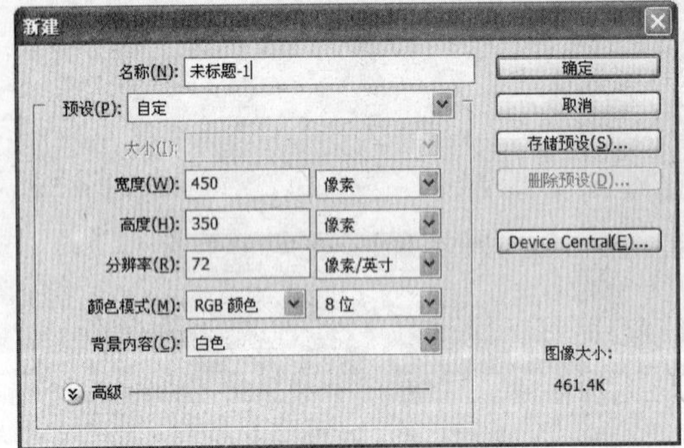

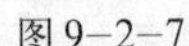
图9-2-7

(1) 按“Ctrl+N”组合键打开“新建”对话框，设置“宽度”为450像素，“高度”为350像素，“分辨率”为72像素/英寸，“颜色模式”为RGB颜色，“背景内容”为白色，如图9-2-7所示，单击“确定”按钮。

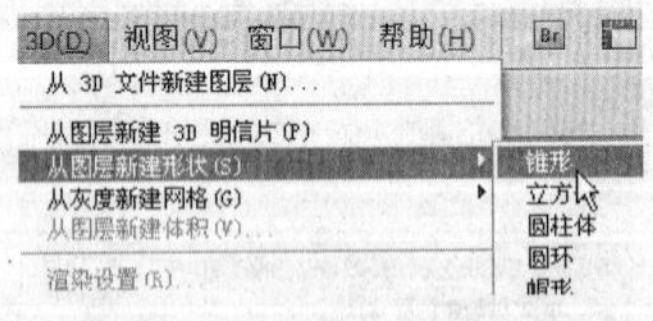

图9-2-8

(2) 选择“3D/从图层新建形状/锥形”命令，如图9-2-8所示。

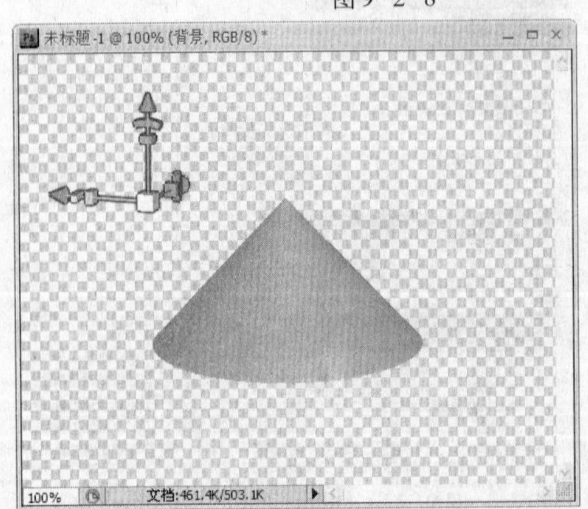

图9-2-9

(3) 此时便创建了一个锥形的3D图像，如图9-2-9所示。

（4）“图层”面板中的平面图层也被转换为3D图层，如图9−2−10所示。

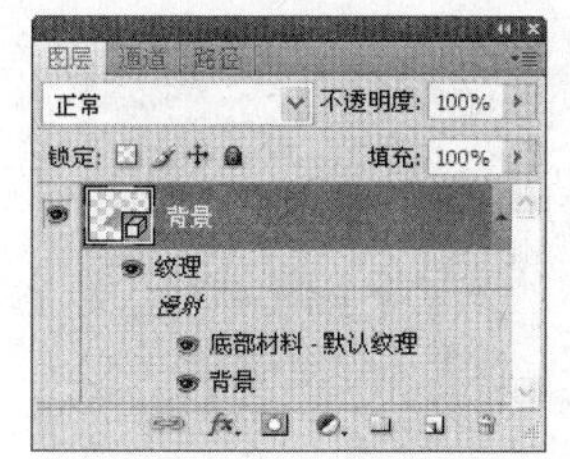

图9−2−10

3.从灰度图像创建3D图像

从灰度图像创建3D图像可以将一幅灰度图像转换为3D图像，其中白色的区域将会凸起，黑色的区域将会凹陷，灰色面域将会根据其具体灰度进行凸起或凹陷。此种方法也是一种常用的创建3D图像的方法，其创建方法举例说明如下：

（1）按“Ctrl+N”组合键同样新建一个“宽度”为450像素，“高度”为350像素，“分辨率”为72像素／英寸，“颜色模式”为RGB颜色，“背景内容”为白色的文件，如图9−2−11所示。

（2）选择“滤镜／渲染／分层云彩”命令，制作出图9−2−12所示的黑白图像效果。

图9−2−11

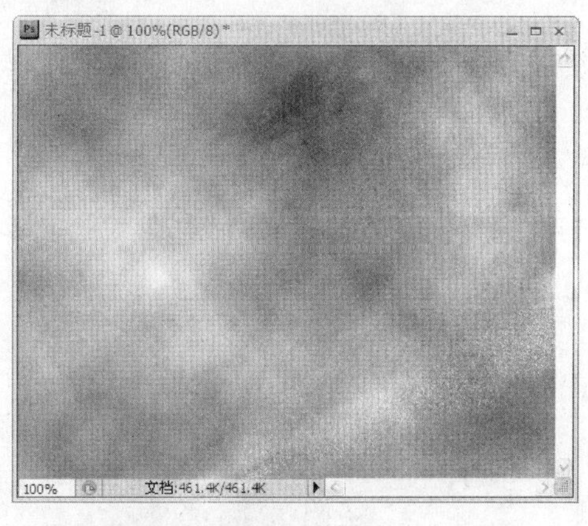

图9−2−12

（3）选择“滤镜／模糊／高斯模糊”命令，从弹出的“高斯模糊”对话框中设置一个大小合适的“半径”，如图9−2−13所示。

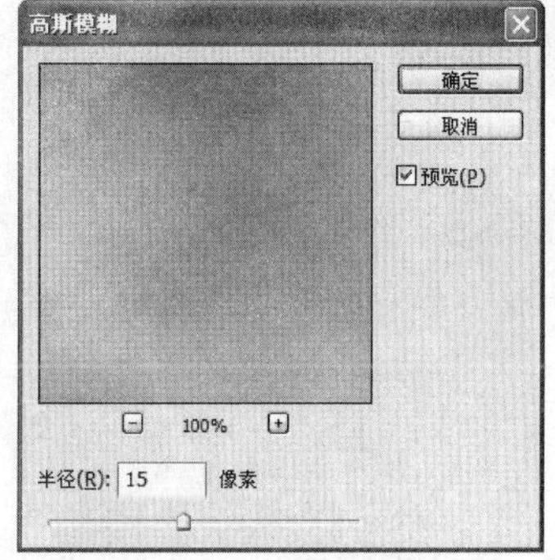

图9−2−13

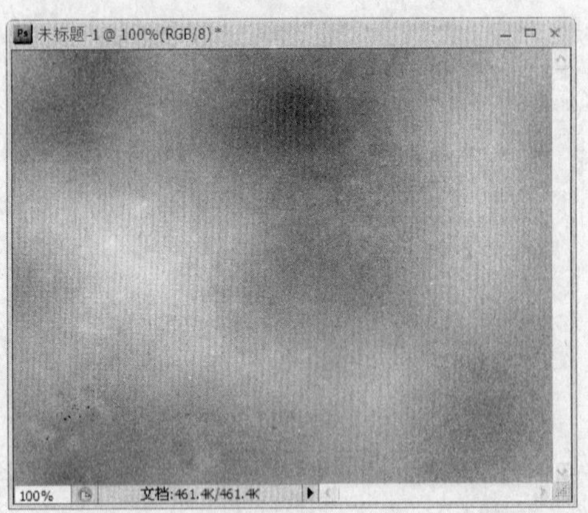

图 9–2–14

(4) 单击“确定”按钮，降低图像的对比度，效果如图 9–2–14 所示。

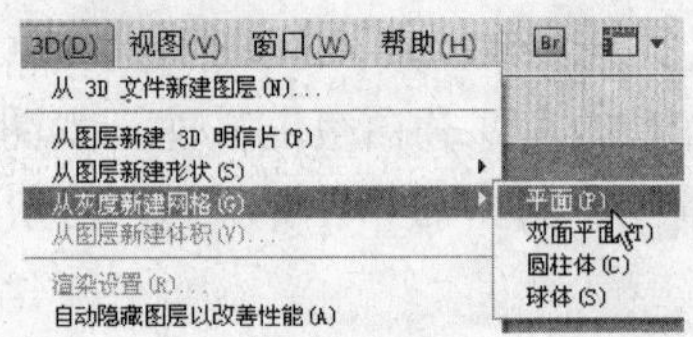

图 9–2–15

(5) 选择“3D/从灰度新建网格/平面”命令，如图 9–2–15 所示。

提示：

用户在此也可以选择“双面平面”、“圆柱体” 和“球体” 等选项进行实验。

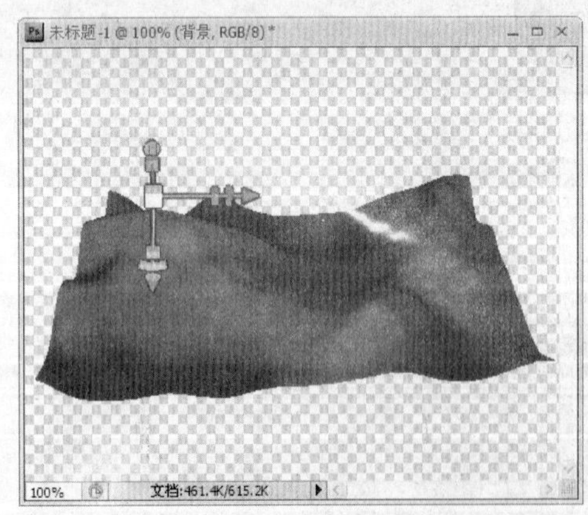
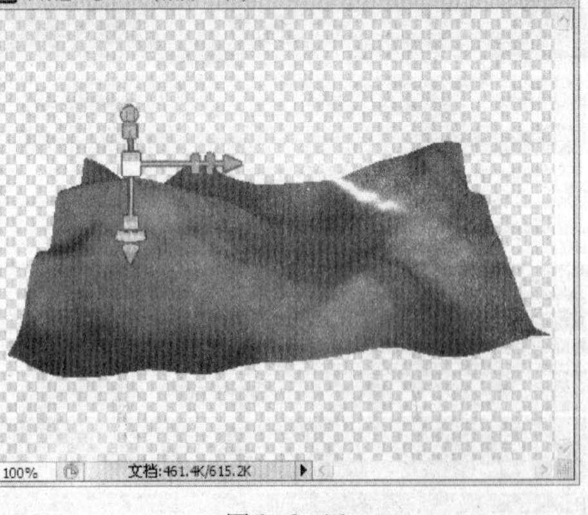

图 9–2–16

(6) 选择“3D 旋转工具”，移动鼠标指针到窗口内并按住鼠标左键拖动，此时可以发现，我们已经创建了一个类似山脉的3D图像，如图9–2–16 所示。

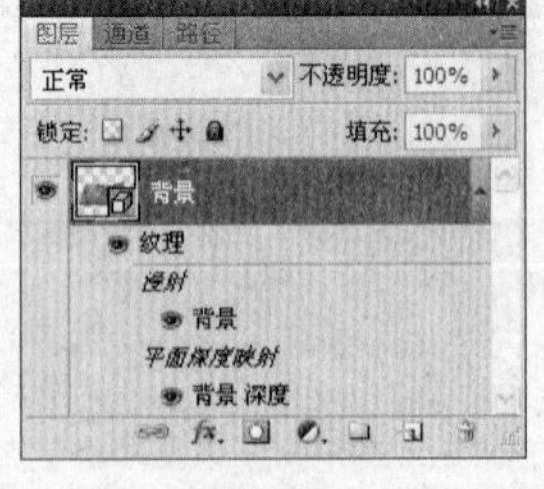

图 9–2–17

(7) 此时“图层”面板中的平面图层也被转换为 3D 图层，如图 9–2–17 所示。

9.2.3 添加3D材质

前面一节介绍了创建3D图像的方法，本节将介绍一些渲染3D图像的方法，如贴图、漫射等，使创建出的3D图像更具真实感。

1.替换材料

替换材料可以将各种纹理材料赋予3D物体上，这样可以迅速为3D物体更换材质，得到各种不同的效果。继续以上一例进行讲解。

（1）按“Ctrl+O”组合键打开上一节制作的“从灰度图像创建3D图像”文件，如图9–2–18所示。

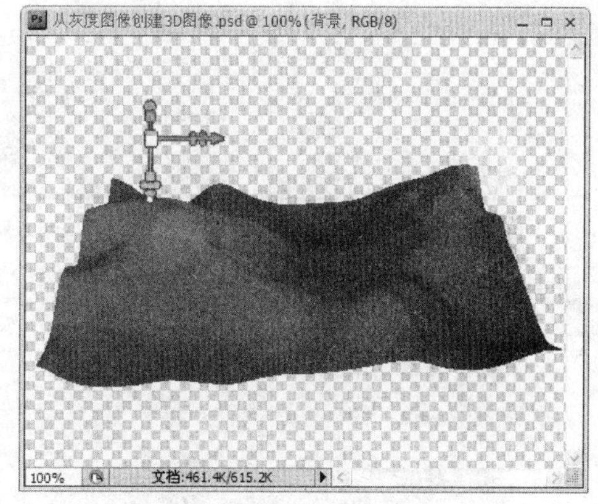

图9–2–18

（2）单击“3D”面板上方的“材料”按钮，使“3D”面板只显示3D物体的材料属性，如图9–2–19所示。

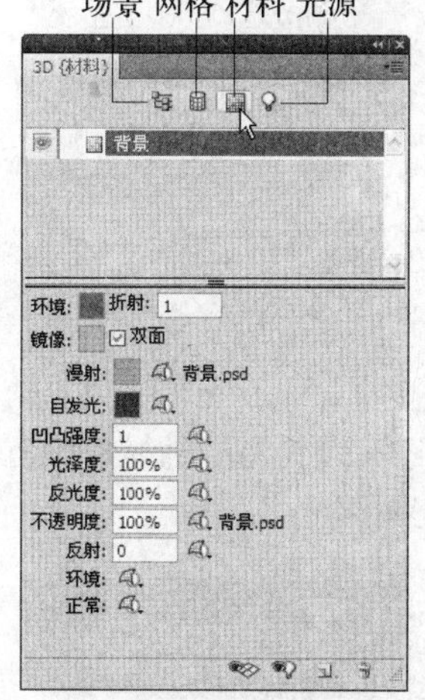

图9–2–19

（3）单击“3D”面板菜单按钮，从弹出的下拉菜单中选择“替换材料”命令，如图9–2–20所示。

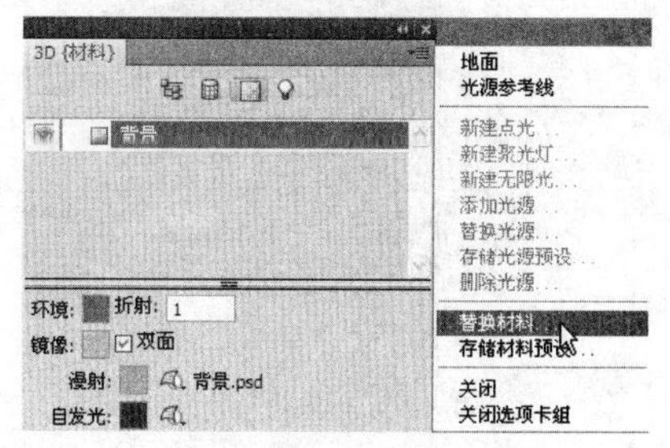

图9–2–20

（4）在随即弹出的“载入”对话框中选择“Stucco.p3m”文件，如图9–2–21所示。

图 9–2–21

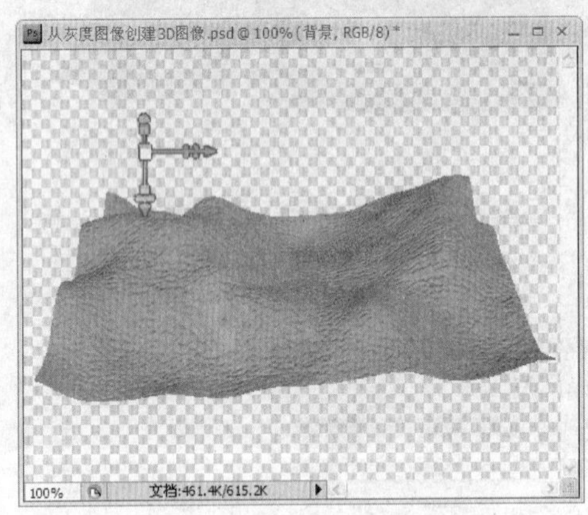

图 9–2–22

（5）单击“载入”按钮，此时就将选择的灰泥材料赋予到 3D 物体上了，效果如图 9–2–22 所示。

2. 设置映射属性

除了赋予材料外，还可以为每一种材料设置多种映射属性，如漫射、自发光、光泽度、不透明度等。下面接上例继续讲解：

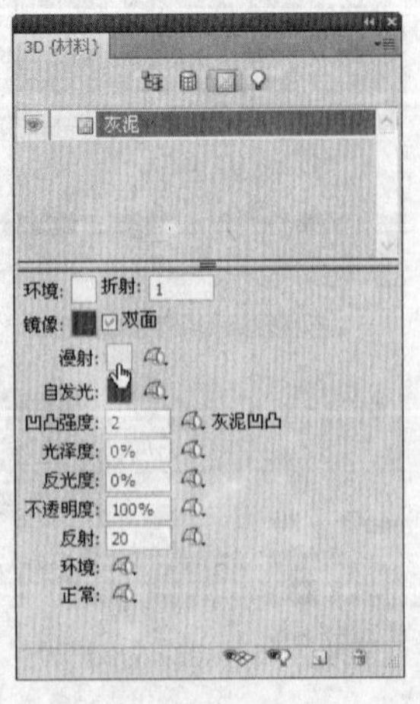

图 9–2–23

（1）单击“漫射”后面的色块，如图 9–2–23 所示。

（2）从弹出的“选择漫射颜色”对话框中选择一种颜色，如图9–2–24所示。

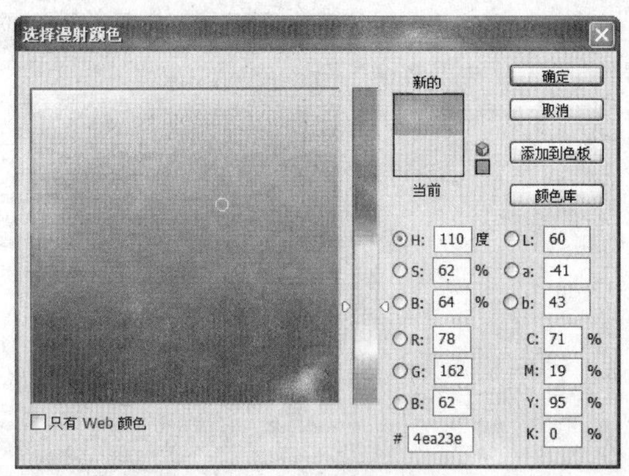

图9–2–24

（3）单击“确定”按钮，设置的颜色被应用到3D物体上了，如图9–2–25所示。

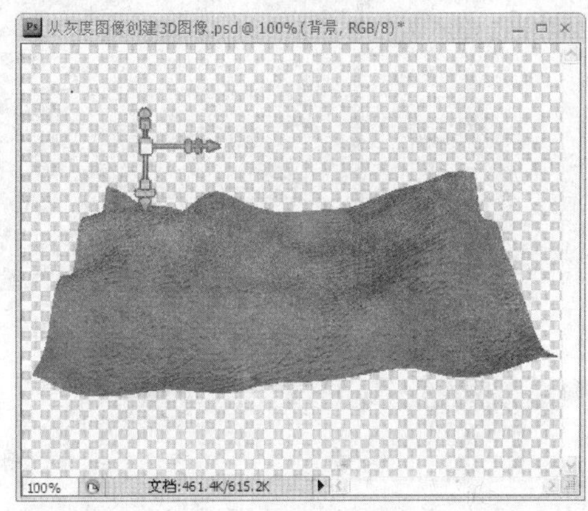

图9–2–25

提示：

漫射用于定义3D物体的基本颜色，用户也可以在此为3D物体添加漫射纹理贴图。

（4）单击“光泽度”后面的“纹理映射菜单图标”，并在弹出的下拉菜单中选择“载入纹理”选项，如图9–2–26所示。

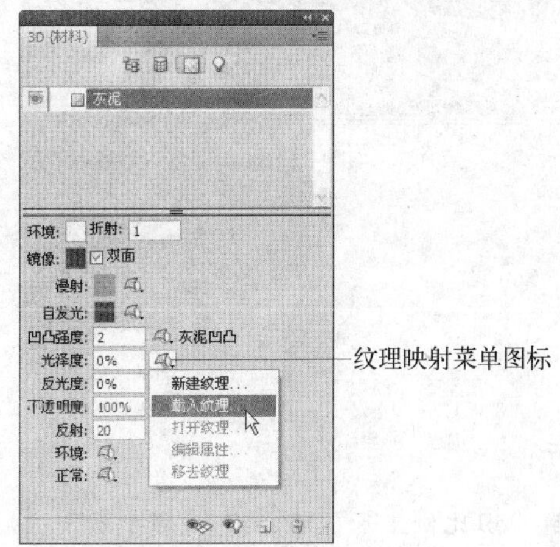

图9–2–26

（5）从弹出的“打开”对话框中选择素材中提供的“眩光”文件，如图9–2–27所示。

图 9–2–27

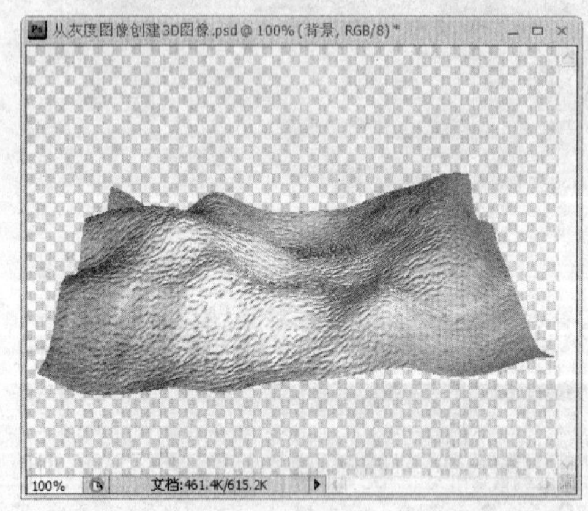

图 9–2–28

(6) 单击“打开”按钮，光泽度纹理贴图被赋予到3D物体上了，如图9–2–28所示。

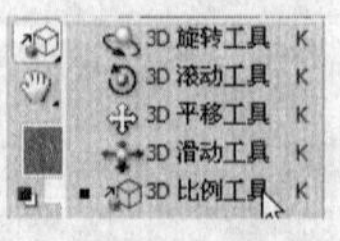

图 9–2–29

(7) 选择工具箱中的“3D比例工具”，如图9–2–29所示。

提示:

使用“3D比例工具”可以将3D模型放大或缩小，按住Alt键拖动还可沿着z轴方向进行缩放。

（8）移动鼠标指针到3D物体的中间，按住鼠标左键并往前推，将物体放大。之后用“3D平移工具”将其移动到图9-2-30所示的位置。

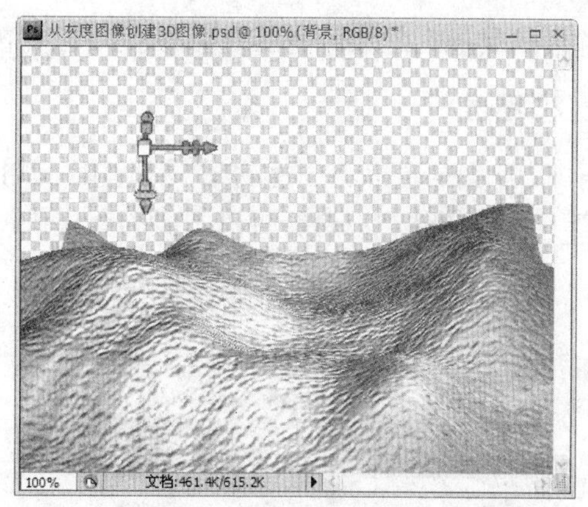

图9-2-30

（9）按“Ctrl+O”组合键打开素材中的“风景”文件，如图9-2-31所示。

图9-2-31

（10）将两幅图像合成后的效果如图9-2-32所示。

图9-2-32

提示：

合成图像的方法在此就不再作介绍，感兴趣的用户可打开源文件进行查看。

9.2.4　导出和存储3D文件

前面已经讲了如何创建3D模型和为模型添加材质，那么如何保存这些文件，以及将创建的3D

模型输出成其他三维软件能够处理的格式呢？下面分别进行介绍。

1.导出3D图层

导出3D图层可以将创建的3D模型和处理的贴图再次导出为三维格式，提供给Maya、3ds Max等其他的软件，以进行更进一步的合成或渲染操作。

图9-2-33

（1）继续接上例进行操作。移动鼠标指针到3D图层上并单击鼠标右键，从弹出的快捷菜单中选择“导出3D图层”选项，如图9-2-33所示。

（2）从弹出的“存储为”对话框中选择好保存位置后，在“格式”下拉列表中选择一种格式，如图9-2-34所示。

图9-2-34

提示：

只有Collada DAE会存储渲染设置。

U3D和KMZ支持JPEG或PNG作为纹理格式。

DAE和OBJ支持所有Photoshop支持的用于纹理的图像格式。

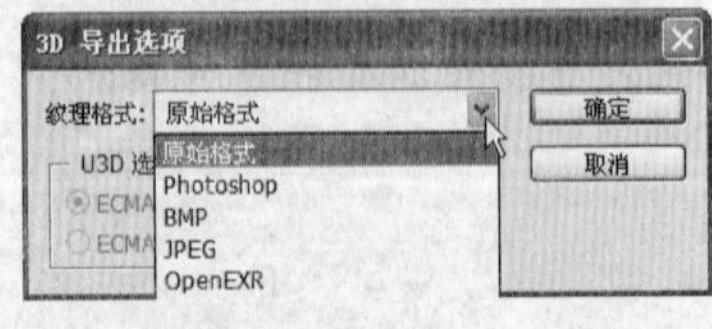

图9-2-35

（3）单击“保存”按钮，在随即弹出的“3D导出选项”对话框中保持默认的“原始格式”选项，如图9-2-35所示。

（4）单击“确定”按钮，即可将模型和贴图等文件导出，如图 9–2–36 所示。

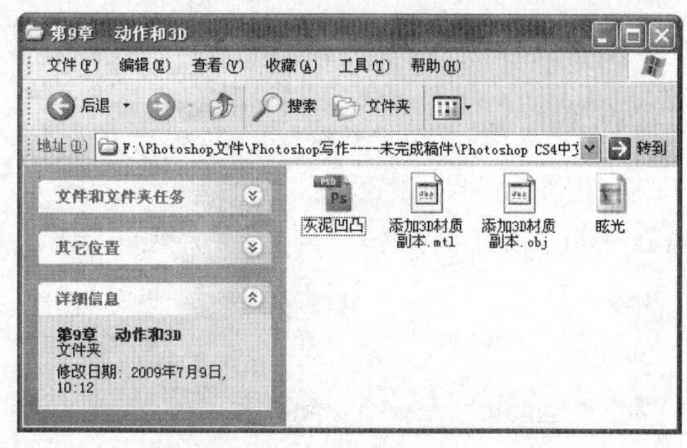

图 9–2–36

2. 存储 3D 文件

如果不想导出为三维格式文件，用户也可以将 3D 文件保存起来，但只能保存 3D 模型的位置、光源、渲染模式和横截面，并且要以 PSD、PSB、TIFF 或 PDF 格式储存。

要存储 3D 文件，选择“文件 / 存储为”命令，从弹出的“存储为”对话框中选择相应的格式选项，并单击“保存”按钮即可。

9.3　实例：易拉罐包装

有了 3D 功能，制作某些包装效果就更加方便了。本例针对本章所学的知识进行设计，主要运用了创建模型、替换材料、载入贴图和改变光源强度等知识，目的是展示 Photoshop 中的三维制图功能以及巩固本章知识。

（1）按“Ctrl+N”组合键打开“新建”对话框，在“名称”后面的文本框中输入“易拉罐包装”文字，设置“宽度”为 500 像素，“高度”为 400 像素，“分辨率”为 72 像素 / 英寸，其他参数如图 9–3–1 所示。

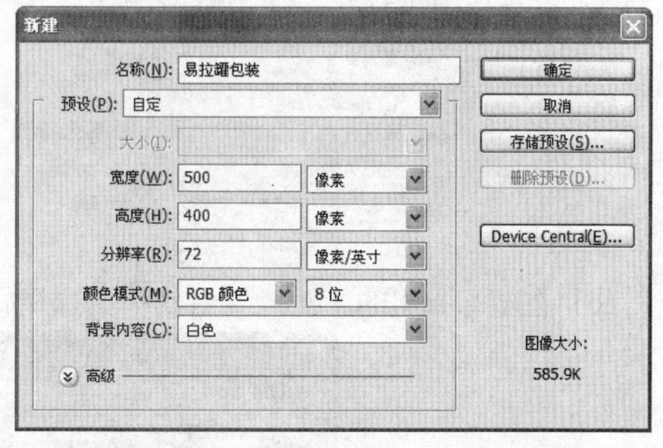

图 9–3–1

（2）单击“确定”按钮，新建一个空白文件。单击“图层”面板底部的“创建新图层”按钮，新建一个“图层 1”图层，如图 9–3–2 所示。

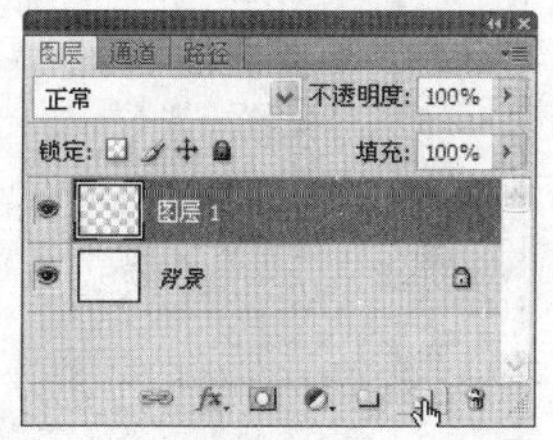

图 9–3–2

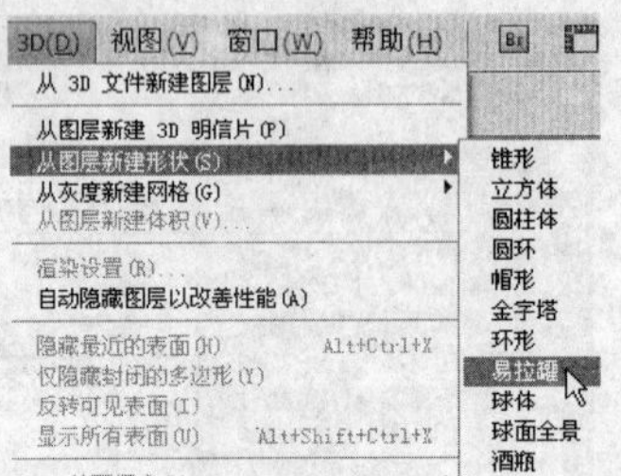

图 9–3–3

（3）选择“3D/ 从图层新建形状 / 易拉罐”命令，创建一个易拉罐模型，如图 9–3–3 所示。

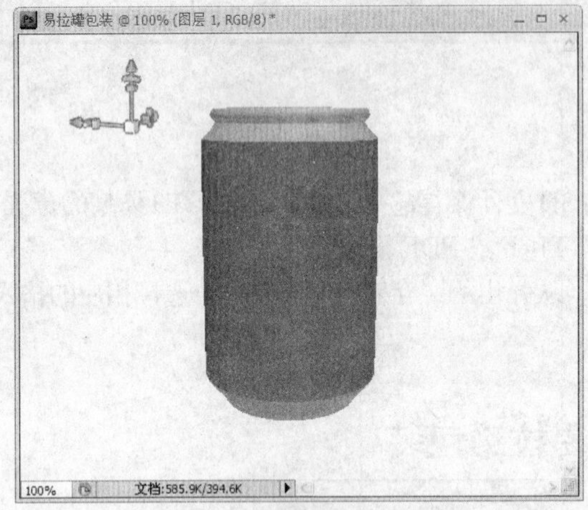

图 9–3–4

（4）选择工具箱中的“3D 缩放工具”，移动鼠标指针到模型上，按住鼠标左键并向上拖动，将易拉罐稍稍缩小，如图 9–3–4 所示。

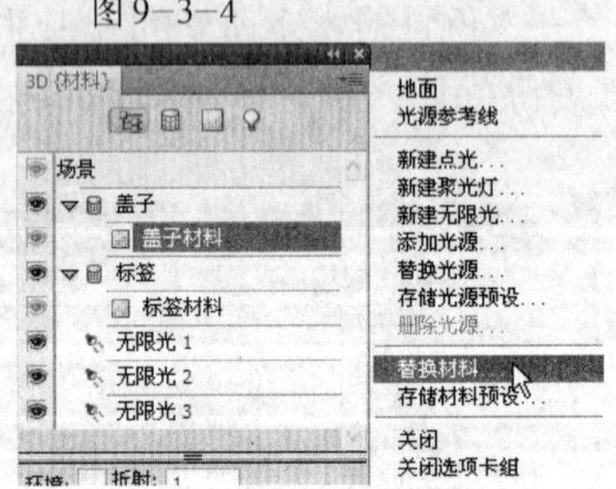

图 9–3–5

（5）单击“3D”面板中的“场景”按钮，再选择其下的“盖子材料”，之后选择面板菜单中的“替换材料”命令，如图 9–3–5 所示。

（6）在随即弹出的“载入”对话框中选择“Brushed Steel.p3m”文件，如图 9–3–6 所示。

图 9–3–6

（7）单击“载入”按钮，此时就将选择的拉丝表面材料赋予到易拉罐上下底盖上了，效果如图9–3–7所示。

（8）单击“3D”面板中的“标签材料”，之后再单击“漫射”后面的“纹理映射菜单图标”，并在弹出的下拉菜单中选择“载入纹理”选项，如图9–3–8所示。

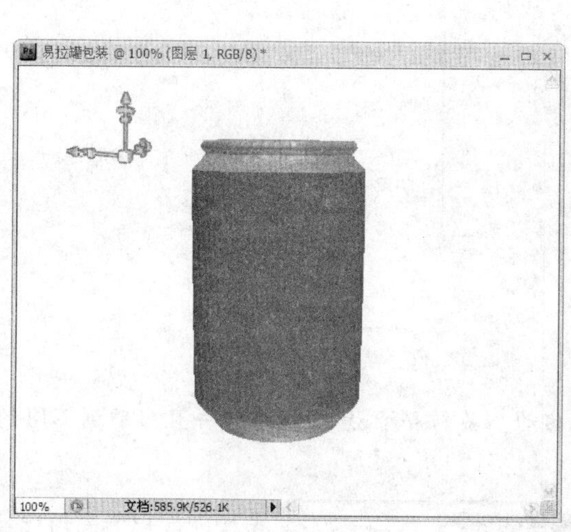

图9–3–7

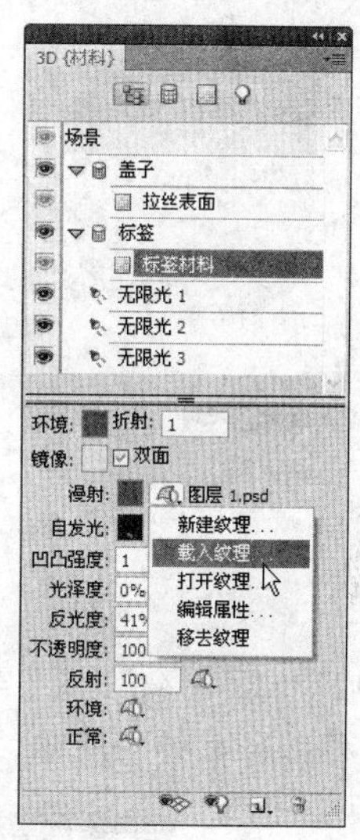

图9–3–8

（9）从弹出的“打开”对话框中选择素材中提供的“啤酒贴图”文件，如图9–3–9所示。

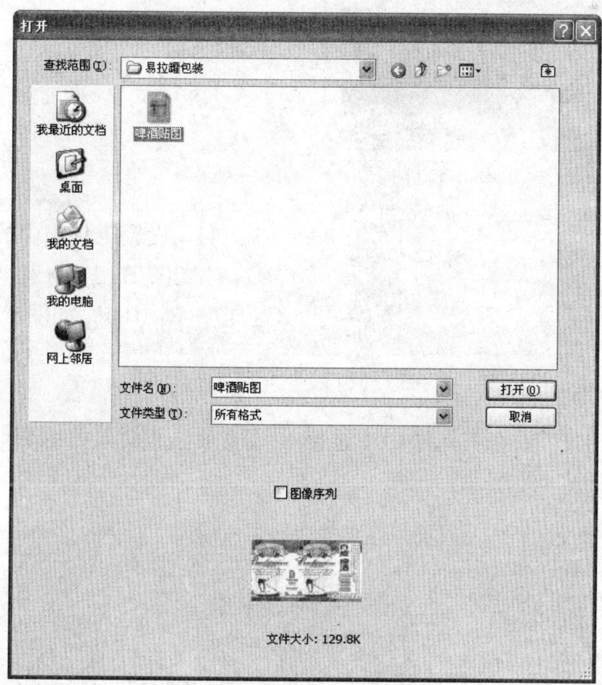

图9–3–9

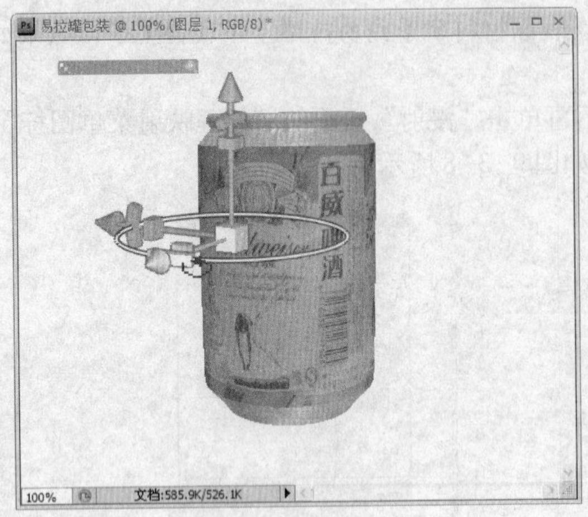

图 9–3–10

(10) 单击“打开”按钮，将贴图文件赋予到3D物体上。移动鼠标指针到绿色弯曲的旋转线段上，等出现黄色圆环后按住鼠标左键并拖动，将贴图的正面旋转到正前方，如图9–3–10所示。

提示：

使用3D轴可以沿着X、Y或Z轴移动、旋转和缩放3D模型，并且移动到不同的部位会按照固定的路径进行移动、旋转和缩放。

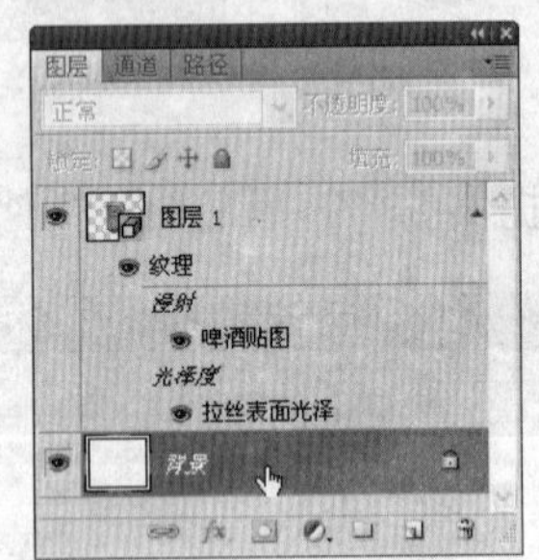

图 9–3–11

(11) 单击“图层”面板底部的“背景”图层，如图9–3–11所示。

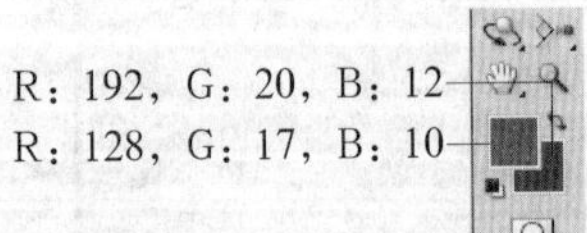

图 9–3–12

(12) 设置工具箱中的前景色为浅红色（R：192，G：20，B：12），背景色为深红色（R：128，G：17，B：10），如图9–3–12所示。

(13) 选择“渐变工具”，在其选项栏中选择“从前景色到背景色渐变”，并单击“线性渐变”按钮，其他设置如图9–3–13所示。

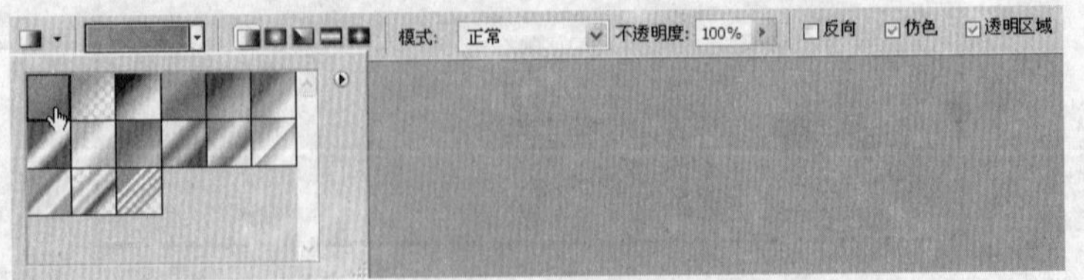

图 9–3–13

（14）移动鼠标指针到画面的右上角，按住鼠标左键并向左下角拖动，在“背景”图层上创建出从浅红到深红色的线性渐变，如图9–3–14所示。

图9–3–14

（15）单击3D图层“图层1”，准备在此图层上操作，如图9–3–15所示。

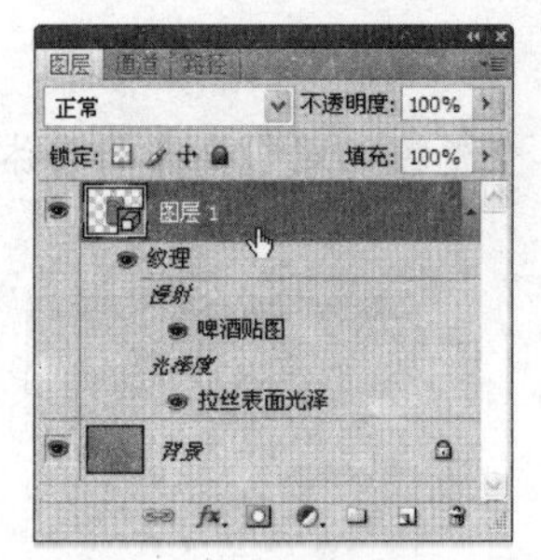

图9–3–15

（16）单击“3D”面板中的“无限光2”光源，设置其下的“强度”为1.75x，如图9–3–16所示。

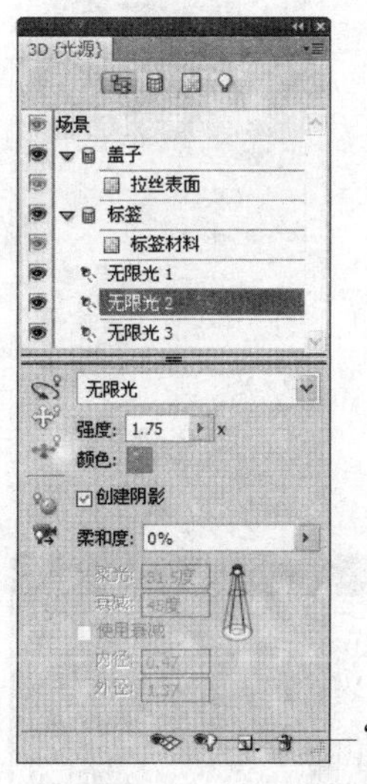

图9–3–16

提示：

单击“3D”面板下的“切换光源”按钮可在文件窗口中显示出各个光源的位置。

图 9-3-17

(17) 此时光源效果得到了加强，效果如图 9-3-17 所示。

提示：

用户如果要查看各个光源的照射强度和具体位置，可在“3D”面板中单击灯光名称前面的眼睛图标。

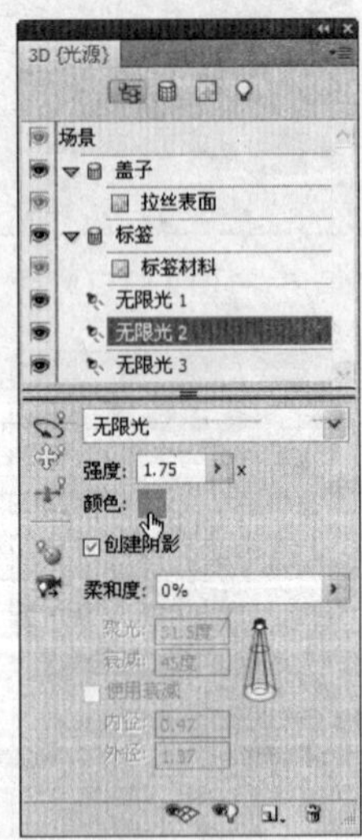

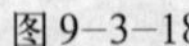
图 9-3-18

(18) 单击“颜色”后面的色块，如图 9-3-18 所示。

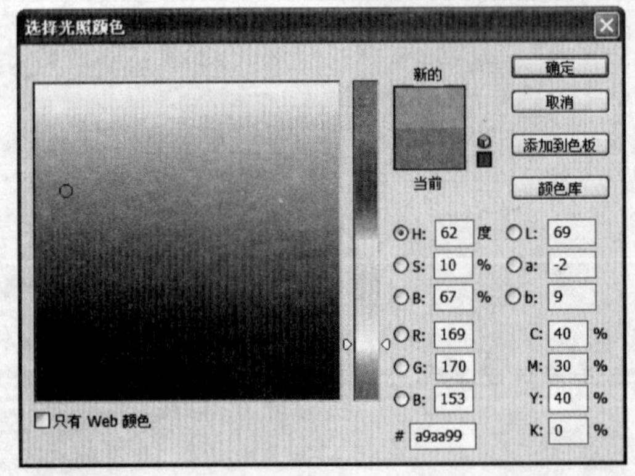

图 9-3-19

(19) 从弹出的“选择光照颜色”对话框中选择一种颜色，如图 9-3-19 所示。

（20）单击“确定”按钮，设置的颜色即被应用到3D物体上。拖动“图层1”到“图层”面板底部的“创建新图层”按钮，复制出一个“图层1 副本”图层，并将“图层1”栅格化，如图9–3–20所示。

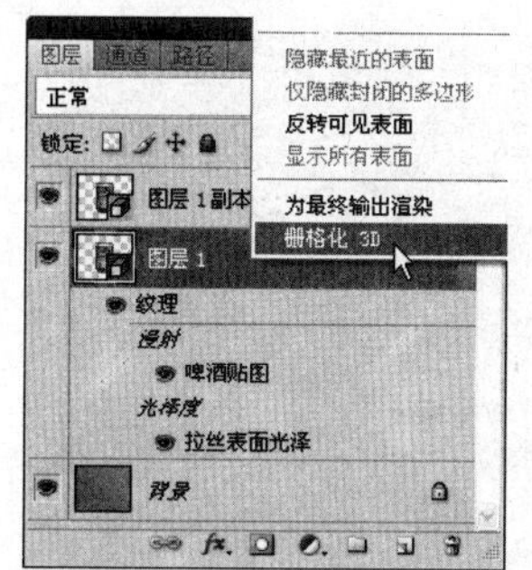

图9–3–20

（21）在“图层1”上操作。按“Ctrl+T”组合键执行自由变换，并在选项栏中将参考点的位置设置成下方居中，如图9–3–21所示。

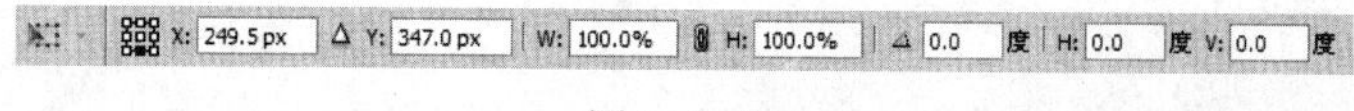

图9–3–21

（22）在变换控制框上单击鼠标右键，从弹出的快捷菜单中选择“垂直翻转”命令，如图9–3–22所示。

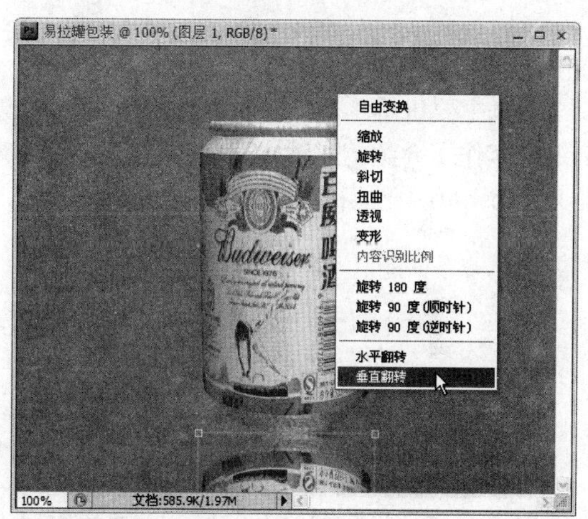

图9–3–22

（23）按Enter键确认变换。设置“图层1”的“不透明度”为40%，如图9–3–23所示。

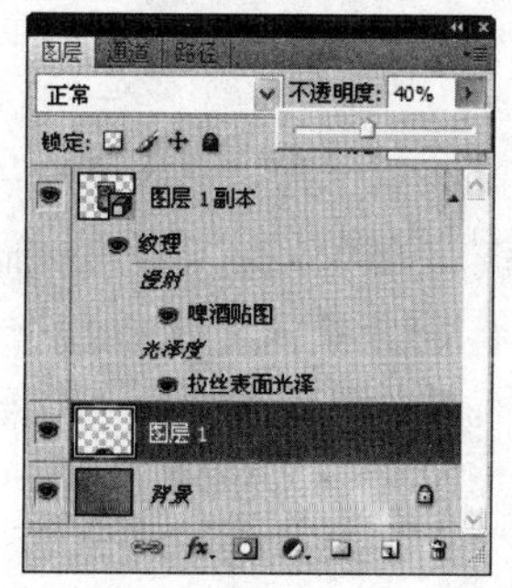

图9–3–23

图 9-3-24

(24) 到此，一个易拉罐包装效果就完成了，如图 9-3-24 所示。

9.4 小 结

本章主要讲解了Photoshop中的动作和3D功能，并对动作的记录、播放以及模型的创建、输出等内容作了介绍。通过本章的学习，用户不仅要学会将动作操作应用到实际工作中，还要学会在Photoshop中使用3D功能。

9.5 练 习

一、填空题

(1) 打开、关闭“动作”面板的快捷键是______。

(2) 在“动作”面板中，如果序列前面打上黑色✔号，表示________________。

(3) 在“动作”面板中，如果序列前面的图标▭以红色显示，则表示此序列中只有部分动作或命令设置了______操作。

二、选择题

(1) 在“动作”面板菜单中，选择______命令，可以改变播放动作时的速度。

A.插入菜单项目　B.停止插入　C.动作选项　D.回放选项

(2) 要在“动作”面板中同时选中多个不连续的序列或动作，可配合______键。

A.Shift　B.Ctrl　C.Alt　D.Tab

(3) 本章介绍了______种创建 3D 图像的方法。

A.1　B.2　C.3　D.4

三、问答题

(1) 在记录动作之前新建动作组的目的是什么？

(2) 如何启用 OpenGL 功能？

(3) 如何输出成三维模型和贴图以供其他三维软件继续使用？

第10章 滤 镜

滤镜是Photoshop中一个较有特色的功能，可以制作很多特殊的图像效果。本章将循序渐进地介绍Photoshop中滤镜的使用、编辑和应用，并通过最后的实例使读者加深对滤镜的认识，将知识应用到实际作品中。

10.1 什么是滤镜

滤镜可以理解为一个加工“图像”的机器，图像经过它的加工后，可以实现各种特殊的效果，因此，滤镜在Photoshop中被称为图像处理的“灵魂”。在Photoshop中经过一次或多次地为图像添加“滤镜”效果，不仅可以模拟出艺术绘画效果，还可以模拟出虚拟的迷幻景象，非常神奇。

10.2 使 用 滤 镜

本节将介绍滤镜的使用，其中包括两部分，分别是普通滤镜的使用和智能滤镜的使用。它们的使用非常简单，区别也不大，下面分别进行介绍。

10.2.1 使用普通滤镜

要使用滤镜，可以从“滤镜”菜单中选择相应的命令或子菜单中的命令。下面以高斯模糊滤镜为例说明滤镜的使用。

(1) 按“Ctrl+O”组合键打开素材中的“宁静”文件，如图10-2-1所示。

图 10-2-1

（2）选择工具箱中的“椭圆选框工具”，并在其选项栏中设置“羽化”为0px，如图10–2–2所示。

图 10–2–2

（3）移动鼠标指针到画面中，按住鼠标左键并拖动，将人物用“椭圆选框工具”框选中，如图10–2–3所示。

图 10–2–3

（4）按“Ctrl+Shift+I”组合键将选区反选，之后选择“滤镜／模糊／高斯模糊”命令，如图10–2–4所示。

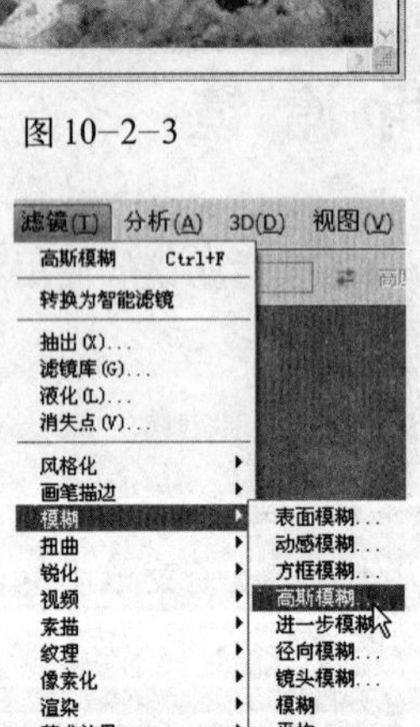

图 10–2–4

（5）打开“高斯模糊”对话框，设置“半径”为2.5像素，如图10–2–5所示。

图 10–2–5

(6) 单击“确定”按钮，应用滤镜效果。按“Ctrl+D”组合键取消选区，图像效果如图10-2-6所示。

图10-2-6

提示：

有些滤镜没有参数设置对话框，执行这些滤镜命令后，会直接将滤镜效果应用到当前图像上。

10.2.2　使用智能滤镜

只要是智能对象图层都可以使用智能滤镜，应用于智能对象的任何滤镜也都是智能滤镜。使用智能滤镜就像为图层添加图层样式一样地为图层添加滤镜命令，并且可以对添加的滤镜进行反复的修改。

(1) 按“Ctrl+O”组合键打开素材中的“铅笔”文件，如图10-2-7所示。

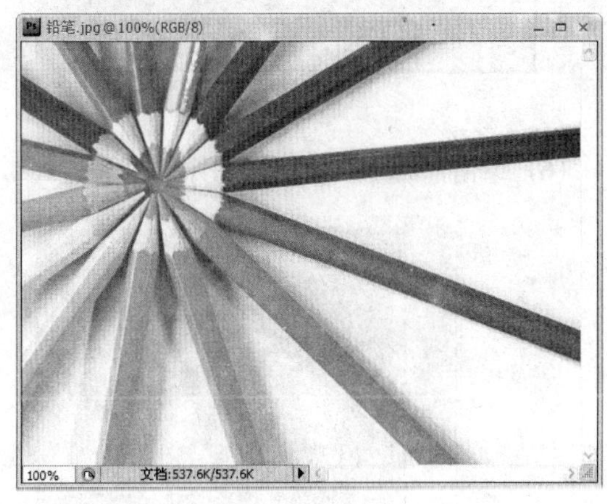

图10-2-7

(2) 选择“滤镜/转换为智能滤镜”命令，如图10-2-8所示。

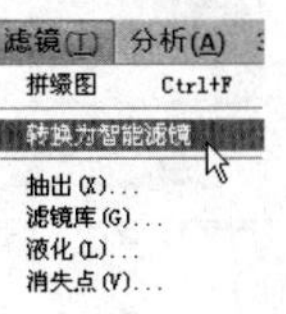

图10-2-8

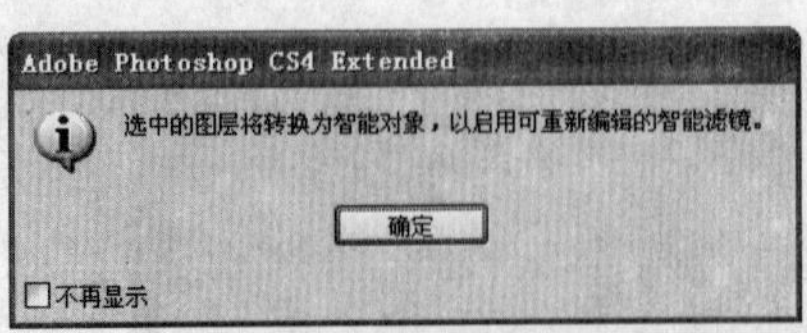

图10–2–9

（3）在随即弹出的提示对话框中单击“确定”按钮，如图10–2–9所示。

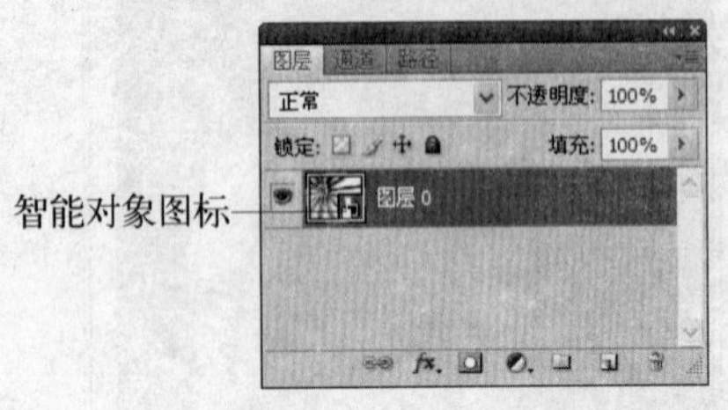

图10–2–10

（4）此时就将一个普通的图层转换为一个智能对象图层，如图10–2–10所示。

提示：

要想在普通图层上应用智能滤镜，必需把这个图层先转换为智能对象图层。

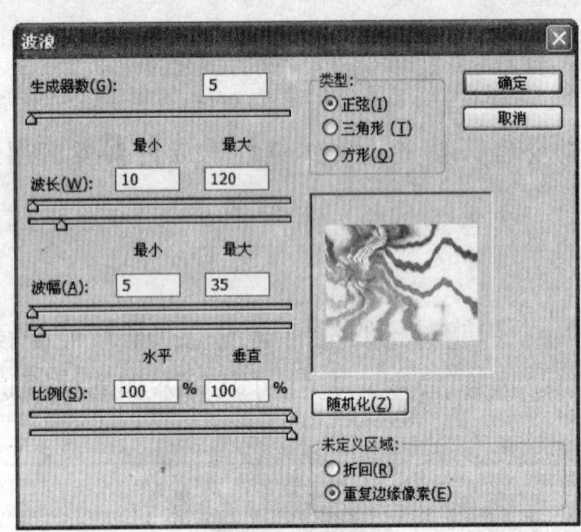

图10–2–11

（5）选择“滤镜／扭曲／波浪”命令，在打开的“波浪”对话框中设置图10–2–11所示的参数。

（6）单击“确定”按钮，图像效果和“图层”面板状态如图10–2–12（a）和（b）所示。

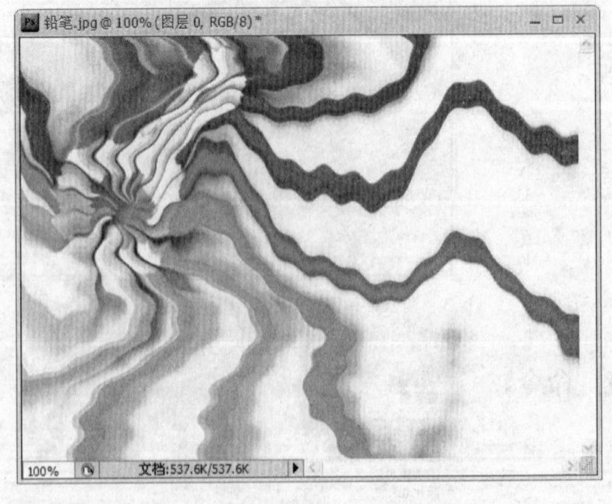

(a)

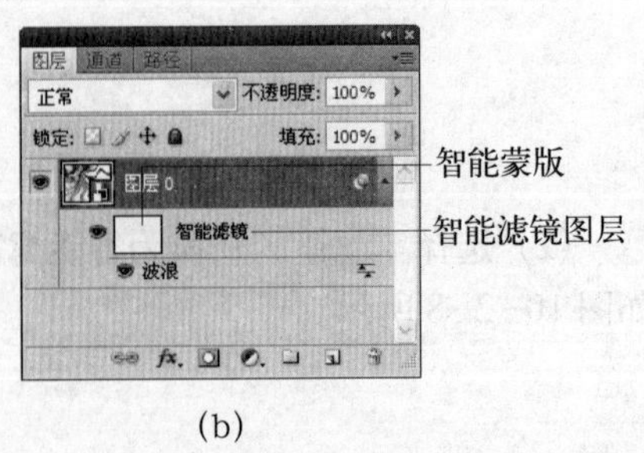

(b)

图10–2–12

(7) 选择“滤镜/纹理/拼缀图”命令，在打开的“拼缀图”对话框中设置图10–2–13所示的参数。

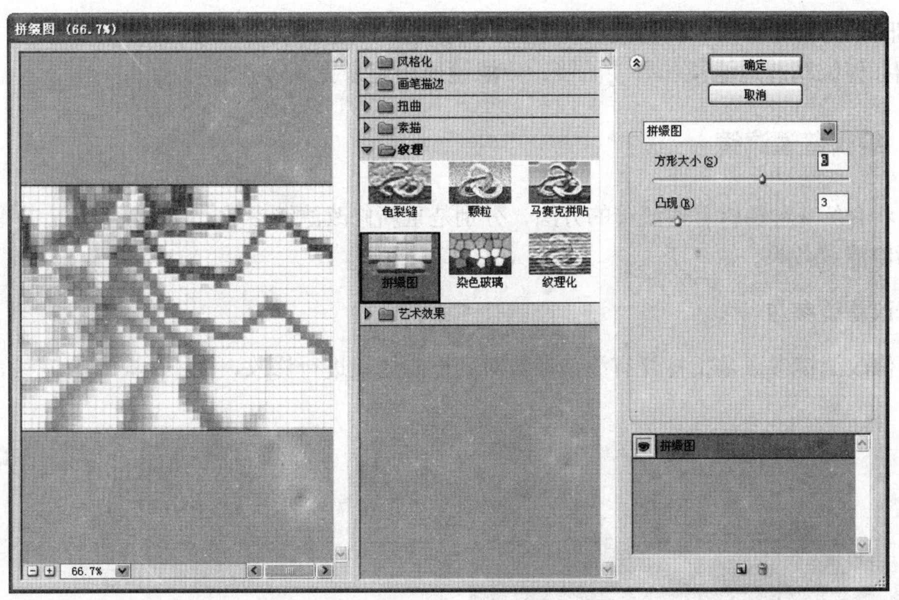

图10–2–13

(8) 单击“确定”按钮，图像效果和“图层”面板状态如图10–2–14 (a) 和 (b) 所示。

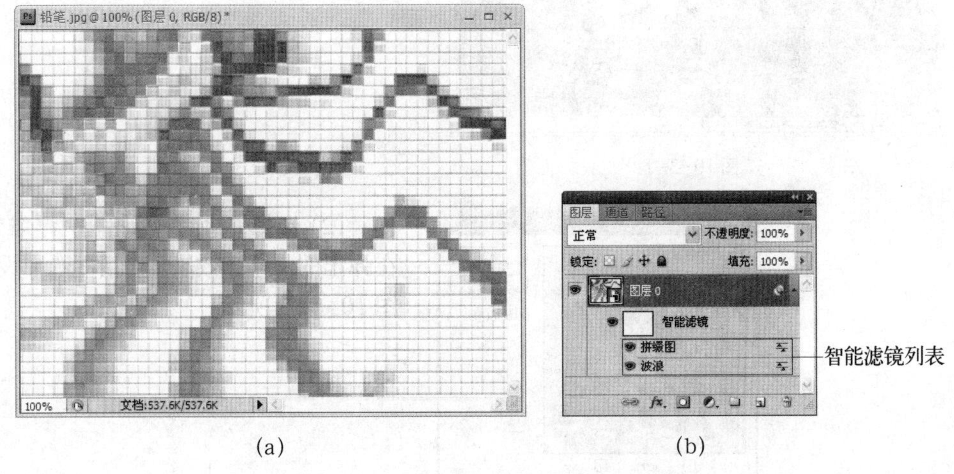

(a) (b)

图10–2–14

提示：

在图10–2–14 (b) 中可以看出，一个智能对象图层主要是由智能蒙版和智能滤镜列表构成的，其中智能蒙版主要用于隐藏或显示智能滤镜的处理效果，而智能滤镜列表则显示了当前智能滤镜图层中所应用的滤镜名称。

10.3 编 辑 滤 镜

有的时候为图像应用一次滤镜后并不能获得满意的效果，需要反复使用或修改参数才行。本节将介绍如何编辑普通滤镜和智能滤镜，使滤镜使用起来更从容。

10.3.1 编辑普通滤镜

本节将介绍 4 种编辑普通滤镜的方法，分别是重新修改滤镜参数、使用滤镜库、重复使用滤镜以及渐隐滤镜效果。

1.重新修改滤镜参数

重新修改滤镜参数是指打开有滤镜参数对话框的滤镜进行修改，而不是指所有滤镜，举例说明如下：

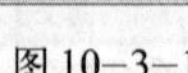
图 10–3–1

(1) 按“Ctrl+O”组合键打开素材中的“各国儿童”文件，如图 10–3–1 所示。

图 10–3–2

(2) 选择“滤镜/风格化/浮雕效果”命令，在弹出的“浮雕效果”对话框选中设置参数，如图 10–3–2 所示。

（3）单击“确定”按钮，效果如图10–3–3所示。

图10–3–3

提示：

此时发现效果不是很好，想重新设置一下参数。

（4）首先按“Ctrl+Z”组合键撤销上一步操作，然后按“Ctrl+Alt+F”组合键再次调出刚才的“浮雕效果”对话框，并在其中设置合适的参数，如图10–3–4所示。

图10–3–4

（5）单击“确定”按钮，效果如图10–3–5所示。这样就成功地重新修改了滤镜参数。

图10–3–5

2.使用滤镜库

Photoshop 滤镜库中陈列了各种滤镜，在其中不仅可以方便地调用各种滤镜，还可以预览滤镜效果，是一种很好的编辑滤镜的功能，举例说明如下：

(1) 接着上例继续操作。选择“滤镜／滤镜库”命令，在弹出的对话框中任意选择一种滤镜，此时在左侧的预览窗口中显示了应用该滤镜的效果，如图 10–3–6 所示。

图 10–3–6

(2) 单击右下角的“新建效果图层”按钮，新建一个效果图层，在滤镜库中再选择一个滤镜，此时应用的滤镜效果放在了新建的效果图层中。单击效果图层前面的眼睛图标可分别关闭或开启各个滤镜效果，如图 10–3–7 所示。

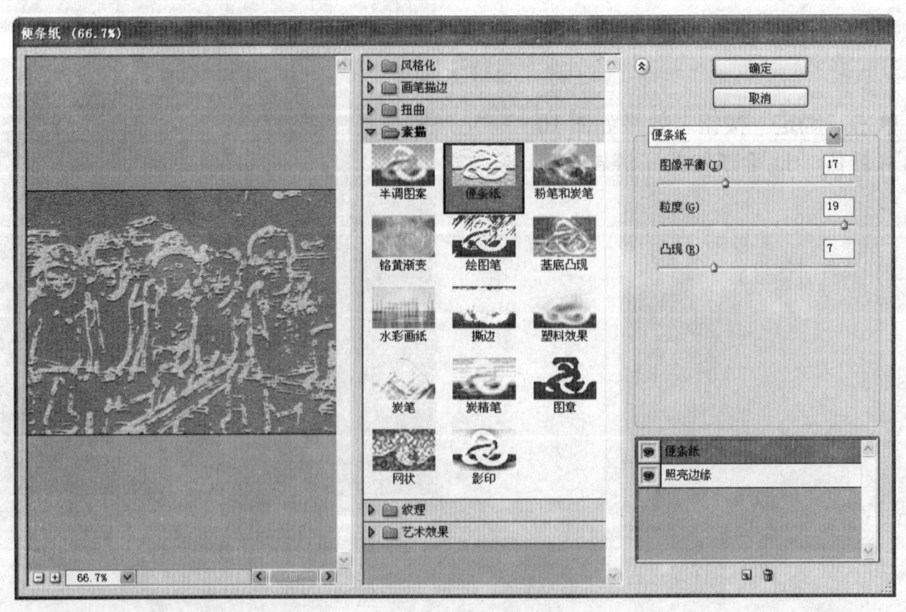

图 10–3–7

（3）单击“确定”按钮，效果如图 10–3–8 所示。

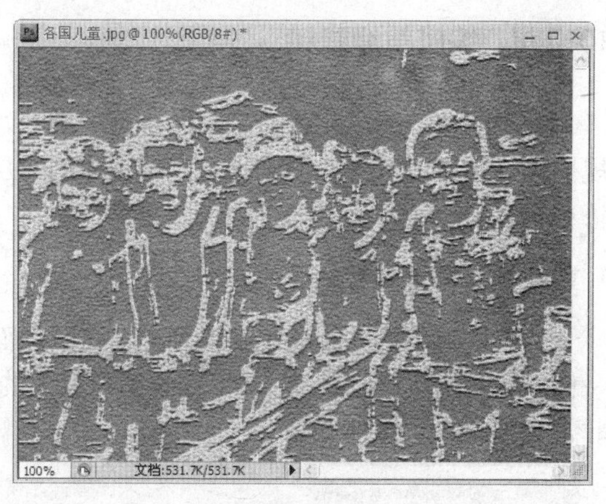

图 10–3–8

3.重复使用滤镜

有时候应用一次滤镜并不能获得满意的效果，需要反复使用才行。在Photoshop每使用一次滤镜，其将被放在“滤镜”菜单的顶部。用户只需选择该命令或按其快捷键“Ctrl+F”即可重复使用该滤镜，如图 10–3–9 所示。

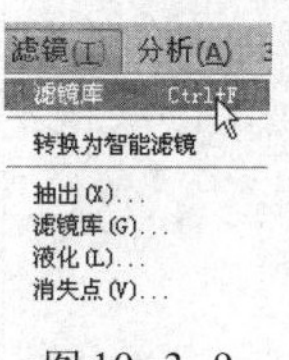

图 10–3–9

提示：

在此通常使用快捷键“Ctrl+F”重复使用滤镜。

4.渐隐滤镜效果

使用“渐隐”命令可以修改滤镜、绘画工具和颜色调整的应用结果。渐隐命令类似于在目标图层上建立一个校正图层，然后通过图层的不透明度和混合模式控制目标图层。渐隐滤镜的操作如下：

（1）接着上例继续操作。选择“编辑/渐隐”命令，如图 10–3–10 所示。

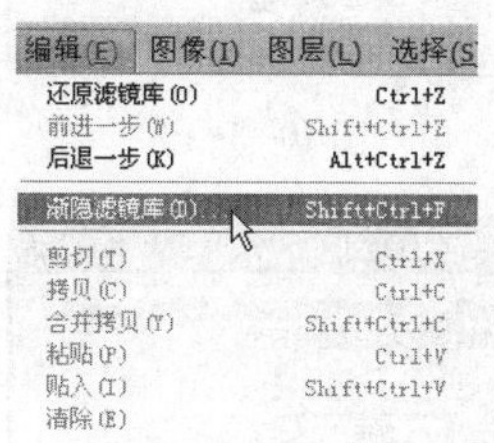

图 10–3–10

（2）在弹出的“渐隐”对话框中首先勾选“预览”复选框，然后拖动参数控制滑块调整“不透明度”，并在“模式”选项栏中选择适当的混合模式，如图 10–3–11 所示。

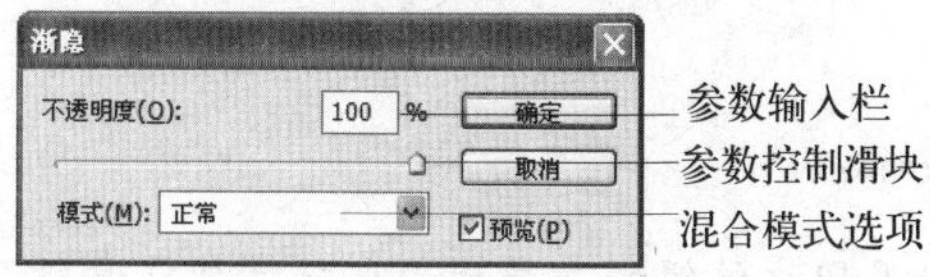

图 10–3–11

（3）单击“确定”按钮即可调整滤镜的效果。

10.3.2 编辑智能滤镜

智能滤镜的编辑和普通滤镜还是有区别的，用户不仅可以对其进行重新修改参数、删除等常规操作，还可以有选择地利用智能滤镜中的图层蒙版对滤镜区域进行调整，这比对普通滤镜的编辑更加容易。

1.重新修改滤镜参数

为图像应用的智能滤镜都罗列在“图层”面板中对应的图层下方，就像图层样式排列的效果一样。智能滤镜的优点之一就是可以进行反复的修改，其修改方法也像修改图层样式的方法一样，非常方便，举例说明如下：

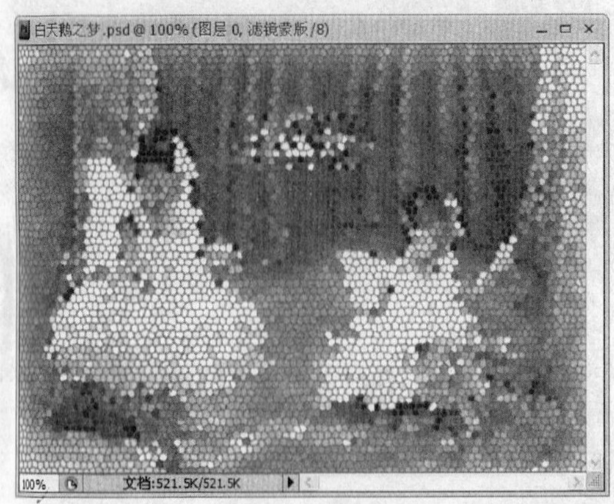

图 10-3-12

（1）按“Ctrl+O”组合键打开素材中已经准备好的案例文件“白天鹅之梦”文件，如图10-3-12所示。

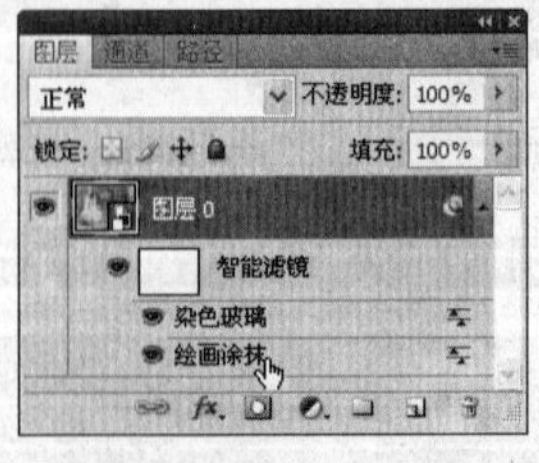

图 10-3-13

（2）双击“图层”面板中要修改参数的滤镜名称，如图10-3-13所示。

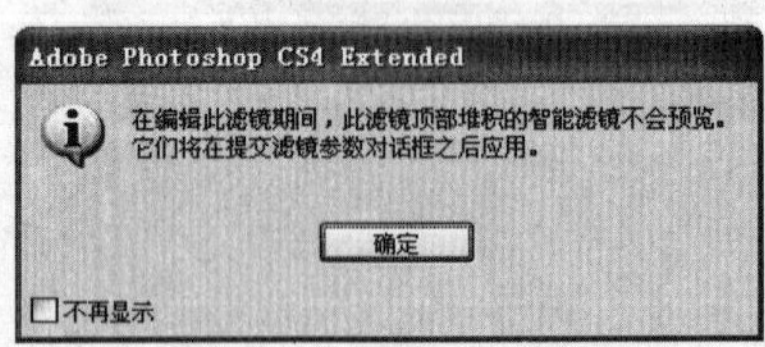

图 10-3-14

（3）在随即弹出的滤镜对话框中进行参数修改即可。需要注意的是，在添加了多个智能滤镜时，如果编辑了先添加的智能滤镜，将会弹出一个图10-3-14所示的提示框。

提示：

如果用户编辑的是最后（也就是智能滤镜列表中最上面的滤镜命令）添加的智能滤镜则不会弹出此提示对话框。

2.编辑智能蒙版

智能蒙版的原理和图层蒙版的原理是一样的，都是用显示和隐藏图像区域来制作图像效果。

（1）以上例为例继续进行操作。在“图层”面板中单击要编辑的智能蒙版，如图10–3–15所示。

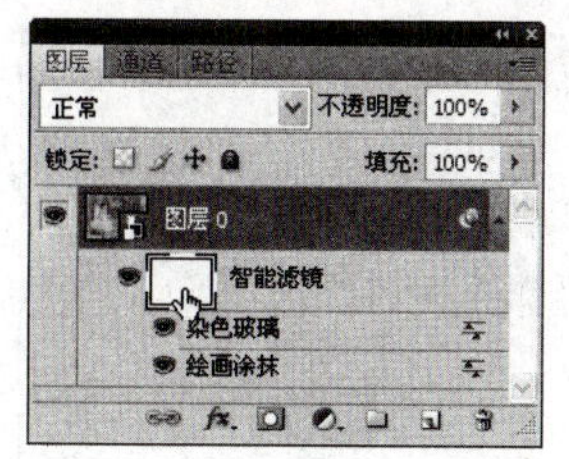

图10–3–15

（2）选择工具箱中的“画笔工具”，并在其选项栏中设置合适的“画笔”、“模式”等参数，如图10–3–16所示。

图10–3–16

（3）再设置工具箱中的前景色为黑色，如图10–3–17所示。

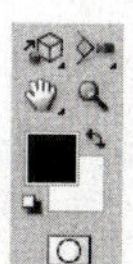

图10–3–17

（4）移动鼠标指针到图像中的人物上涂抹，此时被画笔涂抹过的地方露出了图像原先的效果，同时在蒙版中对应的位置也出现了绘制痕迹，如图10–3–18（a）和（b）所示。

（a）

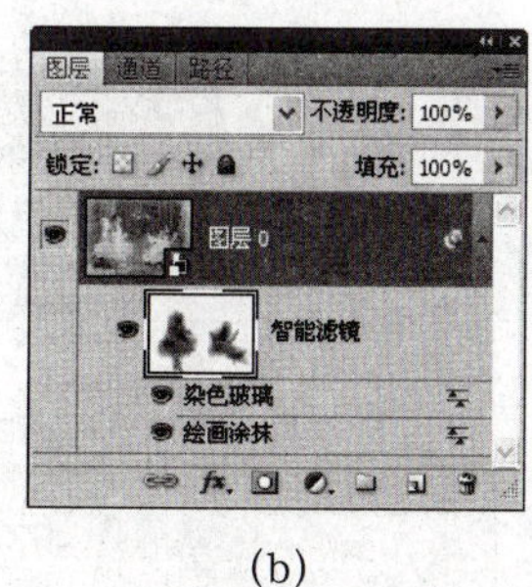

（b）

图10–3–18

3. 编辑混合选项

通过编辑混合选项不仅能改变滤镜的不透明度，而且还可以让滤镜效果与原图像效果进行混合，其操作方法如下：

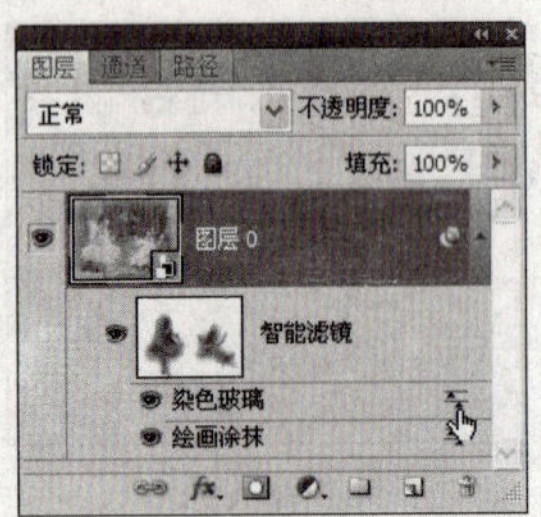

图 10–3–19

(1) 双击智能滤镜名称后面的图标，如图 10–3–19 所示。

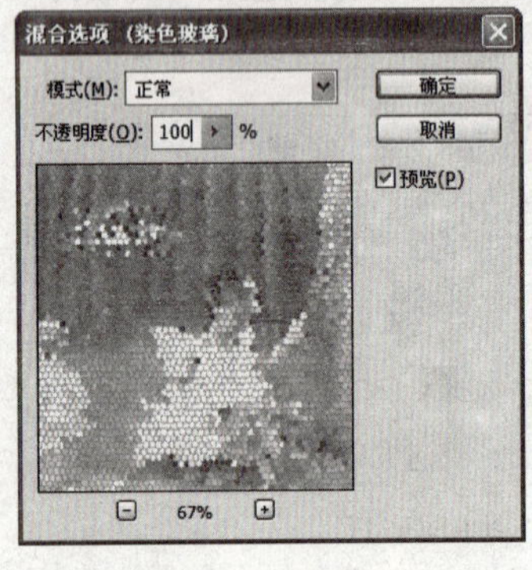

图 10–3–20

(2) 在弹出的“混合选项”对话框中可以选择“模式”或设置“不透明度”，如图 10–3–20 所示。

4. 删除智能滤镜

当不再需要智能滤镜时，可以将智能滤镜删除。删除智能滤镜分为两种，一种是删除单个智能滤镜，一种是删除所有智能滤镜。

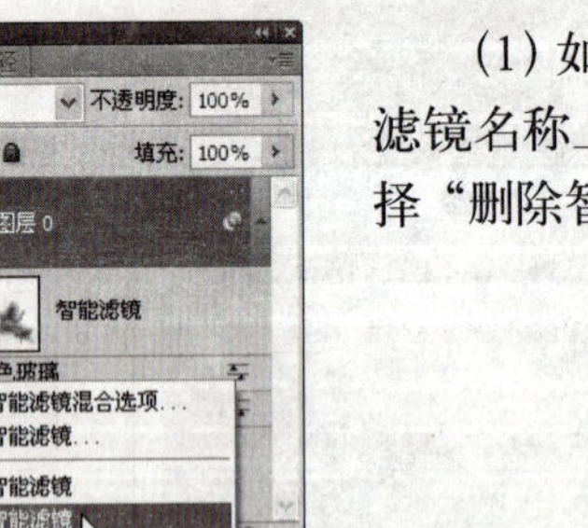

图 10–3–21

(1) 如果要删除一个智能滤镜，可直接在该滤镜名称上单击鼠标右键，在弹出的菜单中选择“删除智能滤镜”命令，如图 10–3–21 所示。

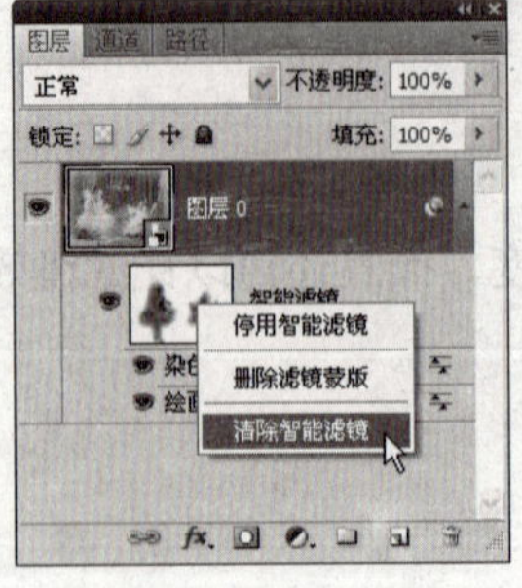

图 10–3–22

(2) 如果要删除所有的智能滤镜，则可以在智能滤镜上单击鼠标右键，在弹出的菜单中选择“清除智能滤镜”命令，如图 10–3–22 所示。

10.4 应用滤镜

前面介绍了滤镜的使用和编辑操作，本节将介绍一些滤镜的具体应用，看看它们各自都能表现什么样的效果。当然，应用滤镜时可以同通道、图层等联合使用，而不只是单一地使用一种滤镜功能。

10.4.1 “抽出”滤镜

“抽出”滤镜可以把不需要的背景擦除成透明区域，只留下被抽出的物体，达到抠取图像的目的。其优点就是可以手动抠取比较纤细、复杂的图像。

(1) 按“Ctrl+O”组合键打开素材中的“农田留影”文件，如图 10–4–1 所示。

图 10–4–1

(2) 选择“滤镜／抽出”命令，打开“抽出”对话框。从对话框中选择“边缘高光器工具”，在“画笔大小”文本框中输入 3，勾出需要保留的区域边缘，如图 10–4–2 所示的轮廓。

图 10–4–2

(3) 选择“填充工具”，在绿色高光封闭轮廓内单击，填充颜色，如图 10-4-3 所示。

图 10-4-3

(4) 单击“预览”按钮预览效果，满意后单击“确定”按钮，图像效果如图 10-4-4 所示。

图 10-4-4

(5) 将抠出来的图像放入一个新背景中，效果如图 10-4-5 所示。

图 10-4-5

10.4.2 “动感模糊”滤镜

使用动感模糊滤镜可以制作出汽车飞驰的动感效果，但如果只是简单地运用动态模糊滤镜，容易导致整个画面上所有的物体都产生动态模糊效果。那么如何避免这个问题呢？本例的操作方法用户可以借鉴一下。

(1) 按“Ctrl+O”组合键打开素材中的“汽车”文件，如图10-4-6所示。

图10-4-6

(2) 选择“魔棒工具”，在其选项栏中单击“新选区”按钮，设置“容差”为32，其他设置如图10-4-7所示。

“新选区”按钮

图10-4-7

(3) 移动鼠标指针到画面的白色空白处单击，再按“Ctrl+Shift+I”组合键，将汽车图像用选区选中，如图10-4-8所示。

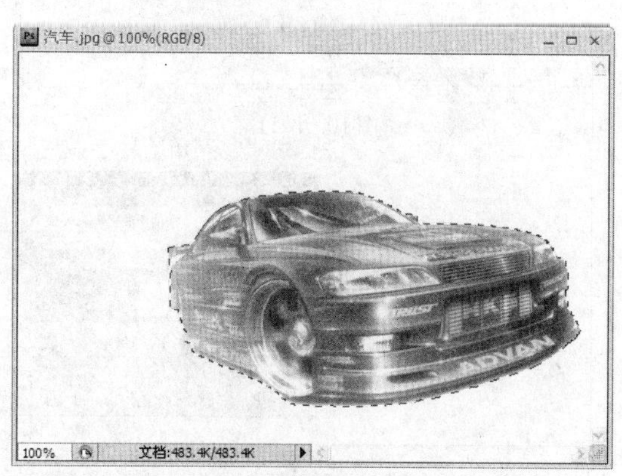

图10-4-8

(4) 按“Ctrl+J”组合键将图像复制并粘贴到一个新的图层中，如图10-4-9所示。

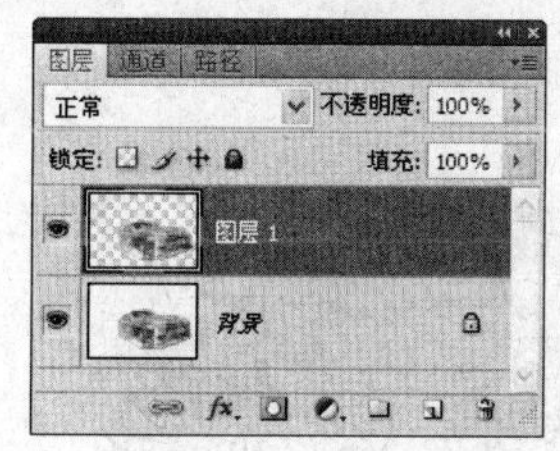

图10-4-9

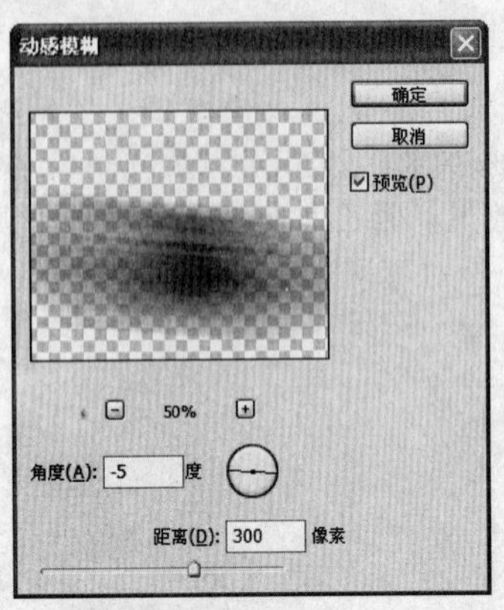

图 10-4-10

(5) 选择菜单栏中的“滤镜／模糊／动感模糊”命令，打开“动感模糊”滤镜对话框。调整动感模糊的角度，使这个角度与汽车的运动方向相一致，接着设置“距离”参数值为300像素，如图 10-4-10 所示。

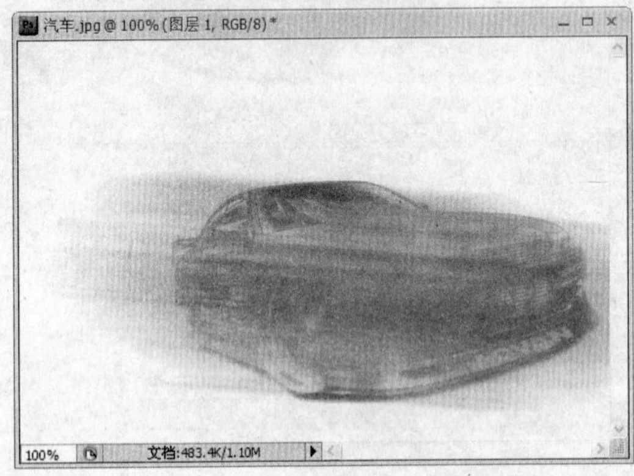

图 10-4-11

(6) 单击“确定”按钮，应用“动感模糊”滤镜，效果如图 10-4-11 所示。

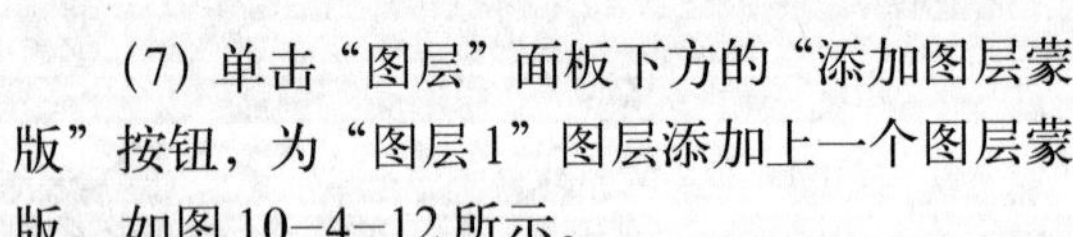

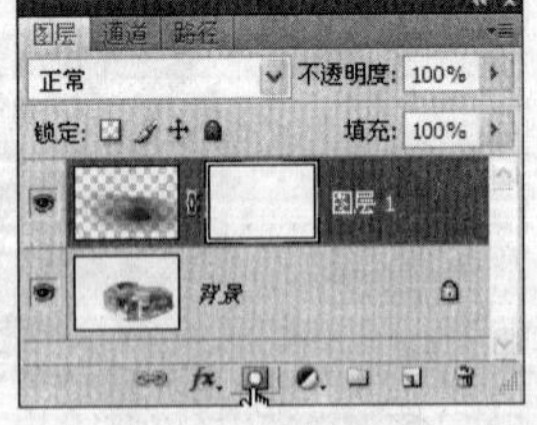

图 10-4-12

(7) 单击“图层”面板下方的“添加图层蒙版”按钮，为“图层 1”图层添加上一个图层蒙版，如图 10-4-12 所示。

图 10-4-13

(8) 选择“画笔工具”，在选项栏中设置“不透明度”和“流量”，使用黑色在前车身及其周围的位置进行涂抹，使其变得清晰。至此，一辆高速飞驰的汽车效果就制作出来了，如图 10-4-13 所示。

10.4.3　“影印”滤镜

“影印”滤镜使用工具箱中的前景色和背景色填充图像，可把照片或其他图像变成线稿的形式。本例就根据“影印”滤镜的这个特点，模拟出一幅速写画的效果。根据需要，用户可以将图像制作成黑白、单色或双色形式。

(1) 按“Ctrl+O”组合键打开素材中的“思绪”文件，如图10-4-14所示。

图10-4-14

(2) 拖动“背景”图层到“图层”面板底部的“创建新图层”按钮上，复制一个“背景 副本”图层，之后在“背景”图层上填充黄色（R：229，G：192，B：21），如图10-4-15所示。

图10-4-15

(3) 单击“背景 副本”图层，准备在此图层上操作，如图10-4-16所示。

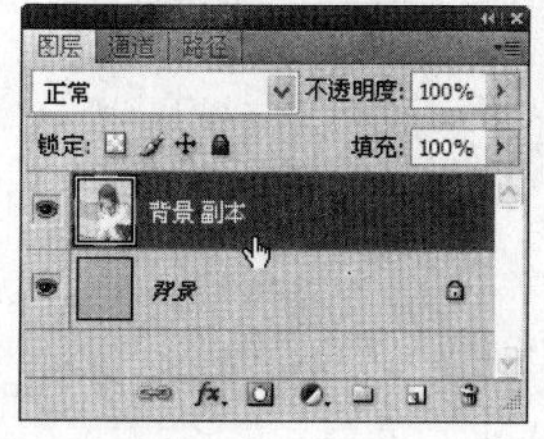

图10-4-16

(4) 单击工具箱中的“默认前景色和背景色”按钮，将前景色和背景色恢复至默认颜色，如图10-4-17所示。

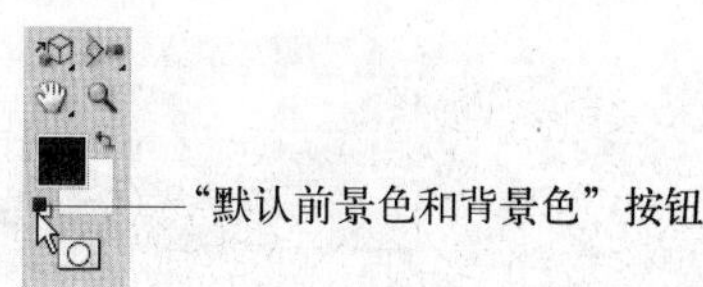

图10-4-17

(5) 选择菜单栏中的“滤镜/素描/影印”命令，打开“影印”滤镜对话框。在其中设置“细节”为1，“暗度”为12，如图10-4-18所示。

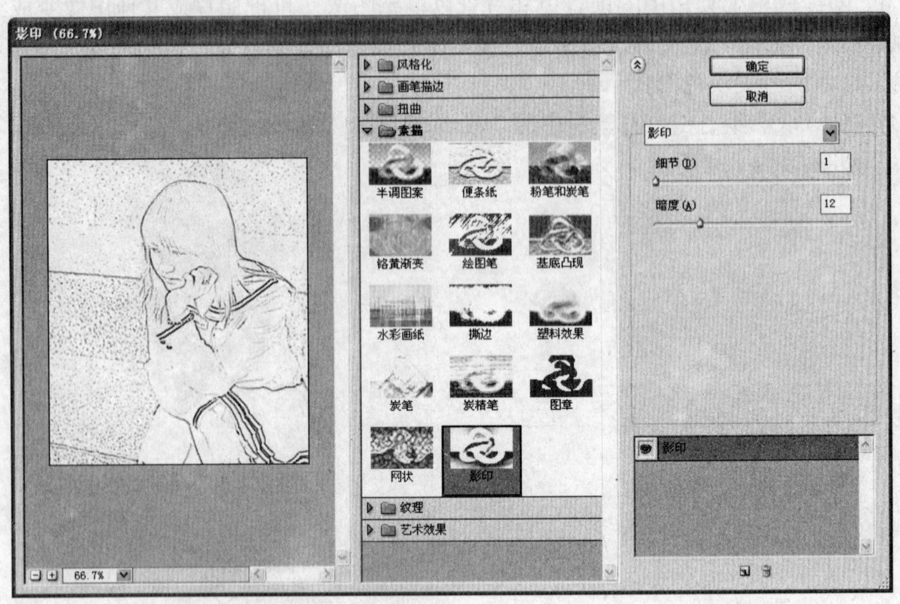

图10-4-18

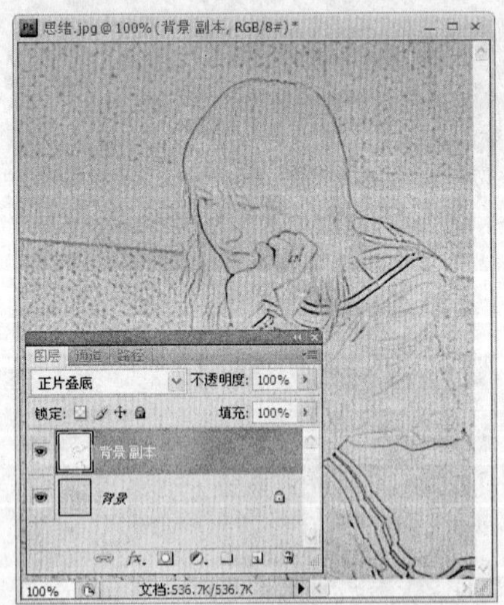

图10-4-19

(6) 单击“确定”按钮。设置“背景 副本”图层的“混合模式”为正片叠底，此时图像效果如图10-4-19所示。

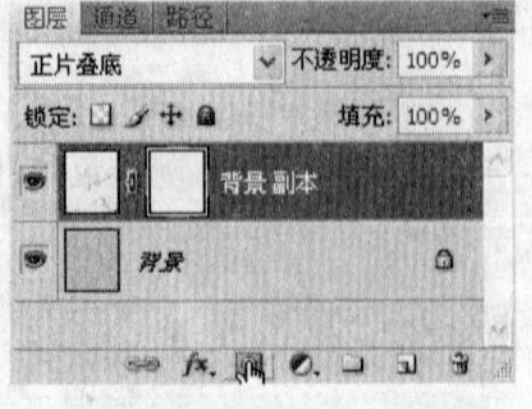

图10-4-20

(7) 单击“图层”面板下方的“添加图层蒙版”按钮，为“背景 副本”图层添加上一个图层蒙版，如图10-4-20所示。

（8）选择“画笔工具”，在选项栏中设置合适的“画笔”，“不透明度”和“流量”都设置为100%，如图10–4–21所示。

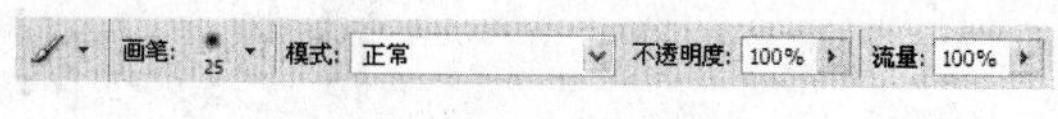

图10–4–21

（9）使用黑色在人物以外的位置涂抹，将人物以外的图像全部擦除，如图10–4–22所示。

图10–4–22

（10）拖动“背景 副本”图层到“图层”面板底部的“创建新图层”按钮上，再复制一个“背景 副本2”图层。用画笔工具在其图层蒙版上将人物脸部以外的地方涂抹，使脸部的线条清晰，图层蒙版状态如图10–4–23所示。

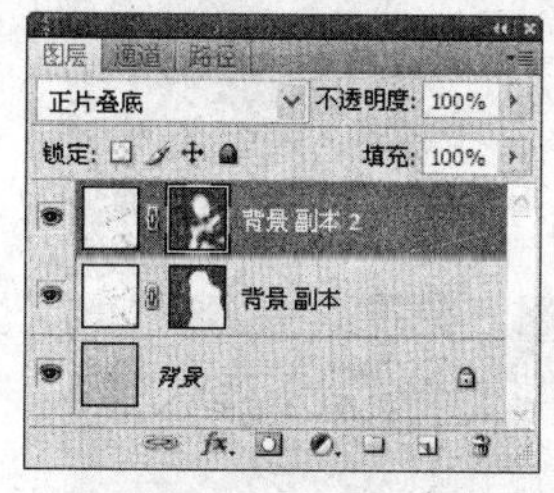

图10–4–23

（11）最后为图像添加上图像和文字信息，一幅速写效果的图像就制作出来了，如图10–4–24所示。

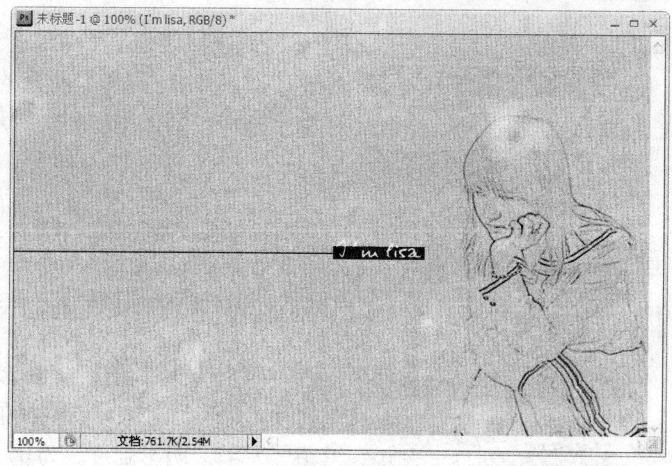

图10–4–24

10.5 实例：俱乐部海报

本例针对本章所学的知识进行设计，主要运用了水彩、半调图案和喷溅3种滤镜进行表现，巧妙地制作了树阴和两种文字的对比效果。

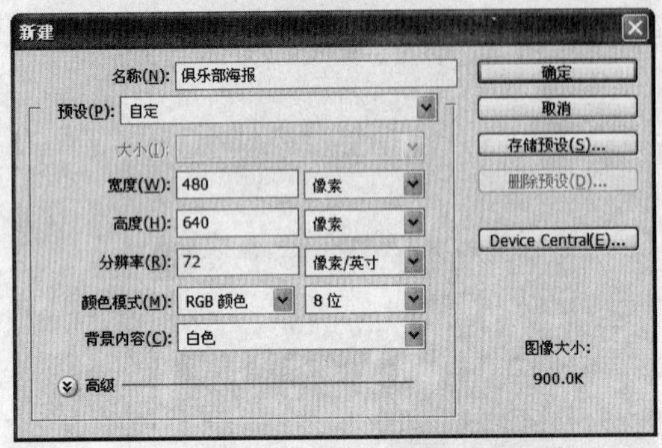

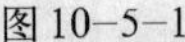
图 10–5–1

（1）按“Ctrl+N”组合键打开“新建”对话框，在“名称”后面的文本框中输入“俱乐部海报”文字，设置“宽度”为480像素，“高度”为640像素，“分辨率”为72像素／英寸，其他参数如图10–5–1所示。

图 10–5–2

（2）单击“确定”按钮，新建一个空白文件。按“Ctrl+O”组合键打开素材中的“欧洲建筑”和“绿植”文件，并将其分别拖动到图10–5–2所示的位置。

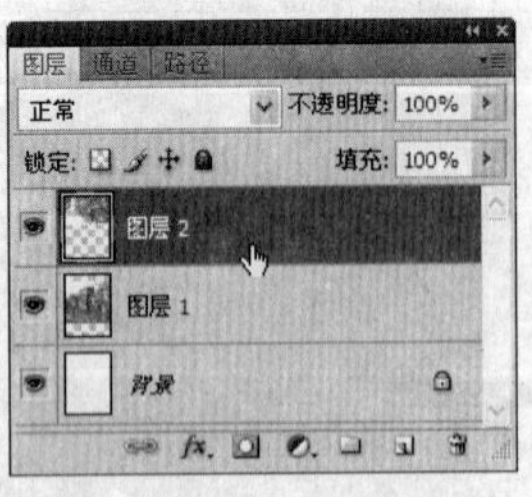

图 10–5–3

（3）单击“绿植”所在的图层，准备在此图层上操作，如图10–5–3所示。

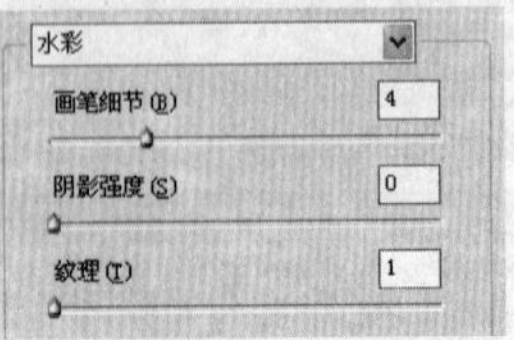

图 10–5–4

（4）选择“滤镜／艺术效果／水彩”命令，打开“水彩”滤镜对话框。在其中设置“画笔细节”为4，“阴影强度”为0，“纹理”为1，如图10–5–4所示。

（5）单击“确定”按钮，“绿植”图像被处理成了水彩效果，如图 10–5–5 所示。

图 10–5–5

（6）单击“图层”面板下方的“添加图层蒙版”按钮，为“图层 2”图层添加上一个图层蒙版，如图 10–5–6 所示。

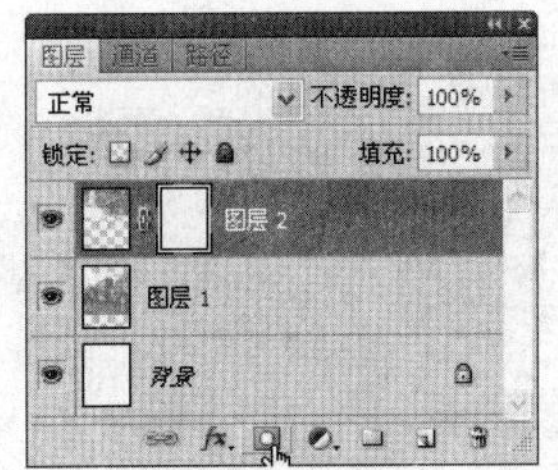

图 10–5–6

（7）选择“画笔工具”，使用黑色擦除不需要的部分，效果如图 10–5–7 所示。

图 10–5–7

（8）选择“矩形工具”，如图 10–5–8 所示。

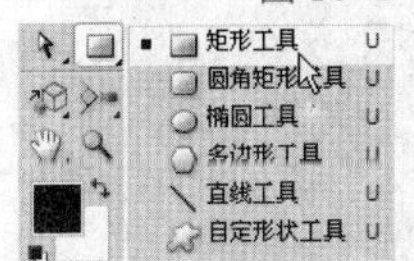

图 10–5–8

（9）单击选项栏中的“形状图层”按钮，并设置其颜色为棕色（R：87，G：40，B：11），如图 10–5–9 所示。

形状图层　　样式：　颜色：　R：87，G：40，B：11

图 10–5–9

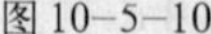
图 10–5–10

（10）按住鼠标左键在画面中拖动，在图10–5–10所示的位置绘制一个棕色的矩形形状。

图 10–5–11

（11）选择“直线工具”，用同样的方法在图10–5–11所示的位置绘制一条黄色（R：229，G：192，B：21）的直线。

图 10–5–12

（12）选择“横排文字工具”，在图10–5–12所示的位置输入黄色（R：229，G：192，B：21）的“CLUB”字母。

(13) 设置工具箱中的前景色为土黄色（R：229，G：192，B：21），背景色为棕色（R：87，G：40，B：11），如图10–5–13所示。

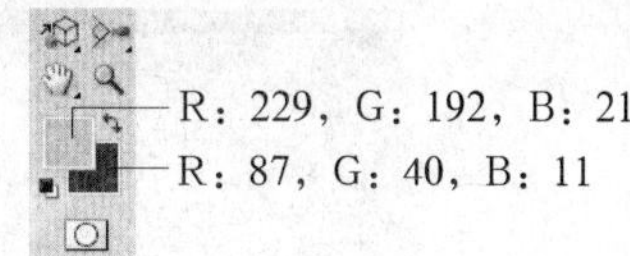

图10–5–13

(14) 选择“滤镜／素描／半调图案”命令，打开“半调图案”滤镜对话框，并在其中设置图10–5–14所示的参数。

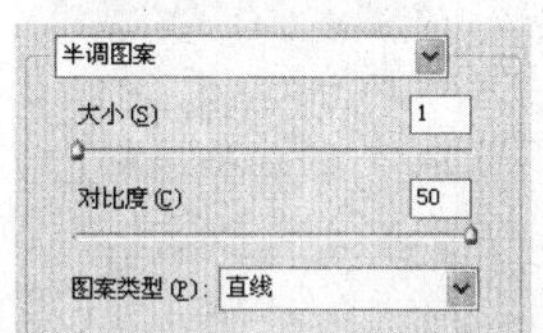

图10–5–14

(15) 单击“确定”按钮。之后使用“横排文字工具”在图10–5–15所示的位置输入一个白色的“p”字母。

图10–5–15

(16) 按住Ctrl键并单击“p”图层前面的缩览图，载入p字母的选区，之后单击其图层前面的眼睛图标，隐藏此图层，如图10–5–16所示。

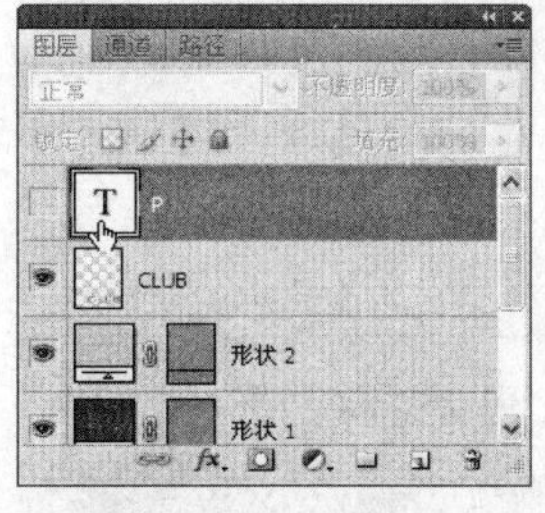

图10–5–16

(17) 保持选区不被取消，按住Ctrl键并单击“通道”面板底部的“将选区载入通道”按钮，创建出一个“Aphal”通道，如图10–5–17所示。

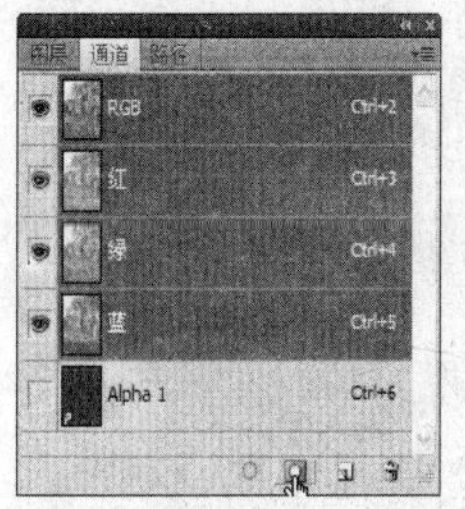

图10–5–17

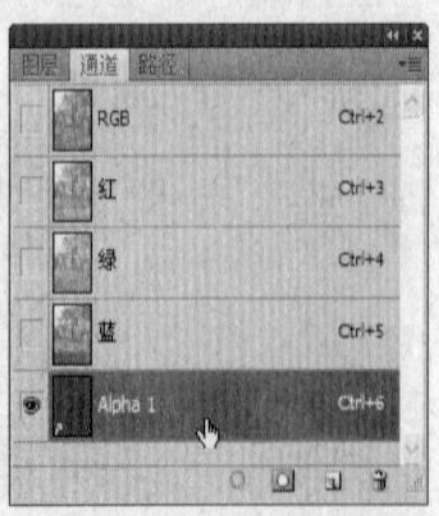

图10−5−18

(18) 单击“Aphal”通道，并按“Ctrl+D”组合键取消选区，如图10−5−18所示。

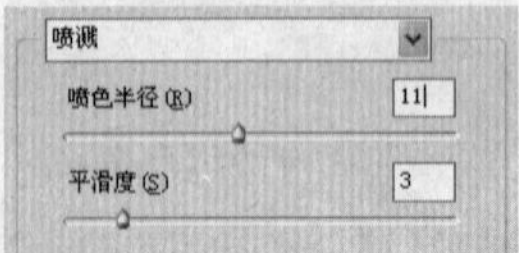

图10−5−19

(19) 选择“滤镜/画笔描边/喷溅”命令，打开“喷溅”滤镜对话框，并在其中设置图10−5−19所示的参数。

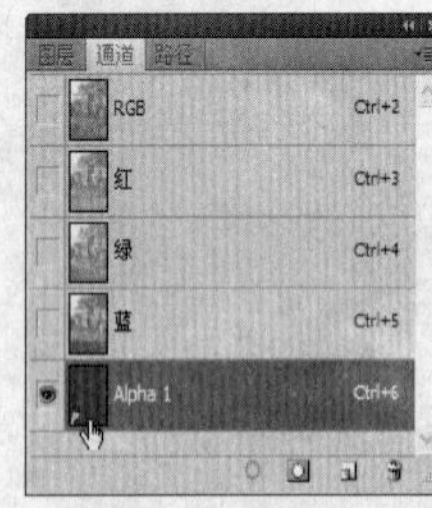

图10−5−20

(20) 单击“确定”按钮，应用滤镜效果。按住Ctrl键并单击“Aphal”通道，载入此选区，如图10−5−20所示。

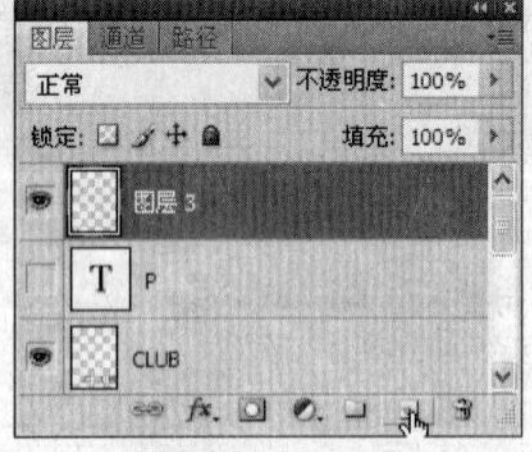

图10−5−21

(21) 单击“图层”面板底部的“创建新图层”按钮，新建一个“图层3”图层，如图10−5−21所示。

图10−5−22

(22) 设置工具箱中的前景色为白色，按“Alt+Delete”组合键将前景色填充至选区内，按“Ctrl+D”组合键取消选区，文字效果如图10−5−22所示。

（23）选择“横排文字工具”，在图10－5－23所示的位置输入白色的“eacock”字母。

图 10－5－23

（24）使用前面同样的方法为字母使用喷溅效果，只不过“喷溅”滤镜的参数要稍微修改一下，如图10－5－24所示。

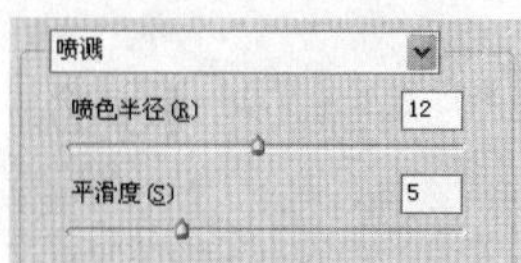

图 10－5－24

（25）单击“确定”按钮，为文字添加“喷溅”滤镜后的效果如图10－5－25所示。

图 10－5－25

（26）按“Ctrl+O”组合键打开素材中的“PEACOCK CLUB标志”文件，如图10－5－26所示。

图 10－5－26

图 10–5–27

（27）选择“移动工具”，将标志图像拖动到海报文件中，并摆放到“CLUB”字母的右上方，如图10–5–27所示。“俱乐部海报”作品制作完毕。

10.6 小 结

本章学习了滤镜的使用、编辑以及应用。通过本章的学习，读者对滤镜应有一定的认识，并能使用它们制作各种特效。Photoshop中的滤镜有很多种，学习滤镜的最好办法就是去尝试，但也不能过分依赖滤镜功能，而忽略了设计师的创造性。

10.7 练 习

一、填空题

（1）最后一次使用的滤镜会出现在滤镜菜单的______位置。

（2）只要是智能对象______都可以使用智能滤镜。

（3）要想在应用滤镜的时候取消它，可以按______键。

二、选择题

（1）还原上一次执行的滤镜效果，可以按组合键（ ）。

A.Ctrl+Z　B.Ctrl+F　C.Ctrl+Alt+F　D.Ctrl+T

（2）要想重新应用最近使用过的滤镜以及它最后的数值，可以按组合键（ ）。

A.Ctrl+Z　B.Ctrl+F　C.Ctrl+Alt+F　D.Ctrl+B

（3）要想显示最后一个应用滤镜的对话框，可以按组合键（ ）。

A.Ctrl+Z　B.Ctrl+F　C.Ctrl+Alt+F　D.Ctrl+R

三、问答题

（1）滤镜的默认位置在哪儿？

（2）简述智能滤镜的特点。

（3）如果应用的滤镜效果过于强烈，用什么办法可以减弱它的效果？

第11章　打　印

处理完图片或设计完作品便可以通过打印机打印图像了。本章将介绍打印机的设置、打印选项的设置以及打印等与打印相关的内容，使用户学会打印图像文件。

11.1　设置打印机

在打印之前，用户需要将打印机与计算机相连接，并安装打印机的驱动程序。下面介绍如何添加和选择打印机，使打印机能够正常工作。

11.1.1　添加打印机

要添加打印机，单击“开始／打印机和传真”，在弹出的“打印机和传真”对话框左侧的“打印机任务”选项组中选择“添加打印机”，然后按照“添加打印机向导”中的步骤执行即可，如图11-1-1所示。

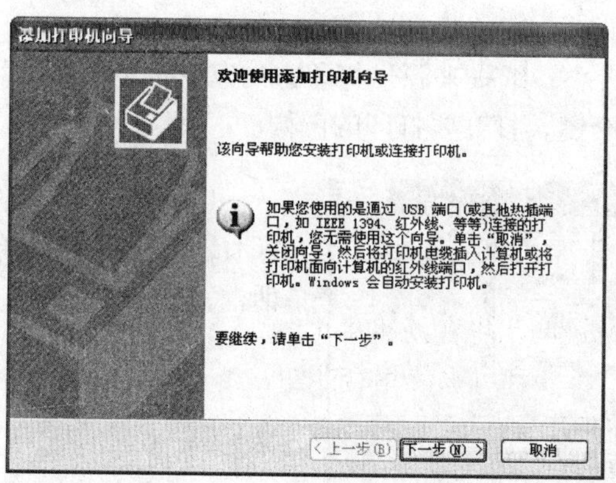

图11-1-1

11.1.2　选择打印机

在多数Windows系统中选择打印机，一般执行“开始／设置／打印机”命令。右击选定的打印机，然后在弹出菜单中选择“设为默认打印机”。

在Windows XP下，选择“开始／控制面板”菜单命令，选择“打印机和传真”，双击想要使用的打印机，然后在出现的窗口中选择“打印机／设为默认打印机”命令即可，如图11-1-2所示。

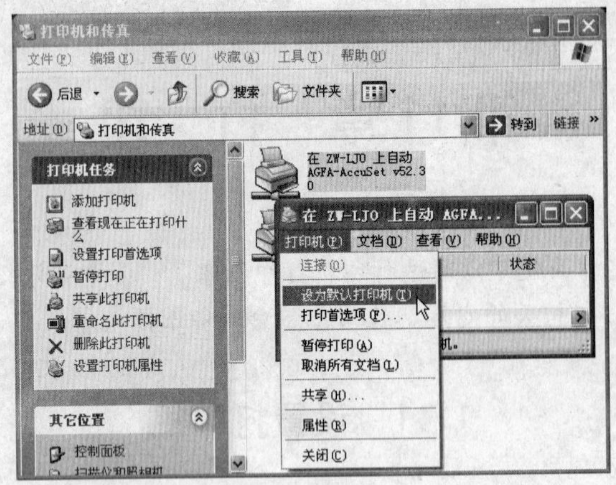

图 11-1-2

11.2 设置页面和打印选项

设置页面和打印选项可以设置打印纸张的大小、打印方向、打印标记等影响打印效果的设置，下面分别进行介绍。

11.2.1 设置页面

设置页面即设置纸张大小、纸张来源、打印方向以及页边距等。举例说明如下：

(1) 按“Ctrl+O”组合键，打开要打印的图像。

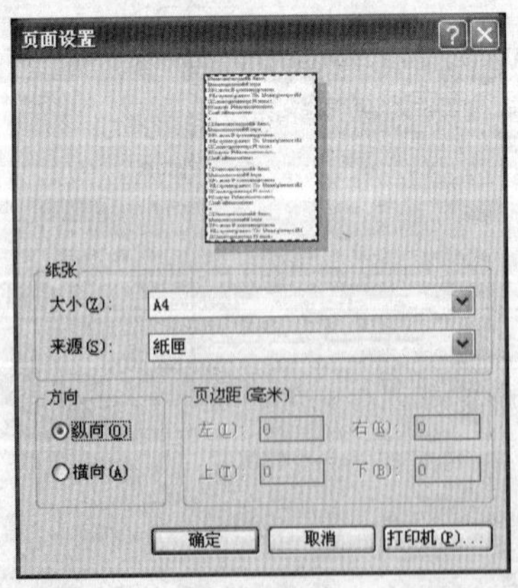

图 11-2-1

(2) 选择“文件／页面设置”命令或按“Ctrl+Shift+P”组合键，打开“页面设置”对话框，如图 11-2-1 所示。

(3) 单击“纸张”选项组中“大小”右侧的下拉按钮，根据需要选择一种合适的纸张类型。比如，打印机使用的纸张大小是 A4 纸，那么就在下拉列表中选择 A4。

(4) 单击“来源”右侧的下拉按钮，在弹出的下拉列表中选择一种进纸方式。一般情况下会自动选择。

(5) 在“方向”选项组中选择纸张打印方向，选择“纵向”单选按钮，打印时纸张以纵向打印；选择“横向”单选按钮，打印时纸张以横向打印。

(6) 单击“页面设置”对话框右下角的“打印机”按钮打印机(P)...，将弹出图11-2-2所示的“页面设置”对话框，如果计算机系统中安装的打印机不止一台，可以在打印机名称下拉列表中选择想使用的打印机。单击对话框右上角的“属性”按钮属性(P)...，将打开打印机的参数设置对话框，修改的参数将直接控制打印效果，根据打印机型号和驱动程序版本的不同，这些参数也可能不同。

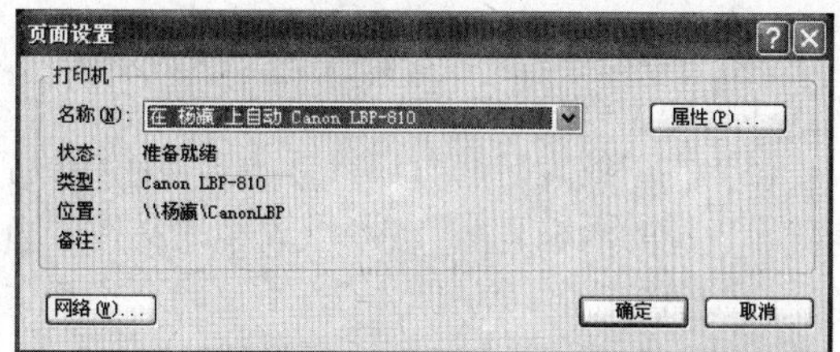

图11-2-2

(7) 设置完成后，单击“确定”按钮完成页面设置操作。

11.2.2　设置打印选项

打印选项中包括了打印的基本设置、输出设置以及色彩管理等内容。在此不仅可以设置页面信息，而且还可以设置图像的位置、图像的尺寸等参数。通过输出和色彩管理选项还可以设置打印标记、文档色彩等内容。

1.基本设置选项

基本设置选项包括设置打印的份数、位置、尺寸等内容，举例说明如下：

(1) 按“Ctrl+O”组合键，打开要打印的图像文件。

(2) 选择“文件／打印”命令，或按“Ctrl+P”组合键打开“打印”对话框，如图11-2-3所示。

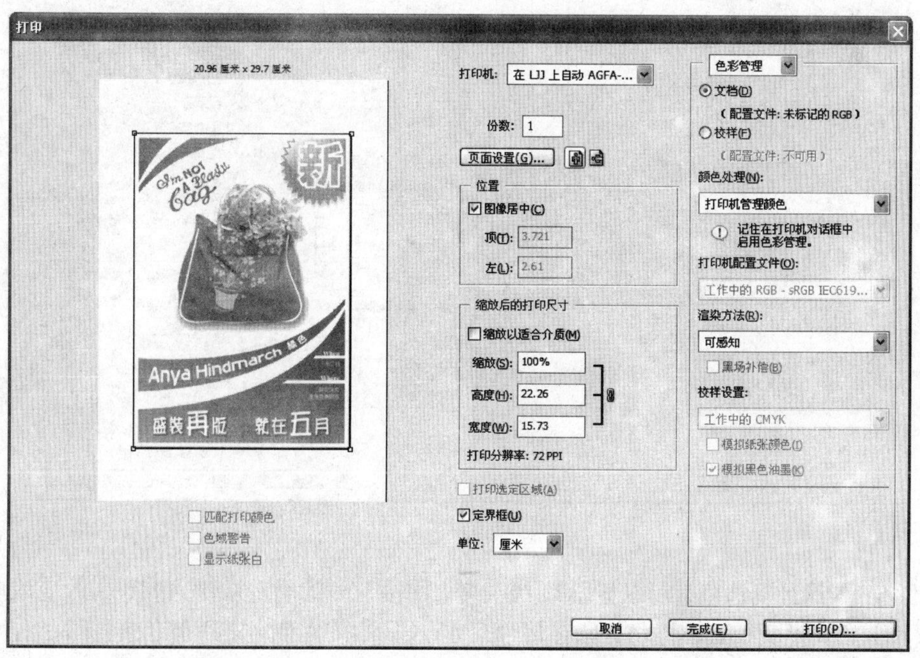

图11-2-3

(3) 在“份数”右侧的文本框中输入数值即可设置打印的份数。

(4) 在“位置”选项组中设置图像在打印页面中的位置。要使图像在输出的页面中央，需要勾选“图像居中”复选框，如果不勾选此复选框，则可在“顶”和“左”两个文本框中设置图像在打印页面中的位置。

(5) 在“缩放后的打印尺寸”选项组中设置缩放图像的打印尺寸。在打印时经常会出现这种情况：设计的内容是一个A3纸大小的文件，而使用的打印纸张大小是A4纸，那么此图像需要打印在两张A4纸上。为了便于查看，可将图像进行缩小打印，使A3纸大的文件能够在A4纸上打印出来。

要缩放图像的打印尺寸，可以在“缩放”后面的文本框内输入缩放比例，或在“高度”和“宽度”文本框中输入相应的高度和宽度值。设置后的结果将立刻显示在对话框左上角的预览框中。

勾选“缩放以适合介质”复选框，图像将以最合适的打印尺寸显示在打印区域。

勾选“打印选定区域”复选框，只打印在图像中选取的范围。

勾选“定界框”复选框，用户可以手动在预览窗口内调整图像的大小。

(6) 单击“单位”右侧的下拉按钮，在其中可以选择英寸、厘米、毫米、点、派卡5种单位选项。

2.输出

单击“打印”对话框右上角的下拉按钮，从弹出的下拉选项中选择“输出”选项，可调出输出的相关设置选项，如图11-2-4所示。下面对“输出”选项中的各项进行详细介绍。

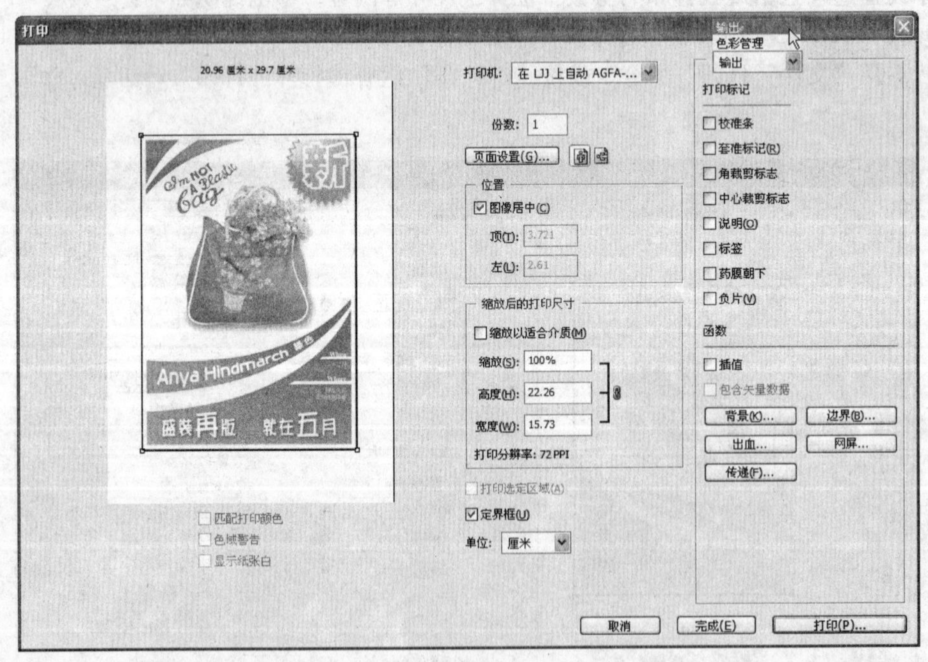

图11-2-4

校准条：勾选此复选框，可以打印11级灰度，即按10%的增量从0%到100%改变浓度值。对于CMYK分色，渐变校正色标将打印在每个CMYK印版的左侧，连续颜色条打印在右侧，如图11-2-5所示。校准条的功能是保证所有的阴影都清楚、准确。如果阴影不是很明显，说明输出设备没有得到正确的调校，打印机的颜色设置出了毛病，需要专业人员来修理。

套准标记：勾选此复选框，可在图像四周打印出⊕形状的对准标记，如图11-2-6所示。套准标记在进行分色打印时是必需的；它们提供的信息保证了青、洋红、黄和黑色打印版的精确性。

图 11-2-5

图 11-2-6

角裁剪标志：勾选此复选框，可在图像4个角上打印出8条很细的标记线，每个角两条，作为对打印后图像进行精确裁剪时的依据线，如图 11-2-7 所示。

图 11-2-7

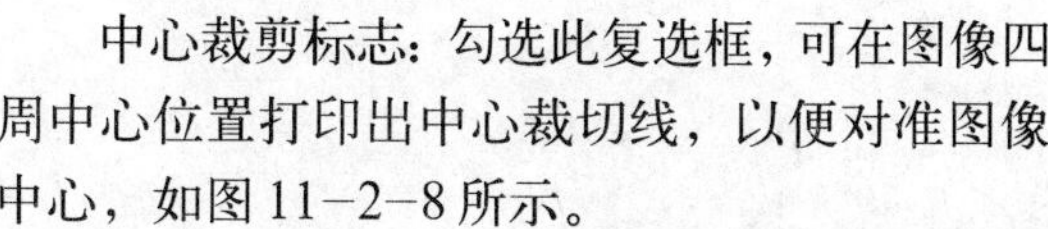

中心裁剪标志：勾选此复选框，可在图像四周中心位置打印出中心裁切线，以便对准图像中心，如图 11-2-8 所示。

图 11-2-8

说明：勾选此复选框，可将文件描述打印出来（注意：该描述为“文件简介”命令对话框中设定的描述，并非图像文件标题），如图11-2-9所示。

图11-2-9

提示：

只有当纸张尺寸比打印图像尺寸大时，才可以打印出校准条、套准标记、裁切标记和标签等内容。

标签：勾选此复选框，可打印出图像的文件名称和所在通道名称，如图11-2-10所示。

图11-2-10

药膜朝下：勾选此复选框，可使感光层位于胶片或相纸的背面，即背对着感光层的文字可读。一般情况下，打印在纸上的图像是药膜朝上的，即感光层面对着用户时文字可读。要确定药膜的朝向，可以在亮光下检查，暗的一面是药膜面，亮的一面为基面。药膜的方向，一般由印刷公司来决定。

负片：勾选此复选框，可以输出反相的图像。

插值：该选项用于在打印时自动向上重定像素，减少低分辨率图像的锯齿状外观。

提示：

只有PostScript Level 2（或更高）的打印机具备插值能力。如果打印机不具备插值能力，则该选项无效。

包含矢量数据：当用户勾选此复选框时，Photoshop将向打印机发送每个文字图层和每个矢量形状图层的单独图像。这些附加图像打印在基本图像之上，并使用它们的矢量轮廓剪贴。因此，即使每个图层的内容受限于图像文件的分辨率，矢量图形的边缘仍以打印机的全分辨率打印。

背景(R)...：单击此按钮，可打开“拾色器”对话框，从中选择颜色后可填充到图像以外的部分。该颜色不会对图像产生任何影响，只是作为预览窗口内的背景存在。

边界(B)...：单击此按钮，可打开“边界”对话框，如图11–2–11所示。在“宽度”文本框中输入数值可设定边界的宽度，这个边界宽度是指在打印后图像周围加上的边界，对当前屏幕显示的图像无影响，但在预览框中可预览效果。

图 11–2–11

出血(D)...：单击此按钮，可打开“出血”对话框，如图11–2–12所示。在“宽度”文本框中输入数值可设定打印图像的出血宽度。

图 11–2–12

网屏...：单击此按钮，可打开“半调网屏”对话框，如图11–2–13所示。在此对话框中可以改变所打印的半调网屏单元的尺寸、角度和形状。各选项的含义如下：

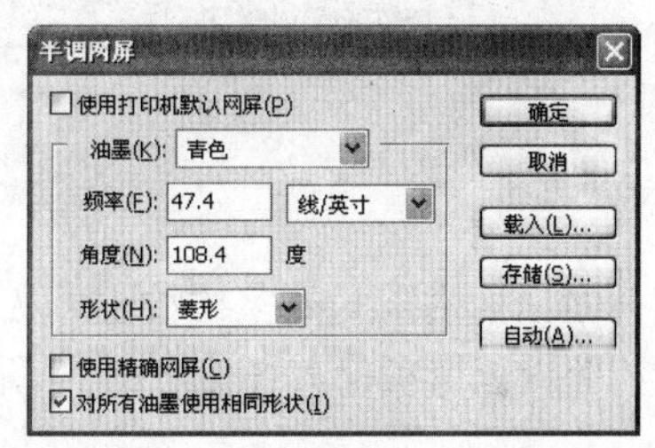

图 11–2–13

使用打印机默认网屏：勾选此复选框，将接受内置在打印机ROM中的默认大小、角度和形状设置。对话框中的其他所有选项将自动变灰，表示它们不可使用。

油墨：如果当前的图像是彩色的，可以从“油墨”下拉列表中选择想要调整的特定颜色的墨水。当处理的是灰度图像时，无弹出式菜单可用。

频率：在这个选项框中输入新的值可以改变打印的半调单元的数量。较大的值将产生更多、更小的单元；较小的值将产生更少、更大的单元。频率的单位通常是“每英寸线数”，但也可以改为每厘米线数，方法是在右侧的下拉列表中选择“线／厘米”。

角度：在“角度”选项框中输入新的值可以改变半调单元的线性方向。准确地说，Photoshop接受正负180度之间的任何值。

形状：默认状态下，多数PostScript打印机依赖圆形的半调单元。用户可以改变针对某种墨水的所有单元的形状，方法是从“形状”下拉列表中的6种可选形状中选择1种形状。

使用精确网屏：如果输出设备配备了PostScript Level 2或更高的版本，应选用这个选项来提交更新的网屏角度以获得全彩色的输出效果。否则，不要选择该选项。

对所有油墨使用相同形状：如果希望对所有颜色的墨水使用相同的大小、角度和形状的半调单元，可以选择这个选项。如果不是创建某种特殊的效果，不要选择该选项。打印灰度图像时此选项不可用。

自动：单击此按钮，将显示出自动挂网对话框，它能自动完成半调编辑过程。在“打印机”选项框中输入输出设备的分辨率，然后在“挂网”选项框中输入自动计算出用于所有墨水的优化的频率。这项功能在打印全彩色图像时是最有用的，因为Photoshop将自动完成半调编辑过程。

载入、存储：如果想对其他图像再次应用这些选项，可将各种设置载入并保存到磁盘上。

提示：

按住 Alt 键单击“存储”按钮可将设置还原为图像默认的大小、角度和形状设置；要恢复默认的网屏设置，可随时按住 Alt 键单击“载入”按钮。

传递(F)...：单击此按钮，可以打开“传递函数”对话框，如图 11-2-14 所示。让用户可以重新分配打印图像中的阴影值。

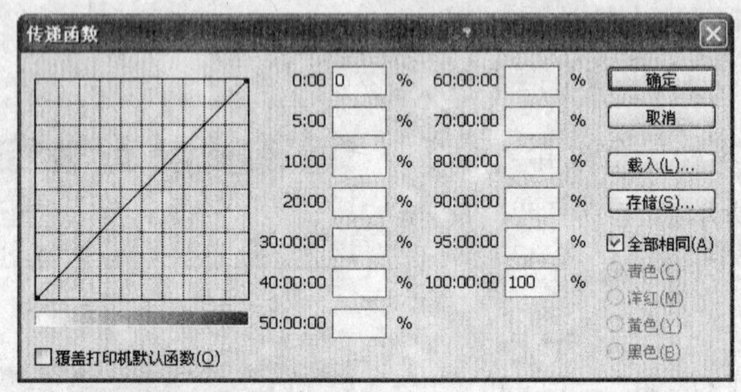

图 11-2-14

3. 色彩管理

单击“打印”对话框右上角的下拉按钮，从弹出的下拉选项中选择“色彩管理”选项，可以调出色彩管理的相关设置选项，如图 11-2-15 所示。下面对“色彩管理”选项中的各项进行详细介绍。

图 11-2-15

文档：选择此单选按钮可以在下面的选项中为文档设置颜色配置。

校样：选择此单选按钮可以在下面的选项中为文档设置颜色校样。

颜色处理：在此下拉选项中可选择“打印机管理颜色”、“Photoshop管理颜色”、“分色”和“无色彩管理”几项来进行颜色处理。

打印机配置文件：在此可选择适用与打印机的配置文件。

渲染方法：在此可选择一种用于将颜色转换为目标色彩空间的渲染方法。

黑场补偿：勾选此复选框，在转换颜色时将调整黑场中的差异。

校样设置：在此下拉选项中可选择以本地方式存在于硬盘驱动器上的任何自定校样。

模拟纸张颜色：勾选此复选框，校样将会模拟纸张颜色。

模拟黑色油墨：勾选此复选框，校样将会模拟黑色油墨颜色。

11.3　打　印

设置好页面和打印选项后，就可打印图像了。本节将介绍两种打印图像的方法，分别是打印整幅图像和打印部分图像。这两种打印方法在日常工作中的使用率都比较高，下面分别进行介绍。

11.3.1　打印整幅图像

打印整幅图像就是打印文件中的所有内容，其操作方法如下：

(1) 在“打印”对话框中设置好各项后，单击其右下角的“打印（P）…”按钮，打开图11-3-1所示的“打印”对话框。

选择打印机：在此选项组中选择打印机。若用户的计算机只安装了一台打印机，则不用选择，使用默认设置即可；如果安装了多台打印机，则可在下拉列表中指定打印机。

图11-3-1

勾选“打印到文件”复选框进行打印时，不是将文件打印到打印机，而是保存为一个文件。在打印时会弹出一个“打印到文件”对话框，如图11-3-2所示，要求输入输出文件名，以便将其保存，保存后的文件扩展名为prn。

图11-3-2

提示：

这个选项仅适用于PostScript打印，它让用户可以将PostScript语言版本的图像文件保存到磁盘上而不是直接打印到打印机上。在Windows环境下，取消“打印到文件”选项的选择可以将图像像往常一样打印到输出设备上。

页面范围：用于设定图像的打印范围，默认为“全部”。如果在图像中选取了范围，则可选择“选定范围”单选项进行打印。

份数：用来设置打印的份数。

(2) 在“打印”对话框中设置完毕后，单击“打印 (P)”按钮便开始打印，稍后，在屏幕上显示的图像就通过打印机打印出来了。

11.3.2 打印部分图像

在Photoshop中不仅可以打印整幅图像，还可以根据需要打印出图像中的某部分图像。其方法是：用选框工具在图像中创建出需要打印的图像区域，再选择“文件／打印”命令，在弹出的“打印”对话框中勾选“打印选定区域”复选框，之后进行打印即可。

提示：

打印图像的方法不仅仅只有这两种，还可对指定的图层或将多幅图像一起打印。但是常用的就这两种，在后面的学习中，还将介绍一种打印指定图层的方法。

11.4 实例：打印指定的图层

本例针对本章所学的知识进行设计，主要是向用户展示和介绍Photoshop的另一种打印方法——打印指定的图层。打印指定的图层虽然不常使用，但作为Photoshop的一种特殊打印方法，用户还是有必要掌握的。

图11-4-1

(1) 按“Ctrl+O”组合键打开素材中提供的案例文件——“和你一起”，如图11-4-1所示。

图11-4-2

(2) 按F7键调出“图层”面板。在图层”面板中可以看出，这个文件共包括6个图层，如图11-4-2所示。

提示：

默认状态下，连续按F7键可快速显示或隐藏“图层”面板。

（3）单击每个图层前面的眼睛图标，将“手”图层之外的所有图层都隐藏，如图11-4-3所示。

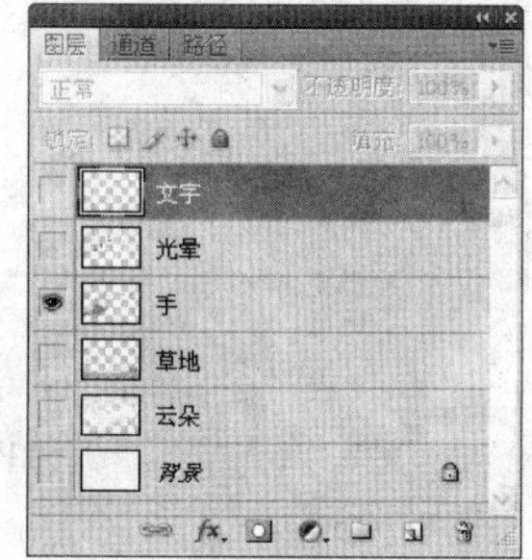

图11-4-3

（4）选择“文件／打印”命令，在弹出的“打印”对话框中选择打印机和纸张方向，之后在“缩放后的打印尺寸”中设置打印尺寸，如图11-4-4所示。

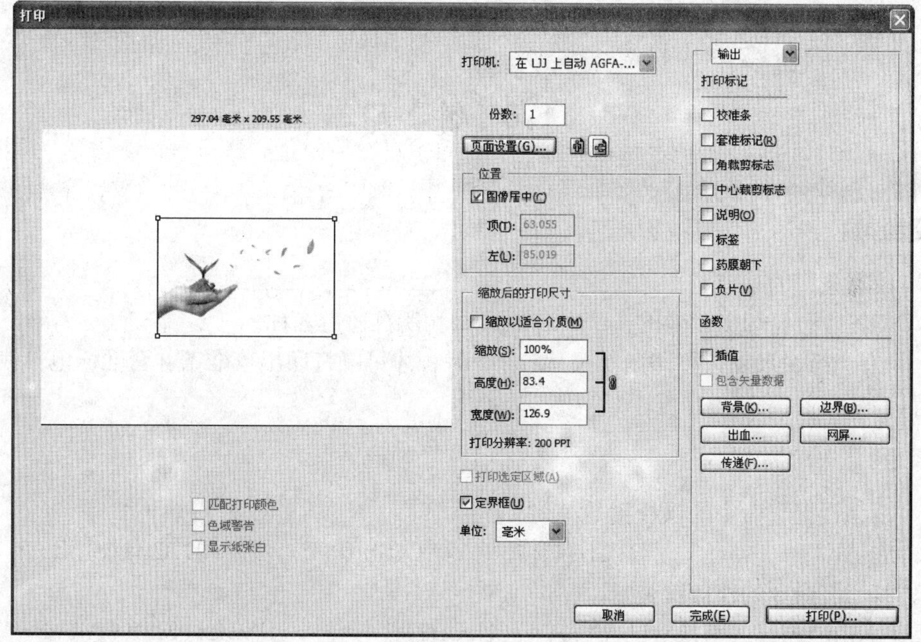

图11-4-4

（5）单击其右下角的“打印（P）…”按钮，即可将“手”图层中的图像单独打印出来。用户在此也可以分别显示不同的图层来进行打印实验，如图11-4-5（a）和（b）所示。

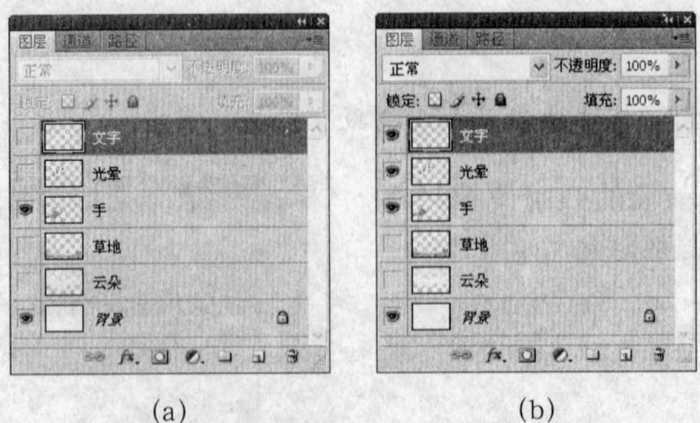

(a)　　(b)

图 11-4-5

11.5 小 结

本章介绍了在Photoshop中设置打印机、页面和打印选项等相关打印的知识。通过本章的学习，用户不仅可以更加顺利的完成打印工作，而且还可以确保达到预期的效果。同时，用户还应该知道，打印的效果除了与原始图像的品质有关，还与打印机的配置和所用的纸张有关。

11.6 练 习

一、填空题

（1）“校准条”的功能是________________________。

（2）“标签”可打印出图像的__________和所在通道名称。

（3）只有当纸张尺寸比打印图像尺寸______时，才可以打印出校准条、套准标记、裁剪标记和标签等内容。

二、选择题

（1）“页面设置”命令的快捷键是______。

A. Ctrl+Alt+P　　B. Ctrl+P　　C. Shift+P　　D. Ctrl+Shift+P

（2）“打印”命令的快捷键是______。

A. Ctrl+Shift+P　　B. Ctrl+Alt+P　　C. Ctrl+P　　D. Ctrl+Shift+Alt+P

（3）“打印一份”命令的快捷键是______。

A. Alt+P　　B. Ctrl+Alt+P　　C. Ctrl+Shift+P　　D. Ctrl+Shift+Alt+P

三、问答题

（1）在Windows XP下如何选择打印机？

（2）常用的打印标记有哪些，作用分别是什么？

（3）简述本章介绍的几种打印方法。

第12章 综合实例

在前面的各章中已经对Photoshop中的各个知识点作了介绍，因此本章特意安排了一些综合性的实例，以使用户能对前面所学的知识得到巩固和综合使用的能力。这些实例在实际生活和工作中都比较常用，希望用户能认真学习。

12.1 制作全景照片

全景照片以展示的内容多、篇幅广、有别与普通照片而受到很多人的喜爱。本例就介绍一种在Photoshop中制作全景照片的方法，让普通数码相机也能拥有超广角镜头！

（1）首先，用户需要拍摄几张连续的，且各张都需要有重叠部分的照片，如图12-1-1所示。

图12-1-1

提示：

重叠部分最好有个比较关键的物体，如一座塔，一艘船……这样容易区分。

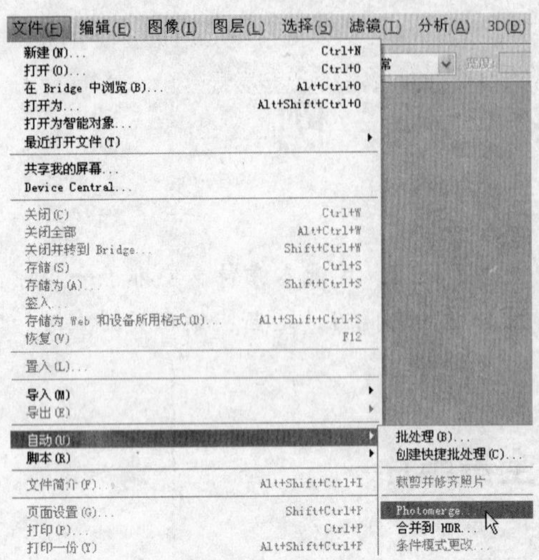

图 12–1–2

(2) 选择“文件/自动/Photomerge”命令，如图 12–1–2 所示。

(3) 在随即弹出的“Photomerge”对话框中选择“版面”为“自动”，在“使用”下拉选项中选择“文件”选项。之后单击“浏览”按钮，在“打开”对话框中选择素材中的“桥 1”～“桥 4”文件，如图 12–1–3 所示。

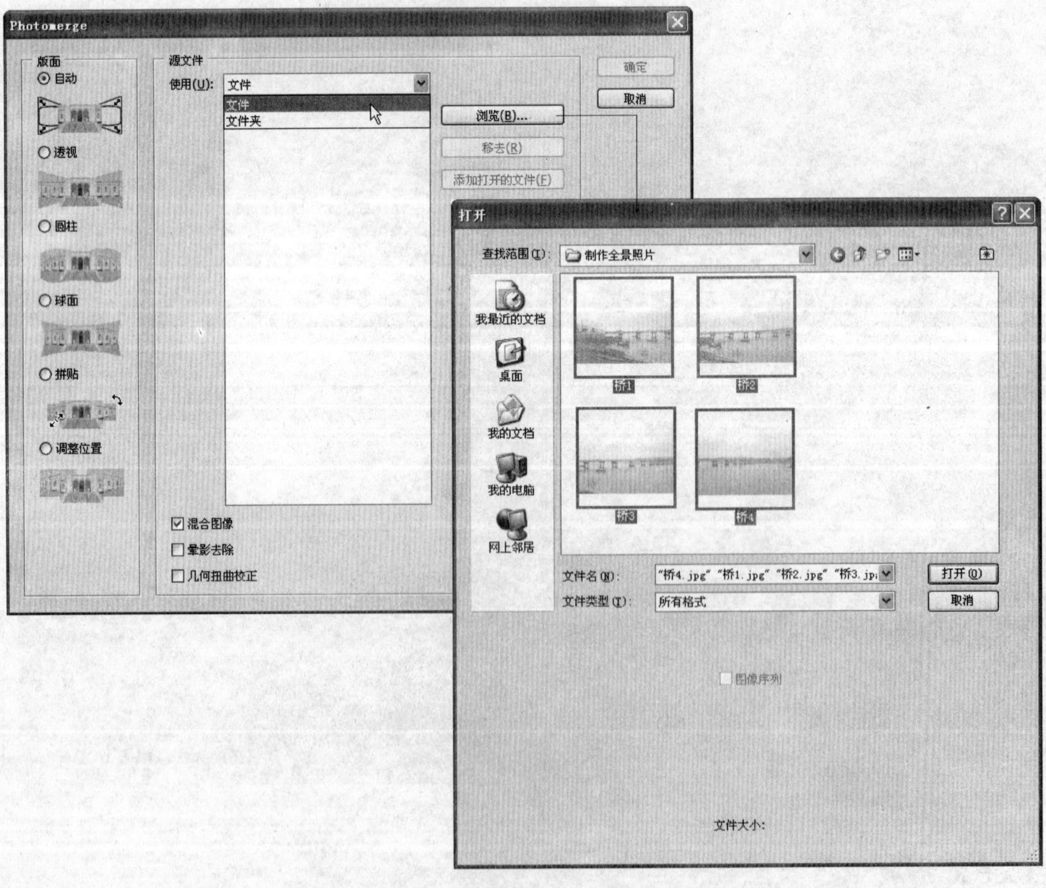

图 12–1–3

（4）单击“打开”按钮，在对话框中显示出了选择图片的顺序，如图12-1-4所示。

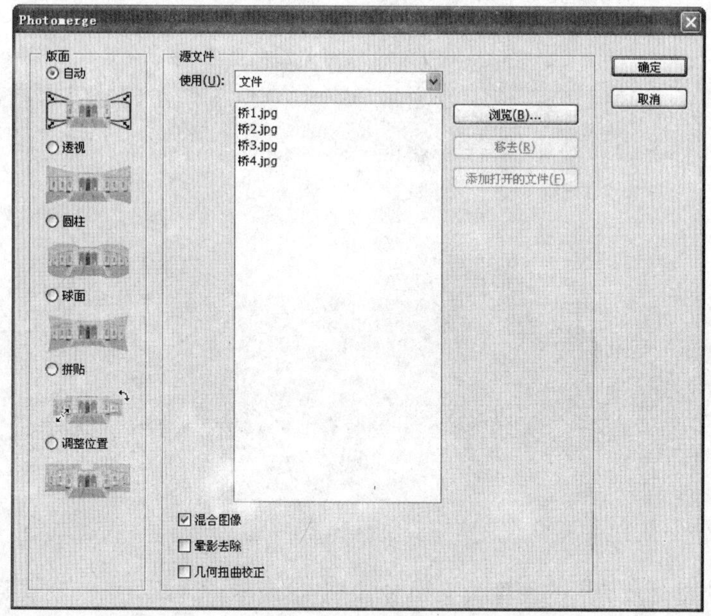

图12-1-4

（5）单击“确定”按钮，等待一段时间后，Photoshop就把这几张照片合并成了一张全景照片，如图12-1-5所示。

图12-1-5

（6）移动鼠标指针到任意图层上并单击鼠标右键，从弹出的快捷菜单中选择“拼合图像”命令，如图12-1-6所示。

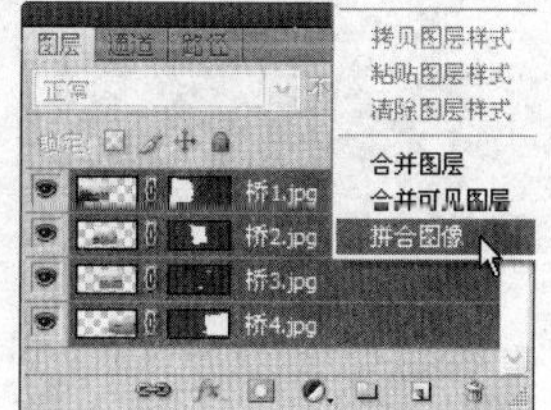

图12-1-6

提示：

“拼合图像”命令可以将所有可见图层合并到背景中并扔掉隐藏的图层，使文件缩小。

（7）选择工具箱中的“裁剪工具”，按住鼠标拖动，将需要保留的部分框选中，如图12–1–7所示。

图12–1–7

（8）按Enter键，裁剪后的图像效果如图12–1–8所示。到此，一幅全景照片就制作好了。

图12–1–8

（9）接下来，还可以对全景照片继续进行加工，制作出需要的效果，如图12–1–9所示。

图12–1–9

12.2　广告设计

本例是为玉观音茶叶设计的一幅平面广告。画面中采用了茶园、茶具以及阳光等元素，使画面显得格外清新自然，很好地表现了主题。在技术上，主要使用了“图层混合模式”和“径向模糊”滤镜等功能。

(1) 按“Ctrl+O”组合键打开素材中的“茶园”文件，如图12-2-1所示。

图12-2-1

(2) 用同样的方法打开“远山”文件。选择“移动工具”，按住Shift键将“远山”图像拖动到“茶园”文件中，如图12-2-2所示。

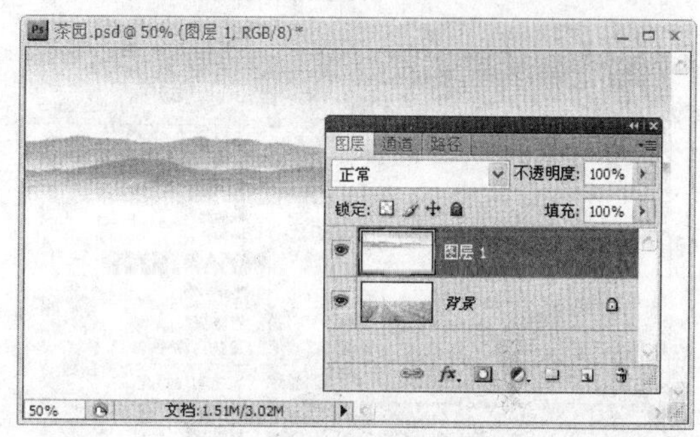

图12-2-2

(3) 单击“图层”面板底部的“添加图层蒙版”按钮，在此图层上创建一个图层蒙版，如图12-2-3所示。

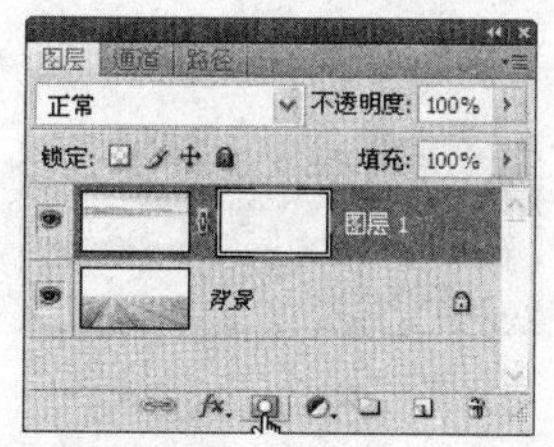

图12-2-3

(4) 设置工具箱中的前景色为白色，背景色为黑色。选择“渐变工具”，并在其选项栏中选择“前景色到背景色”渐变，“渐变模式”为线性渐变，其他设置如图12-2-4所示。

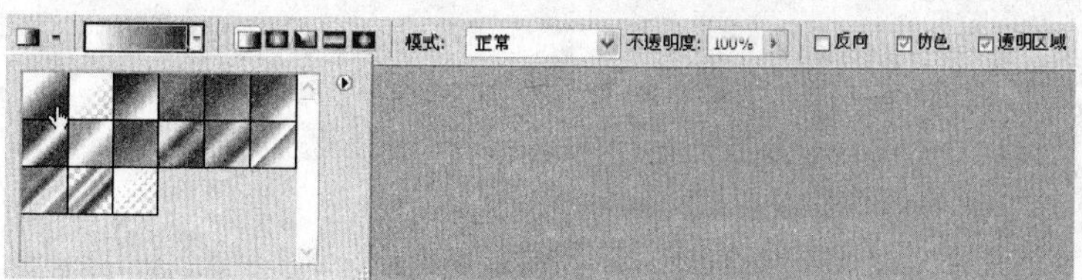

图12-2-4

图 12-2-5

（5）移动鼠标指针到窗口内，按图 12-2-5 所示的距离和方向拉出渐变，将底下的白色部分隐藏。

图 12-2-6

（6）单击“图层”面板下方的“创建新图层”按钮，新建一个图层并命名为“薄雾”，如图 12-2-6 所示。

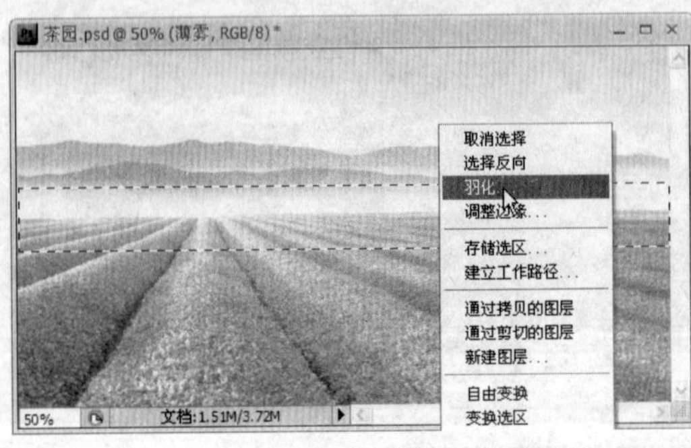
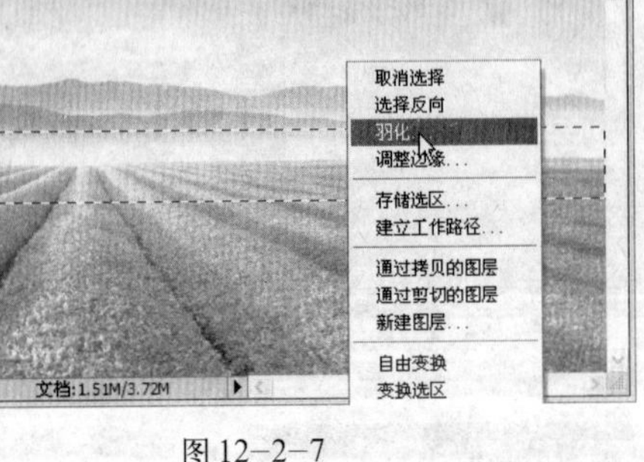

图 12-2-7

（7）选择“矩形选框工具”，在远山和茶园交界的地方创建一个矩形选区。之后单击鼠标右键，从弹出的快捷菜单中选择“羽化”命令，如图 12-2-7 所示。

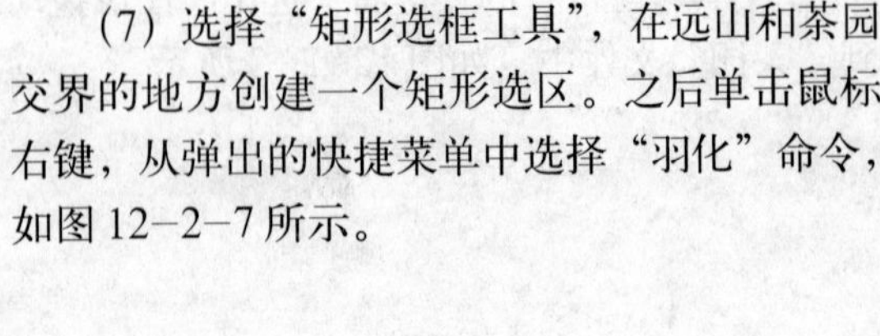
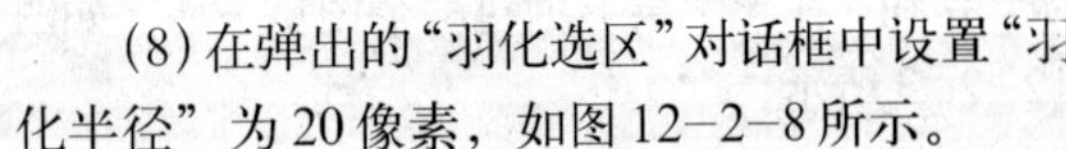

图 12-2-8

（8）在弹出的“羽化选区”对话框中设置“羽化半径”为 20 像素，如图 12-2-8 所示。

图 12-2-9

（9）单击“确定”按钮后，往选区内填充白色，如图 12-2-9 所示。

（10）按“Ctrl+D”组合键取消选区，并设置“薄雾”的“不透明度”为60%，如图12–2–10所示。

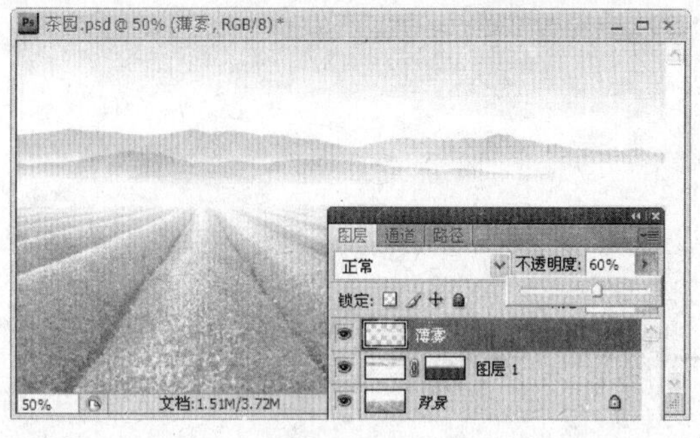

图12–2–10

（11）选择“画笔工具”，在其选项栏中设置“画笔”为柔角80像素，其他设置如图12–2–11所示。

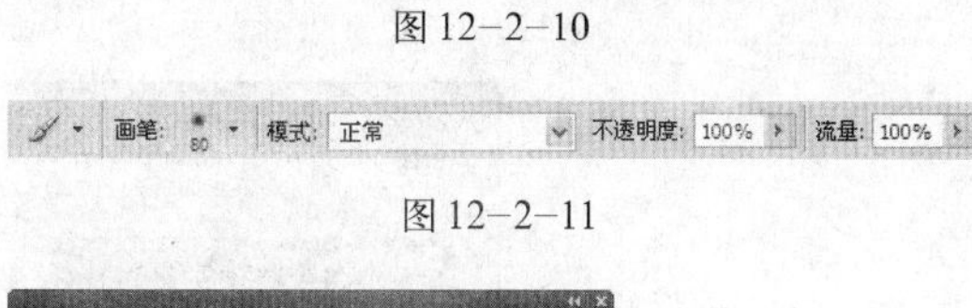

图12–2–11

（12）按F5键调出“画笔”面板，单击左侧的“形状动态”选项，在“控制”下拉选项中选择“渐隐”，设置参数为25，如图12–2–12所示。

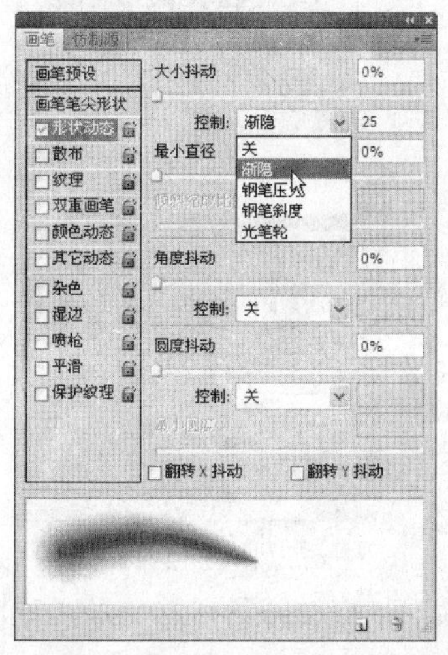

图12–2–12

（13）单击“图层”面板下方的“创建新图层”按钮，新建一个图层并命名为“阴影”，如图12–2–13所示。

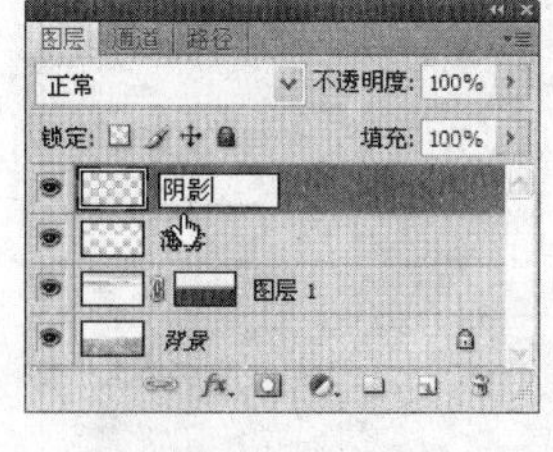

图12–2–13

（14）设置工具箱中的前景色为绿色（R：42，G：78，B：8），如图12–2–14所示。

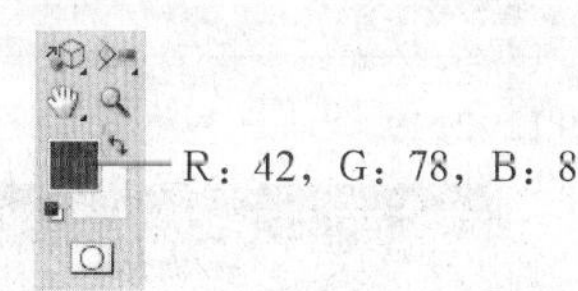

图12–2–14

图12−2−15

（15）按住鼠标左键并拖动，在茶园的每条沟里绘制出绿色渐隐笔触，如图12−2−15所示。

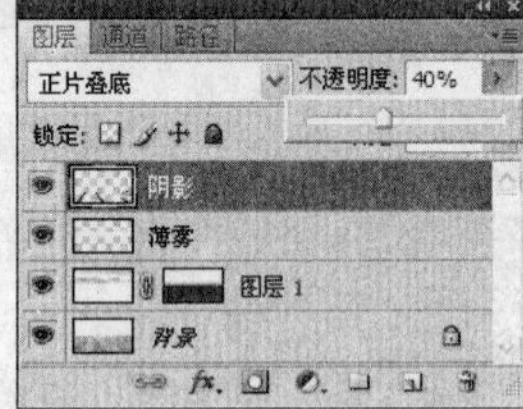

图12−2−16

（16）在“图层”面板中设置“阴影”图层的“不透明度”为40%，“混合模式”为正片叠底，如图12−2−16所示。

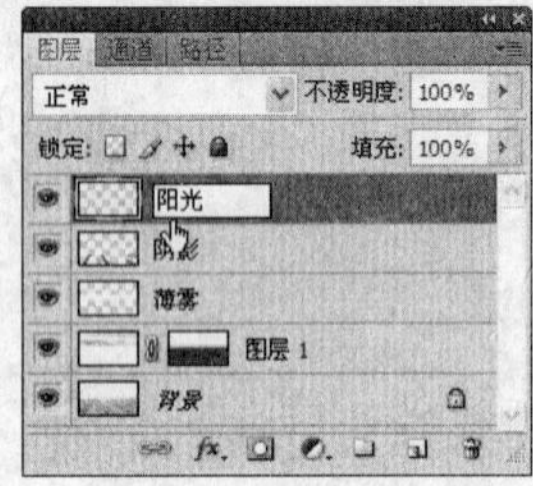

图12−2−17

（17）单击“图层”面板下方的“创建新图层”按钮，在最上方新建一个图层并命名为“阳光”，如图12−2−17所示。

图12−2−18

（18）选择“椭圆工具”，单击“新选区”按钮，并设置“羽化”为15 px，其他设置如图12−2−18所示。

图12−2−19

（19）按住Shift键的同时拖动鼠标，在画面的左上角创建一个正圆选区，之后在其中填充白色，如图12−2−19所示。

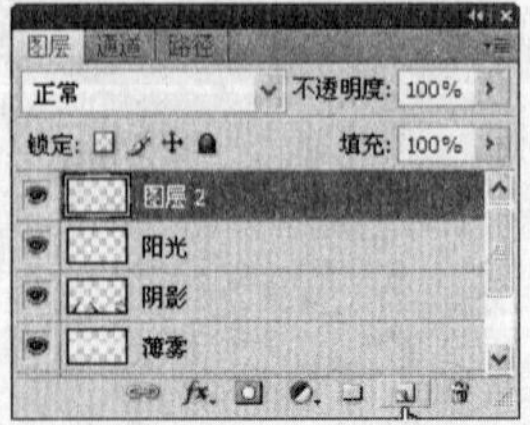

图12−2−20

（20）单击“图层”面板下方的“创建新图层”按钮，在最上方再新建一个图层，如图12−2−20所示。

（21）选择“画笔工具”，在其选项栏中设置“画笔”为尖角30像素，其他设置如图12-2-21所示。

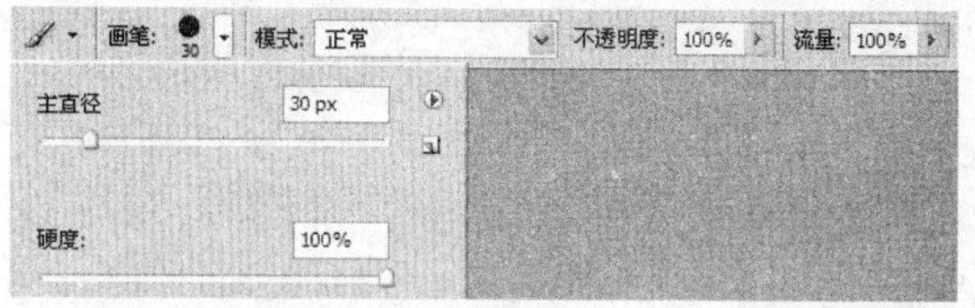

图 12-2-21

（22）按F5键调出“画笔”面板，单击左侧的“形状动态”选项，在“控制”下拉选项中选择“渐隐”，设置参数为100，如图12-2-22所示。

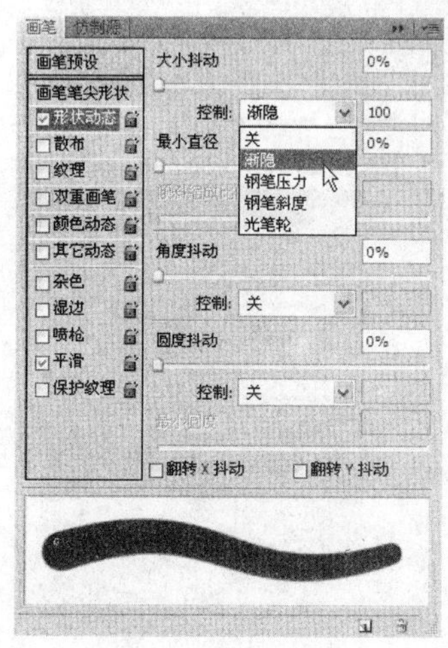

图 12-2-22

（23）设置工具箱中的前景色为白色，按住鼠标左键从左至右拖动，绘制出一条白色渐隐笔触，如图12-2-23所示。

图 12-2-23

（24）按“Ctrl+T”组合键进行自由变换，对笔触进行放大和旋转，如图12-2-24所示。

图 12-2-24

图 12–2–25

（25）按Enter键确认变换。之后用同样的方法再制作几个大小不一的白色渐隐笔触，各个位置如图12–2–25所示。

图 12–2–26

（26）按住Ctrl键分别单击各个笔触图层，将它们全部选中，如图12–2–26所示。

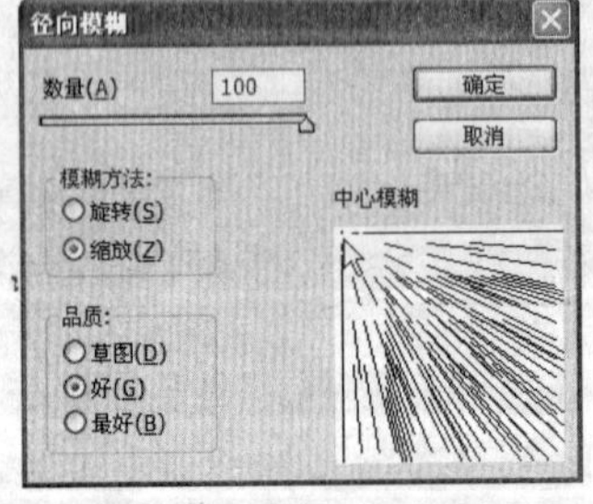

图 12–2–27

（27）按“Ctrl+E”组合键将选中的图层合并。选择“滤镜/模糊/径向模糊”命令，在弹出的“径向模糊”对话框中选择模糊方法为“缩放”，“数量”为100，并用鼠标将“中心模糊”移动到左上角，如图12–2–27所示。

图 12–2–28

（28）单击“确定”按钮，应用滤镜效果。此时就制作出了阳光照射的效果，如图10–2–28所示。

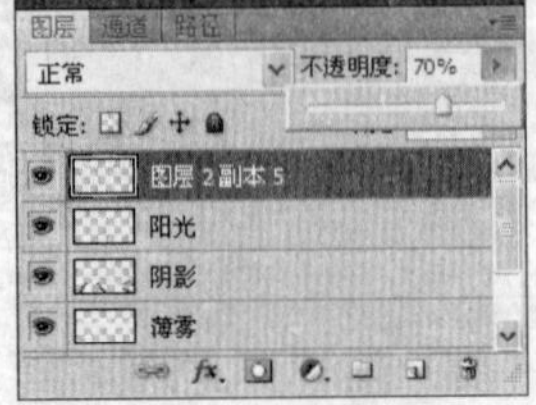

图 12–2–29

（29）设置“图层2副本5”图层的“不透明度”为70%，降低其透明度，如图12–2–29所示。

（30）按“Ctrl+E”组合键将当前图层和其下面的“阳光”图层合并，如图12-2-30所示。

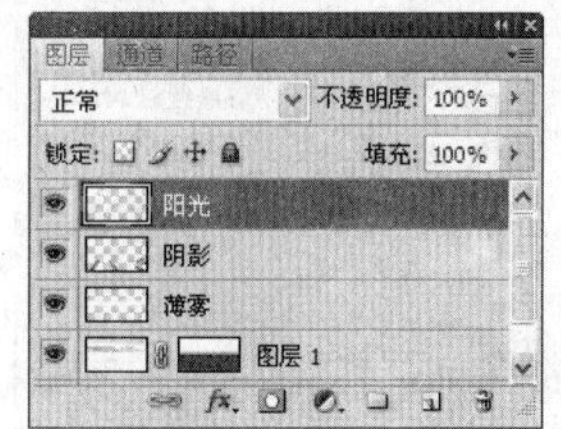

图12-2-30

提示：

按“Ctrl+E”组合键可将当前图层和其下面的一个图层合并，且以下面的图层命名。

（31）单击“图层”面板下方的“创建新图层”按钮，在最上方再新建一个图层并命名为“光圈”，如图12-2-31所示。

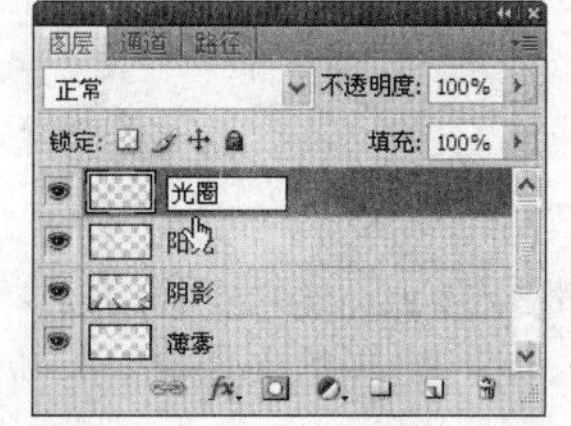

图12-2-31

（32）选择“椭圆工具”，按住Shift键的同时拖动鼠标，在画面的左上角创建一个正圆选区，如图12-2-32所示。

图12-2-32

（33）执行“选择/修改/边界”命令，从弹出的“边界选区”对话框中设置“宽度”为5像素，如图12-2-33所示。

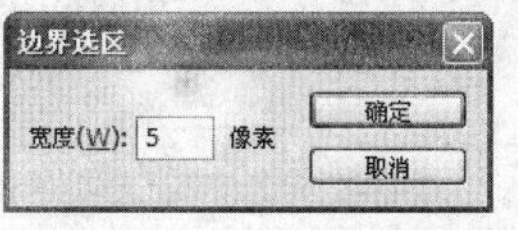

图12-2-33

（34）单击“确定”按钮，在其中填充白色后按“Ctrl+D”组合键取消选区，设置“光圈”图层的“不透明度”为60%，效果如图12-2-34所示。

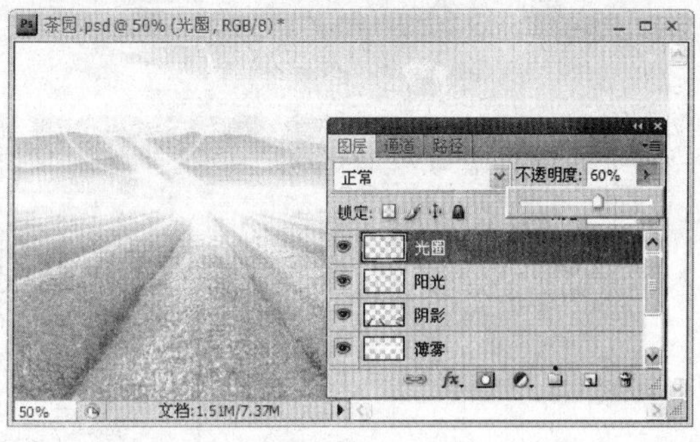

图12-2-34

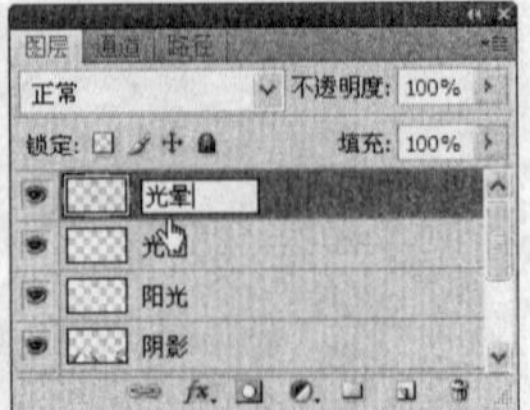

图 12-2-35

（35）单击“图层”面板下方的“创建新图层”按钮，在最上方新建一个图层并命名为“光晕”，如图 12-2-35 所示。

图 12-2-36

（36）选择“椭圆工具”，按住 Shift 键的同时拖动鼠标，在画面的左上方创建一个正圆选区并填充白色，如图 12-2-36 所示。

图 12-2-37

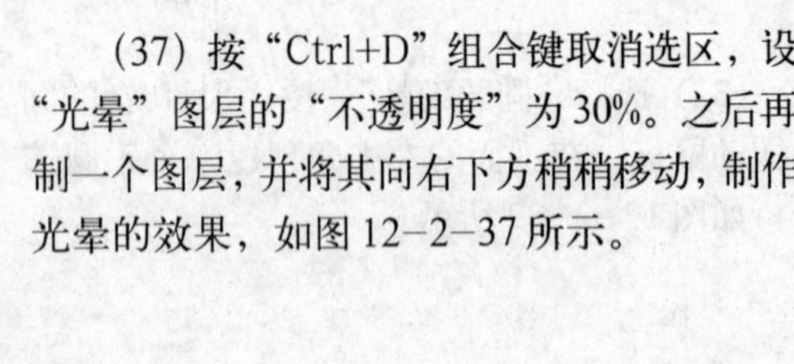
（37）按“Ctrl+D”组合键取消选区，设置“光晕”图层的“不透明度”为 30%。之后再复制一个图层，并将其向右下方稍稍移动，制作出光晕的效果，如图 12-2-37 所示。

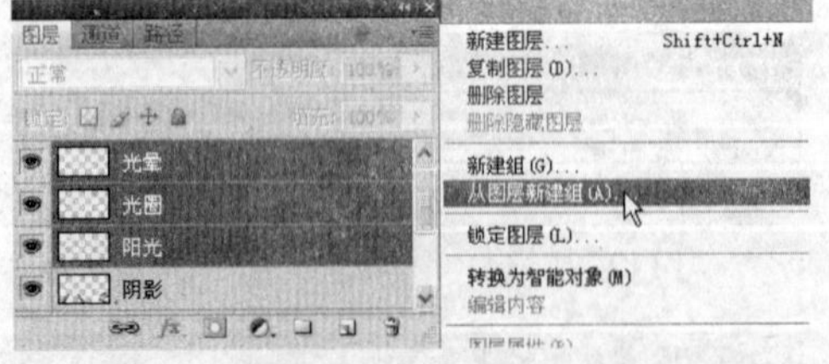

图 12-2-38

（38）按住 Ctrl 键分别单击“光晕”、“光圈”和“阳光”图层，将它们全部选中。之后单击图层面板菜单，并从弹出的菜单中选择“从图层新建组”命令，如图 12-2-38 所示。

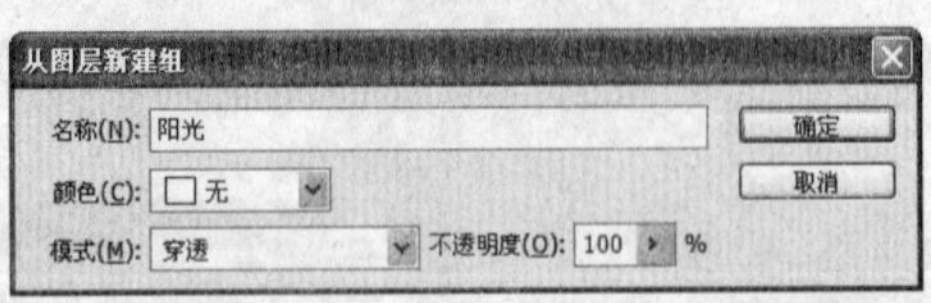

图 12-2-39

（39）在随即弹出的“从图层新建组”对话框中输入“名称”为阳光，其他设置保持默认状态，如图 12-2-39 所示。

（40）单击“确定”按钮，将3个图层放到图层组中，如图12–2–40所示。

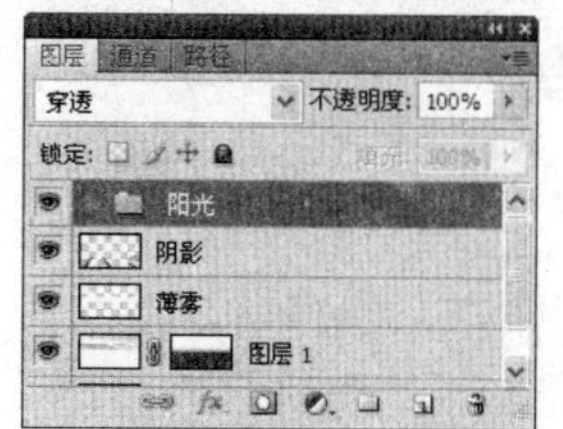

图12–2–40

（41）按“Ctrl+O”组合键打开素材中的“竹子”文件（此文件是一个PSD格式图像），如图12–2–41所示。

图12–2–41

（42）选择“移动工具”，将竹子拖动到茶园文件中，并放置到画面的左侧，如图12–2–42所示。

图12–2–42

（43）按“Ctrl+O”组合键打开素材中的“竹子2”文件（此文件是一个PSD格式图像），如图12–2–43所示。

图12–2–43

图 12–2–44

(44) 选择“移动工具”，将竹子拖动到茶园文件中，并放置到画面的右侧，如图 12–2–44 所示。

(45) 按“Ctrl+O”组合键打开素材中的“茶具”文件（此文件是一个 PSD 格式图像），如图 12–2–45 所示。

图 12–2–45

图 12–2–46

(46) 使用“移动工具”同样将其拖动到茶园文件中，并放置到画面的右下方，如图 12–2–46 所示。

图 12–2–47

(47) 选择“直排文字工具”，在图 12–2–47 所示位置输入相关文字，茶叶广告的设计完成。

12.3　封面设计

本例将介绍《Windows Vista中文版入门与提高》图书封面的设计过程。用户在学习过程中要注意封面各个区域的划分，以及制作过程的顺序，以掌握封面制作的特点。本例封面构图风格稳重、大气，和图书的整体策划完全相符。

（1）按“Ctrl+N”组合键打开“新建”对话框，输入“名称”为封面设计，设置“宽度”为396毫米，“高度”为266毫米，“分辨率”为72像素/英寸，“颜色模式”为RGB颜色，“背景内容”为白色，如图12-3-1所示。

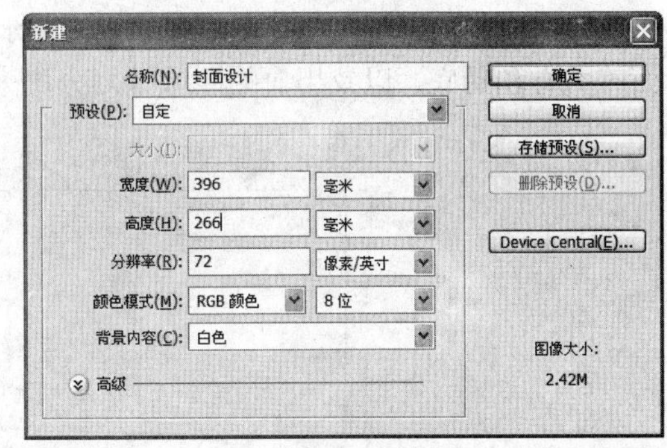

图12-3-1

提示：

①封面的宽度数值为正封宽度（185mm）＋书脊宽度（20mm）＋封底宽度（185mm）＋左右出血（各3mm）=396mm，封面的高度数值为封面的高度（260mm）＋上下出血（各3mm）=266mm。

②在Photoshop中设计封面，“分辨率”一般不低于300像素/英寸，这里为了讲解方便，特意将“分辨率”设置成了72像素/英寸。

（2）下面使用辅助线对各个区域进行划分。按“Ctrl+R”组合键显示标尺，选择“视图/新建参考线”命令，在弹出的“新建参考线”对话框中选择“垂直”单选按钮，并在“位置”后面的文本框中输入3毫米，如图12-3-2所示。

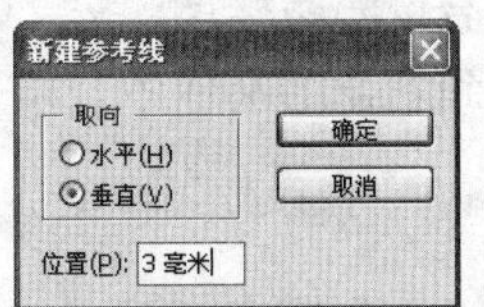

图12-3-2

（3）单击“确定”按钮。按此方法分别在垂直188毫米、208毫米和393毫米的位置添加辅助线，如图12-3-3所示。

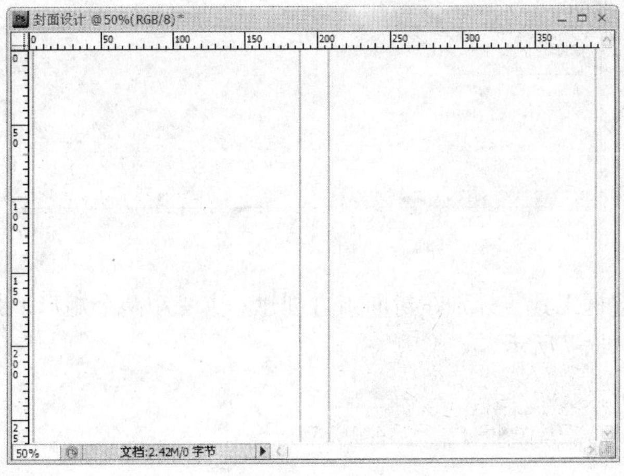

图12-3-3

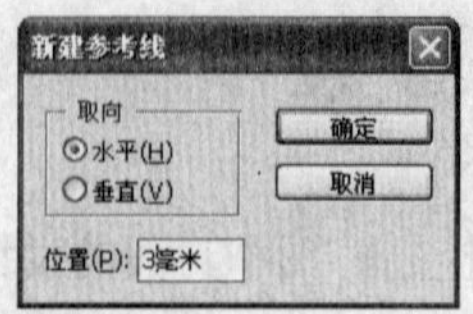

图 12-3-4

（4）选择“视图／新建参考线”命令，在弹出的“新建参考线”对话框中选择“水平”单选按钮，并在“位置”后面的文本框中输入3毫米，如图 12-3-4 所示。

（5）单击“确定”按钮。用同样的方法在水平 263 毫米的位置也加上辅助线。这样，本书的封面、书脊和封底，以及出血的区域就划分出来了，如图 12-3-5 所示。

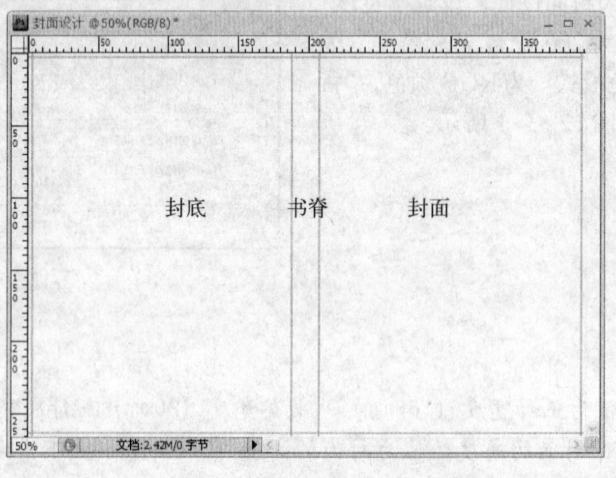

图 12-3-5

（6）按“Ctrl+R”组合键隐藏标尺。按“Ctrl+O”组合键打开素材中的“云层”文件，之后用“移动工具”将其拖动到新建的文件中，位置如图 12-3-6 所示。

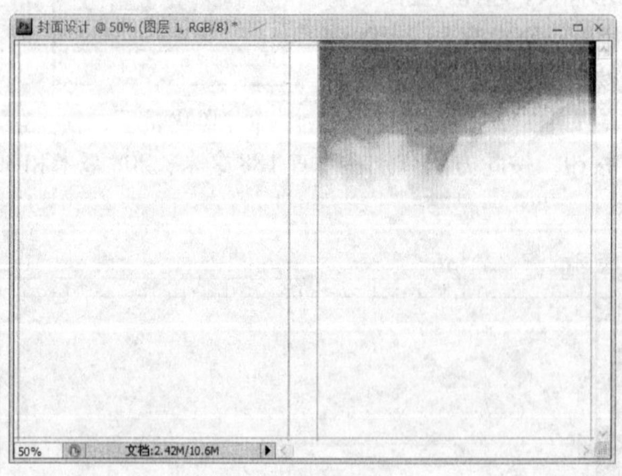

图 12-3-6

（7）使用“矩形选框工具”分别在封面下方创建一大一小两个矩形，并分别在其中填充不同深浅的蓝色，如图 12-3-7 所示。

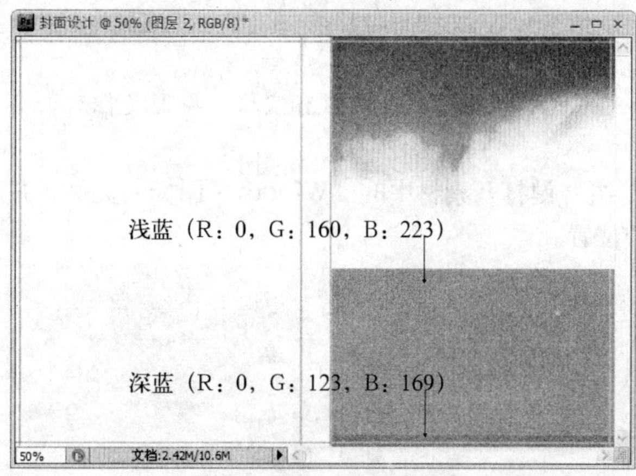

图 12-3-7

（8）按“Ctrl+O”组合键打开素材中的“Windows标志”文件，并用“移动工具”将其拖动到新建的文件中，如图 12-3-8 所示。

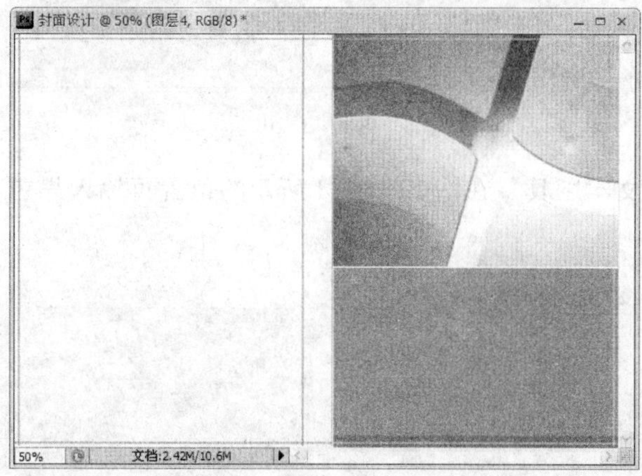

图 12-3-8

（9）选择“横排文字工具”，在图 12-3-9 所示的位置输入白色“Wind ws Vista”文字。

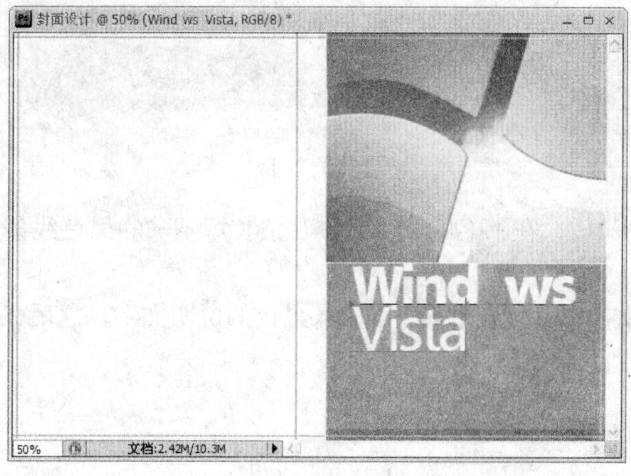

图 12-3-9

提示：

在“Wind ws Vista”文字的“d”和“w”间留有空格，原因是在后面要在此处加入“Windows图标”素材。

（10）按“Ctrl+O”组合键打开素材中的“Windows图标”文件，并用“移动工具”将其拖动到图12-3-10所示的位置。

图12-3-10

（11）使用“横排文字工具”在图12-3-11所示的位置再输入黑色“中文版入门与提高”文字。

图12-3-11

（12）选择“直线工具”，在书名的上下制作几条长短不一的黑色线条，使书名更加明显，如图12-3-12所示。

（13）使用“横排文字工具”在书名下面输入黑色的说明文字，之后在封面下方输入出版社名称，如图12-3-13所示。

图 12-3-12

图 12-3-13

提示：

封面的好坏既取决于形式和内容的统一，又体现在图像中隐含的艺术涵义。本书设计师很好地抓住了此书的厚重特点，采用了稳定型的构图，且图像意义明显。

(14) 同样的方法在封面的左上方制作出图 12-3-14 所示的文字及元素。

图 12-3-14

(15) 根据图书需要，在封面中再加上售后服务文字，如图 12-3-15 所示。

图 12-3-15

提示：

至此，封面部分就制作完成了。下面来制作封底图像。

(16) 选择“矩形选框工具”，在封底的位置绘制一个矩形选区并填充蓝色（R：0，G：160，B：223），如图 12-3-16 所示。

图 12-3-16

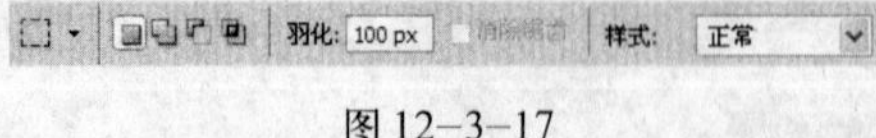

图 12-3-17

(17) 选择“矩形选框工具”，在其选项栏中设置“羽化”为 100px，如图 12-3-17 所示。

(18) 单击“图层”面板下方的“创建新图层”按钮，在最上方新建一个图层。按住鼠标拖动，在左侧创建一个矩形选区，并在其中填充蓝色（R：0，G：79，B：160），如图 12-3-18 所示。

图 12-3-18

（19）按“Ctrl+D”组合键取消选区，之后将其图层的“不透明度”设置30%，“混合模式”设置为正片叠底，如图12-3-19所示。

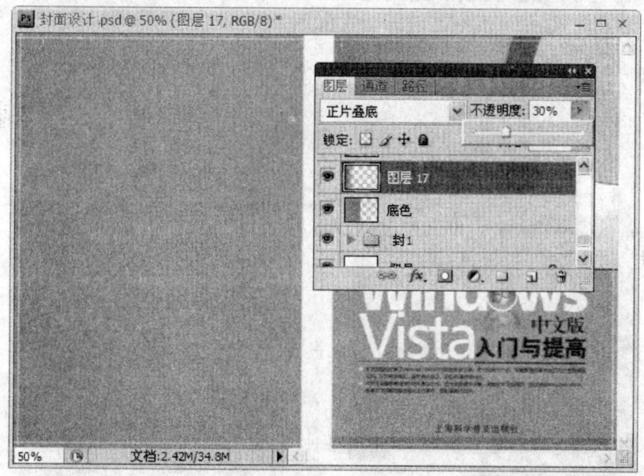

图 12-3-19

（20）按“Ctrl+O”组合键再次打开素材中的“Windows标志”文件，用“移动工具”将其拖动到新建的文件中后，按“Ctrl+T”组合键将其等比例放大，如图12-3-20所示。

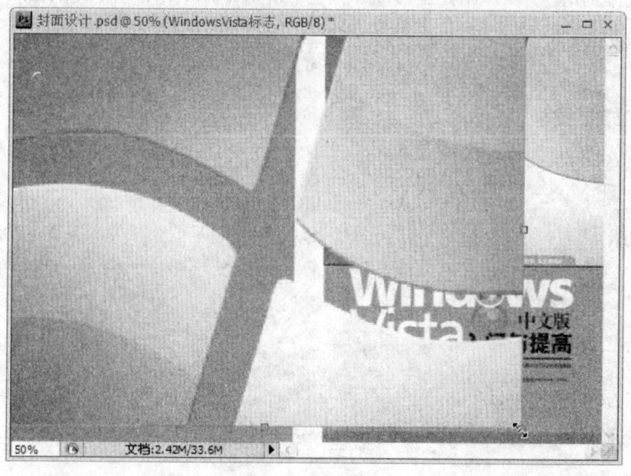

图 12-3-20

提示：

按“Ctrl+H”组合键可将辅助线隐藏，再次按“Ctrl+H”组合键可将其调出。

(21) 用“移动工具”将放大后的“Windows标志”对齐到封底。之后将其图层的“不透明度”设置25%，“混合模式”设置为叠加，如图12-3-21所示。

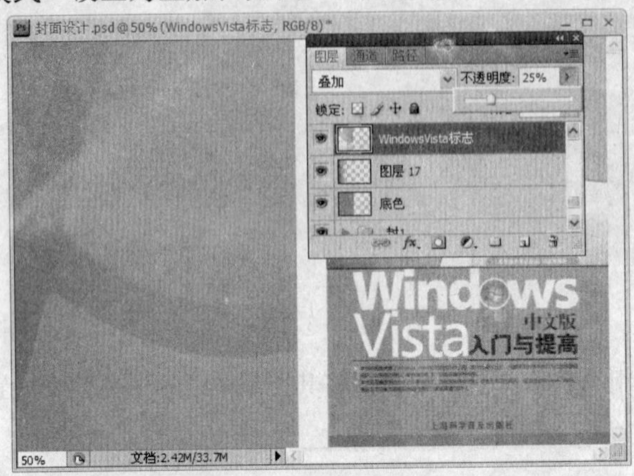

图12-3-21

(22) 下面在封底的左上方将出版社的标志和策划、编辑等要素加上，如图12-3-22所示。

图12-3-22

(23) 在封底的右上方加上本系列图书的特征标志图像和文字，如图12-3-23所示。

图12-3-23

提示：

封底相对于封面来说处于次要位置，忌做得过于花哨。常用的方法有：将封面的图案延伸至封底、在封底加上系列图书的宣传等。

（24）在封底的中间部位放入本系列图书的封面图像，如图12-3-24所示。

图12-3-24

（25）在封底的最下面放入本书的售后服务网站、条形码和定价，如图12-3-25所示。

图12-3-25

提示：

至此，封底部分就制作完成了。下面来制作书脊图像。

（26）选择“矩形选框工具”，在书脊部位创建一个20mm × 266mm的长方形选区，并在其中填充蓝色（R：24，G：39，B：134），如图12-3-26所示。

图 12−3−26

(27) 在书脊上方放入出版单位标志，并输入白色书名，如图 12−3−27 所示。

图 12−3−27

(28) 按“Ctrl+O”组合键打开素材中的“Windows 图标 2”文件，并用“移动工具”将其拖动到图 12−3−28 所示的书脊上。

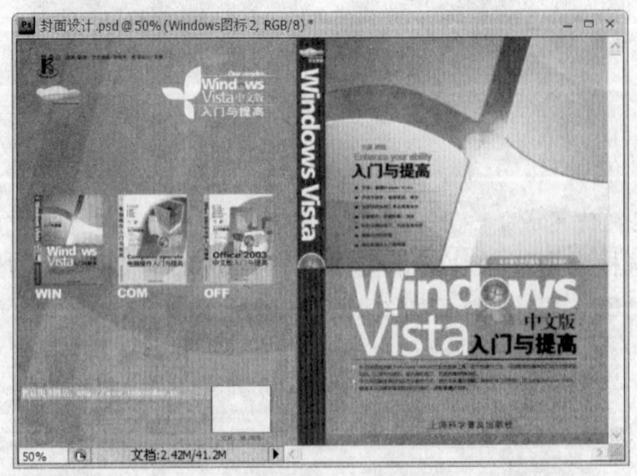

图 12−3−28

(29) 最后在书脊上将书名制作完整，并在下方输入出版社名称，封面设计完成。最终效果如图 12–3–29 所示。

图 12–3–29

提示：

在书脊文字的两边，一般要各留出 1～2 毫米以上的距离，以预防在计算书脊宽度时的误差而导致文字超出书脊的问题。

12.4　月饼包装设计

本例制作的是一个月饼包装盒作品。在制作过程中，用户应掌握此种包装的结构，了解面与面之间的关系。从图像的表现形式上，采用了喜庆的红黄搭配，主题文字大小对比强烈，过渡自然，有很强的节奏感。

(1) 按“Ctrl+N”组合键打开“新建”对话框，设置“宽度”和“高度”都为 330 毫米，“分辨率”为 120 像素/英寸，“颜色模式”为 RGB 颜色，“背景内容”为白色，如图 12–4–1 所示，单击“确定”按钮。

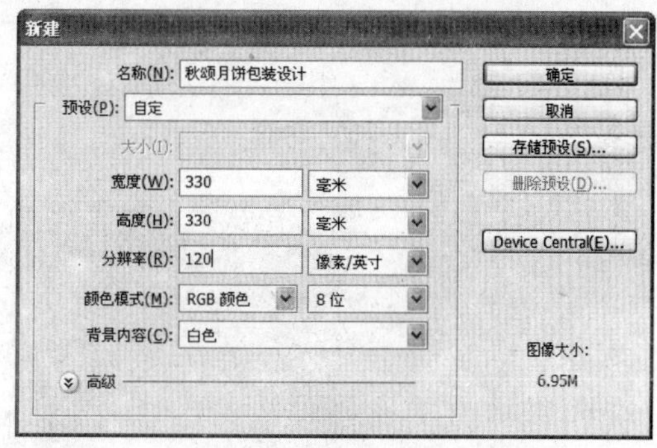

图 12–4–1

提示：

①包装盒的宽度数值为正面（210mm）＋两个侧面（各 57mm）＋左右出血（各 3mm）＝330mm，包装盒的高度数值为正面（210mm）＋两个侧面（各 57mm）＋上下出血（各 3mm）＝330mm。

②在正式设计包装时“分辨率”一般不低于 300 像素／英寸，这里为了讲解方便，特意将“分辨率”降低了一些。

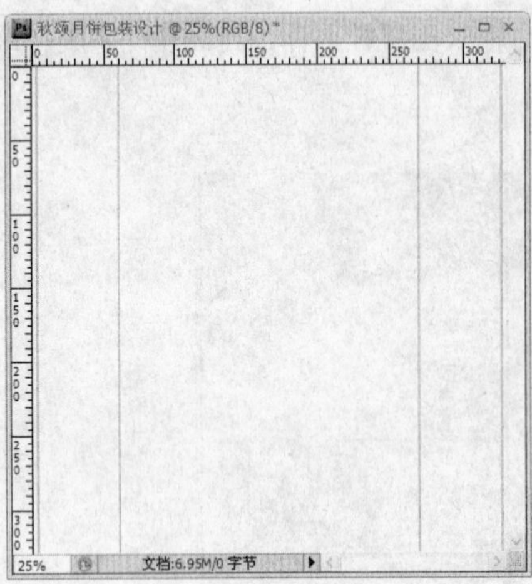

图 12-4-2

(2) 下面使用辅助线对各个区域进行划分。按“Ctrl+R”组合键显示标尺，选择“视图/新建参考线”命令，在弹出的“新建参考线”对话框中选择“垂直”单选按钮，分别在垂直3毫米、60毫米、270和327毫米的位置添加辅助线，如图12-4-2所示。

提示：

辅助线不仅可以选择“视图/新建参考线”命令来创建，也可以将鼠标指针移动到标尺上，采用拖拉的方式创建辅助线。

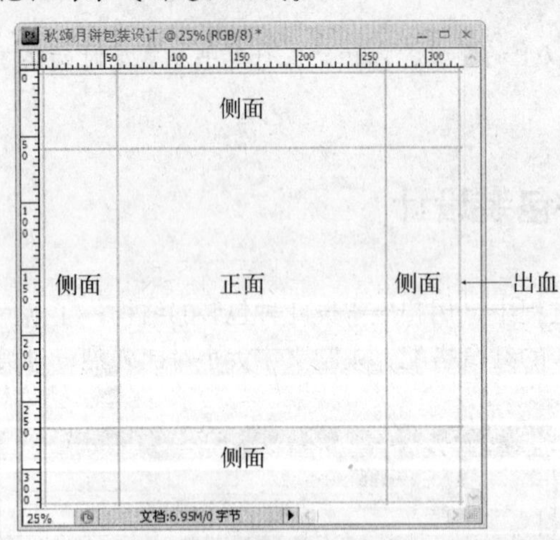

图 12-4-3

(3) 选择“视图/新建参考线”命令，在弹出的“新建参考线”对话框中选择“水平”单选按钮，并分别在水平3毫米、60毫米、270和327毫米的位置添加辅助线。这样，包装盒的正面、侧面和出血区域就划分出来了，如图12-4-3所示。

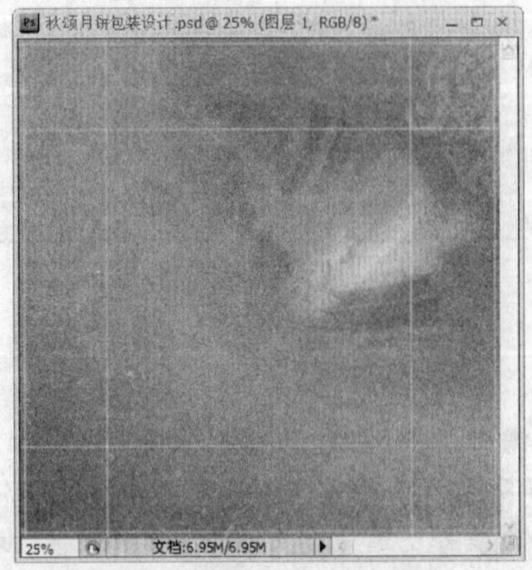

图 12-4-4

(4) 按“Ctrl+O”组合键打开素材中的“红色背景”文件，之后用“移动工具”将其拖动到新建的文件中，如图12-4-4所示。

(5) 按"Ctrl+O"组合键打开素材中的"灯笼"文件，用同样的方法将其拖动到新建文件图12-4-5所示的位置。

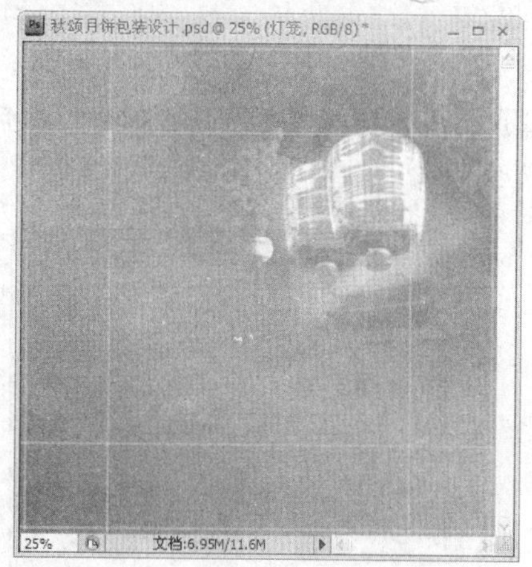

图 12-4-5

提示：

"灯笼"文件是一个包含两个图层的PSD格式素材文件。

(6) 按"Ctrl+O"组合键打开素材中的"龙图案"文件，用"移动工具"将图案拖动到新文件左下角之后，将其图层的"不透明度"降低至30%，如图12-4-6所示。

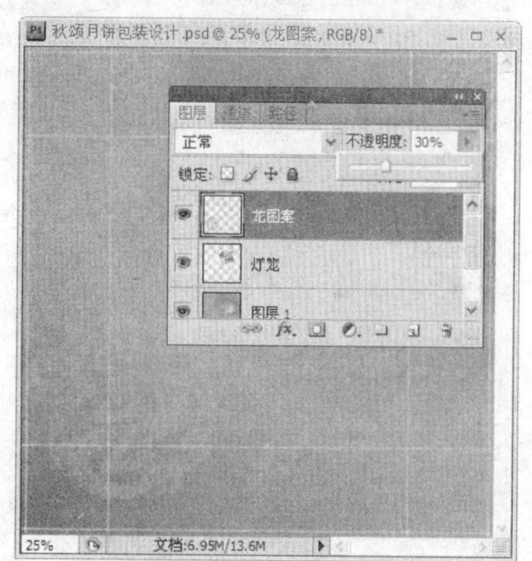

图 12-4-6

(7) 选择"椭圆工具"，并在其选项栏中设置"羽化"为0 px，如图12-4-7所示。

图 12-4-7

(8) 移动鼠标指针到窗口中，按住鼠标左键并拖动，在图12-4-8所示的位置创建一个选区。

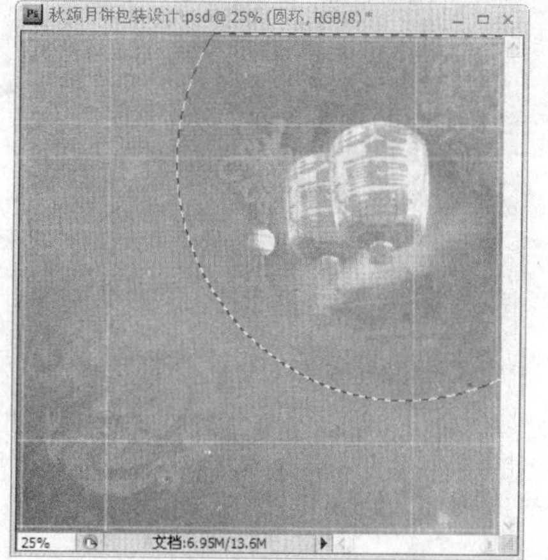

图 12-4-8

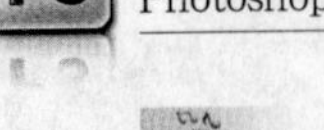

提示：

在创建选区时，按住键盘上的空格键可在创建选区的同时移动选区的位置，释放鼠标左键可继续创建选区。

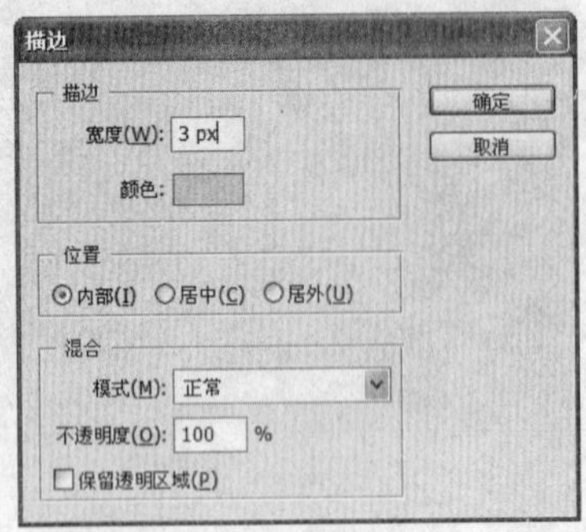

图 12-4-9

(9) 单击“图层”面板下方的“创建新图层”按钮，在最上方新建一个图层并命名为“圆环”。选择“编辑/描边”命令，打开“描边”对话框，设置“宽度”为3px，“颜色”为淡黄色（R：234，G：224，B：154），“位置”为内部，如图12-4-9所示。

图 12-4-10

(10) 单击“确定”按钮，按“Ctrl+D”组合键取消选区，圆环效果如图12-4-10所示。

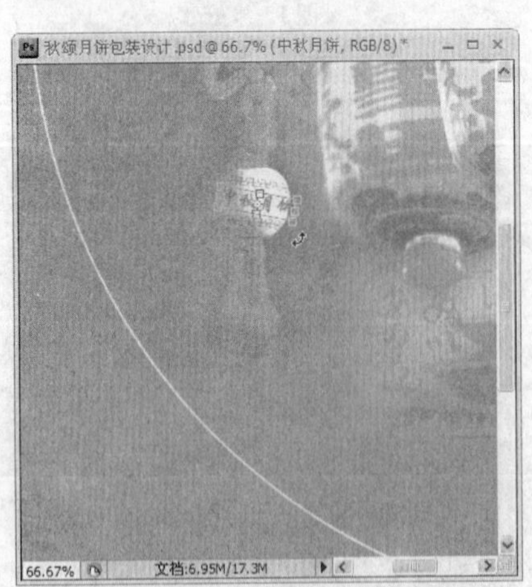

图 12-4-11

(11) 选择“横排文字工具”，在中国结的挂穗上输入“中秋月饼”4个字，“颜色”为深红色（R：125，G：0，B：0）。按“Ctrl+T”组合键进行自由变换，向顺时针方向稍稍旋转，使文字和中间的白色区域平行，如图12-4-11所示。

(12) 选择“横排文字工具”，分别输入大小不一的“秋”和“颂”文字，“字体”为草檀斋毛泽东字体，“颜色”为黄色（R：242，G：230，B：163），位置如图 12−4−12 所示。

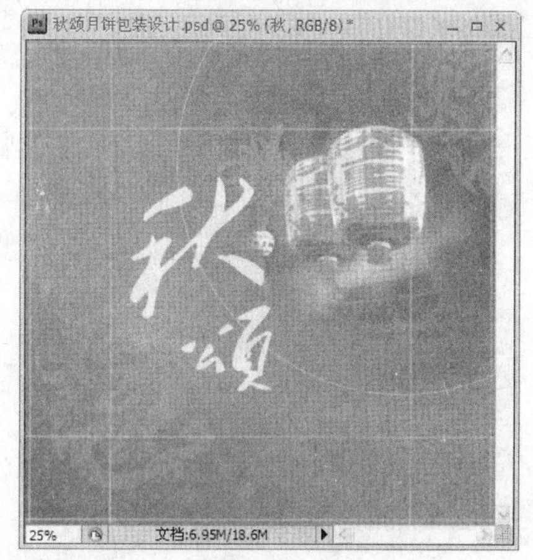

图 12−4−12

提示：

“草檀斋毛泽东字体”放在素材文件中。用户如果没有该字体，可将其拷贝到控制面板中的“字体”文件中进行使用。

(13) 在“秋”图层上操作。选择“图层／图层样式／投影”命令，在打开的“图层样式”对话框中设置图 12−4−13 所示的投影参数。

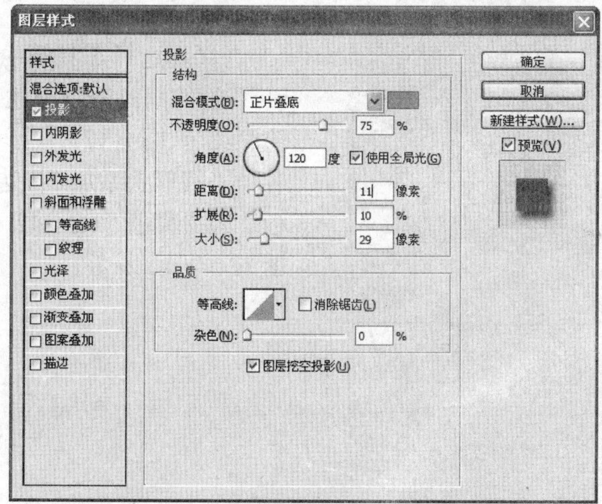

图 12−4−13

(14) 单击“确定”按钮，文字被添加了投影。使用同样的方法对另一个文字也加上同样的投影，效果如图 12−4−14 所示。

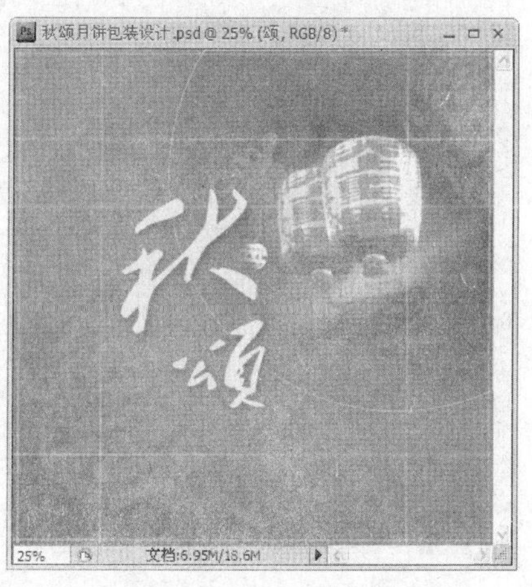

图 12−4−14

图 12-4-15

(15) 按“Ctrl+O”组合键打开素材中的“印章”文件，并用“移动工具”将其拖动到“秋”字的左下角，如图 12-4-15 所示。

提示：

“印章”是一个制作好的 PSD 格式素材文件。

图 12-4-16

(16) 选择工具箱中的“椭圆工具”，按住 Shift 键的同时分别创建 4 个正圆形状，“颜色”为深红色（R：125，G：0，B：0）。之后分别为各个正圆形状添加“描边”图层样式，描边“颜色”均为黄色（R：242，G：226，B：159），如图 12-4-16 所示。

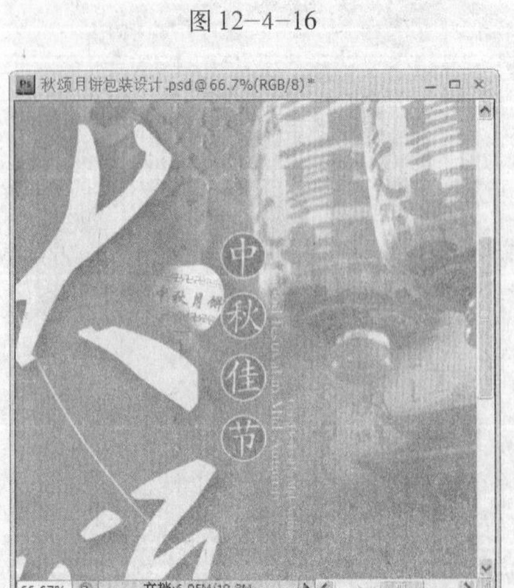

图 12-4-17

(17) 选择“直排文字工具”，在 4 个正圆形状上分别输入“中”、“秋”、“佳”、“节”文字。之后在其旁边再输入“Good festival in Mid-Autumn”英文，字体“颜色”都为黄色（R：239，G：223，B：154），如图 12-4-17 所示。

（18）选择“横排文字工具”，输入“Moon Cake”英文，并按图12-4-18所示的位置排列好。

图12-4-18

提示：

在此处加入文字主要是为了构图的需要，使构图稳定，形成一个类似正三角的构图。同时和主体文字也能形成大小、纵横的对比。

（19）单击文字工具选项栏中的“切换字符和段落面板”按钮，在弹出的“字符”面板中分别单击“仿粗体”和“仿斜体”按钮，如图12-4-19所示。

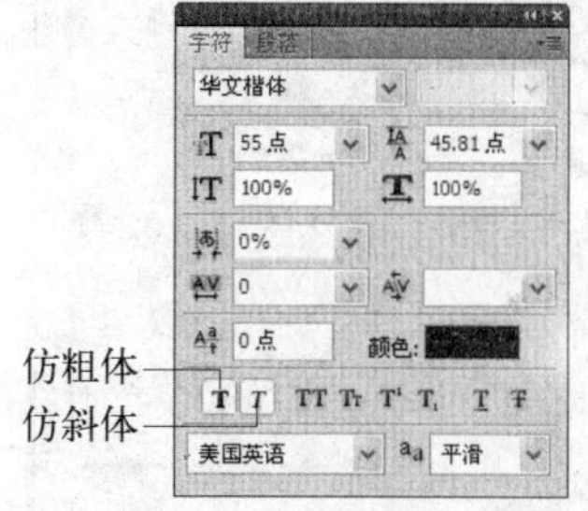

图12-4-19

（20）双击“Moon Cake”文字图层后面的空白处，如图12-4-20所示。

图12-4-20

（21）在打开的“图层样式”对话框中选择“渐变叠加”样式，设置“渐变”为从黄色（R：255，G：241，B：0）到白色（R：255，G：255，B：255），“角度”为-90，其他参数如图12-4-21所示。

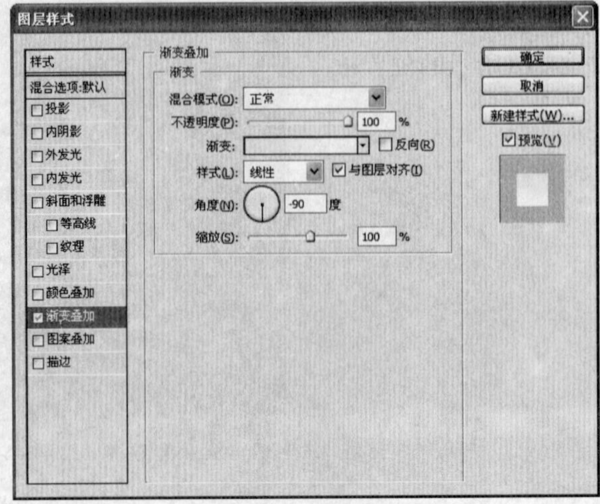

图 12–4–21

图 12–4–22

(22) 单击“确定”按钮，“Moon Cake”文字效果如图 12–4–22 所示。此时包装盒的正面就设计完了。

图 12–4–23

(23) 使用文字工具在上下两个侧面分别输入相应的文字，并在下侧面制作出包装盒的标志，如图 12–4–23 所示。到此，包装盒的整体设计就完成了。

（24）图 12-4-24 所示为包装盒的立体效果图。

图 12-4-24

12.5 小　结

本章综合介绍了在 Photoshop 中制作和设计图像的方法，这些实例不仅实用性较强，而且侧重点也不一样。通过本章的学习，希望读者能掌握一些制作和设计图像的思路及方法，使自己的能力有所提高。

12.6 练　习

（1）使用普通数码相机拍摄几张连续的照片，自己尝试制作一幅全景照片。

（2）根据“12.2　广告设计”实例，模仿一幅构图类似的平面广告作品。

（3）设计一本宽度为 185mm，高度为 260mm，书脊宽度为 12mm 的图书封面。

（4）设计一个宽度和高度都为 260mm，侧面为 55mm 的正方形月饼包装盒，主题自拟。

读书笔记

年　月　日

附录1 快 捷 键

工 具

工具名称	快捷键
矩形选框工具组	M（按住Shift键的同时按M键，可以在矩形选框工具和椭圆选框工具间切换）
移动工具	V
套索工具组	L（按住Shift键的同时按L键，可以在套索工具间切换）
快速选择工具组	W（按住Shift键的同时按W键，可以在快速选择工具和魔棒工具间切换）
裁剪工具	C（按住Shift键的同时按C键，可以在裁剪工具和切片工具间切换）
吸管工具组	I（按住Shift键的同时按I键，可以在其工具组中切换工具）
污点修复画笔工具组	J（按住Shift键的同时按J键，可以在修复画笔工具间切换）
画笔工具组	B（按住Shift键的同时按B键，可以在画笔工具间切换）
图章工具组	S（按住Shift键的同时按S键，可以在图章工具间切换）
历史记录画笔工具组	Y（按住Shift键的同时按Y键，可以在历史记录画笔工具间切换）
橡皮擦工具组	E（按住Shift键的同时按E键，可以在橡皮擦工具间切换）
渐变工具组	G（按住Shift键的同时按G键，可以在渐变工具和油漆桶工具间切换）
减淡工具组	O（按住Shift键的同时按O键，可以在减淡、加深和海绵工具间切换）
钢笔工具组	P（按住Shift键的同时按P键，可以在钢笔工具和自由钢笔工具间切换）
文字工具组	T（按住Shift键的同时按T键，可以在文字工具间切换）
路径选择工具组	A（按住Shift键的同时按A键，可以在路径选择工具和直接选择工具间切换）
矩形工具组	U（按住Shift键的同时按U键，可以在其工具组切换工具）
3D旋转工具组	K（按住Shift键的同时按K键，可以在其工具组切换工具）
3D环绕工具组	N（按住Shift键的同时按N键，可以在其工具组切换工具）
抓手工具	H
缩放工具	Z
切换前景色和背景色	X
默认值颜色	D

续 表

工具名称	快捷键
以快速蒙版方式编辑	Q
屏幕显示模式切换	F

文件操作

命令名称	快捷键	命令名称	快捷键
新建文件	Ctrl+N	存储为Web所用格式	Alt+Ctrl+Shift+S
打开文件	Ctrl+O	打印设置	Alt+Ctrl+P
关闭文件	Ctrl+W	打印	Ctrl+P
存储文件	Ctrl+S	退出	Ctrl+Q
存储为	Ctrl+Shift+S		

编辑操作

命令名称	快捷键	命令名称	快捷键
还原	Ctrl+Z	填充前景色	Alt+Delete
前进一步	Ctrl+Shift+Z	填充背景色	Ctrl+Delete
后退一步	Alt+Ctrl+Z	内容识别比例	Alt+Ctrl+Shift+C
剪切	Ctrl+X	自由变换	Ctrl+T
拷贝	Ctrl+C	颜色设置	Ctrl+Shift+K
合并拷贝	Ctrl+Shift+C	键盘快捷键设置	Alt+Ctrl+Shift+K
粘贴	Ctrl+V	菜单设置	Alt+Ctrl+Shift+M
贴入	Ctrl+Shift+V	与前一图层编组	Ctrl+G
打开填充对话框	Shift+F5	常规设置	Shift+K

选区操作

命令名称	快捷键	命令名称	快捷键
全选	Ctrl+A	添加选区	按住Shift+框选
取消选择	Ctrl+D	减去选区	按住Alt+框选
重新选择	Ctrl+Shift+D	相交选区	按住Alt+Shift框选
反向	Ctrl+Shift+I	两个图层相加	Ctrl+Shift +单击图层
调整边缘	Alt+Ctrl+R	图层选区相交部分	Alt+Ctrl+ Shift+单击图层
羽化选区	Shift+F6	两个图层相减	Alt+Ctrl+单击图层

色 彩 调 整

命令名称	快捷键	命令名称	快捷键
色阶	Ctrl+L	色相/饱和度	Ctrl+U
自动色阶	Ctrl+Shift+L	色彩平衡	Ctrl+B
自动对比度	Alt+Ctrl+Shift+L	黑白	Alt+Ctrl+Shift+B
自动颜色	Ctrl+Shift+B	反相	Ctrl+I
曲线	Ctrl+M	去色	Ctrl+Shift+U

滤 镜 操 作

命令名称	快捷键	命令名称	快捷键
重复上次滤镜操作	Ctrl+F	渐隐	Ctrl+Shift+F
打开上次滤镜操作对话框	Alt+Ctrl+F		

调 板 操 作

命令名称	快捷键	命令名称	快捷键
显示或隐藏画笔调板	F5	显示或隐藏动作调板	F9
显示或隐藏颜色调板	F6	显示或隐藏工具箱、选项栏和调板	Tab
显示或隐藏图层调板	F7	显示或隐藏调板	Shift+Tab
显示或隐藏信息调板	F8		

辅 助 操 作

命令名称	快捷键	命令名称	快捷键
放大	Ctrl++	显示或隐藏标尺	Ctrl+R
缩小	Ctrl+－	启用对齐	Ctrl+Shift+;
图像和窗口一起放大	Alt+Ctrl++	锁定参考线	Alt+Ctrl+;
图像和窗口一起缩小	Alt+Ctrl+－	显示或隐藏参考线	Ctrl+;
按屏幕大小缩放	Ctrl+0	关闭窗口	Ctrl+Shift+W
实际像素	Ctrl+1	切换至下一幅图像	Ctrl+Tab
显示额外	Ctrl+H	切换至上一幅图像	Ctrl+Shift+Tab
显示或隐藏网格	Ctrl+'		

附录2 售后服务

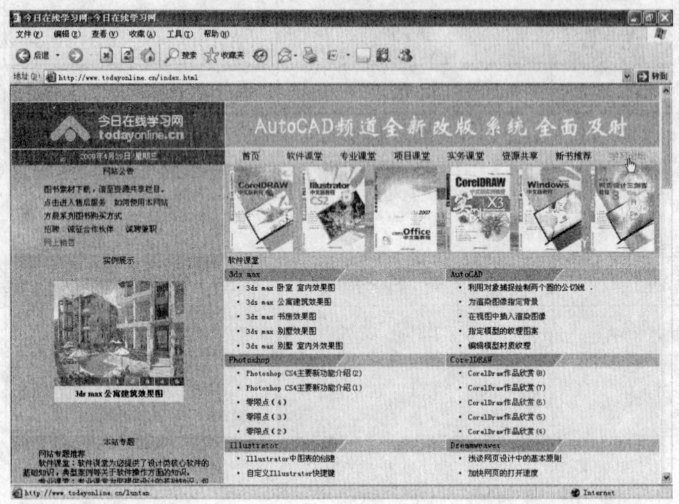

图附2-1

在购买本教材后，如果有疑问，可登录网站“www.todayonline.cn”，进入网站后，首页如图附2-1所示。

图附2-2

单击“学习论坛”，进入图附2-2所示的“今日在线学习论坛”界面。

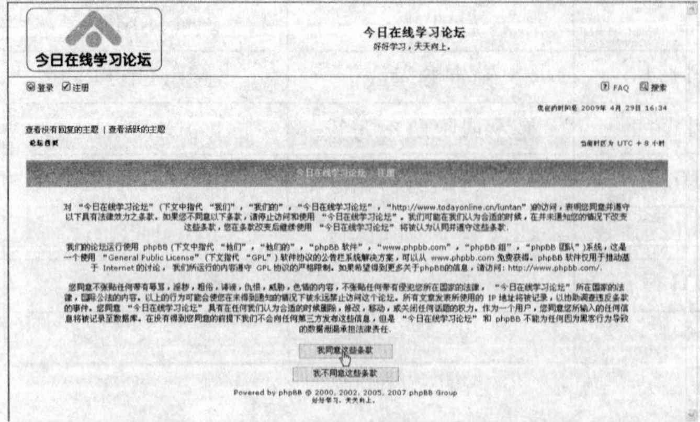

图附2-3

单击“注册”，进入图附2-3所示的界面，单击“我同意这些条款”按钮。

进入图附 2-4 所示的界面。

图附 2-4

输入“注册信息”和“个人资料”，全部输入完毕后，单击“提交”按钮，如图附 2-5 所示。

注册成功后，将你的问题提交到论坛上，我们将在一周之内予以回复。

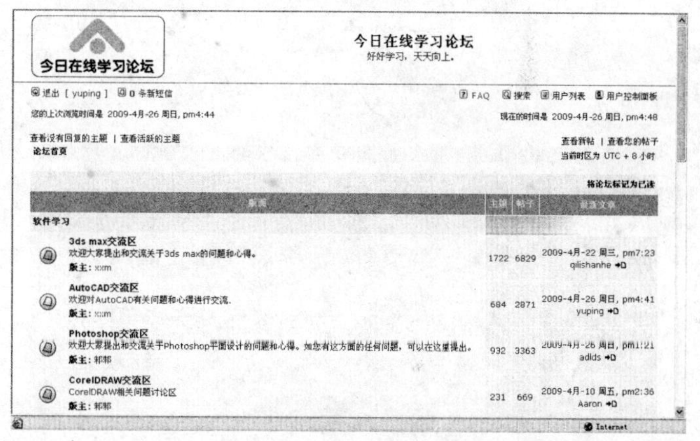

图附 2-5

书中所使用的素材和范例源文件，请登录 www.todayonline.cn 下载。当登录到该网站时，单击“资源共享”，进入图附 2-6 所示的界面进行下载。

如果该页面中没有显示所需素材，请单击“更多内容”按钮，在弹出的页面中有全部素材列表。

提示：

文件下载后请用 Winzip 软件解压。

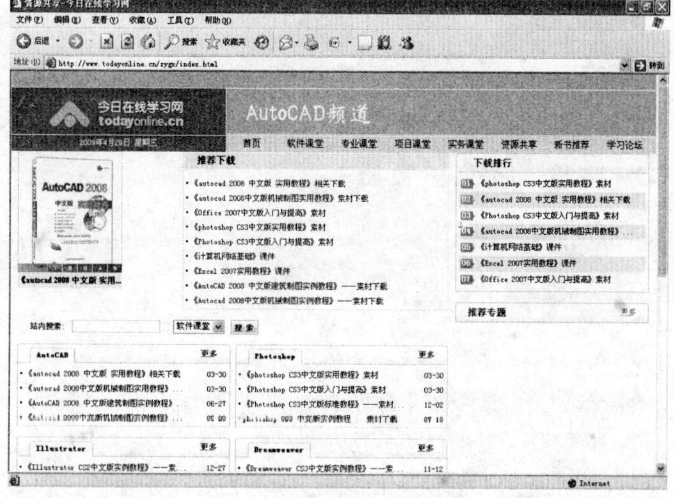

图附 2-6